Fundamenta Stili Cultioris In Usum Auditorit Adornavit, Et Syllogen Exemplorum

Johann Gottlieb Heineccius

IO. GOTTL.
HEINECCII IC.
FVNDAMENTA
STILI CVLTIORIS.

FUNDAMENTA
STILI CULTIORIS
IN USUM AUDITORII
ADORNAVIT,

ET

SYLLOGEN EXEMPLORUM

ADJECIT

JO. GOTTL. HEINECCIUS
JC. ET ANTECESSOR.

Editio Veneta, prioribus emendatior.

VENETIIS, MDCCXLIII.

Ex Typographia Balleoniana.

Superiorum Permissu, ac Privilegiis.

AVDITORIBUS SVIS PEREXIMIIS

S. P. D.

IO. GOTTL. HEINECCIVS.

Vae adhuc calamo vestrum haud pauci exceperunt, *cultioris stili fundamenta* ea iam typis exscripta vobis offero auditores, sed secundis perpolita curis, variisque hinc inde animadversionibus locupletata. Multae sunt, quae mihi id consilium extorserunt, rationes, quas a vobis non ignorari, mea haud parum interesse arbitror. Quum invictissimus, atque amplissimae gloriae princeps FRIDERICVS, rex Borussiae, publicum docendi munus in illustri hac academia mihi decrevisset, eo potissimum consilio id se facere professus est rex sapientissimus, ut iis, qui se politioribus litteris consecrassent, viam, qua ad pulcherrimam istam laudatissimamque doctrinam possent pervenire, commonstrarem. Quam bene de studiosa iuuenture merendi occasionem tametsi mihi tunc, nescio, quae, praeriperet invidia: tamen, ex quo potentissimus rex, FRIDERICUS GUILIELMUS, publice docendi provinciam mihi imposuit, dandam mihi operam, existimavi, ne nullum ex illa invictissimi principis voluntate fructum caperetis. Quare non temere vllum praeterire passus sum annum, quin tersae ac cultioris Latinitatis praecepta selectioribus ingeniis traderem, eaque non solum explicarem adcurate, verum etiam exemplis luculentissimis illustrarem. Quo in opere institutoque pulcherrimo, sextum

iam

iam annum, magna animi contentione versantem, tanto alacriorem me reddidit fructus, quem vestrum haud pauci se hinc cepisse, professi sunt, uberrimus. Plures enim, qui, me duce ac comite, in adsequenda elegantiorum litterarum scientia operam et industriam suam collocarunt, iam in aliis erudiendis instituendisque ad humanitatem, cum plausu, versantur. Alii ad eamdem laudem, pleno, ut ita dicam, gradu, contendunt. Enimuero, toties id saxum voluenti, duae potissimum superandae mihi fuerunt difficultates. Primum enim, quum deessent, quibus cum fructu vti possem, praecepta, ipse ego hunc mihi laborem imposui, vt de concinnandis elegantioris Latinitatis elementis cum cura cogitarem. Deinde, quum ea nobis calamo essent excipienda; id et operosius, et cum magno temporis dispendio coniunctum esse, deprehendi. Quare, ut, et hac in re studiis vestris consulerem, praelo haec committere decreui, sed multis locupletata animadversionibus, ac ita vbique adornata, ut et intelligi facilius, et, diuturna exercitatione, in succum & sanguinem converti possent. Facile intelligitis auditores, hoc, quidquid est, laboris me, non gloriae cujusdam captandae, sed vestrae vtilitatis caussa, suscepisse. Neque enim vllum mihi erit, tam molestum onus, quod non, vestri caussa, promto atque alacri animo sim subiturus. Vestrum erit, favere hisce conatibus meis, atque ita rationes vestras componere, ut et meae mihi, et vobis operae vestrae, ratio constet. Valete. In academia Fridericiana, mense Sept. CIϽIϽCCXVIIII.

PRÆ-

PRAEFATIO NOVA.

PRaeloqui aliquid iussi in viri illustris IO. GOTTI. HEINECCII *stili cultioris fundamenta*, alios, alienis scriptis operam hanc nauantes, iam non censuimus imitandos. Si enim eorum exempla essent sequenda: nobis aut de viri illustris ingenio, et, quam doctrina illi conciliauit, fama, aut de reliquis, quae exegit, ingenii monumentis, aut denique de ipso hoc vtilissimo ac praestantissimo opere dicendum, nihilque, quod ad horum omnium praestantiam intelligendam faceret, esset praetermittendum. Sed quum libri huius intra tam paucorum annorum decursum repetitae editiones, & ephemerides, quae in variis Europae prouinciis prodeunt, & interpretationes ac enarrationes eius a viris doctis publice institutae satis iam docuerint, & adhuc docere queant unumquemque, viris harum rerum intelligentibus hoc institutum non plane displicuisse; actum agere, & prologis scribendis opera abuti nolumus. Attamen quia superflua, ut vulgo aiunt, non nocent; vel unicum testimonium adscribere iuvabit viri harum rerum peritissimi, & novae regiae academiae Goettingensis, immo totius Germaniae insignis ornamenti, JO. MATTHIAE GESNERI *), qui, ubi consilium cepit, Goettingenses etiam Musas HEINECCIO nostro conciliandi: *explicabimus*, inquit, *illustr.* HEINECCII fundamenta stili cultioris, *libellum ita studiose arreptum, tritumque iuvenum ad haec sacra contendentium manibus, ut classicam prope auctoritatem consequutus esse non immerito videatur, libellum tanto maioris faciendum, quod earum rerum praeceptiones luculentas oppido continet, quibus subnixus magnus illius auctor ad id fastigium pervenit, in quo cum venerabunda quadam admiratione illum constitutum videmus*. Plura doctorum hominum, quibus aut ipsam illustris auctoris doctrinam, aut opus hoc ornarunt, elogia adducere quidem possemus, nisi verendum nobis esset, occini

* *Prolusione: de interrogandi in studiis litterarum ratione atque utilitate, Goettingae* cIↃIↃCCXXXIII. publici iuris facta, pag. 7.

cini illud nobis iure optimo posse a-
stulte, quis vituperauit vmquam, aut
in dubium vocauit? Ne ergo diutius
tua humanitate, beneuole lector, abuti velle videamur, & ut tempori ac
chartae parcamus, id unicum nobis
negotii relictum esse intelligimus, vt
primum quid in hac nova editione
præstitum sit, enarremus, dein ea,
quae addendorum nomine veniunt,
breuiter tecum, quantum fieri poterit, singula tamen ordine iusto com-
municemus.

Ad primum ergo quod attinet,
quum bibliopola CASPAR FRICHIVS,
vir integerrimus, & iuuandis litteris
natus, frustra ab harum litterarum
cupidis libelli huius venustissimi exempla in bibliopoliis quaeri & desiderari animadvertisset; nihil fecit reliqui, vt nouam, eamque auctiorem
atque emendatiorem publico redde-
ret editionem. Adiit ergo per litteras ipsum celeberrimum auctorem,
ab eoque petiit enixe, ut ea, quae
addenda vel emendanda censeret,
pro sua humanitate secum communi-
caret. Sed quum res nostras aliter
vulgo, quam optamus, cadere videa-
mus: factum est, vt operam hanc

preater exspectationem deprecaretur celeberrimus auctor, eamque huius consilii caussam interfereret, quod si de orphanotropheo Halensi de noua elementorum iuris Germanici editione augenda facta, tempus omne, quod ipsi ab innumeris publicis privatisque occupationibus reliquum est, labore hoc suscepto consumeretur. Aliam ergo quercum excutiendam putauit bibliopola, de iuvandis litteris quam maxime sollicitus. Nam, ne quid in se desiderari pateretur, dedit operam, vt copia ipsi eorum, quae quis ex illustris auctoris ore accepta libello adscripsisset, fieret: quumque resciuisset, possidere nos aliquod exemplum, preces, ut id secum communicaremus, admonuit. Cui adiuuandum publicum bonum comparato consilio moram iniicere religioni nobis duximus, veriti, ne in bonas litteras peccare videremur, si hanc eas adiuuandi occasionem, quae ultro sese non iterum oblatura esset, praetermitteremus. Misimus ergo ad bibliopolam, quas margini libri nostri habebamus adscriptas, obseruationes. Eas vbique suis locis inserendas curauimus, nisi vbi obseruatio talis videretur, vt, reliquis inserta,

serta, sensum plane turbaret, quam ideo seorsum ponere multo consultius duximus.

Deuenimus iam ad alterum, cuius spem fecimus, huius praefationis membrum: quod quum addenda quaedam ac monenda contineat; ante omnia rogandus es, beneuole lector, ne nos eo audaciae processuros credas, vt huic purpurae nostras lacinias adsuere conemur. Et sane si celeberrimo auctori integrum fuisset, praestantissimum hunc ingenii sui foetum perpolire magis, ac quaedam eo animo adiicere, vt publicam aliquando lucem adspicerent, multo omnia iam adparerent elegantiora, quum ita natura comparatum sit, ut plurimum in rebus suis dominus videat. Sed iacta iam alea, pauca tecum veluti per lancem saturam communicabimus.

Sic quum *pag.* 8. §. 3. *n.* 2. celeberrimus auctor improbandam eorum scribendi rationem censet, qui archaismos studiose consectentur, & quaedam exempla ibi adducit, quod monitum dein infra *pag.* 69. §. 16. *n.* * repetit; tu adscribere poteris, plurimorum archaismorum catalogum dedisse IO. NICOL. FVNCCIVM in *tractatu de origine*

gine

gine & pueritia linguae Latinae *), in quo & sigillatim die XII. tabulis & columna rostrata Duillii prolixe egit. Sed nollemus viro clarissimo, quod hic obiter monemus, excidissent ea, quae *pag.* 344. profert.

Pag. 18. *seqq.* §. 11. *not.* *) multa recenset celeberrimus auctor vocabula, quae perperam vulgo scribi soleant. Plura addi ex commentariis doctorum virorum ad veteres auctores potuissent, nisi obsequendum fuisset bibliopolae, & dispiciendum, ne libellus nimium excresceret. Quem laborem ideo propriae cuiusque industriae relinquere cogimur.

Si de iis, quae *pag.* 27. §. 15. *n.* 6. praecipiuntur, plura legere cupis, confer ea, quae *V. Cl.* I. MATTHIAS GESNERVS *de usu coniunctionis quod pro accusatiuo cum infinitiuo* dissenuit **) ubi simul VERBVRGII insanam in Ciceronem crisin notat.

Pag. 65. §. 13. *not.* *. Addenda illustris

*) Cuius editio secunda auctior longe & emendatior prodiit *Marburgi Cattorum* cIↃIↃccxxxv. 4.

**) Inserta est haec *dissertatio* BASILII FABRI *thesauro eruditionis scholasticae*, *Tom.* II. *pag.* 421. edit. quae nouissime *Lipsiae* prodiit. cIↃIↃccxxxv. fol.

ſtris auctoris *praefatio*, *opuſculis iuris hiſtoricis* praemiſſa, vbi fuſius vocabula a POMPONIO vſurpata, ab aliis damnata, defendit.

Pag. 108. §. 37. *not.* *Conferendus academiae Vitembergenſis ornamenti, IO. GVILIELM. BERGERI *de naturali pulchritudine orationis ad excelſam Longini diſciplinam illuſtri continentique C. Iulii Caeſaris exemplo exacta liber commentarius, cui chreſtomathia Longiniana acceſſit* *) De LONGINO exquiſitiſſima legere cupienti commendamus eiuſdem BERGERI *diſſertationem nonam* **).

Pag. 206. §. 13. *not.* *. Hanc celeberrimi auctoris noſtri ſententiam erroris poſtulare non veretur *V. Cl.* CRIST. HENRIC. TROLZIVS ***). Sed vellemus nos potius haec aliorum contemtori ſui admiratori numquam excidiſſent.

*) Prodiit *Lipſiae* cIↃIↃCCXX. 4. cui celeberrimus auctor *panegyricum S. C. M. Carolinae deuotum* adiecit.

**) Exſtat in laudatiſſimi BERGERI *diſſertationibus academicis, varii argumenti ex auctoritate publica ſcriptis*, quae coniunctim prodierunt *Vitemb.* & *Lipſiae* cIↃIↃCCXVII. 4.

***) Tractat. iur. *de memoria propagata, ſeu de ſtudio veterum, memoriam ſui propagandi*, pag. 234. *ſeq.* Prodiit *Traiecti ad Rhenum* cIↃIↃCCXXIIII. 8.

ſent. Cuiuis enim perlectis a TROTZIO in contrarium prolatis facili con-ſtare poterit negotio, quam mala fide cum noſtro auctore fuerit actum. Primum enim eas propoſitiones noſtro adfingit, de quibus ne littera quidem in libello exſtat; dein pro ſynonymis ab auctore noſtro ea habita eſſe, turpiter iactat, quae tamen noſter maxima cura a ſe inuicem diſtinxit. Tacemus TROTZIVM genium linguae cum eo, quod commoditati potius lectori inſeruit, confundiſſe; ea, quae noſter prudentiae cauſſa fieri poſſe adſeruerat, Germanico, non Latino, more fieri, pronunciare; quaſi vero id vmquam in mentem celeberrimo auctori noſtro venerit. Sed bonum factum! Argumenta enim a TROTZIO adlata Heineccianas propoſitiones non deſtruunt, ſed confirmant: quid quod ipſe paucis interiectis easdem, quas HEINECCIVS poſuerat, propoſitiones pro veris agnoſcere non dubitat. An non vero perinde eſt, ac ſi ſibi inuicem oppoſitas propoſitiones, quarum una poſita altera tollatur, ſimul ſtare poſſe credas, id eſt, principium, ut vocant, primum neges. Merito ergo ei reſponſionis loco opponimus decantatum

tatum illud dicterium: contra principia prima negantem non esse disputandum.

Part. II. cap. 2. Commendandae V. *Cl.* IO. MATTHIAE GESNERI *primae lineae artis oratoriae*, quae prodierunt *Gottingae* cIↃIↃCCXXXV. 8.

Pag. 276. §. 3. *not.** Nouissima ac emendatissima editio est, quam *tum aliunde, tum ex obseruationibus V. Cl.* CHRISTIANI GOTTLIEB SCHVARZII *emendatam* edidit laudatissimus GESNERVS, *Gottingae* cIↃIↃCCXX. 8.

Part. II. cap. 4. Commendanda IOSEPHI AURELII DE IANUARIO *res publica ICtorum*, cujus editio secunda prodiit *Lipsiae* cIↃIↃCCXXIII. 8.

Ne longiores simus, omissis inscriptionibus statim ad caput *de auctorum lectione* provehimur, & quidem eo maiori cum voluptate, quod ipsa illa exempla, quorum scribendi rationem imitari conemur, nobis ante oculos ponantur. Deprehendes hic, si non vbique optimas, at recentissimas tamen splendidissimasque editiones esse adscriptas, quod quidem nobis negotii bibliopola dedit, quum illustris auctor nihil hic adnotasset. Pauca tamen, quae tua, lector benevole, scire inter-

est,

rest, et hic monebimus. Animus quidem erat nobis, primum ea, quae iure ad optimam editionem requiri possent, prolixius enarrare, vt eo facilius de editionibus iudicium ferri possit: Sed quum celeberrimo auctori ea post auctorum veterum editiones et historiam reiicere placuerit, heic omittimus, et ad auctores nostros revertimur, vbi primus de quo quid dicamus, TERENTIUS sese offert. Huius auctoris novissimas ac splendidissimas quidem editiones VVesterhouianas adscripsimus; sed quod splendidum, non tamen emendatum statim satis est. Quumque maxime intersit, veteris auctoris verba, non autem inepti critici aut correctoris, legisse; id vero non aliunde, quam ex codicibus MSSC. et vetustissimis editionibus dignosci queat: facile constare poterit, quod de istis sit sentiendum, qui codicum veterum non adeo habendam esse rationem censent.

Proximus esto M. T. CICERO, cuius pleraque opera pro instituti ratione recenset illustris auctor, quorum nos itidem editiones praestantissimas adscripsimus. Omnium operum CICERONIS conjunctim editorum editionem

IACO-

IACOBI GRONOVII tantum commendavimus; Verbugiana autem ea decaussa omittenda visa est, quod sese viris harum rerum intelligentibus adhuc minime probarit. Eruditi sane Lipsienses palam profitentur, *Egregium Ciceronis commaculatorem* esse VERBURGIUM: nec melius sentit vir doctissimus IO: DAVISIUS in *praefatione ad Cicer. de finib.* Plura de hac editione dabit eruditorum princeps, PETRVS BURMANNVS *in sapientia hyperboreali, pag. 53. seq.* Maiorem sane gratiam ab omnibus initurum speramus *V. Cl.* IO. AVGVST. ERNESTVM, qui CICERONIS *opera omnia ex recensione* IAC. GRONOVII, *adiecta varietate lectionis Graevianae, Davisianae, Pearcianae et Cockmanianae Lipsiae* quatuor voluminibus in forma, vt vocant, octaua daturum, promisit.

Pag. 275. addere licebit, nouam ac praestantissimam LIVII editionem *cum integris virorum doctorum commentariis* parare celeberrimum ARNOLDUM DRACKEMBORCHIVM, itemque ad

Pag. 277. novam Plinianarum epistolarum cum adnotationibus suis instructam *V. Cl.* IO MATTH. GESNERVM. Porro ad

Pag. 279.

Pag. 279. novam LACTANTII editionem moliri HEVMANNVM & BVNEMANNVM.

Ad *pag.* 280. QVINCTILIANVM breui *cum lectionis varietate* laudati GESNERI in forma octaua proditurum, in qua concinnanda vtinam in consilium adhiberet codicem MSC. quadringentorum annorum, quem possidet Lipsiae suae decus, *V. Cl.* IOANNES HERHARDVS KAPPIVS.

Ad *pag.* 286. PETRONI editionem, cui infartum fragmentum Albae Graecae repertum, dedisse FRIDERICVM MENZE, Poes. Prof. Lips. BVRMANNI editionem, secundis perpolitam curis nos prope diem exspectare, et ad

Pag. 289. nouam MACROBII editionem daturum nobis *V. Cl.* ABR. GRONOVIVM integris commentariis aliorum adiectis.

Pag. 291. *not.* ***. laudauimus inter minores VIRGILII editiones, *Burmannianam*. Tu adde, publici iuris eam factam esse *Vltraiecti* cIↃIↃCCXIIII. 12. *ex emendationibus* NICOLAI HEINSII. Sed et novam, et commentariis virorum doctorum integris ornatam editionem praestantissimus BVRMANNVS promisit, quam auide exspectamus.

Eo-

Eodem loco binas HORATII editiones Burmannianas commendauimus, quarum prior prodiit *Traiecti Batauorum* CIↃIↃCLXXXXVIIII. 12. cui adiectae IANI RVTGERSII *lectiones Venusinae*; altera ad editionem et emendationes Bentlaianas expressa prodiit CIↃIↃCCXIII. *eod. loc. in* 12.

Pag. 294. commendat auctor optimas cuiusque auctoris editiones. Iam quaeritur, quae editiones ita sint comparatae, vt optimae iure dici queant, aut quo modo instituendae sint rationes, vt et iis, quos raro dea Pecunia benignis oculis respexit, vsui esse possint, et eruditissimis inseruire. Et sane nobis persuasum est, nullos melius mereri posse de re publica litteraria, quam qui omissis commentariis nihil praeter variantes lectiones addiciant, quod institutum felicissime in IVSTINO tenuit celeberrimus ac praestantissimus BVRMANNVS, cuius praefatio huic auctori praemissa legi meretur vel ideo, quod vtilitatem ex tali editione capiendam maximam ob oculos posuerit. Virorum doctorum commentarios autem seorsum excudi ego quidem suaserim, ne necesse habeamus, plures

nenobis editiones comparare, quum editiones cum commentariis variorum editae ita oneratae iis ſint, vt non facile ab ambulantibus & iter facientibus circumferri poſſint. Tales vero editiones ab illis demum exſpectes, qui codices MCS. diligenter, et adhibita in conſilium iudicandi facultate conferunt, non qui indulgent ingenio ſolum, vbique vrunt et ſecant, omniaque etiam integra & ſana ſollicitant, multoque minus, qui emendationibus ſuis ad ſtabiliendas novas ſententias vtuntur, eaſque acriter tuentur, cujus modi exemplum ſuggerit celeb. FABBICIVS *Biblioth. med. & infim. Latin. volum. IV. pag. 693.*

Pag. 294. Ad hanc §. 10. & *ſeq.* illuſtrandas plurimum faciunt ea, quae laudatus GESNERVS in diſſertatione*) de lectione auctorum ſtataria & curſoria monuit.

Pag. 329. §. 2. illuſtris auctor quam maxime commendat e Latinis vertere multa Germanice, et vice verſa: quod cave adeo facile eſſe putes, ſi genium vtriuſque linguae purae ex- [illegible] pri [illegible]

[illegible]

*) Praemiſſa eſt editioni LIVII, quae prodiit *Lipſiae* CIϽIϽCCXXXV. 8.

primere velis. Quam facile hic labantur plerique, exemplo demonstrabunt *die Beytraege zur critischen Histoire der Deutschen Sprache, Par. XIII. pag. 28. seq.*

Ceterum iam nihil monendum restat, nisi quod in fine sylloges exemplorum adiecimus illustris auctoris epistolam gratulatoriam ad perillustrem de PLESSE, id quod eo consilio a nobis factum, ne necesse haberemus numerum exemplorum turbare. Indices locupletissimos se daturum promisit bibliopola honestissimus, itemque exactissimam diligentiam operarum, quod quum aliquando aliter euenerit, operam dedimus, ne tibi hoc fraudi sit, indicem eorum, quae morari te possunt, subiunximus. Tu, lector beneuole, vtere libello, et bibliopolae, qui nullis sumtibus pepercit, vt ornatior ac adcuratior prodiret, maximas gratias habe, Vale.

NOI RIFORMATORI

Dello Studio di Padova.

AVendo veduto per la Fede di revisione, ed approvazione del P. Fr. Paolo Tommaso Manuelli Inquisitore nel Libro intitolato: *Fundamenta Stili Cultioris ad usum Auditorii &c. Joannis Gottl. Heineccii, &c.* non esservi cosa alcuna contro la Santa Fede Cattolica, e parimenti per attestato del Segretario nostro, niente contro Principi, e buoni costumi, concediamo licenza, che possi essere stampato, osservando gli ordini in materia di Stampe, e presentando le solite copie alle pubbliche Librerie di Venezia, e di Padova.

Dat. li 18. Settembre 1742.

(Alvise Mocenigo 2.° Rif.
(Zuane Querini Proc. Rif.
(

Agostino Bianchi Segr.

Adi 24. Settembre 1742.

Registrato nel Magistrato Eccellentissimo degli Esecutori contro la Bestemmia.

Alvise Legrenzi Segr.

FVN-

FUNDAMENTA CULTIORIS LATINITATIS.

PROOEMIUM.

I.

DUO potissimum in Latinae orationis cultu cauenda sunt elegantiorum litterarum studiosis. *Alterum*, ne auribus sint tam agrestibus atque impolitis, vt omnem orationis nitorem atque elegantiam, tamquam rem inanem ac superuacuam, omnino negligendam esse existiment *). *Alterum*, ne per omnem viam id vnice agant, ut quasi calamistris intorqueant orationem, eique colores adscititios, tamquam fucum, inducant **).

Duo extrema in Latinitate cavenda.

*) Talis fuit veterum scholasticorum et glossatorum barbaries, qui se eruditos non putabant, nisi omnem orationis cultum eierassent, Contra eos elegans exstat oratio M. Antonii Maioragii, quae inter eius orationes est XII.

**) Talis fuit sophistarum veterum eloquenquentia, de qua erudita exstat dissertatio Ge. Nicol. Kriegkii, edita *Ienae* cIↃ IↃccvII. Stilus purus et concinnus praeclarum est eruditionis omnis ornamentum, non ipsa tamen eruditio, quae non in verbis, sed rebus earumque caussis pernoscendis posita est. Cauendum itaque ab illo fastu et supercilio quorumdam grammaticorum, qui se solos sapere, ceteros volitare veluti umbras existimant, lepida oratione, quae *pro studiis humanitatis*, inscribitur, exagitati a V. C. Alberto Schultens, *Franequ.* cIↃIↃccxx.

II.

Hujus cautionis ratio.

Quemadmodum enim sententiae, quamvis eruditissimae, quodammodo vilescunt, si genus orationis sit spinosum, exile, ieiunum, languidum, eneruatum, incultum: ita nimiae illae orationis veneres omnem sententiarum vim ac grauitatem infringunt, ac prorsus effeminant *).

* Quantum ergo interest inter feminae sordes, meretricium fucum, et cultum matronalem: tantum oratio barbara, sophistica, et casta inter se distant. Vid. M. Ant. Maioragii *laudata oratio p.* 227. Praeclara sunt, quae hanc in rem scripsit Quintillianus *Instit. orat. lib. V. cap.* 12. ubi de nimiis illis orationis veneribus, &, uti eleganter Synesius vocat, περὶ τῶν λόγων, διατιθέντων ἐν ἡδονῇ τὰ μειράκια, ita iudicat: *quapropter eloquentiam licet hanc, (ut sentio enim, dicam,) libidinosam resupina voluptate auditoria probent, nullam esse existimabo, quae ne minimum quidem in se indicium masculini et incorrupti, ne dicam grauis et sancti viri ostendet.*

III.

III.

Stilus quisnam vere elegans?

Recte proinde ac praeclare decorum Latinae orationis habitum nobis ob oculos posuit ille elegantiarum pariter ac nequitiarum arbiter, Petronius *): *Grandis*, inquit, *et, ut ita dicam, pudica oratio non est maculosa, nec turgida, sed naturali quadam pulchritudine exsurgit.*

* *In Satyr. cap. 2.*

IV.

An possit doceri?

Quamvis vero ad adsequendam pudicae illius ac castae orationis facultatem permultum faciat ingenii vbertas assiduaque exercitatio: ratio tamen procul dubio fugit eos, qui eloquentiae laudem omnem in quodam ingenii atque exercitationis genere unice esse ponendam, neque eam arte vlla obtineri posse, arbitrantur *).

*) Fuit in hac sententia Q. Tullius Cicero, Marci frater, ut patet ex hujus *de Orat. lib. I.* a quo tamen ipse frater hac in re merito suam seiungit sententiam.

V.

Id quod demonstratur.

Omnis vera pulchritudo in iusta partium proportione, aptoque earumdem nexu ac dispositione sita est. Haec omnia autem quum regulis quibusdam certis atque indubiis describi possint: consequens sane est, vt et eloquentia arte constet, certaque adeo possint ostendi cultioris Latinitatis fundamenta *).

*) Sic quum absoluta aedificiorum pulcritudo, quam vocant architecti, quae per se et necessario omnibus, etiam architecturae ignaris, placeat, in tribus potissimum consistat, teste

Vitruuio *lib. I. cap. 2.* in *symmetria*, seu conueniente partium consensu, *materiae excellentia*, et in ἀκριβείᾳ seu *exacta membrorum singulorum elaboratione*, nulla autem res accuratioribus regulis constet, quam συμμετρία, utpote in quibus magna geometriae pars versatur, et reliquae pulchritudinis partes: nemo dubitat, quin architectura possit doceri.

VI.

Accedere tamen oportet ingenium, & exercitatio.

Attamen simul exiguntur ingenium felix *), et exercitatio in legendo scribendoque diuturna **), quibuscum si coniungas praecepta adcurata, tum vere locum habent illa Ciceronis ***): *Quum ad naturam eximiam atque illustrem accesserit ratio quaedam conformatioque doctrinae; tum illud nescio quid praeclarum ac singulare solet existere.*

*) Ad eloquentiae studia qui apti aut inepti sint, cum cura inquirit Melch. Iunius *Meth. eloq. III. IV. p. 9. s.*

**) Hinc Cicero *de Orat. I.* 33. Stilum *optimum et praestantissimum dicendi effectorem et magistrum vocat.*

***) Cicero *pro Archia cap.* 8.

VII.

Quotuplicia sint stili elegantioris fundaméta?

Cogitanti autem de genuinis elegantioris stili fundamentis, ad duo potissimum mihi videtur respiciendum. Illa enim demum elegans viroque eloquente digna videtur oratio, quae et verbis selectis ac bene compositis, et sententiis praeclaris constat. Verba enim, quantumvis nitida, nisi grauis subsit sententia, vanam potius loquen-

tiam,

tiam, quam masculam eloquentiam arguunt *).

*) Bene Crassus apud Ciceronem *de Orat. I. 12. Quid est enim tam furiosum, quam verborum vel optimorum atque ornatissimorum sonitus inanis, nulla subiecta sententia nec scientia.* Hinc Quinctilianus in *prooemio Institut. orat.* totus in eo est, ut ostendat, *fuisse haec olim quemadmodum iuncta natura, sic officio quoque copulata, ut iidem* Sapiente *atque* Eloquentes *haberentur. Scidisse deinde se studium, atque inertia factum esse, ut artes esse plures viderentur; nam vt primum lingua esse coeperit in quaestu, institutumque eloquentiae bonis male usi, curam morum eos, qui diserti habiti sint, reliquisse, eam vero destitutam infirmioribus ingeniis veluti praedae fuisse.* Ex hoc artium discidio quid nasci oportuerit, nemo non videt. Philosophia enim eloquentiae nudata ornamentis, in siccum et spinosum disserendi genus: eloquentia, philosophiae subductis praesidiis, in inanem et eneruem verbositatem abiit. Sic demum *semel corruptae eloquentiae regula stetit, et obtinuit*, uti conqueritur Petronius *in Satyrico cap. 2.*

VIII.

Pars hujus opusculi prima.

Iustam verborum compositionem *Grammatica* docet; sententias necessarias suppeditat *Philosophia*: easdem denique apte disponit atque exornat *Rethorica*. Vnde trium generum sese nobis offerunt elegantioris stili fundamenta, GRAMMATICA, RETHORICA, PHILOSOPHIA. Et in his omnibus prima pars hujus opusculi versabitur.

IX.

Item secunda.

Quum vero varia sint scriptionum genera, aliusque in *epistolis*, alius in *orationibus*, alius in *dialogis* et *satiris*, alius denique in aliis scribendi generibus exigatur orationis habitus: de singulis istis scriptionum generibus parte secunda praecipiemus.

X.

Nec non tertia.

Denique quum supra etiam exercitationem in adipiscenda elegantioris stili facultate utramque paginam facere ostenderimus: postrema hujus opusculi parte de optimorum auctorum lectione atque imitatione, variisque stili exercitationibus nonnulla haud proletaria monebimus.

PARS PRIMA.

DE GENERALIORIBVS TERSAE LATINITATIS FVNDAMENTIS.

CAPVT PRIMVM.

De Fundamentis Stili Grammaticis.

I.

Quaenam hic intelligantur fundaméta, grammatica?

QUamquam non temere quisquam studia tam cruda in academiam proferre debeat, vt ne prima quidem illa linguae Latinae elementa animo imbiberit, adeoque iure quodam nostro ab ejusmodi rerum tractatione abstinere posse videamur: attamen, quum multa in vulgaribus grammaticorum libellis negligi, multa etiam perperam doceri soleant; pauca quaedam, et quae prae ceteris necessaria videbuntur, observabimus. Neque enim negligenda sunt minora, sine quibus majora constare haud possunt.

II.

In ortographia quaenam cavenda.

Prima grammatices par ORTHOGRAPHIA est, de qua post ALDVM MANVTIVM, DAVSQVEIVM, CELLARIUM, SCVRZFLEISCHIVM nonnulla praecipiemus, quae praecipue observanda existimamus iis, qui sunt elegantiae studiosiores. Quemadmodum enim et hic adfectatio fugienda est: ita nec omnia sibi permittunt adcuratiores *).

*) Recte enim observatum est a Quinctiliano *Instit. orator. I, 5. alios barbarismos scribendo fieri, alios loquendo: quia, quod male scribitur, male etiam dici necesse sit.*

III.

In vitio ponitur ortographia adfectata.

Adfectationis notam vix effugiunt, qui singulare sibi fingunt scribendi genus, quod vel non est publici saporis, vel aliis harum lautitiarum parum gnaris crucem figit *).

*) Non probandi itaque,

I. qui in scribendo omnem euphoniam negligunt, scribentes, V. C. Conlega pro *collega*, *Conruit* pro *corruit*.

II. qui archaismos studiose consectantur, veluti *heic* pro *hic*, seine *pro sine*, *plostrum* pro *plaustrum*, (Suet. *l. VIII. c. 22.*) *cottidie* pro *quotidie*. Etiamsi enim haec et similia in vetustis monimentis legamus: non tamen hodie Euandri matri scribimus, sed nostrae aetatis hominibus. Et si saeculum nostrum non fert Plautina; *aula* pro *olla*, *volgo pro vulgo*, vel Lucretianum: *terrai* pro *terrae*, et similia: cur illis non minus obsoletis delectemur? Sane et *ortographia consuetudini servit, ideoque saepe mutata est*, ait Quinctilianus *Instit. orat. l. I. c. 7.* Nec ferendi.

III.

III. qui ipsi sibi analogiam fingentes, ad eam receptam ubique scribendi rationem refingunt, et hinc scribere malunt *scribsi*, quam *scripsi*, *labsus*, quam *lapsus*. Multa enim, quae analogia admittit, plane repudiat usus, quem penes non modo loquendi, sed & scribendi arbitrium est. Quis ferret scribentem *legtum* pro *lectum*? et tamen illud a Lego est. Haud minor eorum quoque κακοζηλίαν est.

IIII. qui vetera signa rejiciunt, novaque suo fingunt arbitrio. Sic multi Graeca vocabula sine accentibus & spiritibus scribunt, in Latinis contra recipientes lineolas quasdam accentus, circumflexos, v. c. ἀπογ[illegible], ἐπίσημα *longè*, *penitùs*, *Musâ*, *vestrûm*. At accentus tamen & spiritus Graecorum jam a multis saeculis recepti, suisque inclusi sunt regulis: qui Latinis vocabulis adpingi solent, ludi magistrorum debentur industriae, nec ullam iustam habent rationem.

IV.

Omnia sibi permittere videntur, qui nullam plane vel linguae ipsius *), vel antiquorum monimentorum **), in scribendo habendam esse rationem existimant.

Nec laudenda tamen nimis negligétia.

*) Peccant itaque, qui etymologiae nullam habent rationem. Convicium scribunt adcuratiores, non *convitium*, est enim quasi *convocium*, *l. 15. §. 4. D. de injuriis et famosis libellis*. Probant hanc Vlpiani etymologiam Festus, & apud eumdem Nonius, quamuis hic in libello de proprietate sermonis *convicium* dictum velit, quasi *e vicis iocum*: Laurentius Valla autem a *con* et *vitium*, vel a *con* et *vita*. Vetus glossa conuicium καταβόησις. Erudite Vlpiani ἔτυμον defendit Managius *Amoe-*

 nit.

nit. iur. ciu. c. 39. p. 273. ſeq. Heres magis placet eruditis, quam *haeres*, eſt enim ab *herus*. Ita et Cuiacius *Obſerv. V.* 10. Menagius vero *p. 327.* id vocabulum deducere mavult a Graecis χῆρος, χήρα, χήραξ, χῆριξ, *herus*. Vtrumuis eligas, ſcribendum erit *Heres*, non *haeres*. Addantur tamen, quae de his ſimilibus etymologiis, in iure noſtro traditis, diſputant AEgidius Menagius in *Amoen. iur. ciu. cap. 39.* et v. c. Carolus Andreas Dukerus in *Opuſculis de Latinitate veterum ICtorum*. Talia qui negligunt, ſatis oſtendunt, parum ſibi curae eſſe ſcribendi *ἀκρίβειαν*.

**) Diſtinguenda tamen cum cura ſunt monimenta vetera. Accuratiſſimam plerumque ſcribendi rationem ſequuntur numi, ut recte docuit Ezech. Spanhemius *de uſu et praeſtantia numiſmatum, diſſ. II. p. 82.* At in marmoribus ſaepe aberrant indocti lapicidae, atque opifices ſemigraeculi. Quis enim ſcriberet *Scaena*, pro *ſcena*, *Temptare*, pro *tentare*, *Epiſtula*, pro *epiſtola*? Et tamen haec paſſim leguntur in lapidibus. Deinde in marmoribus vetuſtiſſimis multa exſtant, quae paſſim emolivit elegantior aetas. Vnde fruſtra eſſet, qui ex columna illa roſtrata Duillii ortographiae petere exemplum ſuſtineret. Sane iam ſua aetate in multis mutatam eſſe veterem ſcribendi pronunciandique rationem, exemplis quibuſdam demonſtrant Cicero in *Orat.* 48. et Quinctilianus in *Inſtitut. orat. lib. I. cap. 7. lib. VIII. cap. ult.* Ex quibus omnibus ſane colligimus, e monimentis antiquis numos præferendos eſſe lapidibus: ex his vero eos, qui aurea aetate poſiti ſunt, antiquiſſimis et recentioribus; publico autem clarorum virorum nomine ſcriptos priuatis, et e vulgo poſitis, eſſe ante habendos. Idem etiam dicendum de ortographia, quae in codicibus Mſc. obſervatur. Sunt ex his quidam antiqui, quidam ſaeculo non recentiores. Illi partim

emen-

emendati, partim inemendati. Vnde saepe sub calcem legas: *contuli, emendaui, recognoui*. Vide Fontanini *Vindic. diplom. cap.* 3. §. 7. Horum et ex antiquis pauciores sunt. Nam plerique scripti a librariis indoctis, qui bibliopolis operas locauerant, & de quorum oscitatione conqueruntur Strabo *lib. XIII. pag.* 419. et Gellius *Noct. Att. lib. VIII. cap.* 20. Post saeculum IX. immo et antea, monachi hunc describendi laborem occuparunt. Quare pauciores tantum illi veteres, a viris doctis recogniti atque emendati id formandis ortographiae regulis aliquam utilitatem praestant. Vitiosissima scribendi ratio obseruatur in monimentis Christianorum, a quorum imitatione omnino abstinendum.

V.

Regulae ortographicae quotuplices.

Obseruandae ergo quaedam regulae, tum de *litteris*, earumque *mutatione*, tum de *abbreuiatione* & *diuisione* vocum, tum de ipsis *vocabulis* quibusdam, quae perperam vulgo scribuntur.

VI.

Quid obseruandū in litteris maiusculis.

Ad litteras maiusculas quod attinet, in iis scribendis eo tutius veterum sequimur scribendi rationem *), quo certius constat, antiquos vix aliis, quam characteribus maiusculis **) esse vsos.

*) Ex veterum itaque monimentorum contemplatione hae fere colliguntur regulae.

I. *Cauendae sunt formae litterarum, quarum nullum in antiquitate exstat exemplum.* Tales sunt litterae J vel *J* pro I, U pro V, Æ pro AE. U enim littera ex Gothico charactere est, ut patet ex Mabillonio *de re diplomatica* I, 11, 4 p. 47.

p. 47. Reliquas formas typothetae inuenerunt. AE vel OE quamuis in numis quibusdam contrahantur ob spatii angustiam, in iisdem tamen numis etiam Ad. Al. Ant. Ar. Val. aliaque in unum contrahuntur, quae tamen nemo temere imitaturus est. Vid. Cellarii *Orthogr. Lat. p.* 18. 19.

II. *In litteris maiusculis una littera altera maior haud esse.* Sine exemplo ergo scribitur AuCtor, IoAnnes: multoque magis ridiculum est, si omnia vocabula a litteris maioribus auspicemur, e. gr. *De Donationibus Inter Virum et Vxorem.* Id quod nonnullos diligenter obseruare video. Ast solebant tamen veteres duplex I plerumque contrahere in I maximum, et hinc scribere *delcito*, *supplicI*. Quin et I quantitate longum reliquis characteribus grandius pingue consueuisse nouimus. Hinc illa *capIvI* pro *captivi*, *ludIs*, pro *ludis* et similia. Prius quum aetate Augustae paene perpetuum fuisse doceat Henr. Norisius *Cenotaph. Pis. p.* 473. sine adfectatione et nobis aliquando imitari licebit.

III. *Maiusculas litteras minoribus non sunt miscendae, nisi initio vel orationis, vel periodi, vel nominis proprii.* Vnde falluntur, qui omnia substantiua litteris maiusculis distinstinguenda putant, scribentes v. c. *Tollebat Plumas Aura volitantes. Pinnasque per Maria Spuma torquebat.* Nec adeo necessarium est, vt tituli honoris scribantur litteris maiusculis, veluti *Rex*, *Princeps*, *Dominus*. Quamquam enim nonnihil dandum sit opinioni saeculi, elegantius tamen scribes Rex, Princeps, Dominus. Quod et tunc obseruandum, si compellandi sint viri illustres; tunc enim elegantius scribes, Te, Tui, Vir, Illustris, quam mixto scripturae genere, *Te*, *Tui*, *Vir*, *Illustris*, Cellarii *Ortogr. pag.* 76. *seq.* Adfectationem tamen et hoc redolet, si

in

in adiectiuis gentium nomina designantibus a litteris maiusculis abstineas, scribasque *germanus*, *graecus*, *francicus*, pro *Germanus*, *Graecus*, *Francicus*. Sunt enim et haec nomina propria.

**) Attamen non semper maiusculis vel vncialibus litteris vsi sunt Romani, sed minutis etiam nonnumquam, forma tamen a reliquis parum distantibus. Saeculo sane quarto minores litterae adparent in marmore Romano, quod exhibet Mabillonius *in Supplement. libri de Re Diplomat.* p. 114. et Relandus in *Fastis Consularibus* p. 342.

ANIMAE INNOCENTI

GAVDENTIAE.

QUAE VIXIT AN. V. M. VII. D. XXI.
IN PACE.

Mercurius pater filiae d. IV. id. Nouembris
Vrso et Polemio Coss.

Vides hic exemplum minuscularum litterarum iam saeculo quarto adhibitarum. Vrsi enim ac Polemii consulatus incidit in annum Christi CCCXXXVIII.

VII.

Quid in minusculis.

In minusculis litteris, quae in uncialium locum celerioris scripturae caussa succenturiatae sunt, pauciores obseruandae sunt regulae *), quas itidem veluti per lancem saturam exhibebimus.

* Tales sunt quae sequuntur.

I. *Cauendae et hic formae litterarum a typothetis sine necessitate inuentae*, qualis est ĵ pro i

Scri-

Scribendum ergo *iuuo*, non *juvo*; *adiicere*, non *adjicere*. Formam enim illam ignorant monimenta vetera, eamque solis debemus typographis.

II. *In diphthongis ae vel oe ordinarie separatim ponuntur vocales, rarius contrahantur*. Antiquissimi codices non minus ac diplomata vetusta saepius praeferunt *ae*, quam *æ*, ceu obseruarunt Herman. Conringius in *Censura diplom. Lindau. p. 316.* & Mabillonius *in re diplomat. II, 1, 11, p. 48.*

III. *Litterae v ab initio, u in medio et fine litterarum rectissime adhibentur*. Scribendum ergo *ut*, pro vt, *iuuo*, pro juvo, *vua*, pro uva. Veteribus enim non alia nota erat figura litterae illius, quam *v*. Quoties autem illa in medio vocabulo occurrebat, eam lineola iungebant litterae sequenti, et inde nata figura *u*. Sane hanc scribendi rationem primos illos elegantioris litteraturae vindices adcurate seruasse, & nouum admodum esse illud *u* vocali, et *v* consonanti discrimen, editiones auctorum vetustiores satis euincunt. Multo recentior quoque forma *u* qua hodie multos sine discrimine vti animadvertimus, siue illa vocalis sit, siue consona, siue initio vocis, siue in ejusdem medio occurrat, ex. gr. *unde*, *ualde*, *uulnus*. Suum cuique pulcrum. Sed talia fere exemplo carent, & κακοζηλίαν redolet adfectatum istud nouitatis studium.

VIII.

Quid in utrisque communiter?

Sunt et regulae communes litteris maiusculis et minusculis, quarum tres hic potissimum dabimus, prae reliquis accurate obseruandas *).

* Priores regulas ad litteras Graecas: ultima ad-

ad litteras in compositione vel mutandas vel retinendas pertinent.

I. *Litterae Z. Θ. K. Y. Φ. X. Graecorum propriae, adeoque nonnisi in vocabulis origine Graecis adhibendae sunt*. Male ergo scribitur Author, Lethum, Thuscia, Anthonius, Kalumnia, Sydus, Tyro, Hyems, Stylus, Lachryma, Sepulchrum, Charus, pro *auctor*, *letum*, *Tuscia*, *Antonius*, *calumnia*, *sidus*, *tiro*, *hiems*, *stilus*, *lacryma*, *sepulcrum*, *carus*. Conf. Cicero in *Orat. cap.* 48. Ob εὐφωνίαν tamen *ch.* admittunt *pulcher*, *inchoo*, quae et Cicero probat *loc. cit.*

II. *Adspiratio post R nusquam locum habet, nisi in vocabulis origine Graecis*. Hinc recte dicitur Rhodus, Rhetor, Pyrrhus, sed male *Rhaetia*, pro *Raetia*, *Rhemi*, pro *Remi*. Constanter tamen etiam numi & lapides habent Rhenus & Rhodanus.

III. *Ubicumque non repugnat euphonia, in compositione retinenda consonans ultima praepositionis: alia consona vel praepositionis, vel ipsius vocis mutatur*. Hinc recte dicitur Adgredior, Adsigno, Exspiro, Exsilium *): quum contra κακοζηλίαν redoleant illa; *adcipio*, *conlega*, *adgnosco*, *obgannio*, et quae sunt hujus generis alia.

*) Non placet haec forma Maffeo, qui in erudita *praefatione*, Hilarii *operibus* Veronae cIↃIↃccxxx. recusis *praemissa*, *pag.* 3. orthographiam antiquam commendans, addit: *Nolim tamen urgeatur haec regula undequaque, ita, ut etiam* Exsilium *scribere teneamur, quamvis quibusdam e veteribus grammaticis edicentibus*. Enimuero quum et veteres grammatici edicant, & in monimentis optimis ita scribatur vocabulum, et ejus etymologia ab *ex* et *solum* hanc formam ferat, et vix ferendus videatur, qui scribendum

exi-

et vete
monimentis
et ejus ety-
mam ferat
scribendum

existimet *exenator* pro *exsenator*? non video, cur in exsilium agi oporteat *exsilium* scribendumque sit *exilium*.

VIIII.

Quid in abbreviatione vocum?

A vocibus abbreviandis maxime in minuscula scriptura, quantum fieri potest, abstinent eruditi *), qui et operam dare solent, ne male vox quaedam diuidatur **).

*) Veteres Romani in uncialibus litteris multa abbreuiare solebant. Nam vt Valerii Probi, Ma. nonis, aliorumque libellos *de Notis* praetermittamus, notum est, Iani Gruteri et Thomae Brinesii *Inscriptionibus* subiectum esse indicem litterarum singularium, quae integras voces designant, qualem etiam ex lapidibus Sertorius Vrsatus; ex nummis confecit Hubertus Golzius. Sic scribere solebant *Pr.* pro *Praetor*, S. P. Q. R. pro *senatus populusque Romanus*, *Lub.* pro *lubens*. Ast in scriptura minuscula recte & ordine facies, si omnia sine abbreviatione exscripseris. Neque tamen reiiciendae sunt abbreviationes praenominum Romanorum, quae et veteres vix vmquam, nisi vel una littera, vel binis, vel pluribus scribere solebant. Sic una littera exprimuntur praenomina: A. id est *Aulus*, C. id est *Cajus*, D. id est *Decimus*, L. id est *Lucius*, M. id est *Marcus*, M' id est *Manius*: duabus: CN. id est *Cneus*, SP. id est *Spurius*, cet. tribus: *Sex.* id est *Sextus*, cet. Sed accuratiorem horum praenominum indicem dedit, quotquot litteris exprimi consueverint, ostendit Carolus Sigonius singulari *de nominibus propriis Romanorum* libello, qui subiunctus est commentario ipsius in fastos Romanos.

**) Locum hic habet regula, quam probauit etiam Quinctilianus *Institut. Oratoriar. lib. I. cap. 7. ita dividendae sunt voces, quem-*

ad-

admodum id patitur earum origo & compositio. Alias enim in simplicibus & primitiuis vulgaris syllabarum ratio obtinet. Sic recte diuiditur *aru-spex*, dicitur enim a *spectando*: *abs-temius*, est enim a *temeto*. Ita et *ab-igo*, *sus-cipio*, *etiam*, *neg-otium*, *pot-est*. Hinc facile patet, *prod-it* esse a *prodeo*, *prod-it* a *prodo*.

X.

Nomina propria multa vulgo perperam scribi solita.

Vocabula integra parum emendate a multis scribuntur, maxime nomina propria, quae, si antiqua sunt, merito ad vetusta monimenta, tamquam ad Lydium lapidem, exigenda sunt *).

*) Falso ergo vulgo scribitur *Aemylius*, pro *Aemilius*, *Aenobardus*, pro *Ahenobardus*, *Brundusium*, pro *Brundisium*, *Carthaginensis*, pro *Carthaginiensis*, *Adrianus*, pro *Hadrianus*, *Annibal*, pro *Hannibal*, *Moecenas* vel *Mecenas*, pro *Maecenas*, *Mauritius*, pro *Mauricius*, *Heliogabalus*, pro *Elagabalus*, *Nicanor*, pro *Nicator*, *Paulus*, pro *Paullus*, *Schaeuola*, pro *Scaevola*, *Ptolomaeus*, pro *Ptolemaeus*, de quo vide sis ea, quae monuit Henricus Stephanus *de abusu Graecae linguae p. 97.* editionis, quam mox nitidiorem, et obseruationibus doctissimis Io. Henr. Kromayeri, viri in his litteris eximii, et cuius praematurum discessum merito luget res publica litteraria, auctam, daturum speramus clarissimum Fridericum Guillelmum Roloffium, tanti magistri vestigia pleno gradu prementem. Plura nomina propria ex numis et marmoribus integritati suae restituit Ezechiel Spanhemius *de Vsu et Praestant. Numism. diss. II. p. 83. seq.*

XI.

Nec non alia vocabula.

Denique nec omittenda alia quaedam vocabucabula, quae perperam a plerisque scribuntur, quorum brevem indicem e prolixiore Cellarii dabimus *), ne in his nimis videamur critico indulgere supercilio.

*) In recensendis vocabulis perperam plerumque scriptis tota pars posterior ortographiae *Cellarii* occupatur. Potiora tantum hic notasse sufficiet.

Alucinari scribendum est, non *hallucinari*. Est enim idem, ac *a luce aberrare*. Videatur Festus Pompeius voce *alucinatio*, et Gellius *Noct. Att. lib. XVI. cap.* 12. Dubiae originis hoc verbum est, quod alii ab *hallus* vel *hallux*, Gellius ab ἀλύειν, alii aliunde arcessunt. Sunt, qui distinguenda putent *hallucinor* et *alucinor*: sunt, quibus haec συνώνυμα videntur. Mihi se probant illa Isaaci Vossii *ad Catullum p.* 90. *Dicuntur* allucitae *vel* alucitae *a privativa particula* a *vel* ab *et* luceo, *unde et* alucinari *vel* allucinari, *quasi* ablucinari *quidam dici existimant. Pari ratione aues nocturnas* alucos *veteres vocarunt*, Philoxeni *Glossae*: νυκτικόραξ alucus, bubo. *Sed et* Seruius *ad VIII. Eclogam*, *ululae aves ἀπὸ τοῦ ὀλολύζειν, id est, a fletu nominatae, quas vulgo alucos vocant. Sic lege, non* vlucos, *ut vulgo*.

Ancora scribendum, non *anchora*. Est enim ea vox a Graeca ἄγκυρα.

Arcesso vetus & genuinum est, pro quo male vulgo scribitur accerso. Cellarii *Ortogr. Lat. p.* 76. Cortius *ad* Sallust. *p.* 250. 251.

Auctor semper olim scribebant veteres, & recte quidem, quia ab *augendo* dicitur. Vnde spuria sunt illa *author* vel *autor*, quae recentioribus sunt in deliciis, quamuis posterius paullo sit tolerabilius, & forma *artus* pro *arctus* defendi quodammodo possit. Vide Henr. Norisium in *Cenotaphia Pisana*.

Cae-

Caelebs antiquum & geminum est, pro quo male hodie scribunt *coelebs*. Attamen et hoc in marmore est apud Gruterum *pagin.* IↃLXXVI.

Caerimonia, non autem *ceremonia*, scribunt veteres. Neque aliam scribendi rationem fert vocis origo, tradita a Valerio Maximo *Hist.* I, 1.

Camara scribendum esse, non *camera*, docuit V. Cl. Petrus Burmannus *ad* Petron. *pag.* 112.

Comissari scribendum esse, non *comessari*, vel derivatio docet. Est enim a Graeco κῶμος. Vide *Festum* voce *comissatio*.

Femina, pro quo vulgo *faemina* scribitur, sed falso. Est enim a femine dictum. Id vero sine diphthongo scribi, ex *Festo* discimus. In lapidibus sane fere semper scribitur *Femina*. Vide Gruteri *Inscript. pag.* CCCLVIII. & CCCLXXX.

Increbesco veteres codices habent. Vnde perperam vulgo scribunt *increbresco*. Accedit analogia. Quemadmodum enim a *ruber* fit *rubesco*, ab *acer* acesco, ita a *creber* crebesco. Exceptio tamen est in *niger*, a quo fit *nigresco*.

In dies, *in primis*, *in posterum*, divisim scribunt veteres. Perperam recentiores coniunctim *indies*, *inprimis*, *inposterum*. Multo minus ferenda illa *imprimis*, *imposterum*. Vere enim haec sunt duo vocabula.

Lacrima fere semper praeferunt vetera monimenta. Y in hac voce non temere reperies. Non raro tamen veteres scribunt *lacruma*. Et sane quum procul dubio haec vox a Graeco δάκρυον descendat, non multum referre videtur, vtram adhibeas litteram, modo constanter eamdem scribendi rationem teneas. Vide Oberti Gifanii *Praefat.* *in* Lucretium.

Lapicidina scribendum esse, non *lapidicina*:

cum

cum Etymologia docet apud Varronem *de lingua Latina VII*, 33. tum marmor apud Gruterum *pag.* IↃLXXXXIII, 8.

Littera cum duplici T semper habent libri veteres, et lapides apud Aldum Manutium *Orthogr.* p. 8. et Sponium *Miscellan. Erud. Antiquit.* p. XXXVI.

Litus contra simplici T semper exaratur in marmoribus et codicibus. Cellarii *Orthogr.* p. 104.

Maeniana, non *moeniana*. Vide Asconium ad Ciceronis *Diuinationem*, c. 16.

Obscenus secunda vocali scribendum esse vel inde patet, quod a Graeco σκῆνῃ descendit, Varro *de lingua Latina VI*, 5. Vnde male vulgare *obscoenus* per OE tuetur Scaliger *de caussis Lat. linguae I*, 34.

Paene per AE habent libri veteres et marmor apud Gruterum *p.* IↃCLV. Vnde recentiori scribarum consuetudini debetur *pene*. Solebant enim hi medio aeuo diphthongum illam vel simplici E, vel certe E caudato (ę) exprimere. Videatur Conringius *Censur. Diplom. Lindau.* p. 316. Mabillonius *de Re Diplomat.* II, 1. 11. p. 58.

Patricius cum C, non cum T, scribendum. Sane ita constanter legitur in marmoribus et Graecis scriptoribus, quibus semper placet forma πατρίκιος.

Postumus frequenter legitur in numis et marmoribus: rarissime *posthumus*. Adspirationem quoque ex hac voce excludi, iam dudum iussit Eutyches *Grammat.* p. 2311. et recte. Est enim superlatiuus a comparatiuo *posterior*. Quod adeo verum est, vt id negare non possint & ii, a quibus *posthumus* a *post* et *humatus* esse dicitur. Diuersa enim esse vocabula existimant *postumus*, quod idem sit ac *postremus*, et *posthumus*, quod sit κατὰ θάνατον πατρὸς γεννηθείς. Sed ne id quidem

ve-

verum est. Mortuo enim parente natus ideo *postumus* dicitur, quia eius liberorum postremus est. Vidit hoc, qui antea in alia omnia ierat, magnus Cuiacius *Obseru. III. 4.*

Saeculum cum diphthongo. Ita nummi et lapides. Nec primae syllabae quantitas permittit, vt hoc nomen cum vulgo grammaticorum a *senex* vel *sequi* deriuemus.

Seorsum, non *seorsim*. Est enim a *se* et *versum*. Cellarii *Orthogr. p.* 146.

Sollemnis, non *solennis* aut *solemnis*, est enim a *sollo* et *omni*. Vide Cortium *ad* Schulst. *pag.* 151.

Sollers et *Sollicitus* duplex L postulant. Vtrumque enim est ab osca voce *sollo*. Vid. Festum in voce *solitaurilia*, et Cortium *ad* Sallust. *p.* 163.

Strategema, non *stratagema*. Henr. Stephanus *de abusu Graecae linguae p. 96. edit. Rolossianae.*

Torus sine adspiratione, non, ut vulgo malunt, *thorus* cum adspiratione. Vide Cellarii *Orthogr. p.* 152.

Tricesimus et *vicesimus*. Ita veteres libri, non *vigesimus* et *trigesimus*, quae merito proscribit Dausqueius. Sane ut a *viginti* et *triginta* dicitur *vicies*, *tricies*, *viceni*, *triceni*, ita et merito dixeris *tricesimus* et *vicesimus*.

XII.

In etymologia alienæ vocum significationes cauendæ.

Sed sufficere haec arbitror de orthographia; similia enim facile quisque suo Marte obseruabit. Ad ETYMOLOGIAM quod attinet, illud praecipue cauendum est, ne vel aliena, vel peregrina vocabulis tribuatur significatio *). Id quod tamen in vulgaribus dictionariis fit frequentius, quam quisquam crediderit.

*) Plura ejusmodi vocabula, quibus peregrina affingitur notio, cum cura collegit Cellarius in *Antibarbaro III. pag.* 155. Ea huc transscribere esset superuacuum. Neque enim quisquam nitidioris stili studiosior carere praeclaro illo opusculo potest. Addi tamen meretur Francisci Vavassorii *de vi & vsu quorumdam verborum cum simplicium, tum coniunctorum*, tractatus, quem cum notis una cum eiusdem auctoris tractatu *de ludicra editione*, recudi curauit V. Cl. Io. Erhardus Kappius, *Lipsiae* cIↃIↃccxxII. 8. Acutissimus quoque in genuina vocum significatione eruenda, profligandisque notionibus spuriis fuit vir incomparabilis Io. Fridericus Gronovius, et adhuc hodie est vir magnus, quem honoris caussa nomino, Petrus Burmannus, ex quorum notis et operibus ille Cellarii catalogus maxime poterit locupletari.

XIII.

Abstinendum etiam a vocabulis quibus analogia repugnat.

Deinde illud quoque haud suaserim, vt vocabula, quae ab omni analogia abhorrent, admittantur *). Recte enim dictum est a Iulio Caesare: *tamquam scopulum, sic fugias inauditum atque insolens verbum.*

*) Multa ejusmodi finxit barbara scholasticorum et glossatorum turba, quae deinde a lexicorum scriptoribus veluti ciuitate donata sunt, licet ab ipsa Latinae linguae indole plane abhorreant. Nos quaedam dumtaxat exempli loco recensebimus. Sic

E Contra hodie vulgare est: (c. 2. §. 6.) non autem sic olim loquebantur veteres. Neque

que analogia permittit, ut praepositio regat aduerbium. Allegant vulgo pro hoc vocabulo Tacit. *Annal.* XI. 47. sed locum illum in mendo cubare, animaduertit Jo. Fr. Gronovius. Veteres habent Contra, vel Contra ea, quod apud Cornelium Nepotem occurrit. Immo et e contrario occurrit apud Tacit. *Hist. I.* 27. & 88. *II.* 5. *III.* 54. Fieri potest, ut quum in codice aliquo legeretur per abbreviationem e contra, pro e contrario, librarius indoctus id pro integro vocabulo acceperit.

Extrinsecus et *Intrinsecus* adiectiva non minus, quam adverbia *Extrinsece* et *Intrinsece* plane absurda sunt. Quis enim aduerbium *secus*, unde haec vocabula sunt, in adiectiuum transformet, aut aliud inde fingat aduerbium *sece*? Quare aduerbia sunt *extrinsecus* et *intrinsecus*, adiectiua *exterior*, *interior*.

Pientissimus veteribus auctoribus ignotum, in solis occurrit lapidibus apud Gruter. *Inscript.* p. CCCCXVIII, 1. CCCCXXI, 4. CCCCLXVI. 5. CCCCLXV, 8. IↃCVI, 9. IↃCVIIII, 10.

Vxoratus pro *marito* vulgus dicit, sed contra analogiam.

Dubium est, an in hunc censum referenda sit vox vel voces potius *In Praesentiarum*, de quibus dubitat Cellar. *Antibarb. p.* 123. et *cur. poster. p.* 178. defendente huius vocis analogiam V. C. Iac. Perizonio ad Sanctii *Mineru. II. p.* 117. Id certum, insolentis formae vocabulum veteribus non ignotum fuisse, adeoque auctoritate se tueri. At aliter sentit Sciopp. *indic. de stilo histor. p.* 99. ubi hanc loquutionem, tamquam lutulentam reiicit: quasi ea non vsi essent scriptores optimi, Cato Fannius, Nepos, Tacitus, et ex argentea aetate Apuleius et Minucius Felix. Vt analogiae non aduersari hanc formam, ostendat Sanctius, *in* genitiuo iunxisse veteres, existimat, Perizonius vero potius tuis per ellpsin vocis *tempore* exponit. Sed scire velim, quid sit *tempus praesentiarum*. Fateor, ne modum intelligere loquutionis istius analogiam.

XIII.

*Nec peccandum in flectendis vocabulis.

Parum quoque accurati sunt, qui in declinatione nominum ac pronominum, verborumque coniugatione aberrant. Quum vero nemo ignoret declinationum et coniugationum paradigmata: licebit nobis quaedam tantum, quae vulgo negliguntur, observare. *)

*) Obseruationes aliae criticae sunt, quae huc non pertinent, aliae vere grammaticae, minime negligendae in elegantiore latinitate. Tales sunt quae sequuntur.

I. Ambo et duo accusatiuum pluralem masculinum apud meliores auctores, non *ambos* et *duos*, sed *ambo* et *duo* formant. Cic. *epist. ad divers. VII, 25. Praeter* duo nos. *Epist. VII, 29.* duo *parietes dealbare*, *epist. ad Att. VII, 29. Vos* duo *delegi*, *epist. V, 8. Quos quidem ego* ambo *vnice diligo*. Virgil. *Georg. IIII, 88.*

Verum vbi ductores acie reuocaueris ambo.

Et Aeneid. XI. v. 285.

Si duo *praeterea tales Idaea tulisset*.

Conferri merentur Io. Frid. Gronou. *ad Liu. XXXV, 21.* et Graevius *ad Suet. Claud. XIIII.* Ita & alii aurae aetatis scriptores loquuntur, veluti Sallust. *de bello Iug. cap. 21. qui* ambo *reges adeant*. Et *c. 28.* filium, et cum eo duo *familiares ad senatum legatos mittit*. *C. 102.* duo *quam fidissimos ad eum mitteret*. Varro *de re rust. lib. I. c. 18.* duo *villicos*, et *l. III. c. 1.* duo *libros*.

II; Quo-

II. Quoties post *si* vel *ne* sequitur *quis* pro *aliquis*; toties seruanda est delinatio pronominis *aliquis*. Cicero *pro Archia cap. I. Si qua exercitatio dicendi*; non *si quae exercitatio*.

III. Verbum *Revertor* apud meliores auctores, veluti Ciceronem, Caesarem, Liuium, praeteritum actiue format, *reuertit*, *reuerterunt*, *reuertisse*. *Reuersus est* primi dixere Asconius Pedianus, Phaedrus et Valerius Maximus. Immo & Tacit. *Annal. XII. 21. non sum dimissus ad te, sed* reuersus. Vtraque forma verbi in usu fuit, *reuerto* et *reuertor*, vti *diuerto* et *diuertor*, *praeuerto* et *praeuertor*, quamuis forma neutra in praeteritis, deponens in praesenti & temporibus inde formatis sit frequentior. Optimum tamen est participium *reuersus*. Vide Cellar. *Antibarb. p. 151. et cur. poster. p. 167.*

XV.

In particulis dici non potest, quanta sita sit linguae Latinae elegantia. Hic vero ad earum tantum significationem et usum respicimus *).

Nec in particularum usu

*) Praeclarus *de particulis Latinae linguae* exstat libellus Hor. Tursellini accessionibus haud contemnendis locupletatus a Iac. Thomasio et a Io. Conr. Schvvarxio, *Lipsiae* cIↃIↃccvIIII. et cIↃIcccvIIII. 8. Nos denuo quaedam exempli caussa monebimus.

I. *Communiter* non idem est, ac vulgo, (*gemeiniglich*) sed *indiuisim*, (*gemeinschafftlich*) Cicero *pro S. Roscio Amerin.* 37. *Iste Roscius omnia cum Chrysogono communiter possidet*.

II. *Hactenus* et *adhuc* ita differunt, ut illud de loco, hoc de tempore adhibeatur. Cicero *epist. ad Att. XIII. 21. Sed haec hactenus. Et ad diuers. V. 10. Caesar adhuc de meis suppli-*

cationibus non refert. Nep. *Miltiad.* 5. *Quae pugna nihil adhuc nobilius*. *Hactenus* tamen pro *adhuc* est apud Tacit. *Agric.* 10. *Dispecta est et Thule, quam hactenus nix & hiems abdebat*. Cellar. *cur. post. p.* 407.

III. *Iuxta* non idem est ac *secundum*. Perperam itaque dicunt: *iuxta Homerum, iuxta diuinum oraculum*. Rectius dixeris, *iuxta* modo praepositionem, modo esse aduerbium, idemque notare, ac *prope, post, aequali modo*. Hinc dicitur, *sepultus iuxta viam Appiam*. Nep. *Attic.* 22. *Aestum hiememque iuxta ferens*. Pompon. Mela, I, 19. *Litteris Graecis & Latinis iuxta eruitur*. Sallust. *Bell. Iugurt.* 95. Hinc dicitur etiam *iuxta ac, iuxta atque, iuxta cum*. Exempla collegit Jac. Perizon. *ad* Sanct. *Minerv. I. p.* 102.

IIII. *Quamvis* non promiscue usurpandum pro *etsi, tametsi, licet*. Est enim contractum ex *quantumuis*, *) atque hinc iis demum locis recte ponitur, vbi solvi in has voces potest. Virgilius *Eglog. II. v.* 16.

Quamuis ille *niger*, quamuis *tu candidus esses*.

Id est, *quantumuis niger, quantumuis candidus*. Sanct. *Minerv. III. p.* 352.

*) Negat hoc V. C. Petrus Burmannus *ad Phaed. l. I. fab. XVIII. p.* 60. Et sane dicere iam malum, compositam esse particulam ex *quam* et *vis*; *quam* autem idem esse ac *quantum*, ut in illis: *quam essem occupatus, quam velit sit potes. Hic, quam velit, Epicurus iocetur*.

V. *Quandoque* non est *nonnumquam*, ut credere nos iubent vocabularia, sed *quandocumque*. Sanct. *Mineru. III. p.* 359. Io. Fr. Gronou. *ad Liu.* I, 24. Adde Burm. *ad Petron. p.* 638. et Vauassor. *de vi & usu quorumdam verb.* voce *quandoque*, vbi eleganter docent, *quandoque* non modo idem esse, ac *quandocumque*,

que, sed et aliquando pro *quando*, *quoties quotiescumque*, *si quando*, *tunc quum* accipi: veluti in illo Horatii *de arte poet.*

> - - - - - - - - *et idem*
> *Indignior*, QVANDOQVE *bonus dormitat*
> *Homerus*.

id est, *si quando dormitat*.

VI. *Quod* et *vt* quomodo differant, pauci norunt etiam qui in usu harum particularum non aberrant. Respiciendum est ad comma antecedens, quod quoties sequentis caussa est, vel esse saltim debebat, toties ponendum est *vt*. Sin minus: vel *quod*, vel *accusativus cum infinitivo*. Recte ergo dicitur apud Plinium *ep. I, 1. Frequenter hortatus es, vt epistolas, si quas paullo curatius scripsissem, colligerem*. Caussa enim, cur colligeret, debebat esse hortatio. Recte enim dicitur: *tanta in me exstant merita tua, ut ingrato mihi viuendum moriendumque videatur*. Caussa enim, cur ingrato moriendum, est magnitudo meritorum. Contra ea dicendum: *spero, eum sibi haud dissimilem futurum*. Spes enim non est caussa, cur ille sui similis futurus sit. Ex quibus sane patet, quam falso vulgo dicant: *sequitur, quod*. Veteres enim semper hic vsurpare solent *vt*. Vide Cicer. *Paradox. III.* et *de fato 12.*

XVI.

[illegible] in re facilius labuntur tirones, [illegible] SYNTAXI. Quum vero nostrum [illegible] regulas, quae in libellis grammaticis [illegible] omnibus habentur, repetere: se[illegible] hic institutum nostrum, et de [illegible] taxi *) animadversiones quasdam [illegible]

Cauenda denique falsa syntaxis.

*) Ta-

*) Tales sunt, quae sequuntur, obseruationes.

I. *Euadere* ante & post se habere nominatiuum, recte obseruant grammatici. At multi tamen elegantius se dicere putant: *tu euades in virum doctum*. Notanda ergo regula: Euadere *nominatiuum personae, et accusatiuum rei cum praepositione* in *postulat*, id est, si de persona loquimur, nominatiuo opus est: si de re, accusatiuo cum praepositione *in*. Liuius I, 39. *iuuenis evasit indolis regiae*. Cic. *in Bruto* 35. *T. Albucius perfectus Epicureus euaserat*. Terent. *Adelph. III*, 4. *Hæc licentia euadet in aliquod malum*. Nimirum *euadere* proprie notat terminum, ad quem quid pertingit, uti recte obseruauit Cortius *ad Sallust. de bello Iug. c.* 14. *p.* 472. et *c.* 52. *p.* 652. Vnde non modo cum praepositione *in*, sed et cum adverbiis ad locum iungitur. Sallust. *Iug. c.* 14. *Huccine, Micipsa pater, beneficia euasere?* Ter. *Andr. I*, 2. v. 4. *Heri semper lenitas, verebar, quorsum euaderet*. Vbi Donatus: *ad quam partem erumperet. Et euadere est, per quamcumque difficultatem ad aliquid pervenire*.

II. Genitiuum adsciscunt verba aestimandi. Sed iis perperam vulgo accensetur verbum Curo. Nihili ergo est phasis: *parui hoc curo*, pro qua veteres: *parum hoc curo*. Cellar. *Antibarb. p.* 234.

III. Vbi datiuum alias postularet constructio, ibi saepe vsus exigit praepositionem cum accusatiuo vel ablatiuo, & versa vice. Hinc Latinis ignota est syntaxis *communicare cui*, pro qua dicendum: *communicare cum quo, vel inter quos*. Cicero *epist. ad diuers. I*, 7. *et pro P. Quinct. IIII.*

Nec Latinum est *conciliare cum aliquo*, pro quo veteres semper dicunt *conciliare alicui*, Caes. *de bello Gall. VII*, 7. Sic et *incumbere*

libris

libris perperam dicitur, pro ſtudere. Veteribus enim placebat ſyntaxis: *incumbere in ſtudia, in curam, in rempublicam, ad laudem, ad reipublicae ſalutem, ad bellum*. Exempla collegit Cellar. *Antibarb. p.* 337.

IIII. *Vt, ne, quo, quin, an* numquam recipiunt futurum ſubiunctiui, ſed exigunt coniugationem periphraſticam. Caue ergo dicas, *neſcio an venerit*, pro *neſcio an venturus ſit*.

V. Quoties *iubeo* accuſatiuo perſonae iungitur, toties exigit infinitiuum actiuum; alias paſſiuus ponendus eſt. Sic recte dico: *librum adferri iuſſit, ſeruulum iuſſit librum adferre*. Neque tamen σολοικά, ſed rariora tantum ſunt *iubeo tibi, iubeo vt*, ceu exemplis compluribus demonſtrant Iac. Perizon. ad Sanct. *Mineru. II, p.* 125. Cellar. *Antibarb. p.* 238. *et* 256.

VI. Adiectiva cum infinitiuis non temere iungenda ſunt, quia hoc Graeciſmum redolet. Plerumque enim Latini vel gerundium, vel ſupinum, vel coniunctionem *vt* cum coniunctiuo prout res poſtulat, poſt adiectiua ſolent vſurpare. v. c. *cupidus diſcendi, facile ad intelligendum, vel intellectu, dignus, qui (vt) laudetur, mirabile viſu*.

VII. *An* in dubitatiua ſententia repetere vix conſueuiſſe Ciceronem, iam obſeruauit Cellar. in *Antibarb. p.* 228. Semper enim elegantiores priore loco *vtrum* vel encliticum *ne*: poſteriore demum *an* ponunt. Curt. III, 4. *Alexandro, vtrum perſeueraret, an abiret, ſatis incerto*. Quod ſi tria ſunt quaeſtionis membra, primum comma *ne*; poſteriora *an* exigunt. Cic. *pro S. Roſc.* 41. *Quaero abs te, iine, qui poſtulabant, indigni erant, qui impetrarent? an iſte non commouebat, pro quo poſtulabant? an res ipſa tibi iniqua videbatur?*

VIII. In constructionibus cum praepositionibus danda est opera, vt ne sine veterum exemplo loquamur. Sic non optime dicitur: *versari circa aliquam rem*; melius *versari in aliqua re*. Ita enim semper loquitur Cicero *). Prius tamen placuit Senecae *ad Marc.* 29. et Sueton. *de Gramm.* 17. Male quoque dicitur: *ita comparatum est cum hac re*: melius Cicero in *Lael.* 28. *Ita ratio comparata est vitae naturaèque nostræ*. Terent. *Heaut. III.* 1. *Ita comparata natura omnium hominum*. Talis etiam est formula: *ita se res habet cum hoc*, de qua Cellar. *in Antibarb.* p. 213.

*) Aliquando *versari* idem est ac *circumagi*, *vexari*, *agi*: Et haec est elegans loquutio, quae & ipsa eamdem constructionem cum *in* postulat. Ita Sallust. *Iug.* c. 14. *Semperne in sanguine, ferro, fuga versabimur?* Ita et actiue *versat nos cura*, et Horat. *Lib. II. Epist. II.* v. 90.
Qui minus argutos versat furor iste poetas.
Conf. Cort. *ad Sallust.* p. 473.

XVII.

Fundamenta syntaxeos ornatae.

Praecipue hic locum inuenit syntaxis ORNATA, quippe quam vulgo praetermittunt grammatici. Ea vero quum partim in positione, partim in additione, partim in abiectione, partim denique in commutatione vocum consistat: de singulis non obiter agemus.

XVIII.

De vocum positione an quaedam existent certae regulae.

Ad positionem vocum quod attinet, quamquam is est linguae Latinae genius, ut in ea verborum ordo non tam arctis legibus adstringatur, ac in aliis linguis: caue tamen existimes, plane nullum in ea

esse

esse certum verborum ordinem *). Quare non perinde est, quo ordine colloces vocabula, sed observandae sunt regulae quaedam, quae dici non potest, quantum elegantiae sermoni Latino concilient **).

*) Mireris ergo, quo jure scribere potuerit Iac. Lodoicus Strebaeus *de elect. et colloc. verb. I, 4. p. 18. In oratione nulla verbo propria sedes est, nullus certus et immutabilis locus, nullus unquam fuit sic destinatus ordo, ut eius mutatio deformis et inelegans esset*. Sane quantum ratio hunc virum doctum fugiat, vel inde patet, quod ordo verborum, in poetis facile tolerandus, in oratione soluta plane absonus esset futurus. Ait Horatius *Carmin. Lib. IIII. od. XV. v. 1, 2.*

Phoebus volentem praelia me loqui
Victas & Vrbes increpuit, lyra.

Iam si quis in prosa oratione, eodem servare verborum ordine, diceret: *pater volentem servos filium occidere, miseras & ancillas, castigavit, gladio*: quis, quaeso, ferret ita loquentem? Ex quo sane clarissime patet, in Latina quoque lingua esse aliquem verborum ordinem, certasque adeo regulas, quae nisi obseruentur, confusum ac hiulcum inde nasci oporteat orationis genus.

**) Vere ergo ordo et collocatio verborum in eloquentia omne fert punctum, adeo, vt quidquid orationi gratiae inest, pereat, si verborum turbes ordinem. Elegantissima sunt illa Ciceronis *de orat. I, 1. Cogitanti mihi saepe numero, et memoria vetera repetenti, perbeati fuisse, Quincte frater, illi videri solent, qui in optima republica, quum & honoribus et rerum gestarum gloria florerent, eum vitae cursum* *tenere potuerunt, vt, vel in negotio sine periculo, vel in otio cum dignitate esse possent.* Iam verborum tantum collocationem muta, & periodum hunc in modum refinge: *Quincte frater, saepe numero mihi cogitanti, et repetenti memoria vetera, illi perbeati fuisse videri solent, qui quum et honoribus florerent, et rerum gestarum gloria, eum potuerunt tenere cursum vitae, vt vel sine periculo in negotio, vel cum dignitate esse possent in otio.* Tuam fidem, lector, an pristinae elegantiae Ciceronianae vel vola vel vestigium superest? Nonne coquum potius aliquem aut calonem, quam Ciceronem audire tibi videris? Et tamen verba omnia Ciceronis retenta, solumque immutatum esse ordinem et collocationem verborum animaduertis. Quae quum ita sint, quantum hac in re positum sit momenti, satis superque intelliges.

XVIII.

Quales sint illae regulae.

Operae pretium itaque fuerit, potiores, quae huc pertinent, regulas paullo accuratius exponere, idoneisque illustrare exemplis *), vt quis sit hac in re linguae Latinae genius, tanto facilius possit intelligi.

*) Multi iam inde a renatis litteris prodierunt libelli de elegantiis Latinae linguae, in quibus etiam de ordine et collocatione verborum praecipere solent auctores. Sed quum & hic multa parum adcurate, multa perperam dicantur: nos ea, quae certa sunt, consectabimur.

De transpositione regulae.

I. *Vocatiuus non statim ab initio, sed plerumque* *) *post aliquot verba, nonnumquam etiam in posteriore periodi membro locum occupat.* Nepos *in prooem.* 4. *Non dubito, fore plerosque, Attice, qui hoc genus scripturae leue, ac non satis dignum summorum virorum personis iudicent.* Cicero

cero *in orat.* 1. *Verum difficilius, aut maius esset negare tibi saepius idem roganti, an efficere id, quod rogares, diu multumque*, Brute, *dubitaui*. Vbi vocatiuus in postremum denique periodi membrum eleganter reiectus est.

*) Attamen, si adfectus exprimendus sit, vocatiuus et primum statim lo um recte occupat, et nonnumquam bis vel ter repetitur. Terent. *Andr. I, 5. v. 47. o Mysis, Mysis, etiam nunc mihi scripta ita dicta sunt in animo Chrysidis de Glycerio.* Vbi Donatus: *Primum vocandi, alterum increpandi est*. Ego vtrumque adfectus cuiusdam esse existimo, vti illud Ciceronis *ad Q. Fratrem; Mi frater, mi frater, mi frater.*

II. *Casus obliqui, si id sensus orationis ferat, eleganter nominatiuo praemittuntur*. Cic. *orat. 2. Nec simulacro Iouis Olimpii, aut Doriphori statua deterriti, reliqui minus experti sunt, quid efficere, aut quo progredi possent*. Si hic nominatiuum *reliqui deterriti* priore loco posueris, omnis peribit periodi venustas.

III. *Propositiones, incidentes à Logicis vocatae, eleganter adiectiuis et substantiuis, aut certe reliquae orationi interseruntur*. Cic. *Catilin. III, 1. Profecto quoniam illum, qui hanc urbem condidit Romulum, ad Deos immortales beneuolentia, fama extulimus*. Hic propositio, *qui hanc vrbem condidit*, incidens est. Idem *Catil. IV, 10. Anteponatur omnibus Pompeius, cuius res gestas atque virtutes iisdem, quibus solis cursus, regionibus ac terminis continentur*. Hic denuo incidens propositio, *quibus solis cursus*, non potuisset elegantiorem locum, quam inter adiectiuum et substantivum occupare.

IIII. *Idem tenendum est de ea propositione, quae comparatiuos, aut verba* malo et praestat, *sequitur*. Haec enim eleganter comparatiuo,

 aut

aut certo verbo suo praemittitur. Sic eleganter Cicero *pro M. Marcello* I. *Est vero fortunatus ille, cuius ex salute non minor paene ad omnes, quam ad illum ventura sit, laetitia peruenerit* *) Muta quaeso vocabulorum ordinem, & propositionem, *quam ad illum ventura sit* postremo loco pone; denuo profecto videbis, totam orationem hiulcam fieri. Ita eleganter etiam dixeris *vir pace, quam bello, illustrior*; minus eleganter *vir illustrior pace, quam bello*.

*) Bis loquendi genere in vna eademque periodo utitur Quinctil. *Instit. orat. l. V. c. 13. Tanto est accusare, quam defendere, quanto facere, quam sanare vulnera, facilius*.

V. *Propositiones conditionales nonnumquam eleganter veluti per* παρένθεσιν *reliquae orationis inseruntur*. Cor. Nep. *Agesil.* 5. *Namque illa multitudine, si sana mens esset, Graeciae supplicium Persas dare potuisse*.

VI. Eiusdem conditionis sunt formulae: *mihi crede, pro eo, ac debui, pro tua sapientia, qua es animi perspicacia, qui est insignis tuus in nos amor, ut tum erant tempora, cet.* Eae enim omnes quasi per παρένθεσιν reliquae orationi inseruntur, e. g. Cic. *epist. ad divers. XII. 1. Finem nullum facio*, MIHI CREDE, *Cassi, de te et Bruto nostro, id est, de tota republica, cogitandi*. Ad eumdem Sulpitius *epist. IIII, 5. Posteaquam mihi renunciatum est de obitu Tulliae, filiae tuae, sane quam*, Pro eo. Ac Debui, *graviter molesteque tuli*. Nepos *Attic.* I. *Patre vsus est diligente, indulgente, et* VT TVM *erant tempora, diti*. Eleganter admodum sunt hae similesque parentheses, et hinc veteribus familiarissimae.

VII.

VII. *Coniugationum tempora ex participiis et verbo substantiuo composita pereleganter divelluntur, et quaedam inter utraque inseruntur.* Cic. *epist. ad Q. Fratrem I, 1. Non dubitabam, quin hanc epistolam multi nuntii, famaque denique ipsa* ESSET *sua celeritate* superatura. Rescribe superatura esset, et multum peribit elegantiae. Idem *de finib. II, 16. Nulla quaestio* Decreta *a senatu* est.

VIII. *Nec minor est orationis elegantia, si duo verba, quorum alterum ab altero regitur, eodem modo sejungantur.* Cic. *de fin. II, 16. Quae est ista laus, quae* possit *e macello* peti? Idem *de offic. II, 20. Sed quum in beneficiis collocandis aut mores* Spectari, *aut fortuna* soleat.

VIIII. *Comparativi et superlativi elegantissime periodum claudunt.* v. c. Manut. *epist. I, 20. Solent esse, quae minus exspectantur,* Laetiora. Cic. *de nat. Deor. I, 20. Hunc Deum rite beatum dixerimus; vestrum vero* Laboriosissimum.

X. *Eleganter quoque postremum in oratione locum occupant casus obliqui a voce* nemo. Plin. *epist. IV, 30. Ego videor habere multos amicos: sed hujus generis, cujus et tu quaeris, et res exigit, prope* neminem.

XI. *Adiectiua substantiuis siue praeponas, siue postponas, perinde est.* Pronomina tamen possessiua *meus, tuus, suus, noster, vester,* substantiuis suis saepissime postponuntur. Sin addatur praepositio cum suo casu, perinde erit siue praeponas, siue postponas, dummodo praepositionem cum casu suo inferas inter adiectiuum et substantiuum. Sic semper dicunt Latini: *Amici tui, rerum suarum, sententiam meam.* Ast promiscue dicunt: *amor erga me tuus, tuorum erga me meritorum.* Vid. Cic. *epist. ad divers. I, 1.*

XII. *Plura varius commatis pronomina scite coniunguntur. v. c. si qua tibi nostrae cladis est memoria.*

XIII. *Inter adiectiuum et substantiuum aliquid interponere solere Latinos, iam pueris notum est.* Prouidendum tamen, ne interpositio ita sensum turbet, aut adfectationis aliquid redoleat. Eleganter ait Nepos *Alcib.* 9. *Quem quidem adeo sua cepit humanitate.* At si dixeris: *adeo sua quidem quem humanitate cepit*: nulla amplius erit orationis venustas.

XIV. Coniunctiones, *si, nisi, vt* voci uni aut alteri eleganter postponuntur. Corn. Nep. *Milt.* 1. *Id si fecissent*, Elegans in primis est nihil ut: *litterae tuae ita conscriptae sunt*, nihil vt *iis esse possit elegantius*. Immo generatim Tursellin. *de partic. Lat. orat. capit.* 200. *§.* 4. *pag.* 146. *edit. Rich. Ketelii*; vt *saepe elegantiae caussa ex primo loco recipit se in secundum, praesertim si cum* vix, nullus, nemo, tantum, *copulatur*: *vix vt, nullus vt, nemo vt, tantum vt. Exempla passim exstant.* Idem obseruat de coniunctione *si*, quae pronominibus praecipue eleganter postponitur, *cap.* 168. §. 4. *p.* 118.

XV. *Si aliena verba recensentur, non vtendum est formulis*; ita dixit, in haec verba erupit, *cet. sed verbis* inquit, ait, *quae semper post verba nonnulla ipsi inseruntur orationi.* Cornel. Nep. *Att.* 4. *Cuicum persuadere tentaret; noli, oro te,* inquit *Pomponius, aduersus eos me velle ducere, cum quibus ne contra te arma ferrem, Italiam reliqui.* Et c. 21. *Hos vt venisse vidit, in cubitum nixus; Quantam,* inquit, *curam diligentiamque in valetudine mea tuenda hoc tempore adhibuerim, quum vos testes habeam, nihil opus est pluribus verbis commemorare.*

Lo-

Locum id habet, si verba directe recenseantur. Nam si oblique; omnia per accusatiuos et infinitiuos proferuntur, sine verbo *inquit* Tac. *Annal.* I, 4. *Pars multo maxima imminentes dominos variis rumoribus differebant, trucem Agrippam, et ignominia accensum, neque aetate, neque rerum experientia tantae moli parem. Tiberium Neronem maturae aetatis, spectatum bello, sed vetere et insita Claudiae genti superbia, multaque indicia saevitiae, quamquam premantur, erumpere.*

XVI. *In ordine et collocatione vocum quam maxime etiam cauenda* ὁμοιοτέλευτα, *seu similiter cadentia, quae vix fert subtile Romanorum aurium iudicium*. Sic statim aures offenderent haec: *non aliquo timore, sed partim dolore*. Ast elegantius Cicero *pro Marcello* 1. *Diuturni, inquit silentii, quo eram his temporibus usus, non timore aliquo, sed partim dolore, partim verecundia finem hodiernus dies attulit*. Si ergo transponas quaedam vocabula, facile ὁμοιοπτέλευτα cauebis. Sic κακοφωνία offendent, quae sequuntur: *neque vero disiunctissimas terras citius potuisse peregrari cuiusquam* passibus, quam tuis cursibus. Elegantius Cicero *pro Marcell.* 2. *Nec vero disiunctissimas terras citius cuiusquam potuisse peragrari passibus, quam tuis non dicam cursibus, sed victoriis illustratae sunt*. Mireris ergo, ecclesiae patres, & maxime Augustinum, maximas in hisce κατ' ἀναφορὰν quaesiuisse delicias.

XVII. Denique et id cavendum in ordine et collocatione verborum, *ne imprudenti tibi versus loco prosae orationis nascantur*. Quinctil. *Inst. orat. Lib. VIII.* c. 4. Sane nec ipse Cicero sibi ab hoc orationis naeuo satis cavere potuit. En enim hexametrum, qui illi in oratione *pro Archia*. 1. obrepsit.

In quo me non inficior mediocriter esse
Versatum,

Et *Libro III.* de oratore, vbi ipse hoc vitium incessit, totum distichon imprudens inseruit: *ac mihi quidem veteres illi maius quiddam animo*
Complexi, plus multo etiam vidisse, videntur,
Quam quantum nostrorum ingeniorum acies.

XX.

Regulae de additione vo[cum].

Haec de positione atque ordine vocabulorum sufficiant. Non minor in additione vocum quarumdam sita est elegantia, de qua ipsa quoque paucas easque perspicuas dabimus regulas *).

* Regulae potiores hae fere sunt.

I. *Initio periodi saepe ponitur* ego, *quod alias omitti posset, et tunc ei additur* vero. Cic. *epist. ad divers. IIII, 6. Ego vero, Serui, vellem in meo grauissimo casu adfuisses.* Immo generatim hoc indicium est responsionis, qua alterius dicta probamus. Cicero *l. VIIII. ad diuers. epist. 5. Mihi vero ad Nonas bene maturum videtur fore.* Idem *l. XVI. epist. 23. Tu vero confice professionem, si potes.* Ter. *Eunuch. V, 2. v. 45. Ego vero maneo.* Vbi Donatus: *modo* vero *consentientis est aduerbium.*

II. Quoties de nobis ipsis loquimur modestiae caussa addimus *quidem*. Plaut. *Epidic. I, 2. v.* 8.

Iam istoc probior es, meo quidem animo,
cum in amore temperes.

III. *Superlatiuis eleganter adduntur adverbia* quam, longe, multo, v. c. *longe audacissimus, multo iucundissima, quam occultissime traiecto amni.* Liv. *Hist. XXI. 27.*

IIII.

IIII. *Eleganter quoque iisdem superlatiuis additur* quisque. V. C. Cic. *pro Archia* 11. *Trahimur omnes laudis studio, et optimus quisque maxime gloria ducitur.*

V. *Comparatiuis quoque non sine elegantia addes ablatiuos* iusto, solito, dicto, spe, opinione, v. c. *ad rem iusto attentior, solito maior, dicto citius, spe melior.* Exempla plura collegit Cortius *ad Sallust. p.* 785. Ipse Sallust. *Iug. c.* 85. *Opinione asperius est.* Cic. *in Bruto c.* 1. addit *omnium; opinione omnium maiorem cepi dolorem.* Sall. *Iug. c.* 75. *Commeatus spe amplior.* Seneca *de mort. Claud. c.* 16. *Dicto citius.*

VI. Verbis quae *spem* vel *opinionem* denotant, Latini eleganter addunt *fore* vel *futurum esse, sequente vel* qui, *vel ut cum praesente vel imperfecto coniunctiui.* Nep. *prooem.* 1. *Non dubito, fore plerosque, Attice, qui hoc genus scripturae leve, et non satis dignum summorum virorum personis iudicent.* Eodem modo dicitur: *spero fore, vt in gratiam tecum redeat. Numquam ratus sum fore (futurum) ut tantae opes tam celeriter conciderent.*

VII. *Eamdem prae se elegantiam ferunt formulae,* accidit, fit, factum est, futurum est, *quae verbis additae euentum vel consequentiam indicant.* Sufficeret sane, si diceres: *putaresne, mihi vmquam verba deesse posse?* Sed elegantius Cicero: *putaresne vmquam accidere posse, vt mihi verba deessent?* Ita et Nepos *Alcib.* 3. *Id quum adpararetur, priusquam classis exire,* accidit, *vt una nocte omnes Hermae deiicerentur.* Eodem exemplo dices: *quum in eo esses, vt oppido potiretur,* factum est, *nescio quo casu, ut pars muri corrueret.* Item; *nisi signum receptus dederis,* futurum est *profecto, ut rem famamque perdas.*

VIII. *Quaestio* quid *vel* cur *eleganter augetur formula veteribus frequentissima;* quid est,

quod

quod v. c. *quibus subtractis, quid est; quod delectare nos possit?*

VIIII. *Nominibus propriis obscurae famae, contemtus caussa, additur* quidam. Sic apud Nepot. *Paus.* 4. *est Argilius quidam*. Et in *Cimon.* 1. *Callias quidam*. In *Dione* 8. *Callicrates quidam*, et paullo post, *c.* 10. *Lyco quidam*. In *Timoleonte*, *c.* 5. *Huic quidam Lamestius, homo petulans et ingratus, vadimonium quum vellet imponere.*

X. *Coniunctionibus* si, et, nisi *saepe praemittitur* quod. Nep. *Eum.* 8. *Quod si quis illorum veteranorum legat facta, paria horum cognoscat*. Et in *Hannib.* 1. *Quod nisi domi civium suorum invidia debilitatus esset, Romanos videtur superare potuisse.*

XI. *Similis pleonasmus est in sequentibus*; id quod, pro quod. *Vt Ne*, pro *ne*. Nep. *Datam.* 4. *Existimans, id quod accidit, facilius se imprudentem parva manu oppressurum*. Cicero *pro Ligar.* 4. *Vt Romae ne sit.*

XII. *Emphaseos caussa adiectiuis aeque ac substantiuis eleganter additur* Isque, v. c. *filium habeo eumque vnicum*. Cicero: *Pansa, isque consul, non erubuit declamare.*

XIII. Verbo saepe iungitur participium, tamquam consequenti antecedens. Nep. *prooem.* *Quum* Relatum *legerint*. *Relatum* est antecedens: *legerint* consequens. Sufficisset alterutrum, sed utrumque iungitur elegantius. Eodem exemplo dicitur: *per manus traditum accepimus*, *vel antiquitus traditum accepimus*, uti apud Quinct. *Inst. orat. lib. V. c.* 2. Quin immo aliquando fere συνώνυμα iunguntur, uti apud Sallust. *Catil. c.* 1. *utrumque per se indigens, alterum alterius auxilio eget*. Plura huius generis collegit Cort. ad *Sallust. p.* 396. veluti illa Caes. *de bello civ. lib. I. cap.* 65. *Quos ubi Afranius procul visos conspexit*: et

Li-

Liuii *lib. II. c. 5. Ille est vir, qui nos* extorres expulit *patria.*

XIII. Interrogationibus eleganter additur: *Quaeso, obsecro, amabo*, aut si ex ira procedunt, *malum*. Terent. *Heaut. I, 1. v. 31.*

Quaeso, quin de te tantum meruisti?

Plaut. *Casin. I, 1. v. 3.*

Quid tu, malum, me sequere?

XXI.

Nec non de earumdem abiectione.

Quemadmodum vero additio elegantiam conciliat orationi: ita et quarumdam vocum abiectio vel omissio mirifice eamdem ornat. Nos, missis rarioribus ellipsibus, quas studiose collegerunt SANCTIVS et PERIZONIVS*) nitidiores tantum et optimas tum aphaereses, tum ellipsas hic more nostro recensebimus **).

**) Multae apud veteres occurrunt ellipses, quae excusandae potius, quam laudandae videntur. Et has sane inculcat Sanctius *lib. IIII. Min. et* [illegible] *seq.* Quis enim cum Horatio diceret: *ventum erat ad Vestae*, scilicet aedem? Non quidem exemplo iste carent, nec abstinent Cicer. *ad diuers. lib.* XIIII. *epist.* 2. et [illegible] *I, 33. et 41.* sed haec Graecismo [illegible]erunt.

[illegible] Potiores de vocum syllabarumue de[illegible] hae fere sunt.

I. [illegible], Aliquando, Alicubi, *priores syllabas* [illegible] *amittunt post coniunctiones* Si, ne, [illegible], num, quo, quanto. *Cic. pro* [illegible] *quid in me est ingenii.* Plin. *ep. I.* 10. [illegible] *nostra liberalibus studiis* [illegible] *floret.* Cic. *epist. ad diuers. X,* [illegible] *ne quando quid*

ema-

emanet. Similia sunt: sicubi *hostis futurus est*. Quo quis *doctior est*. Quanto quis *ditior est*.

II. Totum pronomen Aliquis abiicitur, si sequatur relativum, Qui. Sallust. *Catil*. c. 22. *Fuere ea tempestate, qui dicerent*. Sic eleganter dixeris: *est, quod te velim*. *Est, de quo tecum confabuler*.

III. *Frequenter etiam omittuntur substantiva*, Locus, tempus, occasio, v. c. *non est, vbi pedem ponat*. *Erat, quando serio istiusmodi agebantur*. Cic. *Catil*. I, 10. *habet, vbi ostentet illam praeclaram patientiam tuam*.

IIII. *Nihil quoque frequentius est omissione coniunctionum* VT, NE, v. c. *fac venias; hac curae tibi sint, precor; caue existimes, malus homo sit oportet*.

XXII.

Fundamenta variationis grammatica.

Denique, quum nihil sit, CICERONE iudice, taediosius, quam si stilus semper sit idem: eae quoque regulae, quae ad mutationem variationemque grammaticam *) vel omnium propositionum, **) vel vocum quarumdem, ***) pertinent, non erunt nobis praetermittendae.

*) Variatio vel grammatica est, vel rhetorica. Vtramque at non eodem modo, inculcant Erasmus Roterod. *de copia verborum et rerum*, Micraelius *de copia verbor*. et qui instar omnium est Augustus Buchnerus *de commutata ratione dicendi*. *Lips*. CIↃIↃCLXXXVIIII, 12. Nobis, quum in fundamentis grammaticis versemur, cum variatione rhetorica nihil hic est negotii.

**) Variatio grammatica duorum generum est. *Vel* enim in vniuersum ad omnes pertinet

tinet propositiones, adeo, vt quemadmodum ex vna cera plures imagines, ita ex eadem sententia plures fingi possint periodi. *Vel* quibusdam tantum formulis et loquutionibus est propria. Et ad primam quidem quod attinet, ad illam referendae sunt regulae sequentes.

I. *Simplicissima est variatio per phrases, et loquutiones synonymicas.* Ait Terent. *Andr. I. 1. v. 50. ingenium est omnium hominum a labore procliue ad libidinem.* Hanc sententiam per periphrases synonymicas ita variabis: *Ea est mortalium omnium indoles, vt a labore ad voluptatem ruant. Ita comparata est omnium hominum natura, ut labor cedat voluptatis illecebris, et quisque libidini, quam rei familiari, operam dare malit, cet.*

II. *Talis etiam est variatio per casus*, cui mature adsuefieri oportet adolescentes, ne meras pro elegantiore stilo proferant enunciationes logicas. Ait Nepos *Alcib. 1. In hoc* natura *efficere quid possit, videtur experta.* In genitiuo dixeris: *In hoc,* naturae *quanta vis sit, quantaque efficacia, satis perspectum est.* In datiuo: naturae *efficere quid liceat, vel huius exemplo compertum est.* In accusatiuo: *In hoc* naturam *efficere quid possit, experiri voluisse arbitror.* Denique in ablatiuo: *In hoc, quid a* natura *effici possit, est intellectum.*

III. *Adiectiuum eleganter in substantiuum, et hoc in illud commutatur.* Esto propositio: *Erat satis eloquens, liberalis, prudens iuris ciuilis aeque ac rei militaris.* Hanc ita commutat Nepos *in Cimon. 2. Habebat enim satis eloquentiae, summam liberalitatem, magnam prudentiam cum iuris ciuilis, tum rei militaris.* Ita si propositio esset haec: *Inuidi obstiterunt eius virtuti*, variatio posset perit ex Nepot. *Hannib. 1. Multorum obtrectatio deuicit vnius virtutem.* Sic perinde erit, siue dicas, *tanta in me exstant beneficia*

tua,

tua, siue: *tanta est tuorum in me beneficiorum multitudo*.

IIII. *Saepe nomen mutari poterit in verbum, vel contra*, maxime si superlatiui vel comparatiui adsint. e. g. *Omnibus par, et plerisque melior*. Ast elegantius Nepos *Themist.* 1. *Antefertur huic nemo, pauci pares putantur*.

V. *Superlatiui saepe in comparatiuos mutantur*, e. g. *In virtutibus aeque ac vitiis fuit excellentissimus*. Pro quo Nepos *Alcib.* 1. *Nihil illo fuit excellentius, vel in vitiis, vel in virtutibus*.

Multo elegantior haec fit variatio, si istud *nihil* aliquoties ὁμοιοτελεύτοις repetatur. Cicero *ad diuers. l. VIII. epist.* 14. *Nihil est enim, mihi crede, virtute formosius, nihil pulcrius, nihil amabilius*. Loco *est* in eadem formula eleganter nonnumquam adhibetur *excogitari potest, fingi potest*, v. c. *Nihil hoc puero excogitari potest venustius*.

VI. *Saepe etiam variatio optime procedit per participia*, quae dici non potest, quantum ornent orationem. Participia vero ponuntur, partim, ubi occurrit relatiuum QVI, partim, vbi in Germanica lingua sunt particulae *nachdem, als, da, wenn, weil*, partim, quando duo commata per coniunctionem copulatiuam ET coniunguntur. De singulis dabimus regulas.

(I) Quoties occurrit pronomen, Qui, toties omisso illo, ponitur participium eiusdem significationis et temporis, Phaedr. *Fab. I*, 15. *v.* 1. *Malus quum sutor, inopia deperditus, medicinam ignoto facere coepisset loco*. Hic *inopia deperditus* *) idem est, ac *qui inopia perierat*. Ita et recte dicit Cicer. *Catil. II*, 1. *Catilinam, furentem audacia, scelus anhelantem, pestem patriae nefariae molientem*.

*) Scheferus *ad h. l.* notat, omissam videt particulam *et*, vel potius, legendum esse

ino-

inopiaque perditus, quod posterius et ipse probo. At si vtrumque concedas, tamen quadrabit exemplum. Nam *et deperditus* vel *inopiaque perditus* idem est, ac *et qui inopia perierat*.

(*II*) Si occurunt particulae, *als*, *da*, *nachdent*, *tveil*, videndum, utrum duo adsint nominatiui, an vnicus. Si duo: prius comma mutatur in duos ablatiuos consequentiam designantes, e. g. *Quum amici hortarentur, vt Graeciam in suam redigeret potestatem, Darius classem quingentarum nauium comparauit.* Duo hic adsunt nominatiui: *amici* et *Darius*. Hinc Nepos *Miltiad.* 4. prius comma mutat in duos ablatiuos: *Darius autem, hortantibus amicis, ut Graeciam in suam redigeret potestatem, classem quingentorum nauium comparauit.* Sed absurde diceres: *Christo cruci adfixo, sanguinem effudit.* Vnicus enim hic adest nominatiuus. Recte vero: *Christo cruci adfixo, solis defecit lumen.* Negari equidem nequit, esse exempla, vbi duae orationes, hoc modo iunctae, sunt eiusdem suppositi: e. g. Plautus *in mil. glorioso*: *Si ego, me sciente, paterer vicino meo eam fieri iniuriam.* Qualia quam plurima collegit Sanctius in *Minerua lib. II. c. 7. p. 136. seq.* Sed haec tamquam rariora non frequentanda putaverim.

(*III*) *vnicus abest nominatiuus, prius comma itidem potest in participium commutari, sed ita, vt illud in eo casu ponatur, quem adsumit nomen vel verbum commatis posterioris* ex. gr. *Quum Christus cruci adfigeretur, manus eius sanguine stillabant.* Hic manus est substantiuum, quod quum genitiuum regat, participium necessario in casu genitiuo ponitur, hoc modo: *Christi cruci adfixi manus sanguine stillarunt. Quum hac de re cogito, mirum mihi videtur.* Hic *videtur* postulat *datiuum*. Ergo participium in datiuo ponendum, dicendumque: *cogitanti mihi hi hac de re, permirum videtur. Postquam eum satis excruciauerant, denique necarunt*. Necare postulat accusatiuum, ergo dicendum: *excruciatum denique necarunt*.

(IIII.) Si duo commata per *et* copulantur, vel prius vel posterius in participium commutatur, omisso *et*. e. g. Nep. *Milt*. 1. *Ex his delecti Delphos deliberatum missi sunt*, id est, *ex his quidam delecti, et Delphos deliberatum missi sunt*. Eodem exemplo dixeris: *quem retractum ex itinere parens necari iussit*. Sallust. Catil. 39. *Muneribus ornatum a se dimisit. Allocutus milites, in vrbem rediit*.

VII. *Gerundia eleganter in participium in dus commutantur*. e. g. Nepos *Miltiad*. 3. *Miltiades hortatus est pontis custodes, ne a fortuna datam occasionem liberandae Graeciae dimitterent*. Vbi *liberandae Graeciae*, ponitur pro *liberandi Graeciam*.

***) Sed haec de variatione generali. Sunt præterea variationes quaedam, quae ad has vel illas formulas pertinent, e quibus paucas veluti exempli caussa delibabimus.

I. Initio huc pertinent variae descriptiones superlatiui, quales sunt quae sequuntur. Cicer. *epistol. VI*. 9. *Cum A. Caecina mihi tanta familiaritas consuetudoque semper fuit, vt nulla maior esse possit*. Nep. *Miltiad*. 1. *Et antiquitate generis, et gloria maiorum, et sua modestia vnus omnium maxime floruit*. Idem *Timoleon*. 1. *Namque huic uni contigit, quod nescio, an vlli, vt cet*. Item; *sic rogo, vt qui maxime et summa contentione solent*. Terent. *Andr. act. I*. 1. *Adolescentula forma et vultu, Sosia adeo modesto, adeo venusto, ut nihil supra*. Tac. *Germ*. 9. *Auspicia sortesque, vt qui maxime, obseruant*. Vellei. Pat. II. 35. *Vir in tantum laudandus, in quantum virtus intelligi potest*.

II. Quo, eo, *vel* quanto, *si occurrunt, elegan-*

ganter mutari poterunt ita, vt in priore commate vt quisque; *in posteriore* ita *ponatur*: Sallust. *Iugurth. c.* 81. *Post vti quisque opulentissimus videatur, ita Romanis hostem fore*; id est, *quo quis erit opulentior, eo magis hostis Romanis videbitur.* Nec aliter Cicero *de orat. c.* 2. Seneca *de constant. c.* 11. Caes. *de bello ciu. lib.* 7. *c.* 2. Sed pro eo *tam* et *quam* vtitur Sallust. *Iugurth. c.* 31. quam *quisque pessime fecit, tam maxime tutus est*. Similia exempla ex Lucretio et Varone adducit Cortius *in notis p.* 562. vbi etiam obseruat, Gellium *noct. Attic. XVIII.* 3. iunxisse quanto *et* tam maxime. *Qui maledicit et vituperat*, quanto *id acerbius facit*, tam maxime *ille pro iniquo et inimico ducitur*. Sed non est inter elegantissimos scriptores Gellius, ut quae ille singularis habet, imitare velis.

III. Non modo, sed etiam *variis modis eleganti variatione redduntur*. Exempla id docebunt. Nepos apud Lactant. *Instit. III*, 15. Tantum abest, *vt ego magistram esse putem vitae philosophiam, beataeque vitae perfectricem*, vt *nullis magis existimem opus esse magistris viuendi, quam plerisque, qui in ea disputando versantur*, id est, *non modo philosophia non est magistra vitae, sed ipsis etiam philosophis magistris opus est*. Cicer. pro Marcell. *c.* 2. *Nullus est tantum flumen ingenii, nulla dicendi aut scribendi vis, tantaque copia, quae* non dicam *exornare*, sed *enarrare res tuas gestas possit*, id est, *non modo exornare, sed & enarrare res gestas tuas nemo potest*. Tacit. *Annal. XIII*, 20. *Sed cuicumque, nedum parenti, defensionem tribuendam*, id est; *non parenti modo, sed cuicumque etiam defensionem tribuendam.*

IIII. Dico, *sequente* non, *mutatur in* nego, Cicer. *Catil. III. Negaui, me esse facturum.*

V. Oportet, *variis exprimitur formulis*, *quales* sunt quae sequuntur: Cicer. *Phil. XI*, 6. Non

6. Non possunt non *prodige viuere*, *qui nostra bona sperant*, *quam effundant sua*. Facere non potui, *quin te hortarer*. *Dandam tibi hanc operam* duxi.

VI. Quidam *etiam exprimitur per* nescio quis. Terent. *Adelph. IIII*, 4. *Prodit nescio quis*.

Ita et *forte fortuna*, exprimitur *Nescio quo casu*. *Nescio quo pacto*. *Nescio quo fato meo*.

VII. *Pro* totus *saepe occurrunt formulae*, Quam longum est. Quantus quantus est, quam late patet, v. c. *Mare, quam longum est*. *Germania quam late patet*. *Eleganter* Cicero *pro Marcello c. 2. Totum hoc, quantumcumque est, quod certe maximum est, totum est, inquam, tuum*. Plura huius generis dedit v. c. Petrus Burmannus ad illa *Ouidii Amor. I, 2. v. 3.*

Et vacuus somno noctem, quam longa *peregi*.

ita enim ad Virgil. *Aen. IIII. v. 193.*

Nunc hiemem inter se luxu, quam longa, *fouere*,

et *l. VIII. v. 87.*

Thybris ea fluminum, quam longa est, *nocte tumentem*;

Leniit.

CAPUT II.

De fundamentis Stili Rhetoricis.

I.

Qualia hic intelligantur fundamenta rhetorica?

Leuiora fuerunt, quae superiore capite monuimus, eaque, si mens non laeua fuisset, iam in ipsis scholis inferioribus diligentius imbibi oportuerat. Iam ad grauiora pergimus, id est, ad fundamenta RHETORICA. Quemadmodum vero superiore capite non ipsam complexi sumus grammaticam: ita et hic non uniuersam rhetoricam *) sed ea tantum, quae ad stilum faciunt, trademus fundamenta.

*) Rhetoricam *de inuentione, dispositione, eloquutione, et actione* praecipere, nemo ignorat. Verum nobis cum sola eloquutione negotium est: de qua operam dabimus, vt multa, quae in plerisque rhetoricis scriptis frustra quaesiueris, moneamus.

II.

Quotuplicia ea sint?

Caeterum quidquid de eloquutione praecipit rhetorica, illud omne ad quatuor potissimum capita videtur referendum. *Quis enim esset dicendi modus melior, quam vt* LATINE, *vt* CONCINNE, *vt* ORNATE, *& ad id quodcumque agetur*, APTE CONGRVENTERQVE *dicamus* *)?

*) Verba haec sunt Ciceronis *de orat. III.* 10, nisi quod ille, omissa concinnitate, *dilucidam* esse debere orationem, monet. Ne vero

praeter rem quatuor iſta poſuiſſe fundamenta videamur, operae pretium fuerit, quadripartitae iſtius diſtributionis reddere rationem. Qui aedes elegantiores molitur, eum ſollicitum eſſe oportet de *materia* bona, ſolida, ac exquiſita. Qua comparata, nihil tamen, quod oculos hominum ferat, exſtruet, niſi accedat conformata quaedam regulis architectonicis *idea*, cujus ad exemplum fabri exſtruant aedificium. Praecipue enim ad elegantiam aedium pertinet juſta partium omnium menſura & proportio, quae ſine idea illa vix poterit obtineri. Exſtructae vero ad hanc menſuram aedes deinde variis coloribus, tectorio opere, picturis exornantur. Enimuero ſi vel maxime haec omnia acceſſerint, non placebunt tamen aedes, niſi τὸ πρέπον fuerit obſeruatum. Alia enim aedificandi ratio in palatio principis, alia in templis, alia in priuatorum aedibus vrbanis, alia denique in praediis ruſticis locum inuenit, ludibriumque merito is deberet hominibus, qui columnas Corinthiacas praedio ruſtico adaptaret. Iam eadem eſt ſtili elegantioris ratio. Materia, qua ſermo elegantior componitur, ſunt *voces* et loquutiones Romanae, atque inde ante omnia oſtendendum, quid ſit LATINE dicere. Sed voces illae ac loquutiones Romanae, quantumuis elegantiſſimae, parum delectabunt, niſi ad *periodorum menſuram*, veluti ad ideam architectonicam, componantur. Quod qui facit, is demum CONCINNE dicere videtur. Sed quamuis & hoc fuerit obſeruatum, tamen ne ſic quidem placebit oratio, niſi ei *ornamenta quaedam*, tamquam picturae et colores accedant. Vnde diximus, ORNATE eſſe dicendum. Denique ut non una omnes aedes decet aedificandi ratio: ita nec omnibus ſcriptionibus idem conuenit *ſtilus*, eademque dicendi forma. Alio enim ſti-

lo

lo epistolas, alio historias, alio orationes, alio panegyricos, alio satyras, alio dissertationes conscribi oportet. Quas stili formas, si quis recte ac decore expresserit, is demum APTE CONGRVENTERque dicere videtur.

III.

LATINITAS orationi puritatem conciliat; CONCINNITAS eam in iustas periodos ac decoram veluti mensuram compingit: ORNATVS vt admirationi sit; et CONGRVENTIA denique, ut ne a decoro aberret, efficit. Si vlla harum virtutum desit, vix reprehensionem doctorum effugiet oratio (tantum abest, vt ulla laude digna videatur *).

Quid sit Latine, concinne ornate, apte dicere?

*) Non rectius hoc, quam exemplo, poterit a nobis demonstrari. Si quis Corinthi descripturus excidium, ita loqueretur: *L. Mummius Corinthum crudeliter ruinauit*, quisque intelliget, hanc orationem lixis et calonibus quam docto homine, esse digniorem. Neque enim LATINVM est *ruinauit*, atque hinc stilo sua *puritas deest*. Sed emendabimus istum naeuum, et ita dicemus: *L. Mummius Corinthum funditus deleuit*. Sic *Latina* quidem et pura erit oratio; verum ne sic quidem haec verba quemquam delectabunt, quia nondum audimus periodum, sed propositionem logicam. Dabimus ergo operam, ut his verbis etiam sua constet CONCINNITAS, eaque proinde hac periodo concludemus: *L. Mummius Corinthum, quod Romanam majestatem parum reuereri videretur, mira seueritate euertit*. Sic omnia erunt *Latina*, iusta quoque et *concinna* erit periodi mensura; et tamen nondum quidquam audies, quod admireris. Nondum enim vllus accessit

ORNATVS. Age, ne hic quoque possit desiderari, ita dicemus: *L. Mummius Corinthum, Graeciae oculum, quum Romanam maiestatem parum suscipere videretur, mira severitate effodit*. Iam demum et *Latina* et *concinna* et *ornata* est oratio, adeoque non potest non placere. Et tamen si quis hac periodo in stilo historico vel dissertatione didactica vteretur, is τὸ πρέπον vix videretur obseruasse. Ex quo sequitur, ut et APTE CONGRVENTERque dicendum sit.

IIII.

Quomodo vocabula pura suspectis discerni possint?

LATINE et pure quomodo dicendum sit, ita ostendere conati sunt eruditi, vt integris libris voces parum Latinas ac suspectas collegerint*). Enimuero quum taedio sit ea methodus, satius erit, regulas quasdam, quales neminem adhuc dare memini, de vocabulis suspectis suppeditare.

*) Multi exstant huius generis libri. Noti sunt Ger. Io. Vossii *de vitiis sermonis*, Io. Vorstii *de Latinitate falso meritoque suspecta*, Christ. Cellarii *Antibarbarus et curae posteriores*, et quae ea occasione cum viris doctis Danis disceptauit auctor celeberrimus, Car. Andr. Dukeri *de Latinitate veterum iureconsultorum*, Dan. Georg. Morhofii liber *de pura dictione*, cui notas adiecit Io. Laur. Moshemius, atque edidit *Hanouerae* cIↃIↃccxxv. 8. Eodem pertinent Io. Ker. *Obseruationum linguae Latinae Part. II. Lond.* cIↃIↃccvIIII. 8. Iensii *collectanea purae et impurae Latinitatis. Lips.* cIↃIↃccvIII. 8. a V. C. Kappio edita Guntheri *Latinitas restituta*, *Ienae* edita. Immo et Ant. Schori *phrases Linguae Latinae*, Hadriani, Cardinalis de sermone Latino, Gasp. Scioppii *Obseruationes linguae Latinae*, et Ob.

Gipha-

Giphanii *Obseruationes singulares in linguam Latinam*, quas vna cum alii eius generis opusculis sub titulo *de elegantiore Latinitate comparanda scriptores selecti*, editas nouimus apud VVetstenios. *Amst.* cIↃIↃccxIII. 4.

V.

Caue
dae sunt
voces hi
bridae.

Prima ergo haec est regula: *ab omnibus diuersarum originum vocibus tamquam ab hibridis* *), *nisi magna nos vrgeat necessitas*, **) *est abstinendum*.

*) Vocantur *hic hibridae voces*, quae ex diuersis linguis conflatae sunt, veluti ex Graeca et Latina, ex Graeca et Germanica, ex Latina et Germanica, cet. Sine veterum exemplo itaque dicitur *monoculus*. Est enim haec vox hibrida, conflata ex Graeco μόνος, et Latino *oculus*. Veteribus magis placet *vnoculus*. Vid. Plaut. *Curcul.* III, 1. Gell. *noct. Att.* III. 11. vel Luscus, nam et hoc non Strabonem notat, *einen Schielenden*, vt vulgo putant, sed *vnoculum*. Cellar. *Antibarb.* p. 203. Aeque absurdum est *bigamus*, compositum quippe ex Latino *bis* et Graeco γάμος. Excusatius Hieronymus *adu. Iouin.* I. 8. *et vult* dixit *digamus*, *bimaritus*. Non magis Latina sunt *archidapifer*, *archipincerna*. Priores enim syllabae Graecae; posteriores Latinae sunt. *Voces vero hae semper Latinis auribus visae sunt intolerabiles*, nisi quod nonnumquam comici ioci caussa eiusmodi vocabula fingunt: tale est *inanilogus* apud Plaut. *Pseud.* I, 3. v. 23. si is locus sanus est. *Hibrides* vel *hibridae* per metaphoram vocantur huiusmodi vocabula. Proprie enim *hibridae* sunt genus mixtum, ex diuersis parentibus natum, veluti ex apro et sue. Plin. *Hist. nat. lib.* VIII. c. 52. Ceterum quamuis Latini

 tini

tini sermonis castitas huiusmodi vocabula vix ferat : quaedam tamen probasse vsum animaduertimus, eorumque recensum dedit Quinctil. *lib. I. Inst. Orat. c. 5.* Talia sunt Biclinium apud Plaut. *Bacchid. IIII. 4. v. 69. & 102.* Epitogium, Epirhedion et quaedam alia. At nescio an ejusdem generis sit Anticato, vti Caesar inscripsit librum, quem Ciceronis Catoni opposuit. Quum enim nomina propria Latina non aliter Graece exprimi possint, quam seruato sono Latino : ἀντικάτων aeque Graecum vocabulum esse potest, ac ex Graeco et Latino mixtum.

**) Contingere huiusmodi quid potest in titulis magnorum principum, qui vix aliquando possunt elegantius Latiniusque reddi, vt non eorum dignitati quidquam detrahatur. Hic sane prudentia suadet, vt malimus parum Latine, quam parum reuerenter loqui. Exemplo esse potest Archiducis titulus, Austriacae genti proprius. Hibrida hoc est vocabulum, sed quocumque modo illud reddideris, vix effugies reprehensionem. Si *magnos duces* vocaueris, pares illos reddes magno Duci Hetruriae, sin *supremos duces*, a nexu cum Romano imperio eos absolues. Si *primos duces*, hoc quoque insolens erit. Recte igitur atque ordine feceris, si *Archiducis* titulum, parum Latinum licet, retinueris. Nescio an idem dicendum de titulo Archimarschallus. Nullum enim est vocabulum Latinum, quod *Marschalli* notionem satis exprimat. Stultum esset, vt placeas grammaticis, principibus displicere velle, et hos laedere, ne Prisciani maiestatem laesisse videaris.

V I.

Vt e- quae ana-

Secunda regula haec esto : [illegible] *omnes*, quae

quae analogiae grammaticae repugnant, vel barbarae, vel certe suspectae sunt **).

logiae grammaticae repugnant.

*) Hinc quilibet videt, barbaras esse voces, quae sequuntur.

Aequanimiter. Non patitur enim analogia, vt a substantiuo animus deducatur adverbium *animiter*. Purius ergo dixeris *aequo animo*, *aequissimo animo*.

Amicabiliter eiusdem generis est.

E contra. Non enim praepositio e aduerbiis solet iungi. Castioris Latinitatis amantes ponunt *contra*, *e contraria parte*, *e contrario*, *contra ea*. Vid. Cellar. *Antibarb.* p. 30.

Huc etiam pertinent, quae supra p. 24. notauimus: *exsynfaens*, in forma adiectiua, *intrinsecus*, *vnonatus*, aliaque huius generis.

**) Sunt enim quaedam dubiae auctoritatis, et licet analogiae repugnent, tamen apud veteres occurrunt. Tale est illud *in praesentiarum*, de quo supra pag. 24.

VII.

Sequatur regula tertia: *omnia vocabula barbarae originis* *) *in cultiore Latinitate, tanquam scopuli, fugienda sunt, nisi ea iam pridem ciuitate donata esse constet* **).

Nec non vocabula barbarae originis.

*) Quum barbari, maxime Gothi, Vandali, Langobardi, Franci, veluti ex compacto, prouincias Romani imperii inuaderent, Latinitas antiqua sensim ad dialectos, Italicam et Gallicanam, deflexit. Vid. Car. du Fresne dissert. Glossar. med. et infimae Latin. praemiss. Cell. diss. de orig. linguae Italicae. Ex quo sequitur, vt omnia vocabula ex lingua Italica vel Gal-

Gallica in Latinam inuecta barbara iudicentur. Talia sunt pleraque adiectiua in Osus, v. g. *affectuosus*, *miraculosus*, *rigorosus*, *furiosus*, *pomposus*, *virtuosus*. Proba tamen sunt, *vitiosus*, *probrosus*, *pretiosus*, *prodigiosus*, *cet.* Nec minus Gallicismo atque Italicismo originem debent, *vacantia*, *superioritas*, *succursus*, *subalternus*, *situari vel situatio*, *reuolutio*, *reuisio*, *resistentia*, *recompensare*, *recommendare*, *ratificare*, *protectio*, *prioritas*, *partialis*, *neutralis*, *modernus*, *maxima*, pro regula, *liga*, *lubricitas*, *irregularis*, *irreconciliabilis*, *importantia*, pro momento vel pondere, *fortalitium*, *districtus*, *correspondere*, *confortare*, *condolentia*, *condescendere*, *complacentia*, *capitaneus*, *bestialitas*, *assistentia*, *approximare*, *appropiare*, et quae sunt hujus generis alia, quae iamdudum e Latio proscripsit in *Antibarbaro* suo Cellarius. Quum porro Germanicae linguae nihil plane cum Latina commercii sit: multo minus *vocabula origine Germanica in elegantiore stilo inueniunt locum*. Talia sunt *burgus*, *tinc Burg*, *feudum*, *vasallus*, *Gesell*, *scabinus*, *eine Schöpffe*, *scultetus*, *ein Schulze*, et huius generis alia.

**) Iam dudum enim veluti ciuitate donata sunt vocabula quaedam Persica, veluti *Gaza*, pro thesauro, *Parasanga*, pro spatio itinerario, *Acinaces*, cet. item quaedam Gallica, vt *essedum*. Haec omnia recte et sine vitio adhibueris. Eiusdem generis vocabula Persica sunt *Satrapa* et *Paradisus*, sed quo vix vtuntur, nisi scriptores Christiani, quum Graecum παράδεισος etiam apud Xenophontem occurrat. Gallica etiam vel Celtica potius sunt *Benna*, vehiculi genus *Bracca*, ipsum Germanicum *Brock*, Sapo, Germ. *Saepe* vel *Seiffe*, Bulga, Gesa, Peoritum, Rheda, Quinctil. *lib. I. c. 5.* Germanicam originem prodit Framea,

mea, *Pfriem*, quemadmodum Britannicum dicitur *Couinus*, Hispanicum *Lancea*, Punicum *Mappa*, Aegyptiacum *Zythus*, Syriacum *Ambubaia*, de quibus similibusque fusius actum est a Ger. Io. Vossio *de vit. serm. lib. I. c, 2. 3. 4. 5.*

VIII.

Ex parte etiam Graeca.

Obseruandum quarto: *vocabula Graeca, nisi veluti ciuitate donata,* *) *in elegantiore oratione non esse adhibenda* **) Nec vsquam Latino textui voces Graecae immiscendae sunt, nisi vel docendi ***) vel amici cuiusdam eruditi oblectandi caussa ****).

*) Innumera sunt vocabula origine Graeca, quae veluti ius ciuitatis obtinuerunt: e. g. *antidotum, byssus, ancora, trophaeum, cet.* De horum probitate non est, quod dubites.

**) De iis ergo hic loquimur vocabulis Graecis quae sequiorum temporum inuexit usus, et quae frustra quaeras apud veteres. Sic *abyssus* ecclesiasticum est, pro quo veteres dicere maluerunt *profundum vorago*. Pro *agon*, vel *agonizare* veteres dixerunt, *extrema, animam agere. Autochiria* non modo novum est, sed et falsa significatione insignitum. Αὐτόχειρ enim Graecis non est, qui sibi infert manus, sed qui sua manu aliquid efficit, teste Hesychio. Non magis proba sunt, Blasphemia *pro execratione*: Eremus *pro locis desertis*: Exotericus *pro peregrino vel aduentitio*, Hypocrisis *pro simulatione pietatis*, (*Hypocrita* enim veteribus erat artifex theatralis. Vid. Suet. *Neron. cap. 24.*) *Moechari pro adulterium committere*: *Neotericus* pro *recentiore* vel *iuniore*: *Orphanus* pro *pupillo*: *Praxis* pro *usu*: *Zelus* pro *aemulatio-*

ne vel studio. De quibus Cell. *Antibarb. c. VI. p. 216. seq.* Satis tamen Latina, vel ciuitate potius donata sunt Moechus, quo vsus Terent. *Andr. II.* 1. *v.* 16. Moecha, quod habet Catull. *Carm. XLIII.* et Iuuenal. *Satir. VI. v.* 227. Immo apud eumdem epigrammate spurcissimo, quod in Isaaci Vossii editione *p.* 317. occurrit, bis habes verbum *moechari*. Itaque auctoritate sese illud omnino tuetur, quamuis familiarius fuisse videatur vulgo, quam bonis scriptoribus.

***) Nam quum in disciplinis saepe contingat, vt res quaedam Graece quam Latine possit facilius explicari; nemo prohibebit, quo minus in scriptis didacticis Graecum sermonem Latino misceamus, dummodo absit affectatio. Graeca enim ἐμφατικώτερα esse debent, nisi risum mouere velis. Hinc risum moturus Plautus *Pseudol. I. 5. v. 67.* Graeca, quae nihil emphaseos habent, Latinis immiscet:

—— SI *Ecquam scis filium tibicinam meum amare?*
PS. *οὐ δεῖ negare.* SI. *Liberare quam velit?*
PS. *πρέπον καὶ τοῦτο negari.*

Ridicula sane affectatio est, nec magis ferenda, quam, si quis Germanice dicere velit: *Er hat seine* pedes *zerbrochen*. Debent ergo Graeca aliquando ἐμφατικώτερα esse, qualia exempla passim apud Ciceronem, Plinium, aliosque auctores idoneos occurrunt.

****) Exemplo esse possunt Ciceronis *epistolae ad Atticum*. Quum enim hic Ciceroni familiarissimus esset, et maximopere amaret Graecas litteras, vix vllam ad eum dedit epistolam, quam non pluribus Graecis sententiis, tamquam gemmis quibusdam, distinxerit.

VIIII.

Nec vero vocabulis tantum Graecis abstinendum est, verum etiam a Graecismis, id est, phrasibus ad Graecae potius, quam Latinae linguae analogiam compositis, *) quamuis eas nonnunquam in deliciis habuerint auctores quidam *κακόζηλοι* **) Vide A. BUCHNERVM *de comm. rat. dic. L. I. cap. 19. p. 287. seqq.*

Cavendi etiam Graecismi.

*) Tales Graecismi minus elegantes sunt.
I. Si infinitiui ponantur pro coniunctiuis, gerundiis, participiis. v. c. *instigauit petere* pro instigauit, vt peteret, Hygin. *Fab.* CLXVI. *Ad flumen exiit, sanguinem abluere*, pro *sanguinem ablaturus*, Hyg. *Fab.* LXXXVIII. *idoneus facere*, pro ad faciendum. Multa hujusmodi collegit V. C. Petrus Burmannus *in not. ad Valer. Flacc. p.* 565. sed pleraque ex poetis, quos ipsum metrum aliquando coegit *imitari*. Quamuis ergo haec non sunt soloecismi, minus tamen elegantia sunt. Quis enim non mallet dicere: *censeo reddendum*, quam *censeo reddere*? quod veterum tamen auctoritate defendit Io. Frider. Gronouius *ad Liu. l. II. c. 5.*
II. Si constructiones Graecae Latinis substituantur. v. c. *quibus iusserat*, pro quos iusserat. Tac. *Ann.* XIII, 40. vbi tamen adde Lac. Perizon. *ad Sanct. Mineru. p.* 125. *Ego audita [illegible]*, pro a te audita. Cic. ad *Attic.* [illegible] XIII, 44. *Manet hunc poena*, *latet me [illegible]*. Quamuis haec omnia si rarius et [illegible] adhibeantur, non careant venustate. [illegible] num. LXII. not. ***)

**) Vix vllus est veterum auctorum, qui [illegible] Graecismos adhibuerit, vt exempla [illegible] collecta [illegible] in Minerv. [illegible]

c. 12. p. m. 727. seq. Enimuero sunt, qui ad affectionem vsque graecissant, veluti Tertullianus; et e recentioribus Lipsius, quos nemo temere imitabitur.

X.

Suspecta quoque nomina colorum in edo.

Quinta regula esto: nomina colorum in EDO desinentia tantum, non omnia malae notae sunt *).

*) Neque ergo ferenda in elegantiore Latinitate, *Albedo*, *Flauedo*, *Nigredo*, pro quibus apud veteres legimus: *albitudo*, *albor*, *color albus*, *flauus*, *nigror*, *nigritudo*, *nigrities*, cet. Vid. Cellar. *Antibarb.* p. 5. 36. 122.

XI.

Nec non adiectiua in alis vel abilis, aduerbia in aliter vel abiliter.

Sexto notandum: *suspecta esse adiectiua pleraque in* alis *vel* abilis, *vt et aduerbia in* aliter *vel* abiliter *desinentia, in quibus vsurpandis adeo cautos nos esse decet* *).

*) Hinc Cellarius laudato saepe libello, recte proscripsit adiectiua, *abominabilis*, *aeternaliter*; *aeternalis*, *aliqualiter*, *amicabiliter*, *) *bestialis*, *casualiter*, *commensalis*, *collateralis*, *conditionaliter*, **) *curabilis*, *filialis*, *finaliter et finalis*, *incessabilis*, *incessabiliter*, *incurabilis*, *infernalis*, *inuiolabiliter*, *irreconciliabilis*, *legaliter*, *meridionalis*, *momentaliter*, *neutralis*, *ocularitter*, *partialis*, *perpendiculariter*, *primordialis*, *proportionalis*, *totaliter*, *vernalis*. Proba tamen sunt *extemporalis*, pro quo falso dicunt *extemporaneus*, vid. Suet. *Aug.* c. 84. et Petron. *Satyr.* c. 6. *coaequalis*, Columella, *de re rust.* VIII. 14. *fauorabiliter*, Quinctil. *Instit. orat.* lib. IIII. c. 3. *irrationalis* vel, vt alii legunt *irrationabilis* apud Cels. *praef.* 1. Senec. *epist.* LXXI. Quinctil. *declam.* VIII.

*) Ami-

*) *Amicabilis* multi probant auctoritate Plauti *Mil. glor. IIII.* 4. v. 8. Sed ibi meliores codices habent Adiurabilis. Vid. Duker. *de Latin. Ict. p.* 340.

**) *Conditionaliter* dixit Caius *l.* 17. §. 3. *D. de cond. inst.* et Iustinianus §. 31. *Inst. de legat.* Sed si non iuridicum, saltim cadentis Latinitatis hoc vocabulum est. Vid. Duker. *de Lat. Ict. vet. p.* 446.

Magna quoque adhibenda est cautio in recipiendis huiusmodi substantiuis in vdo desinentibus, quum nulla sit forma, quae sub specie probatae Latinitatis magis decipere possit. Vide Gunther. *Lat. rest.* P. I. LXXXX. p. 47.

[illegible] XII.

Quatenus retinenda vocabula ecclesiastica.

[illegible] septimo *in elegantiore stilo adhibenda sunt vocabula & phrases ecclesiasticae, si elegantiore stilo aeque commode reddi possunt* *). Si quid tamen eiusmodi vocibus inest [illegible], rectius feceris, si eas adhibueris, quam si mutando profanus videaris [illegible].

*) Multa Eccle[illegible] vocabula in latinitatem irrepta sunt: sed quum pleraque elegantius possint exprimi; non video, cur studio [illegible] consectari velimus. Dabimus operam, ut quomodo pleraque exprimi possint, doceamus.

[illegible], *res [illegible]abilis*, *res abominanda*.

[illegible]ere, *criminum vinculis exsoluere*.

[illegible] *[illegible]onis sacrae desertor*, *qui [illegible]*,

[illegible]mma, *sacram illud lauacrum*.

[illegible]phemare, *[illegible]*.

Ca[illegible]

Canonizare, *in caelitum numerum referre.*

Conſcientia bona *vel* mala, *ſaluo officio quid facere, ſalva fide quid poſſe, religione impediri, religio eſt.* Vid. Cic. *pro S. Roſc. Amer. cap.* 1. *et* 34. *et ad diverſ. lib. VIII. epiſt.* 12. Multo minus ergo apud veteres reperias *ſcrupulus conſcientiae*, pro quo dicere ſolent *religio me inceſſit*. Ter. *Andr. IIII,* 3. *v.* 15. Frequentes quoque veteribus ſunt formulae *conſcientia factorum, recti, bene actae vitae, ſceleris cet.* Vid. Cellar. *Antibarb. III. p.* 236. Cort. *ad Salluſt. p.* 36.

Contritio, *admiſſorum criminum dolore excruciari.*

Creatura, *res creata.* Eleganter quoque Lactantius creaturam vocat *opificium Dei.*

Crucifigere, pro quo ſemper veteres habent *cruci affigere, ſuffigere, in crucem agere, tollere.* Vide Graeuium ad Sueton. *Domitian. capit.* 10. Cellar. *Antibarb. pag.* 106.

Crux, *piorum calamitas.*

Damnare, Damnatio, Damnati, *aeternis ſuppliciis mactare.* Cic. *Catilin. I,* 13. *ſempiternis cruciatibus addicere, mancipare.*

Excommunicare, *ſacrorum uſu prohibere, interdicere ſacrorum commercio, eiicere eccleſia, diris deuouere.*

Exaudire preces, *audire preces, annuere precibus, vota rata habere.*

Eleemoſyna, *ſtipem conferre in egenos.*

Ethnicus, *paganus, profano cultui deditus, Deorum cultor.*

Feſtum, hoc ſubſtantiuo praeter ſcriptores eccleſiaſticos etiam poetae vtuntur: aſt proſaici ſcriptores dicere malunt *feſti dies* vel *feſtus dies.* vid. Cic. *Phil. II,* 25. Liv. *Hiſt. XXXX.* 24. Curt. *VIII,* 5. Flor. *III,* 18.

For-

Fornicari scriptoribus ecclesiasticis est *scortari*, sed Latinis veteribus idem, ac *fornice arcuari*. Vid. Plin. *Hist. Nat. XVI*, 42. *XI*, 10. Vitruu. *Archiect. V*, 5. Senec. *Epist. LXXXXV*.

Gentilis, vide Ethnicus.

Humilis, Humilitas proba sunt, si denotent id, quod humi repit, vel paruum est. At quum scriptores ecclesiastici humiles vocant, qui abiectius de se sentiunt, rectius substitueres voces *modestus* vel *modestia*. Cellar. *Antibarb. p. 166.*

Ieiunare, *cibo se abstinere*. Nep. *Attic.* 22.

Impoenitens, *improbus*, *impius*, *qui nullo peccatorum sensu tangitur*.

Implere legem, Cic. *epist. ad divers. II*, 17. Horat. *epist. I*, 16. *parere legi*, *satisfacere legi*, *officii sui partes implere*.

Longanimitas, *ira lenta*, *lento gradu ad vindictam procedere*, *in vlciscendo tardior*, *remissior*. Cicero *post redit. ad senat. c.* 9. Val. Max. *I*, 1.

Monialis, *sacra virgo*.

Ministerium, *ordo sacer*.

Mundus ecclesiastico stilo modo pro *impiorum colluuie*, modo pro *rebus humanis* ponitur.

Opera bona, *sanctae actiones*, *sanctimonia*, *pietatis studium*.

Prophetare, *vaticinari*, *praedicere*.

Proximus, *der Nächste*, *der Neben-Mensch*, ecclesiasticum est. Latinius dicitur *alius*, *alter*, *homo*, *hominem*, *cet*.

Poenitentia, *die Reue*, probatum est, ast si notet *die Bekehrung*, *Busse*, *μετάνοιαν*; Latinius dicet, *emendatio vitae*, *redire ad meliorem mentem*, *ad frugem redire*. Resipiscentia vero plane non Latinum est.

Peccata remittere, *ignoscere*, *veniam dare*, *gratiam delictorum facere*, *remittere* absolute. Vid. Liv. LIIII. XXXIIII, 32.

Sal-

Saluifico, *seruo*, *saluo*, *saluum reddo*, *ad sempiternam beatitudinem perduco*.

Scandalum, *scandalizo*, *impedimentum pietatis*, *irritamentum malorum*, *corrumpere quem*, *peiorem reddere*, *conscelerare alicuius aures*. Liu. XXXX, 8. *incestis vocibus temerare aures*, Ouid. *Trist. II. v.* 503.

Saecularis Latinis est centesimus annus, vel centesimus decimus potius. Horat. *Carm. saec. v.* 21.

> *Certus* undenos decies *per annos*
> *Orbis vt cantus*, *referatque ludos*
> *Ter die claro*, *totiesque grata*
> *Nocte frequentes*.

Conf. Censorin. *de die natali* c. 17. Vnde dixere *ludi saeculares*. Ecclesiasticis haec vox notat *profanum*.

**) Caue ergo, voces e sacris profanis petitas nostrae religionis mysteriis et ritibus adplices. Id præcipue facere soliti sunt olim Bembus aliique, qui se Ciceronianos vocari voluerunt. Hi enim, quum religioni sibi ducerent, ullo vti vocabulo, quod Ciceronianum non esset θεάνθρωπον, *heroa*, quasi ex semisse Deum et ex semisse hominem, baptismum *aquas lustrales*, angelos *genios*, sacram eucharistiam *sanctificum crustulum* vocare non dubitarunt. Vid. Iul. Caes. Scalig. *Poet. VI. p.* 800. A quo vitio nec alienus fuit castae Latinitatis scriptor Sebast. Castellio, quantumuis eum magno adparatu defendat vir doctissimus, Christoph. VVolle *in diss. crit. de eo, quod pulcrum est in versione Castellionis*, novæ eius editioni praemissa §. *seq.* Vt enim alia omittamus, notio, qualem profani Deorum cultores vocabulo *genius* subiecerunt, non magis quadrat *angelo*, quam notio *Iouis* Deo optimo maximo. Neque tamen ideo impietatis ideam scribimus Castellioni, cuius versioni, si quis alius, iustum pretium statuere videmur. Vid. Sagittar.

tar. *de* [illegible] *et* [illegible] *Ciceron.* *nu.* 24. *seq* *p.* 54.

XIII.

Octavo *eadem cura abstinendum est a vocabulis quibusdam, quae iureconsultis esse solent in deliciis*, et in vetustis auctoribus nullum reperiunt praesidium *).

Vt & a vocabulis iuridicis.

*) Elegantissimam esse veterum iureconsultorum tantum non omnium dictionem, lippis ac tonsoribus notum est. Vid. Car. And. Dukeri *opuscula de Latinitate veterum ICtorum.* Attamen et hic singulorum aetas discrimen facit. Nam Alfenum Varum elegantius scribere, quam Iulium Paulum, nemo mirabitur. Castior quoque esse solet eorum, qui Romae adolescebant, quam peregrinae originis iureconsultorum Latinitas, veluti Vlpiani, de quo rectissime indicat V. A. Corn. Vanbynkershoek *Observ. VIII,* 25. Fuere tamen ex ipsis peregrinis, qui maiore studio in cultiorem Latinitatem incumberent, inter quos nescio an reliquis omnibus palmam praeripuerit Papinianus, de cuius Latinitate videndus Eu. Otto *in Papiniano c.* 6. Ast sequiore aeuo varia in iurisprudentiam inuecta [illegible] vocabula, quae ab antiqua Romanorum elegantia haud parum discrepant. [illegible] sequuntur *).

*) [illegible] multo plura, veluti Apanagiamis, pro quo *priuatum* dixit Sallust. *Iugurth.* c. 5. ubi quaedam notauit Cortius p. 34. Casus, pro quo veteres *species*: Tortura, pro quo veteres *tormenta*, Curt. *Lib. IIII. c.* 10. Replicare, pro quo veteres: *exceptionem replicatione elidere*. Immo et *referre*, Burm. *ad Ouid. Tom. II. p.* 89.

Ad-

Advocare *pro caussam agere, adesse reo in periculo*. Vid. Gronou. *in Senec. de Clem. I, 9.*

Cambium *pro collybo, commutatione pecuniae.*

Complices pro *sceleris vel amentiae sociis, audaciae satellitibus, atque administris*, vt vocat Cic. *Catilin. I, 3. et 4.* prudentius tamen *in Rom. v. 8. 22.* paganos nominat *complices sectae impiae.*

Dispensare pro *legibus soluere.*

Iuramentum, pro quo semper apud veteres est *iusiurandum* vel *sacramentum*. Cellar. *Antibarb. p. 62. et cur. post. p. 221.*

Matricula pro *albo, indice.*

Meliorare et *deteriorare* pro *meliorem vel deteriorem reddere, in melius referre.*

Notorium, notorie, manifestum, manifeste, apertum, aperte. Vid. Casaub. *ad* Trebell. Poll. *Claud. c. 17.*

Saluus Conductus, pro quo elegantius dicitur, *fidem publicam dare, fide publica euocare, interposita fide publica aliquo ducere*. Vid. Sallust. *Iug. Bell. 32, Catilin. c. 48.* Epit. Liv. 65.

Tortura, pro *tormentis* vel *quaestionibus*. Non tamen est, cur qui in iurisprudentia abstinere velit a vocabulis veterum iureconsultorum, si forte illa in auctoribus classicis praesidium non reperiant, e. gr. *vsurpatio* pro interrupta vsucapione, *postulare* pro caussam agere, *constituere, traditio breui et longa manu*. Sunt enim haec et similia Latina sed ICtis propria: quemadmodum multa medica habet Celsus, multa architectonica Vitruuius, multa rustica Cato, Varro, Columella, quae Latina esse nemo negabit, quamvis apud Ciceronem aliosque non legantur.

XIIII.

Nec non a vocabu-

Nono *omnium minime Latinitas elegantior* pol-

polluenda est vocabulis philosophicis, maxime iis, quae medio aeuo reperit barbara scholasticorum turba *).

lis philosophicis.

*) Sunt vocabula technica iam olim ciuitate donata, quae nemo adhibere dubitauerit. Sed nec desunt, a scholasticis inuenta, qui data veluti opera barbariem sectabantur. Non dicam iam de *haecceitatibus*, *quidditatibus*, *entalitate*, *indiniduatione*, *quodlibeto*, *storetis*, aliisque verborum monstris. Vide Plexiaci *Lexicon Philosophicum*, *Hagae comitis*, cIↃIↃccxvI. 4. Sufficiat nonnulla notare, quibus facilius *adsuescunt iuuenes*.

AEquipollere pro *aequari*, *aequiparari*, *eiusdem significationis vel notionis esse*.

Affirmatiuae propositiones, quas elegantius *aientes* vocat Cicero *Topic*. II. *Negantia*, *contraria aientibus*.

Caussari veteribus fuit *caussam interserere*; scholasticis *produci*, *generari*.

Contradictoria vel *Contradictionem Implicare* dicebantur scholasticis, quae veteribus erant *repugnantia inter se*, vel *non cohaerentia*.

Discursus pro *sermone* vel *syllogismo* scholasticorum sordes redolet. Veteribus discursus erat *cursus vltro citroque factus*, *das hin und her lauffen*. Vid. Celar. I. *Antibarb*. p. 155.

Talia etiam sunt *Impossibile* pro eo, *quod fieri non potest*. *Praesupponere* vel *Supponere*, de quo V. C. Burmann. *ad Quinctil. Tom*. I. p. 205. *Inferre* pro *argumentum ducere*, *colligere*, opponere absolute, et similia fere innumera.

Non male de cultiore stilo meritus est vir doctus H. Verburg, cum novae Ciceronis editioni ex Nizolii *thesauro* indicem subiunxit verborum locutionumque, quibus Cicero notiotiones philosophicas plerasque eleganter expressit.

XV.

Et poeticis.

Decimo poetae quoque adeo faciles fuerunt in fingendis vocabulis, *) et maxime epithetis; **) ut veteres opponere soleat sermoni *humano poeticum* ***) Vnde *merito a propriis eorum loquutionibus abstinent, quotquot sunt purioris Latinitatis amantiores.*

*) Metri caussa multum sibi indulserunt *poetare omnes*, et in his etiam comici, qui tamen non adeo seruierunt metro. Plures eiusmodi voces et formulas poeticas collegit Cellar. *Antibarb. p. 256. seq. v. c. absque illo esset*: *amare* pro *solere*: *cluo* vel *clueo* pro *vocor, nominor*: *caeli* pro *caelo*: *est* pro *licet*: *festum* pro *festo die*: *genitor et genitrix* pro *parentibus*: *grates agere* pro *gratias agere*; *letum* pro *morte*; *natus* vel *gnatus* pro *filio*: *oblinia*, pro *obliuione*: *potis* vel *pote* est pro *potest*: *salutari* pro *vocari*: *venit* pro *est* sequente participio in NDVS.

**) Epitheta decomposita et dithyrambica poetis familiarissima maxime deformant orationem, v. c. *flammiger*, *auricomus*, *pietaticultrix*, *incuruiceruicum pecus*, cet. Vid. Buchn. de *comm. rat. dic. Lib. I. c. 13. p. 208.*

***) Petron. *Satyr. c. 90. Saepius* Poetice, *quam* humane, *loquutus es*; ubi videndus Ian. Dousa et addendus Morhof. *dissertat. de ἐνθουσιασμῷ vel furore poetico.*

XVI.

Ac denique obsoletis.

Denique quum non cum Euandri matre hodie loquamur, *merito cauendum ab archaismis & vocabulis obsoletis* *). Immo Cicero ipse

ipse dicit: *abiecta et obsoleta verba abiiciat orator*: quibus tamen multos, nescio quamobrem, mirifice delectatos video * *).

*) *Archaismi* sunt formae dicendi scribendiue veteres, quae jam pridem ab vsu recesserunt. v. c. *olli* pro *illi*: *aquai* pro *aquae*: *operam abutitur suam*, pro *opera sua abutitur*, apud Terent. *prol. Andr.* Tales archaismi innumeri occurrunt in columna Duilliana, aliisque lapidibus vetustioribus, nec non in fragmentis XII. Tabularum, Varronis, Festi, Ennii, Pacuuii, ac denique apud Plautum, Terentium, Sallustium, Lucretium. *Sed talia obseruanda potius, quam imitanda sunt.*

* *) Horum facile antesignanus est Iustus Lipsius, qui quum iuuenis stilo nitido et plane ad Ciceronianam dicendi rationem composito vteretur *); paulo post nouum sibi ipsi finxit dicendi genus, abruptum, histrionicum, atque innumeris refertum archaismis, ut saepe vetere quodam grammatico, aut si mauis, Delio natatore opus esset ad soluenda illius aenigmata. Vide Mares. *Epist.* I, 49.

*) Argumento sunt eius orationes octo, Ienae potissimum habitae, recusare cura v. c. Io. Henr. Kromayeri Ien. cIↃIↃccxxvI. de quibus recte Heumannus: *In his orationibus* Lipsius *non utitur stilo Lipsiano, sed Ciceroniano, hoc est, non scatet argutiis, non verborum allusionibus, non studet sententiosae et antiquariae breuitati, sed profluenti vtitur stilo, facili, amoeno.*

XVII.

Sed sufficere haec putamus de prima, quam commendauimus orationis virtute, id est, de *puritate*: proximum est, ut de CON-

Concinnitatem orationi conciliare periodi.

CONCINNITATE dicamus. Hanc orationi conciliant *periodi* *) Vnde tota illa ars periodica, quam tam pauci recte norunt, paullo diligentius hinc videtur inculcanda.

Vide Cel. C. G. Schvvartzii *diss. de Oratione concinna, Altorphii*, CIↃIↃCCVIIII. 4.

* Vnde periodis conclusa oratio CONCINNA vel *dimensa* dicitur, cui opponitur oratio *fusa*. Graecis illa dicitur κατεστραμμένη, haec vero εἰρομένη. Vtriusque discrimen luculenter exponit Arist. *Rhetor.* III. 9.

XVIII.

Quid periodus?

Est vero *periodus*, vt ait Cicero *), *oratio in quodam quasi orbe inclusa procurrens, quoad persistat in singulis perfectis absolutisque sententiis* **).

*) Ita Cic. *de Orat.* 3. Paulo aliter Aristoteles *L. III. Rhet. c. 9.* §. 4. Λέγω δὲ περίοδον λέξιν ἔχουσαν ἀρχὴν καὶ τελευτὴν αὐτὴν καθ' αὑτὴν καὶ μέγεθος εὐσύνοπτον. *Voco periodum, orationem habentem principium, et finem ex se ipsa, et conspicuam magnitudinem*. Vtraque definitio eodem redit, ut paullo post adparebit.

**) Praecipuas ergo periodi leges ac potiores characteres notari oportet. Ex definitionibus enim patet, I. *omnem periodum ambitu quodam seu circuitu gaudere*, qui si absit, ex periodo fit propositio logica. Cic. *epist. ad divers.* II, 14. ait: *M. Fabio, viro optimo et homine doctissimo, familiarissime vtor*. Tolle ambitum, verba nimirum: *viro optimo* et *homine doctissimo*, & non periodum amplius habebis, sed propositionem logicam. Deinde ex iisdem definitionibus discimus, II. *periodum omnes in-*

pro-

procurrere debere, vt sensus non nisi perfecta absolutaque sententia percipiatur. Hinc quando Sallust. *bell. Iugurth. c.* 10. ait: *concordia parvae res crescunt, discordia maximae dilabuntur*: ea quidem non est periodus, quia singula membra separatim intelliguntur. Sed ita diceres: *quemadmodum concordia parvae res crescunt: ita discordia etiam maximae dilabuntur*: haberes periodum, cuius sensus non nisi perfecta absolutaque sententia percipitur. Ex quo porro patet, III. *fusam fieri orationem, quae vel incisim, vel membratim procurrit*. *Incisim* loquitur e. g. Cic. *post redit. in senatu* 6. *Cum hoc homine, an cum stipite Aetiope, si in foro constitisses, nihil crederes interesse. Sine sensu, sine sapore, elinguem, tardum, inhumanum, neglectum, Cappadocem modo abreptum de grege venalium diceres*. Membratim idem Cicero *in Pison.* 40. *Occultus aduentus furtiuum iter per Italiam, introitus in vrbem desertus ab amicis, nullae ad senatum e prouincia litterae, nulla ex trinis aestiuis gratulatio, nulla triumphi mentio*. In primis huc pertinet locus Cicer. *ad Q. Fratrem Lib. III. epist.* 9. *Pomponius abest: Appius miscet: Hirrus parat: multi intercessores numerantur: populus non curat: principes nolunt: ego quiesco*.

XVIIII.

Ceterum periodus vel simplex est, vel Composita. *Simplex* est quae uno constat membro vel colo, vnde et *μονόκωλος* vocatur *).

Quotuplex? Quid periodus simplex?

*) Vt periodus simplex possit a propositione logica distingui, accedere debet *ambitus* vel *circuitus* quidam. Hinc adiici solet quaedam descriptio vel *περίφρασις*, vt numerosior perfectiorque

que fiat oratio. Vbi tamen recto monet Nic. Caussinus *de eloquut. Lib. VII. c. 5. cauendum esse vehementer, ne iustae periodi explendae gratia, quo melius cadat aut voluatur oratio, inania quaedam verba inculcemus, quasi complimenta numerorum. Nihil enim frigidius esse, puerilius, et a vera germanaque eloquentia magis alienum, quam ubi materia non patitur, sed res est presse et rotunde offerenda, periodorum tractu inanem distendere orationem*. Parum a propositione logica abirent illa: *hortatus es, vt epistolas meas colligerem*. Vt periodus inde fiat, Plin. *epist. I,* 1. addit ambitum quemdam vel circuitum: *frequentet hortatus es, ut epistolas,* Si quas Paullo Curatius Scripsissem, *colligerem publicaremque*. Propositio logica esse: *epistolam tuam conscidi*. Ast ambitu addito, hanc inde periodum formauit Cicero *epist. ad diuers. VII,* 18. *Epistolam tuam*: quam accepi A Bl. Aruntio, *conscidi innocentem*.

XX.

Quid composita?

Composita periodus est, quae constat pluribus *colis* *)); duabus autem *partibus*, quarum alteram πρότασιν; alteram ἀπόδοσιν vocare solent **). Ea iterum vel *bimembris*, vel *trimembris*, vel *quadrimebris est*.

*) *Colon* siue *membrum* periodi est propositio, quae tamen sensum non absoluit, sed eumdem ad reliquae vsus partis subiectionem suspensum relinquit, v. c. apud Ciceronem *pro A. Caecin.* 1. prima orationis periodus quatuor constat *colis* sive *membris*:

Si quantum in agro locisque desertis audacia potest,
tantum in foro atque iudiciis impudentia valeret:
non minus nunc in causa cederet A. Caecina S. Aebutii impudentiae:

quam

quam tum in vi facienda cessit audaciae. En quatuor propositiones, quarum nulla per se et seorsum sensum absoluit, vniuersae vero coniunctim absoluunt periodum, quae ideo quadrimembris, vel τετράκωλος vocatur.

**] A *colis* siue *membris* differunt *partes* periodorum compositarum, quarum duae sunt, πρότασις et ἀπόδοσις, vel, vt philosophi vocare solent, Antecedens & Consequens, v. c. apud Cic. *epist. V*, 12. hanc repetimus periodum bimembrem: *qui semel verecundiae fines transierit: eum bene et nauiter oportet esse impudentem.* Hic prior pars, duobus punctis notata, est πρότασις vel *antecedens*, posterior, puncto notata, ἀπόδοσις *seu consequens*. De his duabus periodorum compositarum partibus haec notamus. I. *Eas non semper esse aequales.* Saepe, enim *protasis* tribus, aut duobus colis; *apodosis* vnico constat, saepe etiam haec illa maior atque uberior est. v. c. Cic. *epist. ad diuers.* XV, 3.

Quum ad me legati, missi ab Antiocho Commageno, venissent in castra ad III. Non. Septembres,
iique mihi nuntiassent, regis Parthorum filium, quocum esset nupta regis Armeniorum soror, ad Euphratem cum maximis Parthorum copiis, multarumque praeterea gentium magna manu venisse, Euphratemque iam tum transire coepisse,
dicique Armenium regem in Cappadociam impetum esse facturum:
putaui, pro nostra necessitudine me hoc ad te scribere oportere.

Quum quatuor hic sint cola siue membra; tria priora, eaque satis prolixa ad πρότασιν pertinent; postremum idque breuius ἀπόδοσιν absoluit. Ast paullo ante *epist. XV*, 1. Cicero ita inchoat epistolam:

Etsi non dubie mihi nuntiabatur, Parthos transiisse Euphratem cum omnibus fere copiis:

tamen, quod arbitrabar, a M. Bibulo procos. certiora de his rebus ad vos scribi posse,

statuebam mihi non necesse esse, publice scribere ea, quae de alterius prouincia nuntiarentur.

Hic πρότασις vno; ἀπόδοσις duobus membris constat. Obseruandum II. *ἀπόδοσιν nonnumquam antecedere πρότασιν* v. c. Cic. *pro Milon.* 3.

Negant, intueri lucem, esse fas ei, qui a se hominem occisum esse, fateatur.

Hic ἀπόδοσις inuerso ordine, priorem πρότασις posteriorem locum occupat. Ad haec illud quoque obseruari meretur, III. *alterutri parti accedere nonnumquam veluti laciniam*, quam ἐπισυνάψιν vocant antiqui rhetores. v. c. Cic. *Verrin. V.*

Si potest ista pecunia sine oratorum iniuria detrahi; habeat hoc populus Romanus, praesertim in tantis aerarii angustiis.

Etiamsi postrema huius periodi verba tolleres, absoluta tamen futura esset et perfecta sententia. Ergo haec accedunt, tamquam ἐπισυνάψις. Denique IIII. obseruandum, *ad finem προτάσεως* duo puncta; *ad finem totius periodi* vnicum punctum; *ad finem reliquorum membrorum si integris propositionibus constent*, comma; *sin aliquid ad perfectionem propositionis desit*, semicolon *esse ponendum*. Id quod fundamentum est totius interpunctionis *). v. c. Cic. *pro Mil. cap.* 1.

Etsi vereor, iudices, ne turpe sit, pro fortissimo viro dicentem incipere timere,

minimeque deceat, quum T. Annius Milo ipse magis de reip. salute, quam de sua per-

ipse

turbetur, me ad eius caussam parem animi magnitudinem adferre non posse:
tamen haec noui iudicii noua forma terret oculos.
qui, quocumque inciderint, veterem consuetudinem fori, et pristinum morem iudiciorum minime vident.

Hic ad finem secundi membri *colon* ponendum; ad finem postremi *punctum*; reliqua membra, quia perfectas propositiones continent, *commatibus* notantur. Verum si ita diceres.

Si quantum in me amoris ac diligentiae: tantum in te fidei prudentiaeque fuisset: neuter iam nostrum laboraret.

primum membrum exigeret *semicolon*, quia non continet propositionem perfectam: secundum *colon*, quia ibi finitur πρότασις: tertium *punctum*, quia eo clauditur periodus.

*) Non iam disquiremus, antiqua sit haec interpungendi ratio, an a grammaticis excogitata? Ex instituto id egit Io. Cleric. *in arte crit. Part. III. sect. x. cap.* 10. Saltim vtilissimam esse hanc ἀκρίβειαν, res ipsa docet, et recte obseruat Aristoteles *Rhet. III.* 5. ea effici, vt sic εὐανάγνωστον τὸ γεγραμμένον, καὶ εὔφραστον, id est, *vt facile legi, et proferri possit, quod scriptum est*; immo addiderim, vt et intelligi eo facilius possit. Ipse enim Aristoteles eo loco adducit locum Heracliti: τοῦ λόγου τοῦδ' ἐόντος αἰεὶ ἀξύνετοι ἄνθρωποι γίγνονται, quem ideo obscurissimum esse ait, quod sit ῥᾴδιον διαστίξαι, *interpunctu difficilis*, nec constet ante ἀεὶ, an post illud distinctio sit facienda.

XXI.

Periodus bimembris.

Periodus *bimembris* est, quae protasi aeque ac apodosi unimembri absoluitur. Eam for-

formabis facile, si logicae propositioni vel caussam, *) vel conditionem, **) vel contrarium ***) vel comparationem, ****) vel aliud quidquam huiusmodi adieceris *****).

*) Sic enim caussa vel aetiologia protasin, ipsa propositio dabit apodosin. V. c. Esto propositio logica: *mitto tibi liberum promissum*. Si caussam vel rationem addideris, nascetur inde periodus bimembris, qualis est apud Plin. *epist.* I, 2.

Quia tardiorem aduentum tuum prospicio;
librum, quem prioribus epistolis promiseram, exhibeo.

Ita et propositio logica: *multas ob caussas Romae me esse opto*, addita ratione facile in hanc periodum bimembrem commutatur a *Cic. epist. ad diuers.* XV, 13.

Maxime mihi fuit optatum, Romae esse tecum, multas ob caussas:
sed praecipue, vt et in petendo, et in gerendo consulatu meum tibi debitum studium perspicere posses.

**) Addita conditione nascetur periodus conditionalis. Talis est illa Cic. *epist. ad diuers.* VI, 16.

Si mihi tecum non et multae et iustae caussae amicitiae priuatim essent:
repeterem initia amicitiae ex parentibus nostris.

***) Esto propositio logica: *eruditionis perpetua est possessio*. Adde contrarium, exemplo Plin. *ep.* I, 3. et eiusmodi habebis periodum: *Reliqua rerum tuarum post te alium dominum sortientur, hoc nunquam tuum desinet esse, si semel coeperit*. Ita et Cicero de Orat. I, 1.

Nam qui locus quietis et tranquillitatis plenissimus fore videbatur,

in

in eo maximae moles modestiarum et turbulentissimae tempestates exstiterunt.

Ceterum hic obseruari meretur, eas domum periodos huius generis esse omnium elegantissimas, in quibus alterius membri verba singula verbis singulis prioris coli opponuntur. Ita Plin. *Paneg.* 4.

Ille quaesitam domi gloriam in publico:
Hic in publico partam domi perdidit.

Eodem exemplo dicere possis:

Malus princeps ciues imperii sui caussa natos:
Bonus imperium ciuium caussa institutum existimat.

Hic sibi opponuntur: princeps *bonus et malus: imperii caussa et ciuium caussa: natum et institutum.*

Eiusdem generis etiam haec periodus est.

Neronis scelere nascentem Christi Ecclesiam innumeris vexari suppliciis;
Constantini virtute suppliciis vexatam veluti renasci vidimus.

****) Comparatio non solum inter contraria, atque opposita, verum etiam similia institui potest. Vnde periodos comparatiuas a contrariis merito distinguimus. Exemplo esto periodus Plinii *in Paneg. c.* 5.

At, sicut maris caelique temperiem turbines tempestatesque commendant:
ita ad augendam pacis tuae gratiam illum tumultum praecessisse crediderim.

Saepe quidem et contraria inter se comparantur, sed ideo periodus non desinit esse contraria, sed simul comparatiua est. Ita Columella *Lib. I. de re rust. praef. comm-*
[illegible]

[illegible] qui in [illegible] intra consepta mora-[illegible] quam qui foris terram moliren-[illegible] [illegible]ores habemus;
[illegible] qui sub umbra ciuitatis inter moenia

desides cunctarentur, quam qui rura colerent administrarentue opera colonorum, segniores visos.

****) eodem enim pertinent periodi *concessiuae, disiunctiuae, copulatiuae, aliaeque* huius generis, quarum exempla passim exstant. Concessiua est illa Ciceronis, *Epist. VIII. 8.*

Etsi munus flagitare, quamuis quis ostenderit ne populus quidem solet, nisi concitatus: tamen ego exspectatione promissi tui moueor, vt admoneam te, non vt flagitem.

Disiunctiua illa Horat. *Carm. III, 28.*

Vel nos in Capitolium, quo clamor vocat, et turba fauentium;

vel nos in more proximum gemmas mittamus. *Copulatiua* denique illa Ciceronis *epist. ad diuers. X, 1.*

Et absens proficiscens in Graeciam:

et postea, quam de medio cursu reipublicae sum voce reuocatus, numquam, per M. Antonium, quietus fui.

XXII.

Particulae connectendi in illis vsitatae.

Connectendi formulas, quae in his periodis adhibendae videbuntur, ipsa suppeditabit materiae natura, vt adeo de illis non multum videatur laborandum *).

*) Sic ipsa sane ratio dictitat, periodos *caussales* incipere posse a *quum, quia, quandoquidem*: item a *si*; *conditionales* a *si*; contrarias a *quum*, aut sine connexione statim a re ipsa: *comparatiuas* a *quodsi, quemadmodum, sicuti*: concessiuas ab *etsi, tametsi, quamuis, vt, vero, equidem, quidem*: *disiunctiuas* ab *aut, vel*: *copulatiuas* denique ab *et, cum*, sequente *tum, non tantum*, sequente *verum etiam, etc.*

XXIII.

Ex periodis bimembribus facile fiunt *trimembres* siue τρίκωλοι, si vel πρότασις vel ἀπόδοσις duplicetur*). Vnde possunt totidem esse periodorum trimembrium, quot bimembrium, genera).**

Periodi trimembres.

*) Sic supra adfuit periodus bimembris conditionalis: *Si mihi tecum non et multae et iustae caussae amicitiae priuatim essent: repeterem initia amicitiae ex parentibus nostris.* Iam siue πρότασιν siue ἀπόδοσιν in duo membra diduxeris, habebis periodum trimembrem. v. c.

Si mihi tecum non et multae et iustae caussae amicitiae priuatim essent,
neque iam ab ineunte adolescentia complura inter nos mutua officia exstitissent.
repeterem initia amicitiae ex parentibus nostris.

Vel duplicata ἀποδόσει.

Si mihi tecum non et multae et iustae caussae amicitiae priuatim essent:
repeterem caussas amicitiae nostrae a parentibus nostris,
inter quos magna semper atque arcta in primis familiaritas intercessit.

**) Dantur ergo et periodi trimembres *caussales*, *aduersatiuae*, *comparatiuae*, *conditionales*, *concessiuae*, *disiunctiuae*, *copulatiuae*, *cet.* Dabimus quarumdam exempla: Concessiua est illa Cicer. *epist.* I, 5.

Tametsi nihil mihi fuit optatius, quam vt primum abs te ipso, deinde a ceteris omnibus gratissimus erga te esse cognoscerer:
tamen afficior summo dolore, eiusmodi tempora post tuam perfectionem consequuta esse,
ut et meam, et ceterorum erga te fidem et beneuolentiam absens experirere.

Copulatiuam habet idem Cicero *de senect.* c. I.

Mihi quidem ita iucunda huius libri confectio fuit, vt non modo omnes absterserit senectutis molestias,
sed et effecerit mollem et iucundam senectutem.

Contrariae exemplum Idem suppeditat *epist. V.* 17.

Non obliuione amicitiae nostrae, neque intermissione consuetudinis meae, superioribus temporibus ad te nullas litteras misi:
sed quod priora tempora in ruinis reipublicae nostrisque iacuerunt.
posteriora autem me a scribendo tuis iniustissimis atque acerbissimis incommodis retardarunt.

Huic eodem loco statim subiicit caussalem:

Quum vero et interuallum iam satis longum fuisset, et tuam virtutem magnitudinemque animi diligentius essem recordatus:
non putaui alienum institutis meis, haec ad te scribere.

Subiungit huic copulatiuam:

Ego te, P. Sexti, et primis temporibus illis, quibus in inuidiam absens et in crimen vocabare, defendi;
ei, quum in tui familiarissimi iudicio ac periculo tuum nomen coniungeretur, quam potui, accuratissime te tuamque caussam tutatus sum:
ex proxime recenti aduentu meo, [quum rem aliter institutam offendissem, ac mihi placuisset, si adfuissem,] tamen nulla re saluti tuae defui.

Ex his, qualia reliqua sint periodorum genera, facile intelliges.

XXIIII.

XXIIII.

Sed absolutissima omniumque magnificentissima est *periodus quadrimembris* vel τετράκωλος, quia et perfectam plerumque ratiocinationem continet *), et ob numerum propositionum auribus, quarum superbissimum est iudicium, quam maxime probatur. Constat ea, ceu ex ipso nomine adparet, quatuor membris, quorum duo plerumque ad πρότασιν; ac totidem ad ἀπόδοσιν referuntur **).

Periodus quadrimembris.

*) Non temere ullum est periodorum genus, quod totam ratiocinationem facilius capiat, quam quadrimembre. Quod vel vnico exemplo ostendi poterit. Muretus *Part. I. Orat. XXII.* ita disserit:

Si pro cuius quisque propugnatione ac defensione plura pericula subiit, plus excepit acerbitatum, pluribus quasi procellis ac tempestatibus agitatus est,
eo plus gaudii ex iis, quae ad retinendam atque amplificandam illius dignitatem pertinent, ad eum peruenire credendum est;
dubitare non potes, beatissime pater, quin Carolus Rex, te Pontifice creato, tanto ceteros Reges eximia quadam percepta ex ea re gaudii magnitudine superauerit,
quanto non huius modo memoriae, sed omnium aetatum ac saeculorum Reges graui ac diuturna susceptorum pro sedis apostolicae auctoritate laborum ac discriminum perpessione superauit.

Vberrima haec est periodus, sed facile tamen includenda huic syllogismo.

Qui plus pro Pontifice periculi subiit, is plus laetitiae ex eius felicitate percipit.

Carolus VIII. plus periculi subiit pro Pontifice.

Plus ergo laetitiae ex eius felicitate percipit.

Iam confer periodum, et adparebit, propositionis subiectum in primo; praedicatum in secundo; conclusionem in tertio; adsumtum in quarto membro contineri.

**) Quum difficillimum sit hoc periodorum genus: regulas quasdam de illis componendis suppeditare iuuabit. *Primo* ergo tales periodi fiunt quouis syllogismo, maxime si accedat maioris propositionis probatio. Hinc Muretus *Part. I. Orat. I.* laudaturus theologiam ita ratiocinatur.

Quae scientia homines ad fruitionem Dei perducit, illa est reliquis praeferenda.

Ratio;

In fruitione enim Dei posita est perfectio illa, ad quam naturali quodam desiderio ferimur.

Theologia homines ad fruitionem Dei perducit.

Est ergo reliquis scientiis praeferenda.

Inde effingit periodum quadrimembrem, in qua primum membrum probationem maioris; secundum ipsam propositionem: tertium conclusionem; et postremum denique adsumptum continet: Ἐξεργασία eius talis est.

Nam si eorum omnium, quae in immensa hac rerum vniuersitate cernuntur, vnumquodque naturali perficiendi sui desiderio tenetur.

et animus noster, ad similitudinem diuinitatis effictus, tanto perfectior est, quanto propius ad illud, ex quo ductus est, exemplar accedit.

dubitari profecto non potest, quin ea sit omnium praestantissima facultas.

quae, quoad eius fieri potest, cum humanis diuina copulando, mortalitatem nostram, quan-

quantum illius imbecillitas patitur, diuinae naturae arctissima colligatione deuincit.

Secundo et tunc nascetur periodus quadrimembris, si duo membra opposita inter se compares, addasque discrepantiae rationem, Cicero *pro A. Caecina* I. has inter se contendit propositiones:

A. Caecina cessit in vi facienda audaciae S. Aebutii:

Non autem in caussa eiusdem cedet impudentiae.

Ratio:

Non enim in foro tantum valet impudentia, quantum in agro locisque desertis audacia.

Ἐξεργασία eius talis est.

Si quantum in agro locisque desertis audacia potest,

tantum in foro atque in iudiciis impudentia valeret:

non minus in caussa cederet A. Caecina S. Aebutii impudentiae,

quam in vi facienda eius cessit audaciae.

Eodem exemplo dicere posses:

Si quantum in effringendis carceribus astutia potest,

tantum ad effugiendam furcam audacia valeret:

non minus iam hic fur carnifices deluderet audacia,

quam lictoribus olim illusit astutia.

Tertio et illa periodus quadrimembris est longe elengantissima, in qua duabus propositionibus totidem redditiones respondent, et contra. Talem periodum rhetores vocant χιαζομένην. Vid. Caussin. *de eloquentia sacra et profana VII, 6. p. 363.* Dicitur autem χιαζομένη quasi decussata, a χ littera, quae crucis in modum intersecantibus seipsis duabus obliquis lineis figuratur. Vnde et χιασμὸς figura, quando, quatuor propositis, tertium secundo respondet, et conuenit quartum primo. Ita Caussinus *ibid. p. 363.* Sed ego existimo, tertium primo; quartum secundo respondere debere. Id enim docet exemplum Demosthenis, ab ipso Caussino adlatum. Talis est illa Demosthen. *in Olynt. II.*

Equidem Philippus quanto plura praeter dignitatem fecit,
eo plus apud omnes admirationis gloriaeque consequutus est:
Vos autem, ciues Athenienses, quo immoderatius imprudentiusque rebus vestris vsi estis,
eo maiorem vestram oportet esse turpitudinem.

Quarto quoties vel protasis vel apodosis duobus tribusue membris constat, nouum inde nascetur periodi quadrimembris genus. Sic trium membrorum protasis est apud Ciceron. *epist. VIIII, 18.*

Quum essem otiosus in Tusculano,
propterea quod discipulos obuiam miseram:
ut eidem me quam maxime conciliarent familiari suo:
accepi tuas litteras plenissimas suauitatis.

Duorum apud eumdem: *epist. VIIII, 2.*

Caninius idem tuus, & idem noster, quum ad me peruesperi venisset,
et se postridie mane ad te iterum dixisset:
dixi ei me daturum aliquid mane-
et, vt peteret, rogaui.

Nec non *epist. VIIII, 14.*

Etsi contentus eram, mi Dolabella, tua gloria,
satisque ex ea magnam laetitiam voluptatemque capiebam:
tamen non possum non confiteri, cumulari me maximo gaudio,
quod vulgo hominum opinio socium me adscribebas tuis laudibus.

XXV.

XXV.

Multa vulgo addi solent a rhetoribus de singulorum membrorum magnitudine. Bimembres enim periodos vel *aequales* esse aiunt, si idem fere in vtraque parte sit syllabarum numerus, vel *inaequales*, si partes dissimili syllabarum numero constent *). Sed et trimembres aliae ἰσοπλευροι **) dicuntur, aliae ἰσοσκελεῖς ***). Sed quum magna ea in re libertate vsi sint veteres: praecepta illa omnia superuacua videntur. Vnicam ergo obseruari velim regulam: *dandam esse operam, ne membra periodorum compositarum sint nimis inaequalia* ****).

Membra periodorum non sint nimis inaequalia.

*) Et has iterum vel μείουρος vocant, si antecedens vel πρότασις sit longior: vel μακρόκωλος, si consequens numero syllabarum excrescat. Aequalis est haec periodus Cicer. *post reditum ad Quirites* 2.

Illi mihi fratrem incognitum, qualis futurus esset dederunt:

Vos spectatum incredibili pietate cognitum reddidistis.

Μακρόκωλος illa apud Cicer. *pro Arch.* 9.

Neque enim quisquam est tam auersus a Musis, qui non mandari versibus aeternum laborum suorum praeconium patiatur.

Μείουρος denique extat apud eumdem Cicer. *pro Milon.* 5.

Neque enim est vlla defensio contra vim unquam optanda;

sed nonnunquam est necessaria.

**) E geometria desumta est haec denominatio. Ἰσόπλευρα enim geometrae vocant triangula aequilatera. Quare et periodus ἰσόπλευρος dicitur, quae cola omnia habet aequalia.

lia. Talis exstat apud Cicer. *pro Roscio* 29.

Vereor, ne aut molestus sim vobis, iudices,
aut ne ingeniis vestris videar diffidere,
si de tam perspicuis rebus diutius disseram.

***) Haec quoque a geometris mutuata est denominatio, ἰσοσκελῆ enim dicuntur *triangula aequicrura*. Rhetoribus vero ita vocantur periodi trimembres, quarum duo membra paria sunt, tertium aut longius reliquis aut breuius. Cicer. *de offic.* I.

Nullum bellum est iustum,
nisi quod aut rebus repetitis geratur:
aut denunciatum ante sit et indictum.

****) Si tamen vllum membrum reliqua magnitudine excedere debeat: illud maxime conuenire videtur postremo. Qua de re Demetr. Phaler. *de elocutione n.* 18. *In compositis*, inquit, *periodis postremum membrum longius esse oportet, et tamquam continens, atque amplectens alia; sic enim magnifica erit et honesta periodus, in honestum et longum desinens membrum.*

XXVI.

Periodi quatuor membris maiores in vitio ponuntur.

Sed vt ad periodorum genera redeamus: nec illud videtur omittendum, vltra quatuor membra non excrescere debere earum magnitudinem. Recte enim Demetr. Phalereus, vel quisquis sub eo nomine latitare voluit, in aureo libello *de elocut. n.* 16. αἱ μέγισται δὲ ἐκ τεττάρων· τὸ δὲ ὑπὲρ τέσσαρα, οὐκ ἔτ᾽ ἂν ἐντὸς εἴη περιοδικῆς συμμετρίας. *Maximae periodi sunt quadrimembres. Quod vero supra quatuor est, non amplius intra iustam mensuram periodi manet.* Occurrunt quidem passim apud oratores periodi prolixiores, quas tamen excusandas magis, quam laudandas arbitramur. Eae si certo

Tales sunt periodi con, p. eum a, et talis.

co-

colorum numero absoluantur, περιοδικά *) sin sine certo membrorum colorumue numero pro vigore spiritus ferantur, πνεύματα **); si denique eo vsque producantur, vt spiritus, quantumuis longus, ea ferre haud posse videatur, τάσεις ***) dicuntur.

*) Περιοδικόν, ergo est periodus e quinque vel pluribus membris conflata. Cicero pro Mil. 1.

Et vereor, iudices, ne turpe sit, pro fortissimo viro dicere incipientem timere,
minimeque deceat, quum T. Annius Milo ipse magis de reip. salute, quam de sua perturbetur,
me ad eius caussam parem animi magnitudinem adferre non posse;
tamen haec noui iudicii noua forma terret oculos,
qui quocumque inciderint, veterem consuetudinem fori et pristinum morem iudiciorum minime vident.

**) Πνεῦμα, definiente Hermogene, est σύνθεσις λόγου διάνοιαν ἀπαρτίζον ἐν κώλοις καὶ κόμμασι μετρούμενον πρὸς τὴν διάρκειαν τοῦ πνεύματος κατὰ τὴν φωνὴν λέγοντος, id est, *structura orationis, quae sensum membris incisisque definitum ad orationis spiritum et vocem accommodat.* Quare tot esse possunt membra τοῦ πνεύματος, quot fert oratoris spiritus. Praeclarum est *pneuma* illud apud Cicer. *pro S. Roscio 49.*

Rogat, oratque te, Chrysogone, Roscius,
si nihil de patris fortunis amplissimis in fraudem conuertit,
si nulla in re te fraudauit,
si tibi optima fide sua omnia concessit, annumerauit, adpendit,

si re-

si vestitum, quo ipse tectus erat, annulumque de digito suum sibi tradidit,
si ex omnibus rebus se ipsum nudum, neque praeterea quidquam, excepit;
vt sibi per te liceat innocenti amicorum opibus vitam in egestate degere.

Eiusmodi pneumata sine non inelegantia sunt, si in loco adhibeantur, vt paullo post ostendemus pluribus.

***) τάσις, id est, *extensio*, periodus est omnium diffusissima, quae plura accumulat membra, quam vel robustissimus quisque vno spiritu eloquatur. Vnde semper in vitio ponitur tam enormis circumductio. Extat tamen monstruosae eiusmodi τάσεως exemplum apud Cicer. *Verrina ultima*, sub finem, cuius initium est: *nunc te, Iupiter optime maxime, cuius iste donum regale, cet.*

XXVII.

Quid schoenotenes & periodica circumductio?

Orationi *periodicae* siue *versae* opponi diximus *fusam*, qua vti dicuntur oratores; quotiescumque vel *incisim*, vel *membratim* dicunt. Et huc pertinent SCHOENOTENES *) et quam iam supra descripsimus, PERIODICA CIRCVMDVCTIO **).

*) *Schoenotenes* est, quando interiectis propositionibus incidentibus, vel vna idea generali in speciaiiores quam plurimas soluta, longius ac instar funis extenditur oratio. Inde enim nomen τῦ σχοινοτενῦς, id est, funis extensi accepit hoc dicendi genus. Cicer. *contra Rull. I, 15.*

Hoc capite, Quirites, omnes gentes, nationes, prouincias, regna, decemuirum ditioni, iuditio, potestatique permissa et condonata esse dico.

**) De

*) De periodica circumductione iam supra actum. Hic addimus ea τετράκωλα omnium esse pulcherrima; quae e membris oppositis constantur. Cicer. pro Milon. 4.

Est haec non scripta, sed nata lex, quam non didicimus, accepimus, legimus, verum ex natura ipsa arripuimus, hausimus, expressimus, ad quam non docti, sed facti, non instituti, sed imbuti sumus.

XXVIII.

Vsus periodorum.

De vsu periodorum vt quaedam dicamus, illud praecipue notandum, non ferendam esse orationem, quae tota sit periodica *). Miscenda ergo oratio *versa* et *fusa*, ita tamen miscenda, vt singulorum generum periodi suo quaeque loco adhibeantur **).

*) Quamuis enim splendida inprimis sit oratio versa vel circumducta, et hinc ab Aristotele Rhet. III, 9. laudetur, tamquam ἡδεῖα, εὐμαθὴς καὶ εὐμνημόνευτος, *iucunda, perceptu ac retentu facilis*: parum tamen a carmine differret oratio, si ea integra constaret periodis. Quare parum iucundae sunt orationes Isocratis, quae paene totae periodis constant. Plin. *Hist. nat.* VII, 30. Idem collocationis et numeri studium in Gorgia, Isocratis praeceptore, reprehendit Demetr. Phaler. *de eloqu.* 15. qui etiam praeclare obseruat, orationem nec totam periodicam, nec totam dissolutam esse debere.

**) Incisim ac membratim dicimus in dialogis, epistolis ad familiares, narrationibus, maxime, si ea, quae intra breue tempus gesta sunt, referre velimus. Pneumate ad excitandos vehementiores affectus; periodis quadrimembri-

bus

bus in exordiis proponendisque enthymematibus: reliquis denique promiscue vtimur.

XXVIII.

Quid sentiendum de numero oratorio?

Solent vulgo rhetores etiam de *numero oratorio* multa praecipere, quippe quem sonoram iucundissimamque reddere orationem existimant *). Sed satisfecisse nobis videbimur, si auribus hic obsequamur, quarum superbissimum est, teste Cicerone, iudicium. Hoc vero docebit, in clausulis periodorum elegantissimos esse *dichoreum* **), *antispastum* ***), & *paeona tertium* ****). In principiis periodorum pedes et numeros sectari absonum videtur, multoque magis in medio, ubi sufficit, si longae breuesque syllabae inter se misceantur *****).

*) De numero oratorio copiose differit Cicero *de orat. III.* 44. et ea in re plerique eum sequuntur rhetores. Sed multi tamen totam illam de numerosa oratione doctrinam vanam iudicant, maxime, quum tota illa res cuiusque stet iudicio. Enimuero negari nequit, multum gratiae accedere orationi, si periodorum clausulae certo quodam numero absoluantur. Dixerat aliquando Gracchus: *abesse non potest, quin eiusdem hominis sit, probos improbare, quin improbos probet.* Latine sane id dictum est et perspicue, sed parum numerose. Itaque Cicero verbis iisdem concinnius collocatis hanc effinxit periodum: *abesse non potest, quin eiusdem hominis sit, qui improbos probet, probos improbare.* Quis neget, iam ob numerum, qui accessit, multo grauiorem elegantioremque factam esse periodum? Adde Christ. Schraderi *de rhetor. Arist. sensu et vsu III.* 8. p. 529. seq.

**) Di-

** *Dichoreus* est trocheus duplex – ᴗ – ᴗ
Hinc apud Ciceronem tam frequentia periodorum clausulis sunt verba ejusmodi : *comprobauit existimauit, audeamus.*

***) *Antispastus* ex iambo et trocheo conflatus est ᴗ – – ᴗ Hinc saepe Cicero periodos ejusmodi claudit vocibus : *fateretur, haberemus.*

****) *Paeon tertius* duabus breuibus, tertia longa, et quarta itidem breui constat. ᴗ ᴗ – ᴗ
Hinc in Ciceronis operibus tam frequens est clausula : *esse videatur*, vt iam Quinctiliani tempore multi se existimarint illam Ciceronis vbertatem adsequutos, si plerisque periodis illud *esse videatur* adiungerent. Quinctil. *Instit. orat.* X. 2.

*****) Cauendum etiam hic est, *ne quid nimis*, insanire nonnullos in consectandis numeris periodorum, erudite, vt solet, ostendit Causs. *de eloquent. sacra et profana*, VII. 10. p. 167.

XXX.

Ornatam oratione̅ reddunt translationes.

Et hactenus quidem de CONCINNITATE dictum *): Iam porro, quid ORNATAM reddat orationem, curatius ostendendum est. Et hic quidem primas partes TRANSLATIONI deferimus **), quae si apta ***) et moderata ****) sit, incredibilem orationi conciliat elegantiam.

*) Sunt et alia, quae rhetores recensent, periodorum genera, veluti πνεῦμα καὶ κλεὶς, *spiritus et clauis*, itemque στρογγύλως ἀποτετορνευμένη, ἐπιτιμητικὴ, γνωμικὴ, ἀποφαντικὴ, ἐρωτηματικὴ, ἐλεγκτικὴ, δεικτικὴ, ἀρνητικὴ, ἀπαγορευτικὴ, periodus *rotunda, increpatoria, sententiosa, enunciatiua, interrogatiua, redargutoria, demonstratiua, negatiua, prohibitiua. Sed spiritus*

et

et *clauis* non aliter differre videntur, quam oratio *dimensa* et *fusa*. *Rotunditas* omnium elegantium periodorum generale nomen est. Reliquae denominationes a materia fere desumtae sunt, adeoque huc non pertinent. Quin si ad materiam respicimus, innumera erunt periodorum genera. Itaque his Graeculorum minutiis immorari noluimus.

**) *Translatio* vocatur, quod vox a propria ad alienam significationem similitudine quadam transfertur. Vt si fortunam *vitream* dixeris pro inconstanti: *aduolare* pro celeriter accedere; *confluere* multitudinem pro concurrere. Eam necessitatis atque inopiae caussa initio inuentam, posteaque frequentatam ob ornatum ac dignitatem, obseruat Cicero *de Orat. III.* 38. Vnde etiam quaedam metaphorae adeo receptae sunt quotidiano vsu, vt magis significent proprie, quam propria ipsa, e. c. *oculus vel gemma vitis, pes nauis, sinus maris, incendi vel inflammari ira, labi errore*. Nescio an non et huc referam *imbibere* pro consilium capere, sibi aliquid proponere, & ita in mente ac cogitatione defigere, vt euelli non possit. Ita sane non modo poetae loquuntur, veluti Lucretius *Lib. III*, v. 1010.

Qui petere a populo fasces, saeuasque secures
IMBIBIT,

et *Lib. VI.*

non quod violari summa Deum vi
Possit, vt ex ira poenas petere imbibat *acres*.

verum etiam Cicer. *pro P. Quinct.* et Liu. *Lib. II.* quae loca debemus Mureto *var. lect. I.* 6. Add. Turneb. *Aduers. XVIII.* 21. *Nihil enim*, inquit Quinctilianus *inst. orat. VIII.* 6. *suis verbis, quam his arcessitis, magis proprium erat*.

***) Vt aptae sint metaphorae vel translationes, obseruandae sint aliquot regulae. I. *In*

trans-

translationibus cauendum, ne inter se conferas dissimilia. Hinc frigida sunt illa: *vlmorum greges* apud Plautum *Pseud. I. 1. v. 99. caeli fornices*, (Vid. Cicer. *de orat. III. 41.*) *phalanx vndarum*, *fossa ponti* apud Prudent. κατὰ θημ. *hymno VIIII. v.* 14. Studio tamen talia nonnumquam adfectant comici, ut risum moveant. Sic Plaut. *Curcul. II, 3. v.* 39. dixit *lippire dentes*, quum fame madent. *Et Pseudol. I, 1. v. 74. lacrimas expuere* pro *lacrimare*. II. *Cauendum, ne translationes in frigidas hyperbolas euadant.* Talis est translatio illa Iuuenalis *Satira VI. v.* 423. Qui de sono, qui fit inter vngendum, loquuturus, ait:

Et summum dominae femur EXCLAMARE
coegit.

Nec magis ferenda illa Flori *Hist. IIII, 11.* qui descripturus naues M. Antonii: *castellorum*, inquit, *et vrbium specie non sine* Gemitu *maris et* labore *ventorum ferebantur*. Quae iam cagistauit Buchnerus *de commut. rat. dicendi, I. 2. 6. p.* 38. III. *In laude a melioribus: in vituperatione a deterioribus petendae sunt metaphorae.* Hinc recte Ciceronem laudaturus, eidem tribuens *flumen orationis*, *os coeleste*: at parum iudicii ostenderet, quisquis eidem tribueret *asininos labores*. IIII. *In stilo grandi a rebus grandibus; in tenuiori a tenuioribus petendae sunt metaphorae.* Sic decora est translatio Buchneri *orat. paneg. V, p.* 126. *Ego perinde, dum nuncupata verborum vota incipio solvere, inde potissimum ducam initium, unde* intercepti sideris *nostri* lux *primum* prorupit. At si quis in describendis ludi magistri natalibus hac translatione vti vellet, risum profecto deberet lectoribus. V. *Translationes desumi debent a rebus notis et honestis.* Sic eleganter Cicer. *de orat. III, 41.* dixit: *scopulus patrimonii, vorago bonorum:*

rum: obscuriores fuissent *scylla et charibdis*. Parum honestae translationes sunt illae, quas ipse notavit Cicer. *Rhet. III, 2. castrata respublica, stercus curiae*, pro quibus castius dixeris *eneruata respublica, purgamentum curiae*. Nec ferenda illa *ca atae chartae, verba vomere, ructare verba*, et huius generis alia, qualia grauiter reprehendit Buchner. *de commutata rat. dicendi, I, 2. p.* 44. VI. *Danda est opera, vt genus translationis seruetur*, id quod allegoriam vocant. Sic insulse quis diceret: *fortuna* vitrea, *est, dum ridet, mutatur*. Quid enim *vitro* cum *risu* et mutatione? Elegantius P. Syrus: *fortuna* vitrea *est, dum* splendet, frangitur. Elegantius quoque Curtius VII. 8. 24. *Fortunam tuam* pressis manibus *tene*, lubrica *est, nec inuita teneri potest*. Quia allegoria etiam vtitur Seneca *epist. CI.* Vides ergo absonas esse loquutiones, *haurire fructum* †, *adgredi rem illotis manibus*. Fructus enim non *hauriuntur*, sed *capiuntur*, nec manibus rem *adgredimur*, sed *attingimus*. Est tamen, vbi et veteres hac in re lapsi. Buchnerus sane *l. c. p.* 49. versus illos Horati *epist. I. v.* 1.

Nemo adeo FERUS *est, ut non* MITESCERE *possit,*
Si modo CVLTVRAE *patientem accommodet aurem.*

In vna enim sententia ter mutauit genus translationis: *Feritas* animalium est, *mitescere* frugum, *culturam* agrorum. Elegantius ita concinnasset versus.

Non adeo FERVS *est, ut non* MANSVESCERE *possit,*
Si disciplinae *patientem accommodet aurem.*

† Attamen *redundare* quid ad fructum dixit Cicero *pro Ligar. cap. 3. Laudem adolescentis existimo ad meum aliquem etiam* redundare fructum. Quod sane elegantissimum

ſimum eſt. Id enim vult Cicero, laude adoleſcentem tam veluti abundare, vt ad ſuum commodum aliquid redundare inde poſſit.

****) Cauendum, ne nimio et immodeſto translatorum vſu in aenigma degeneret oratio. Eſt enim et hic, vt in omni vita: apprime hoc vtile, *ne quid nimis*. Caſtior Ciceronis aeuo erat Latinitas, quum ea metaphoris, tamquam gemmis quibuſdam, diſtingueretur. Aſt ſaeculo quarto caſtitas illa parum placuit Ammiano Marcellino, Sidonio Apollinari, Ennodio, aliiſque hujus commatis ſcriptoribus, qui nihil ſatis Latinum putabant atque elegans, niſi quod eſſet allegoricum. Qua de re Cauſſin. *de eloq. ſacra et profana*, II, 9. 92. *Floruit Ennodius illo tempore, quo illa inſania metaphorarum vel potius allegoriarum dulcedo cuncta perſuaſerat, et iam* Ferrum Ciceronis *Tulliana dictio vulgo dicebatur, contra aurea putabantur frigida quaeque acumina et allegoriae, quibus illi ſcriptores ſua referſerunt*. Vt exemplo res fiat clarior, conſidera mihi, quaeſo, illa Ennodii: *diu ſalum quaeris, verbis in ſtatione compoſitis, et incerta liquentis elementi placida oratione deſcribis, dum ſermonum cymbam inter loquelae ſcopulos rector diligens fraenas et curſum artificem fabricatus trutinator expendis; pelagus oculis meis, quod aquarum ſimulabas, eloquiis demonſtraſti*. Bone Deus, quam frigida haec ſunt, et aenigmate quouis obſcuriora ſed talia ferrea illa aetas ferebat ingenia. Parum comtum videbatur, quod non erat allegoricum, hinc non ſufficiebat *oratio*, ſed dicendum *orationis vel ſermonis cymba*, nec placebat *loquela*, niſi adderentur *ſcopuli*. Quae omnia aeque abſurda ſunt, ac ſi quis in vernacula diceret: *man wolle mit dem Schiff ſeiner Rede durch die Klippen*

der

der Zahne die freye lufft Seegleu. Adeo etiam illa, quae parce adhibita plurimum elegantiae conciliant orationi, eamdem frigidam et ridiculam reddunt, si nimis frequententur, maxime vbi non necessarium est, has ampullas proiici.

XXI.

An etiam metonymia & synechdoche?

Reliqui tropi, in primis METONYMIA et SYNECDOCHE non tam ad elegantiam orationi conciliandam, quam ad aptius explicanda veterum auctorum loca comparati videntur *). Nec tamen laude sua defraudandae loquutiones quaedam metonymicae **) et synecdochicae ***), iamdudum veluti civitate donatae. Verum et hic adhibenda est cautio, ne, dum elegantes esse cupimus, vel *profani*, vel *obscuri*, vel *κακόζηλοι* appareamus ****).

*) Duriuscule etiam veteres nonnumquam loquuti sunt, in primis poetae, quod vt explicarent rhetores, *tropos* inuenerunt. Quis vmquam a vitio atque ἀκυρολογίᾳ absoluerit illa Horatii, *Carm. IIII*, 4.

- - - - - vel Eurus
per Siculas equitauit vndas?

Equidem Muret. *Var. lect. I*, 10. eodem modo loquutum obseruat EVRIPIDEM in Phoenissis:

Ζεφύρυ πνοαῖς ἱππεύσαντος ἐν ὠρανῷ.

Sed ipse tamen fatetur vir doctissimus, *audacem esse hanc metaphoram*, et Horatium *fecisse more suo, vt persequendis Graecorum vestigiis* τὸ τῆς λέξεως καινόν τε καὶ ξενικὸν *quaereret, seque quam longissime a trita et plebeia loquendi consue-*

suetudine abducere. Nec melior est translatio Catulli:

Ipsa leui fecit volitantem flumine Currum, quamuis eam apud Aeschylum et Euripidem repererit. Idem *lib. I. cap. 11.*

Quis non duriuscule loquutum Ciceronem dixerit *pro Marcello 6.* dum ait: *gladium vagina vacuum in urbe non vidimus.*

**) Sic non ineleganter dicitur: *vario Marte* pugnare. Quinctil. *Instit. orat. VI*, 8. *Sera iuuenum Venus*. Tacit. *de moribus Germ.* 20 *Hoc cum gratia quadam ac Venere dicitur*, Quictil. *l. c. Silent diutius Musae Varronis*, Cic. *Acad. quaest. I*, 1. *comedere quem*, *pro eius bona consumere*, Plaut. Et quid elegantius quaeso illis Plin. *epist. I*, 6. *Experieris, non Dianam magis montibus, quam Mineruam inerrare*. Eodem pertinent et notissima illa: *toga* pro pace, *purpura* pro regno, *fasces* pro magistratu, *laurea* vel *laurus* pro victoria, *scelus* pro scelesto, *seruitia* pro seruis.

***) Receptissimae sunt loquutiones synecdochicae *tectum* pro domo, *mucro* pro gladio, *mortales* pro hominibus, *probrum* pro stupro vel adulterio, *miles* pro *militibus*, *sexcenta* pro plurimis. *In primis notari merentur, veteres, vbi de se ipsis in plurali loquuntur, non hoc iactantiae, sed modestiae caussa facere, quasi omnia cum aliis communicare vellent*. Hinc quum canit Virgilius *Aeneid. II*, v. 89.

-- et nos aliquod nomenque decusque
Gessimus.

Seruius ad eum locum addit: *nos*, inquit, *dixit, ad euitandam iactantiam. Nam si singulari dixisset*, Ego gessi, *exclusisse ceteros videretur*. Conf. Buchner. *de commut. rat. dicendi I*, 5. 2. *p.* 88.

****) Cauendum ergo. I. *ne profani vi-*

deamur, dum promiscue consectamur tropos. Frigidissimum est, vbique inculcare Vulcanum, Iouem, Iunonem, Mercurium, et huius generis alia. Ab his enim *noxiis figuris*, vt vocat Augustinus, merito abstinet Christianus, nisi constanti vsu veluti in nomina adpellatiua transierint. Sic nemo nisi nimium superstitiosus damnabit phrases: *suo Marte aliquid facere*, *aequo Ioue iudicare* et similes *alias huius generis*. Verum nemo sanus probabit illas iurandi formulas, *mecastor*, *mehercle*, *aedepol*, a quibus non abstinuerunt Manutius, Bembus aliique viri ceteroquin doctissimi. Conf. Iac. Thomasii *dissertat. de stili ethnicismo*. Cauendum porro, II. *ne tropos adfectantes vel obscuri vel κακόζηλοι fiamus*. Id vero iis maxime contingit, qui poetas sequuti longius a vulgari significatione deflectunt. Sic obscurius est illud Claudiani *de raptu Proserp. II, 16. sudata marito fibula*, pro fibula a marito elaborata. Obscuriora etiam sunt *vulnus* pro sagitta apud Virgil. *Aen. II. v. 59. et VII. v. 253. Hospes ardet* pro hospitis domus ardet apud Horat. *Satyr. I. 5.* Talibus qui in prosa vtitur, obscurus fiet.

XXXII.

Figurae etiam orationem ornant.

Haec de tropis: magis orationem ornant *figurae*, sed selectiores. Plures enim sunt, quae vix quidquam venustatis habent. Aliae ad dignitatem potius, quam elegantiam orationi conciliandam; aliae ad effectus tantum excitandos comparatae sunt. Nos eas tantum, quae ad ornatum pertinent *), recensebimus.

*) Elegantissima ex. gr. est I. Antanaclasis, quum vox eiusdem adpellationis, non vero significationis, repetitur. Cicero *ad Attic. epist.*

sis, qui
ro signific

epist. XIIII, 14. *Quid ergo? ista culpa Brutorum? minime illorum quidem: sed aliorum brutorum.* Ita eodem exemplo dixeris: *Malis me oneras, haud malis.* Elegans quoque II. Anaphora, quae eamdem vocem in principio repetit e. g. Cic. *Catil.* I, 1. *Nihil te nocturnum praesidium palatii, nihil vrbis vigiliae, nihil consensus bonorum omnium, nihil hic munitissimus habendi senatus locus, nihil horum ora vultusque mouerunt.* Commendanda III. Epanodos, quum sententia acute conuertitur. Cic. *pro Plancio* 28. *Gratiam qui refert, habet, et qui habet, refert.* Vellei. Paterc. II. *Quam prouinciam pauper diuitem ingressus, eam diues pauperem reliquit.* IV. Paronomasia, quando voces eiusdem paene aut non admodum dissimilis soni coniunguntur. Terent. *Andr.* I, 3. *Inceptio haec est amentium, non amantium.* Et eodem modo dixeris: *tibi parata erunt verba, huic homini verbera. Museum liberis magis, quam libris refertum. Non aduersus hostem, sed auersus processit.* Nep. *Att. cap.* 17. *Philosophorum ita percepta habuit praecepta.* Eodem pertinet V. Imago de qua iam Demetr. Phaler. obseruauit, nullam esse figuram, quae plus elegantiae adferet orationi. Est imago vero adsimilatio, protasi aeque ac apodosi destituta, facta per particulas *veluti, tamquam, instar,* et huius generis alias. Nep. *Hannib. cap.* 1. *Hic autem velut hereditate relictum odium paternum erga Romanos sic confirmauit, vt prius animam, quam id, deposuerit.* Flor. *Praef. A. Caesare Augusto in saeculum nostrum haud multo minus anni ducenti, quibus inertia Caesarum quasi consenuit atque decoxit, nisi quod sub Traiano principe mouet lacertos, et praeter spem omnium senectus imperii quasi reddita iuuentute reuirescit.* IIII. Paradiastole, quum distinguuntur, quae confundi vulgo solent. Sen. *epist. II. Non qui parum habet, sed, qui plus cupit, pauper est.* VII. ΑΝΤΙΘΕΤΩΝ, quum contra contrariis opponuntur. Cic. *Catil. II. 3. Ex hac enim parte pudor pugnat; illinc petulantia; hinc pudicitia; illinc stuprum; hinc fides; illinc fraudatio: hinc pietas: illinc scelus; hinc constantia; illinc furor; hinc honestas; illinc turpitudo: hinc continentia; illinc libido.* VIII. ΑΝΤΙΜΕΤΑΘΕΣΙΣ, quando propositio ita inuertitur, vt contrarius inde emergat sensus. Plin. *Paneg. cap. 17. Non ideo vicisse videris, vt triumphares, sed triumphare, quia vinceres.* Senec. *epist. II. Quum legere non possis, quantum habueris, sat est, habere, quantum legas.* VIIII. ΟΞΥΜΩΡΟΝ, quum contraria de eodem dicuntur. Sen. *epist. II. Nusquam est, qui vbique est.* Flor. *Histor. II. 6. Reuiuiscentis imperii spes Fabius fuit, qui nouam de Annibale victoriam commentus est*, nolle pugnare. X. Periphrasis, qua rem vnam multis ambimus verbis. Nep. *Themist. cap. 1.* prudentiam Themistoclis laudaturus plurimis vtitur verbis: *celeriter, quae opus erant, reperiebat: neque minus in rebus gerendis promtus, quam excogitandis, erat: quod et de instantibus, vt ait Thucydides, verissime iudicabat, et de futuris callidissime coniiciebat.* XI. ΕΠΑΝΟΡΘΩΣΙΣ. quae tollit, quod dictum est, et pro eo, quod magis idoneum est, reponit. Sen. *consol. ad Marc. 1. Patrem non minus, quam liberos dilexisti: excepto eo, quod non optabas superstitem: nec scio, an et hoc optaueris.* Plin. *epist. I. 2. Quod me longae desidiae indormientem excitauit, si modo is sum ego, qui excitari possim.*

XXXIII.

Nec non formulae aliquae.

Plurimum quoque elegantiae inest orationi,

ni, quae ritus formulasque antiquas *) aliis rebus sine adfectatione applicat **).

*) Praeclarum opus *de formulis et sollemnibus populi Romani verbis* exstat, conscriptum a Barn. Brissonio, quod ex recensione v. c. Franc. Car. Conradi prodiit *Halae* nostrae cIↃIↃCCXXXI. *in fol.* Et nos quoque complures eiusmodi loquutiones antiquas et sollemnes explicauimus in *syntagmate antiquitatum Romanarum, iurisprudentiam illustrantium, Argent.* cIↃIↃCCXXXIV. 8. *mai.*

**) Vt exemplis nonnullis rem declaremus, antiqua formula in funeribus adhibita est: ilicet actum est. Eam eleganter ad herum accommodat Parmeno seruus apud Ter. *Eun.* I. I. v. 9. *actum est, ilicet perisiti, eludet vbi te victum senserit.* Quisquis eris, noster eris, imperatorum erant verba, transfugam recipientium in fidem. Ea vero, eleganter ad receptionem hospitis traducit Virgil. *Aen.* II. v. 148.

Quisquis es, amissos hinc iam obliuiscere Graios.
Noster eris.

Conf. Seru. *schol. ad h. l.* Tales etiam sunt formulae: *digna res, propter quam vadimonium deseras*, Plin. *Hist. nat. praef.* *Aurem cui vellere*, Virg. *Eclog.* VI. v. 3. *Omne punctum ferre*, Horat. *de arte poet.* v. 343. *Nec tu aram tibi nec deprecatorem parauris.* Terent. *Heaut.* V. 2. v. 22. *Censor vitio vel sine populi suffragiis creatus, fasces submittere: scriptores proletarii vel capite censi, diuidere sententiam,* et aliae innumerae, quas ex antiquitatibus Romanis explicandas esse, viri docti ad auctores passim monent. Omnia enim haec vel ideo elegantissima sunt, quod ritus antiquos ac formulas populi Romani sollemnes nobis in memoriam reuocant.

XXXIIII.

Et adagia.

Nec gratia porro ac venustate carent *adagia*, quae in omnibus linguis idem praestare videntur, quod in cibis condimentum *). Sed cauendum, ne promiscue omnes linguae idiotismos, aut comicorum iocos prouerbia esse existimes **), qua in re vel ipse ERASMVS haud raro deceptus videtur ***).

*) Dici non potest, quantopere orationem ornent eiusmodi adagia. Plerumque enim, vt ex Aristotele notat Synesius, illa sunt παλαιᾶς φιλοσοφίας ἐν ταῖς μεγίσταις ἀνθρώπων φθοραῖς ἀπολομένης ἐγκαταλείμματα, περισωθέντα διὰ συντομίαν καὶ δεξιότητα, *veteris philosophiae inter maximas hominum ruinas intercedentis quaedam reliquiae, ob breuitatem dexteritatemque seruatae*. Quum vero eiusmodi adagia sint instar condimenti: facile patet, insulsam insipidamque futuram orationem, adagiis iusto pluribus respersam. Vnde recte monet Caussinus *de eloquent. sacra et prof.* IIII. 4. p. 189. *Erit in his adagiis obseruandum, ne crebra et obscura admisceantur orationi: quod puerile est, et vitiosum. Sed, vbi res feret, commode quasi gemmulae purpurae inserantur; maxime vero in epistolari stilo, qui paroemiarum amoenitate cultius enitescit*. Vt exempla quaedam subiectamus: quid pulcrius est illis Cicer. *ad diuers. lib. VII. epist.* 24. *Habes Sardos venales, alium alio nequiorem*? Quid elegantius illis Terentii, *Eun. II.* 3. v. 89. *At enim istaec in me cudetur faba*? Ita eleganter Cicer. *de legib. III.* 16. vtitur proverbio *fluctus in simpulo mouet*. Immo et veteres aliquando initium tantum adagii, si notum et peruulgatum esset, obseruamus adscripsisse, itemque

que factitasse in Homeri aliarumque poetarum dictis, quae in primis celebrantur, adducendis. Exemplum ex Cicer. *lib. XIII. ad Attic. epist.* 23. attulit Muret. *Var. lect. lib. X. cap.* 14. *Sed, quaeso, epistola mea ad Varronem valdene tibi placuit? Male mihi sit, si vmquam quidquam tam* invita, scilicet *Minerua.* Sic et *lib. VII. ad diuers. epist.* 28. *Et hoc tempore non solum sapiens, qui hinc absis, sed etiam beatus, quamquam quis, qui aliquid sapias, nunc esse beatus potest? Sed quod tu, cui licebat, pedibus es consequutus, vt ibi esses,* Vbi nec Pelopidarum, *nosti cetera: nos idem propemodum consequimur.* Integer enim locus poetae veteris, quem in animo habuit, talis est: *vbi nec Pelopidarum facta, nec famam audiam.* Cic. *lib. VII. ep.* 30. et *lib. XV. ad Attic. ep.* 11.

**) *Adagium* scilicet *est dictum acutum vulgari omnium sermone tritum, quod plerumque ad factum aliquod amoenum aut ritum veterem, aut simile quid respicit.* Adagia non sunt, I. quae nihil habent acuminis, v. c. *bene compositum par; similis simili gaudet.* Nec II. hoc nomen merentur vnius vel alterius auctoris dicta, quantumuis acuta. Sic Suet. *Octau. c.* 87. notauit, Augustum, quotidiano sermone vsurpasse illa: *Ad Kalendas Graecas,* id est, numquam. *Contenti simus hoc Catone,* idest, contenti simus praesentibus. *Velocius, quam asparagi coquantur* id est, *cito.* Sed haec quum Augusto fuerint propria, vix adagia dixeris. Idem censendum III. de linguae idiotismis, aut veterum poetarum sententiis, e. gr. *actum agit; fluctus numerat: festina lente. Quid tanto dignum feret hic promissor hiatu? Magno conatu maximas nugas agit.* Elegantia haec non carent, sed non tamen sunt in prouerbiis ponenda.

***) Multas poetarum sententias, multos idio-

idiotismos prouerbiis adscripsit Erasmus Rot. qui maiorem dedisse operam videtur, vt chiliades, quam vt selectiores paroemias colligeret. Muret. *Var. lect. XII. 16. et seq.*

XXXV.

Et sententiae.

Denique et *sententiae* acutae suo loco adhibitae maximopere ornant orationem *). Sed hic quoque cauendum, *ne quid nimis* **,) aut ne vulgaria quaedam de moribus praecepta subinde inculcando, egregii quidquam dixisse nobis videamur ***).

*) Sententiarum virtute sunt, I. acumen, II. rotunditas, i. e. si concinna periodo conclusae sint, III. et sapientia, vt aliquod praeceptum complectantur. Tale sunt illae Senecae *de vit. beat. c. 30. Sententiam semper unius sequi, non vitae est, sed factionis. Et de benefic. III. 17. Gratum hominem semper beneficium delectat, ingratum semel.* Ast si dixeris: *omnium rerum primordia a precibus fieri debent*, vix hoc sententiae nomen merebitur. Sapiens quidem est hoc praeceptum, sed nec acutum, nec rotundum.

**) Recte ait Auct. ad Herenn. IIII. 16. *Sententiae in oratione non debent frequentari, ne magis viuendi praeceptores, quam rei actores videamur.* Add. Buchn. *de commut. rat. dicendi II. 7. 11. p. 450.*

***) Nescio quid vulgare sapit sententiosa eiusmodi, quam vocant, eloquutio. Vulgus enim quam saepissime vtitur sententiis, quamuis parum acutis. Vnde et comici personis vilissimis sententias quam plurimas tribuere solent, v. c. Terent. *And. I. 1.* Sosiam inducit, libertum frugi, qui paene vbique domino respondet, adhibitis sententiis. Recen-

ducit : ..
mino n on

ſente domino beneficia, reſpondet: *Iſthaec commemoratio, quaſi exprobratio eſt immemoris beneficii*. Referente deinde illo filii ſui inſtitutionum et genium, nulli rei admodum addictum: iterum reſpondet Soſias: *id arbitror, adprime in vita eſſe vtile, vt ne quid nimis*. Laudante dehinc filii in parandis colendiſque amicitiis ſolertiam: denuo philoſophatur Soſias: *ſapienter, vitam inſtituit, namque hoc tempore obſequium amicos, veritas odium parit*. Narrat inde Simo, quomodo occultos filii amores deprehenderit, rationemque reddit, cur eum tum haud obiurgarit. Quid hic Soſias? Denuo philoſophatur, et ex ingenio ſuo depromit ſententiam. *Recte putas: nam ſi illum obiurges, vitae qui auxilium tulit, quid facias illi, qui dederit damnum aut malum?* Talia vulgo ſemper in ore ſunt. Vnde ſtilus eiuſmodi ſententioſus parum placet accuratioribus dicendi magiſtris. Vid. Quinctil. *Inſtit. orat. VIII*, 5. qui etiam X, 1. Senecam reprehendit, *quod rerum pondera minutiſſimis ſententiis fregerit*.

XXXVI.

An etiā verſus & hemiſtichia?

Mirifice quoque ſibi nonnulli placent verſibus et hemiſtichiis poetarum, quae vbique orationi inſerciunt *). Sed quemadmodum horum vſus et periodorum concinnitatem perimit, et ipſius ſtili grauitati repugnat: ita vix laudem mereri videntur verſus proſae admixti, niſi vel teſtimonii cauſſa **), vel ob inſigne ſententiarum acumen ***) inſerantur, quod et ipſum tamen rarius fieri debet ****), *In elegantiore ſermone rectius feceris, ſi dicta eiuſmodi poetica ſolutiore ſtilo exprimas* *****).

*) Talis eſt recentiorum quorundam ſtilus,

lus, in primis Lipsii, Bandii, et e theologis Danhaueri. Fr. Spanhemii aliorumque, qui dici non potest, quantum sibi frequentissimo illo versuum atque hemistichiorum vsu placeant. E veteribus Dio Chrysostomus hoc dicendi genere delectatus est.

**) Testimonii caussa quosdam poetarum versus saepe adhibet Cicero in libris philosophicis et rhetoricis, maxime ex Ennio, et Euripide. Nec in epistolis desunt exempla. Vid. *epist. ad diuers. I, 9.* vbi sex versus integros e Terentii *Eunucho inserit*, vt et *epistol. VIII, 26. XIII, 16.* Eodem exemplo poetarum testimonia, ad partes saepiuscule vocant Seneca, et Plinius, sed nonnisi in scriptis didacticis et epistolis. In litterario enim puluere, et inter amicos, haec locum inueniunt. Sed in orationibus, vbi grauitas stili vtramque paginam facit, non temere eiusmodi flosculis vtendum. Demosthenes sane, Cicero et Plinius in orationibus suis a poetarum testimoniis vel plane abstinuerunt, vel ea mutato orationis genere protulerunt. Pauculi versus leguntur in *orat. in Pison. cap. 18.* et pro *Muraen. cap. 14.*

***) Inest enim nonnumquam poetae cuiusdam dictioni aliquid acuminis, quod mutato versu periturum videbatur. Hic non indecorum erit, ipsum versum inserere, si cum his agimus, quorum ad palatum sunt eiusmodi lauticiae. Sic Seneca *de Ira II, 16. in frigora septentrionemque vergentibus immansueta ingenia sunt, vt ait poeta,*

— suoque simillima coelo.

Et *Epist. 82. Facile prouocabat mala absentia: ecce dolor, quem tolerabilem esse dicebas: ecce mors, quam contra multa animose loquutus es: sonant flagella, gladius micat:*

Nunc animis opus, Aenea, nunc pectore firmo.

****) Vten-

****) Vtendum ergo his verſiculis rarius et maxime I. in epiſtolis ad familiares, non aeque, in elaboratioribus, quales ſunt v. c. dedicatoriae ad viros magnos ſcriptae; II. in ſcriptis didacticis, ſi cum eiuſmodi hominibus nobis res eſt, qui auctoritati permultum deferunt. Abſtinendum autem ab iis in panegyricis, et in omni oratione graui, quales ſunt theologicae, et ciuiles. Certe parcius et modeſtius his inſpergendi ſunt verſus.

*****) Vt exemplo rem illuſtremus: Cunaeus *in Satira Menipp. Sardi venal. p.* 411. haec habet: *profecto hoſpes, nec quidquam Deus haec ſpatia ſedeſque ab orbe veſtro abſcidit, ſi tamen vos terrae fines tranſilitis, et haec ignota ac peregrina viſitis. Nihil deinceps mortalibus arduum erit, coelum ipſum adhibitis tandem, et quidquid praeterea homini, dum in terra vitam agit, negatum eſt.* Nemo ignorat, Horatii haec omnia eſſe, qui *libro I. Carm. Od. III.* ita canit:

Nec quidquam Deus abſcidit
Prudens Oceano diſſociabili
Terras: ſi tamen impiae
Non tangenda rates tranſiliunt vada.

Et paucis interiectis:

Nil mortalibus arduum eſt,
Coelum ipſum petimus ſtultitia.

Quanto concinnius haec omnia ſolutiore ſtilo protulit Cunaeus? Sic et ipſe Cicero aliique auctores veteres ſaepe vſi ſunt poetarum teſtimoniis alia veluti veſte indutis, ceu pluribus exemplis in Variis Lectionibus paſſim demonſtrauit M. Ant. Muretus. Elegans in primis eſt exemplum in Cicer. *Cat. mai. cap.* 2. ubi cum verba Euripidis:

τὸ δὲ γῆρας ἄχθος αἰεὶ
βαρύτερον Αἴτνας σκοπέλων
ἐπὶ κρατὶ κεῖται.

ita videmus expressisse: *Senectus plerisque senibus tam odiosa est, vt onus se Aetna grauius dicant sustinere*. Vid. Muret. *Var.* VII. 15. et XI., 12. ubi locum Sophoclis a Cicerone expressum producit.

XXXVII.

Apte dicimus, si varios dicendi characteres distinguimus.

Sed sufficiant haec quidem de ornata oratione. Reliquum est, vt, quomodo APTE dicendum sit, doceamus. Quum enim aeque absonum sit, omni orationi eumdem characterem, ac omni personae easdem vestes aptare: nostra omnino interest, varias dicendi formas vel characteres in numerato habere, maxime quum ita plerumque de illis disserant rhetores, ut, quid sibi velint, scias cum ignarissimis *).

*) Exemplo esse poterit Dionysii Longini tractatus περὶ ὕψους *siue de sublimitate*, cuius nitidissima et optima editio nuper prodiit cura Zachar. Pearce, *Amstelod.* cIɔIɔccxxxIII. 8. mai. Quum ergo ita comparati sint plerique rhetorum libelli, de formis stili, vt perlectis illis, repetere cogaris illa Demiphontis apud Terent. *Phorm.* II, 4. v. 18.

--- *Fecistis probe*,
Incertior sum multo quam dudum:

dabimus operam, vt rem omnem, quam fieri potest, dilucidissime proponamus. Et quidem ex genuinis fontibus, quos ubique bona fide indicauimus: non ex praelectionibus MSCC. Schurtzfleischii, cui nos hae obtigisse, ea, qua solet, modestia scripsit Reinhardus quidam, qui homo nescio, verum ex suo ingenio alios aestimet, an sibi persuaserit, praeter se neminem aliquid, nisi quod ex illis schedis hau-

stum

ſtum ſit, tradere poſſe. Equidem Schurtzfleiſchium tanti facio, vt me non puderet per eum profeciſſe, ſi mihi licuiſſet eſſe tam felici. At Deum teſtor, me nec eo tempore, quo hunc libellum ſcripſi, nec poſtea vmquam, ſchedas iſtas MSCC. vidiſſe, adeoque inſignem eſſe illam, quam Reinhardus mihi fecit iniuriam. Sed occallui iam ad iſtorum hominum voculas, qui magnam laudem in obtrectatione poſitam putant, neque quidquam cupidius faciunt, quam vt quidquid poſſunt, quacumque ratione poſſunt, ex aliena laude deterant, ſperantque tantum ſuae famae acceſſurum, quantum alienae detraxerint. At noſtra ſcilicet refert, quid Reinhardus de nobis iudicet. Immo iudicet, fingatque, quidquid velit.

Si liuor obtrectare curam voluerit:
Non tamen eripiet laudis conſcientiam.

XXXVIII.

Stilus Laconicus.

Primo itaque, quod ad breuitatem vel vbertatem ſermonis adtinet, ſtilus in LACONICVM, ATTICVM, RHODIVM, et ASIATICVM diſpeſci ſolet *). Stilus LACONICVS iuſto breuior, ac veluti abruptus eſt, in eoque conſiſtit, quod plura intelligi, quam legi, iubeat **). Hinc, niſi inter amicos, vix laudem aliquam meretur ****).

*) Omnes hae gentes Graece loquebantur, ſed ita, vt mirifice inter ſe diſcreparent. *Laconibus*, genti ambitioſae ac ſuſpicaci, breuis atque abrupta placebat oratio: *Attici* breuis quidem et ſimplex, ſed acuta: *Aſiaticis* ventoſum diffuſiſſimumque dicendi genus. *Rhodii* denique Atticis paullo vberiores, at multo adſtrictiores Aſiaticis erant, adeoque prudentem orationis habitum efformarunt, inter Atticos [illegible]

macilentiam et Asiaticam pinguedinem medium. Vid. Quinctil. *Instit. orat. XII. 10.* et Nic. Gragius *de repub. Lacedaem. III. 6. 5.*

**) Demetr. Phal. *de eloquut. num. CII. p. 66.* Καὶ οἱ Λάκωνες πολλὰ ἐν ἀλληγορίαις ἔλεγον ἐκφοβοῦντες. *Lacones multa allegorice dicebant metum incussuri.* Eadem vera ratio, quae eos allegoriis occultare iussit sensa animi, etiam breue illud atque abruptum dicendi genus suasit. Hinc idem Demetr. Phaler. auctor est, eos aliquando ad verbosam Philippi Macedonis epistolam ita rescripsisse Διονύσιος ἐν Κορίνθῳ, *Dionysius Corinthi.* Plura hic intelligenda erant Philippo, quam legebat. Dicere volebant Lacones, *non esse, quod se iactaret, Spartaeque minaretur Philippus, fulgor e pelui dari. Non diuturna esse solere tyrannorum imperia. Dionysium quoque, Siculis olim metuendum, nunc Corinthi viuere, in tanta rerum omnium penuria, vt ludimagistri munere fungatur. Forsan id satis esse, vt eadem fortuna Philippum moneat, nisi cautior sit aduersus bona sua, et opprimendae Graeciae consilia abiiciat. Videret ergo, ne eius vitam imitaretur, cuius exitum perhorresceret.* Vide quantum idearum tria ista verba Διονύσιος ἐν Κορίνθῳ contineant? Non minus breues sunt epistolae Laconicae, quas collegit scholiastes Dionis Chrysost. *ad orat. LXIIII.* veluti: τοὶ Πέρσαι δυλόοντι· ἑαλώκαντι ταὶ Ἀθᾶναι. Ξενοφῶν ἐφυγαδεύθη, et similes. Vnde Strabo *lib. I.* obseruat, inter ὑπερβολὰς ἐπὶ ὑπερβολαῖς esse et illam: ἐλάττω δ' ἔχειν ἀγρὸν ἐπιστολῆς Λακωνικῆς. *agrum habere, minorem epistola Laconica.* Sed de βραχυλογίᾳ Λακωνικᾷ plura scripsit Io. Meurs. *Miscellan. Laconic. lib. 3. cap. 3. et sequent.*

***) Hinc Laconice nonnumquam cum Attico agit Cicero; cum amicis Plinius et Lipsius. Sed quum Lacones semper habiti sint ἄμυνον, nec vlla vmquam eloquentiae laude floruerint: (Vid. Cicer. *Brut. cap.* 13. Aelian. *Var. Hist.* XII. 50.) absurdum esset, abrupto illo dicendi genere laudem consectari velle.

XXXVIIII.

Stilus Atticus.

Magis commendandum ATTICVM dicendi genus, in quo multae ideae paucis acutisque verbis proferuntur *). Talis est stilus THVCYDIDIS, XENOPHONTIS, ARISTOPHANIS. Sed, quum LYSIAS et ISAEVS esile quoddam atque exsuccum dicendi genus inuenerint **): factum est, vt multi eorum imitarentur exilitatem, et sibi ipsis Athenis magis viderentur Attici, si siccam atque ab omni ornatu alienam dicendi formam sequerentur, quos grauiter reprehendit CICERO ***).

*) Virtutis ergo Attici stili sunt I. *breuitas*, II. omnis *tumoris* atque *adfectationis fuga*, III. *acumen*. IV. *elegantia*. Hinc praeclare monet Cicer. *Orat.* non sufficere, vt in verbis nihil sit inquinatum, abiectum, ineptum, durum, aut longe petitum; nec satis esse, si nihil in sententiis absurdum aut alienum, aut subinsulsum sit: sed exigi etiam vires, lacertos, sanguinem, id est acumen et elegantem grauitatem. Sic Attica sunt illa Plin. *epist.* I. 3. *Tu modo enitere, vt tibi ipse sis tanti, quanti videberis aliis, si tibi fueris*. Breuia enim haec sunt, recta, acuta, elegantia. Attica etiam illa *epist.* I. 9. *O rectam sinceramque vitam! o dulce otium honestumque ac paene omni negotio pulcrius! o litus, verum secretumque μουσεῖον! quam multa inuenitis? quam multa dictatis? Proinde tu quoque strepitum istum, inanemque discursum,*

sum, et multum ineptos labores, vt primum fuerit occasio, relinque, teque studiis vel otio trade. Satius est enim, vt Attilius noster eruditissime simul et facetissime dixit, otiosum esse, quam nihil agere. Sic pleraque apud Plinium sunt breuia, ab omni tumore aliena, acuta, ac polita, id est ἀττικώτατα. Tali etiam dicendi genere in epistolis ad Atticum non infeliciter vtitur Cicero, in historia Sallustius, Thucydidis imitator: nonnumquam etiam Seneca, quamuis is ob nimiam sententiarum frequentiam paullo tumidior videatur.

**) Sunt quidem Lysias eiusque discipulus Isaeus venusti scriptores, subtiles, puri, sed tenues admodum et inornati. Vnde Quinctilianus, praeclarus ingeniorum censor (*Lib. X. Inst. cap. 1.*): *Lysias subtilis atque elegans, et quo nihil, si oratori satis sit docere, perfectius, nihil enim in eo est inane, nihil arcessitum, puro tamen fonti quam magno flumini propior*. Duas itaque priores, vt et postremam stili Attici virtutem in hisce oratoribus mirati sunt veteres: ast tertia illis plane defuit. Omnia enim simplicia sunt, exilia, sicca, vt vix quiuis ex plebe aliter potuerit loqui. Quum tamen multi maximam stili Attici virtutem, id est acumen, non animadverterent: factum est, ut non paucis magis placerent Lysias, et Isaeus, quam ipse Demosthenes, aliique scriptores ἀττικώτατοι. Atque hi demum Atticum dicendi genus in siccitate atque exilitate sermonis quaesiuerunt.

***) Cicer. *Orat. 7. seq.*

XL.

Stilus Asiaticus.

Attico dicendi generi e diametro opponitur ASIATICVM, quod omnium est vberrimum *). Paucas enim ideas multis verbis exprimit, ita, vt, si copiam atque vbertatem tollas, vix quidquam, admiratione dignum relinqui videatur.

*) Initio Athenis tantum florebant eloquentiae studia. Postea etiam in Asia coli coeperunt. Cic. *Brut. cap.* 13. *Vt semel e Piraeo eloquentia euecta est, omnes peragrauit insulas, atque ita peregrinata tota Asia est, vt se externis oblineret moribus, omnemque illam salubritatem Atticae dictionis, quasi sanitatem, perderet, ac loqui paene dedisceret.* Hinc *Asiatici oratores, non contemnendi quidem, nec celeritate, nec copia, sed parum pressi, et nimis redundantes.* Add. 95. Postquam vero semel redundans illa orationis vbertas in deliciis esse coeperat: ipsas etiam Athenas inquinauit. Vnde Petron. *Satir. c.* 2. *Nuper ventosa isthaec et enormis loquacitas Athenas ex Asia commigrauit, animosque iuuenum ad magna surgentes veluti pestilenti quodam sidere afflauit, simulque corruptae eloquentiae regula stetit, et obtinuit.* Denique et Romanos oratores Asiaticae copiae studuisse nouimus, maxime Ciceronem, qui saepe vix dicendi finem reperit. Vnde nec olim defuerunt, quibus iste orat *inflatus et tumens, nec satis pressus, supra modum exsultans et superfluens, et parum Atticus videretur.* Auct. de *causs. corrupt. eloq. cap.* 18.

**) Ait Cicer. *pro Mil. cap.* 4. *Est haec non scripta, sed nata lex, quam non didicimus, accepimus, legimus: verum e natura ipsa arripuimus, hausimus, expressimus, ad quam non docti, sed facti: non instituti, sed imbuti sumus, vt si vita nostra in aliquas insidias, si in vim, si in tela, aut latronum, aut inimicorum incidisset, omnis honesta ratio esset expediendae salutis.* Quantum hic verborum! Et tamen paucissimae hae ideae tot verborum phaleris te-

sequuntur: *ius naturale permittit moderamen inculpatae tutelae*. Asiatico ergo stilo haec expressit Cicero. E recentioribus in orationibus suis plane Asiaticus est M. Ant. Muretus, qui ipsum nonnumquam Ciceronem copia videtur superare.

XLI.

Stillus Rhodius.

Pressius Asiatico, Atticoque paullo plenius est genus dicendi RHODIVM: adeoque mediocritatem seruat et similitudinem quamdam inter verba atque ideas *). Vnde et maximam meretur laudem **). Ceterum non melius hos eloquutionis characteres distinguas, quam si unam eamdemque propositionem diuersis dicendi formis expressam, tibi ob oculos ponas ***).

*) Talis plerumque est stilus Corn. Nepotis, C. Iul. Caesaris, T. Liuii, quorum lectio ideo maxime commendanda est adolescentibus. Quam iustum orationis habitum conspicimus in illis Corn. Nep. *Attic. cap. 13. Vsus est familia, si vtilitate iudicandum est, optima, si forma, vix mediocri. Namque in ea erant pueri litteratissimi, anagnostae optimi, et plurimi librarii, vt ne pedissequus quidem quisquam esset, qui non vtrumque horum pulcre facere posset*. Nihil hic abruptum, nihil redundans, nihil quod aut addi aut demi, saluo stili nitore possit. Et talem quidem esse oportet stilum Rhodium.

**) Laudat stilum Rhodium Cicer. *Brut. cap. 13. Rhodii oratores Asiaticis saniores, et similiores Atticis*. Et sane, quum *Lacones* iusto sint breuiores, *Asiatici* nimis redundantes: facile adparet, *Atticum Rhodiumque* dicendi genus esse ceteris omnibus longe anteponendum. Origo go ſcholae rhetoricae, quae Rhodi diutiſſime floruit, ab Aeſchine eſt, qui exſul ibi docuit, et teſte Plutarcho *de X. orat.* σχολὴν ἐκεῖ προσκατέλιπε, τὸ Ῥοδιακὸν διδασκαλεῖον κληθὲν, *reliquit ibi ſcholam, quae Rhodiaca adpellata.* Add. Quinctilian. *Inſtit. orat. lib. XII. cap.* 10. Hinc et principes Romani, quos dicendo valuiſſe nouimus, Rhodum ad audiendos rhetores, in primis Apollonium Molonem, confluebant, veluti C. Iulius Caeſar, Sueton. *Iul. cap.* 4. M. Tullius Cicero, Aurel. Victor. *de vir. illuſtr. c.* 4. M. Iunius Brutus, ID. *ib. cap.* 5. Caſſius, Appian. *de bello ciuil. lib. IIII.* Conf. Io. Meurs. *de Rhodo lib. I. cap.* 11.

***) Eſto propoſitio: *ſtudia optimarum artium perpetuo nobis proſunt.* Hanc *Attice* ita exprimit Plin. *epiſt. I,* 3. *Reliqua rerum tuarum poſt te alium atque alium dominum ſortientur: hoc numquam tuum deſinet eſſe, ſi ſemel coeperit.* Idem *Aſiatice* eloquitur Cic. *pro Arch. cap.* 7. *Nam ceterae res neque temporum ſunt, neque aetatum omnium, neque locorum: haec ſtudia adoleſcentiam alunt, ſenectutem oblectant, ſecunda res ornant, aduerſis perfugium ac ſolatium praebent, delectant domi, non impediunt foris, pernoctant nobiſcum, peregrinantur, ruſticantur.* Iam ſi ita diceres: *quum reliquarum rerum omnium non admodum ſit diuturna poſſeſſio; ſola optimarum artium ſtudia omnium temporum ac locorum eſſe videntur.* Rhodius hic ſtilus eſſet futurus.

XLII.

Si quaeras, quodnam horum dicendi generum maxime probandum ſit: iam monere me memini, nec Laconicum, nec Aſiaticum multum laudis habere. Danda tamen [illegible] ne quid inuita Minerua tentemus.

Quis horũ praeferendus?

Alia

Alia ingenia ad CICERONIS ubertatem, alia ad PLINII pressiorem stilum, alia ad CORNELII NEPOTIS, aut CAESARIS medium characterem natura feruntur *). Multum vero in cultiore Latinitate proficiet, quicumque naturam sequetur. Deinde in adolescentibus magis laudanda orationis redundantia, quam in viris, quos decet sensim amputare luxuriantem illam verborum siluam, et vel Atticam, vel Rhodiam, dicendi formam sensim adspirare **).

*) Quo vero tentat ingenium, facillime colliget ex ipsa auctorum lectione. Solent enim ea nobis legentibus quam maxime sese probare, quae genio nostro conueniunt.

**) Adolescentiam non dedecet illa verborum redundantia: sed senectus aliquid grauius desiderat. Et profecto ipsa natura ita comparatum est, vt ingrauescente aetate cum rerum omnium, tum verborum, paullatim reddamur parciores. Notatu dignum est exemplum Hortensii, de quo Cicero *in Bruto c. 95. Sed si quaerimus, cur adolescens magis floruerit dicendo, quam senior, caussas reperiemus verissimas duas. Primum, quod genus erat orationis Asiaticum*, adolescentiae *magis concessum, quam senectuti*. Et paucis interiectis: *Haec autem, vt dixi, genere dicendi aptiora sunt* adolescentibus: *in senibus grauitatem non habent*. Quemadmodum scilicet in puellae ornatu multa tolerantur, quae matronam parum decent; ita in adolescentia laudem aliquam habet diffusum illud orationis genus, quod parum probatur in senibus.

XLIII.

Altera stili diuisio.

Quemadmodum vero hi orationis charactеcteres ad stili *quantitatem* pertinent: ita, quod ad eiusdem *qualitatem* attinet, aliud est MAGNIFICVM, aliud MEDIOCRE, aliud TENVE dicendi genus *), cui totidem opponuntur dicendi formae vitiosae, stilus videlicet FRIGIDVS vel TVMIDVS, INCONSTANS vel INAEQVALIS, ac denique SICCVS **). Multa de his praecipiunt rhetores, sed, quibus perlectis, vix capies horum characterum differentiam ***). Operam ergo dabimus: vt, quoad fieri poteris, dilucidissime et hanc doctrinam explicemus.

*) Ita plerique rhetores, et ipse etiam Cicero *Orat. ad Brutum lib. I.* et e poetis etiam Ausonius *in Gripho*:

Trinum dicendi genus est, SVBLIME, MODESTVM,
Et TENVI *filo*.

Nec rei natura repugnat. Quidquid enim pulcrum videtur, aut *grande*, aut *mediocre*, aut *tenue* est. Demetr. Phal. tamen *de eloquut. 36.* paullo aliter init rationem, quatuorque ponit dicendi genera, quorum primum vocat ἰσχνὸν siue *tenue*, alterum μεγαλοπρεπές, siue *magnificum*, tertium γλαφυρὸν siue *ornatum*, et vltimum denique δεινὸν, siue *graue*. Sed et Emporius *de etophoeia* hanc et superiorem diuisionem confundit, dum scribit: *Tres figurae* Vasta, humilis, temperata, quos *characteres Graeci vocant* asiaticum, atticum, rhodium. Ex quo patet, ipsis olim rhetoribus parum inter se conuenisse. Sed quum oratio magnifica etiam grauis atque ornata; ornata vero etiam magnifica esse possit: primam diuisionem huic alteri merito praeferimus.

**) Vid. Gell. *Noct. Attic. VII*, 14.

***) Quam parum veteres rethores hanc stili differentiam ipsi videantur intellexisse, vel ex iis adparet, quae Demetr. Phalereus de his characteribus, et Dionysius Longinus de stilo sublimi disserunt. Ille eam demum orationem putat magnificam, quae habeat numeros accurate dimensos, membra prolixiora, dictionem circumductam, verba asperiora, figuras sonoras, vocales concurrentes, sententias graues. Sed quis haec omnia stilum magnificum efficere dixerit? Paullo melior Dionysius Longinus: sed ita, ut nec ipse omnia exhaurire videatur. Verum quidem est, ex praeceptis rhetorum et exemplo optimorum poetarum Iouis imperantis orationem breuem et concitatam esse debere, talemque breuitatem summis personis dignissimam esse, ceu elegantibus testimoniis atque exemplis ostendit V. C. Petr. Burmannus *ad Valer. Flacc. Argonaut. lib. IIII. v.* 78. Sed aliud est genus dicendi breue, et concitatum, aliud sublime. Breue est illud Virgilii *Aeneid. IIII. v.* 237.

Nauiget, haec summa est, hinc nostri nuncius esto.

Sed nihil ego hic sublime aut magnificum video.

XLIIII.

Stilus tenuis, eique oppositus siccus.

TENVEM ergo, vt ab hoc ordiamur, illum vocamus stilum, qui Latinus quidem et concinnus, sed minime ornatus est *). Nuda ergo haec oratio est, recta, et venusta, omnia ornatu orationis tamquam veste detracta. Contra, si vel Latinitas parum pura, vel oratio parum concinna sit, nec sententiae quidem admodum graues subsint: nascitur inde genus dicendi SICCVM **).

*) Ta-

*) Talis est stilus Phaedri, C. Iulii Caesaris, nonnumquam etiam Ciceronis in epistolis ad diuersos. Sic et Suetonius raro ultra stilum tenuem adsurgit. Ait hic *Iul.* 1. *Iulius Caesar diuus annum agens sextum decimum patrem amisit, sequentibusque flamen dialis destinatus, dimissa Cossutia, quae familiae equestri, sed admodum diues, praetextato desponsata fuerat: Corneliam, Cinnae, quater consulis, filiam duxit vxorem, ex qua illi mox Iulia nata est*. Omnia hic Latina sunt et concinna: sed nullum vides ornamentum, nihil quod ingenium prodat. Atque ita fere semper humi serpit Suetonius. At tenue tamen dicendi genus Caesari tribuendum esse negat vir celeberrimus, Io. Guil. Bergerus *de naturali pulcritud. orat. p.* 64. Sed id fortassis de eius orationibus olim verum fuerit. Quod enim ad commentarios de bello ciuili & Gallico attinet, quos superstites esse voluit fortuna, de iis iam recte iudicauit Brutus apud Cicer. *in Brut. cap.* 75. *Atque etiam commentarios quosdam scripsit rerum suarum, valde quidem, inquam, probandos. Nudi enim sunt, recti, et venusti, omni ornatu orationis tamquam veste, detracto*. Quae sane non est nisi tenuis orationis descriptio.

**) Non opus est exemplis. Plura quotidie prela typographorum fatigant scripta quouis pumice sicciora. Modo enim Latinitas iis deest, modo concinnitas; modo sententiae tam absonae sunt, vt sine indignatione legi vix possint.

XLV.

Stilus mediocris, eique oppositus inaequalis.

MEDIOCRE dicendi genus adpellamus, quod et concinnum, et praeterea ornatum est *). In quo si quis sibi parum constans, puris impura; concinnis dissoluta, orationibus

ribus

ribus incondita misceat; nascitur inde stilus INCONSTANS vel INAEQVALIS, quo vix vllus poterit reperiri absurdior **).

*) Dabimus exemplum mediocris stili ex Petronii *Satirico cap. 3. Adolescens, quoniam sermonem habes* non publici saporis, *et, quod rarissimum est, amas bonam mentem, non fraudabo te arte secreta. Minimum in his exercitationibus doctores peccant, qui necesse habent* cum insanientibus furere. *Nam nisi dixerint, qui adolescentuli probent, vt ait Cicero, soli in scholis relinquentur; sicuti* ficti adulatores, *quum coenas diuitum captant, nihil prius meditantur quam id, quod putant gratissimum auditoribus fore, (nec enim aliter impetrabunt, quod petunt, nisi quasdam* insidias *auribus fecerint): sic eloquentiae magister, nisi, tamquam* piscator, eam *imposuerit hamis* escam, *quam scierit adpetituros esse pisciculos, sine spe praedae moratur in scopulo.* Et cap. 4. *Quid ergo est? parentes obiurgatione digni sunt, qui nolunt liberos suos* seuera lege *proficere. Primum enim, sicut omnia, spes quoque suas* ambitioni *donant: deinde, quum ad vota properant,* cruda *adhuc* studia *in forum* propellunt, *et eloquentiam, qua nihil esse maius confitentur,* pueris *induunt adhuc nascentibus.* Haec Petronius. Vides, omnia non solum Latina et concinna, verum etiam ornatissima esse. Si enim tot elegantes translationes, tot praeclara epitheta, tot insignes imagines ac similitudines, aliaque, quae litteris maiusculis expressimus, consideraveris, non negabis, totam orationem tersam esse atque ornatissimam.

**) Solet hoc illis contingere, qui hanc vel illam dictionem elegantiorem, aut integras etiam sententias ornatiores bonis auctoribus subdelegunt [illegible] huic purpurae deinde suas adtexunt lacinias. Sic enim fit, quod ait Horatius, *amphoram is instituit, rota curris, et vrceus exit*. Exempla passim prostant.

XLVI.

Stilus magnificus.

MAGNIFICAM denique orationem non solum Latinam, concinnam, et ornatam, verum etiam sublimem esse decet. Sublimis vero fit oratio, si et verba selectiora *), et sententiae graues atque acutae **), et figurae denique affectibus ciendis idonaee ***) frequentius adhibeantur.

*) Sublime ergo tum in *verbis* quaero, tum in *sententiis*, tum in *figuris*. Fatendum equidem est, altitudinem illam, quam Longinus ὕψος adpellitat, magis in ipsis sententiis grandibus, quam verbis, sitam esse; Berger. *de nat. pulcr. orat. p.* 347. Sed ideo non existimandum est, verbis nihil magnificentiae inesse. Obseruat sane hoc dicendi magister optimus, Quinctilian. *Inst. orat. lib. VIIII. cap.* 4. *Nam quis dubitat, alia lenius, alia concitatius, alia sublimius, alia pugnacius, alia granius esse dicenda? Grauibus, sublimibus, ornatis, longas magis syllabas conuenire? ita, ut lenia spacium*, sublimia *et ornata* Claritatem *quoque votum poscant potius, quam his contraria*: Ad sublimitatem aliquid conferunt I. *Verba prolixiora* maxime *decomposita*, dummodo non sint poetica et dithyrambica. Sic stilo sublimi aptiora sunt *allevamentum*, quam solatium, *effeminatus*, quam *muliebris*, *contumacissimus*, quam *contumax*, II. *Verba* ἐμφατικώτερα. Sic pro *desperatio incessit animos*, sublimius dixit Buchnerus: *desperatio* Lymphavit *animos*, *et veluti furiis quibusdam* instinxit III. *Verba a rebus gran-*

dibus translata, Buchner. *Orat. paneg. III. p.* 63. *neque ignoras*, prouidentissime Principum, *quae inimici fati*, truculentia, *quae impotentis* turbinis *vis incubuerit adhuc, quantumque malorum inuexerit nobis contumacissimus belli* furor. *Ergo quum iam redire vobiscum in gratiam iratum videatur numen*, *quum* euanescere *incipiant* nubes, *quae paullo ante tot tristia circum* fulmina *eiaculabantur*, *tranquilliorque* fulgere serenitas, cet. sublimia haec omnia ac magnifica, quia translata a rebus grandibus. Porro huc pertinent III. *Epitheta* ἐμφατικὰ καὶ αὐξητικὰ qualia in superiore Buchner. loco sunt *inimici fati truculentia*, *impotentis turbinis vis*, *contumacissimus belli furor*, *tranquillior serenitas*, *vagata late ruina*, *cet.*

**) Non verba solum sublimem efficiunt orationem, sed maxime etiam sententiae. Eas esse oportet I. *acutas*. Recte Demetr. Phaler. *n. LXXVII.* obseruat, extra consuetudinem esse debere orationem magnificam. Ἡ γὰρ κυρία, καὶ συνήθης σαφὴς μὲν ἀεί, τῇ δὲ καὶ εὐκαταφρόνητος, *Propria enim, et ex consuetudine loquutio plana quidem semper erit, sed hac de caussa etiam abiecta.* Iam vero maxime extra consuetudinem sunt sententiae acutae huic magnifico characteri conuenientissimae. Regnat in eo genere Plinius in *Panegyrico*. Nos iam pauca exempli loco adducemus ex *capite* 19. *Est haec natura sideribus, vt parua, et exilia validiorum exortus obscuret: similiter imperatoris aduentu legatorum dignitas inumbratur. Tu autem maior omnibus quidem eras, sed sine vllius diminutione maior: eandem auctoritatem praesente te quisque, quam absente, retinebat: quin etiam plerisque ex eo reuerentia accesserat, quod tu quoque illos reuerebare. Itaque perinde summis atque infimis carus sic imperatorem commilitonemque miscueras, vt stu-*

dium

dium omnium laboremque, et tamquam exactor intenderes, et tamquam particeps sociusque releuares. Felices illos, quorum fides et industria non per internuntios et interpretes, sed ab ipso te, nec auribus tuis, sed oculis probantur! Consequuti sunt, vt absens quoque de absentibus nemini magis, quam tibi, crederes. Nulla hic periodus, quam non acumen commendet. Eodem pertinent II. *sententiae graues de rebus* diuinis, ciuilibus, naturalibus, quae ipsae per se grande quid et magnificum prae se ferunt. Quam grauis v. c. est illa sententia Plinii Paneg. *cap. 45. §. 5. Flexibiles quamcumque in partem ducimur a principe, atque, vt ita dicam, sequaces sumus. Huic enim cari, huic probati esse cupimus; quod frustra sperauerint dissimiles: eoque obsequii continuatione peruenimus, vt prope omnes homines vnius moribus viuamus.* Et interiectis quibusdam: *nam vita principis censura est, eaque perpetua; ad hanc dirigimus, ad hanc conuertimur: nec tam imperio nobis opus est, quam exemplo.* Eiusmodi loci communes dici non potest, quantam sublimitatem concilient orationi. Eodem pertinent III. *similitudines a rebus grandibus petitae, exempla heroica, testimonia atque apophthegmata virorum maximorum.* Sic quando Buchnerus *orat. panegyr. IIII. pag. 97.* tractat locum communem de salute principis, qua communis omnium salus continetur: primo adfert exemplum Augusti, cui Puteolos praeteruehenti nautae acclamarint: *per illum se viuere, per illum nauigare, libertate atque fortunis per illum frui.* Deinde similitudinem addit, petitam a diuina prouidentia, quae omnia foueat ac tueatur per vniversum orbem. Vtraque amplificatio grandis ac sublimis est.

***) Grandem orationem reddunt schemata, cum omnia, tum ea cumprimis, quae vel splendorem conciliant orationi, vel ad adfectus excitandos sunt comparata. Talia sunt *interrogatio*, Συμπλοκὴ, *exclamatio*, *apostrophe*, *prosopopoeia*, *sermocinatio*, cet. quamuis in his quoque tenendus sit modus, ne in *parenthyrsum* euadat sublimitas.

XLVII.

Fique oppositus frigidus.

Sublimi characteri opponitur FRIGIDVS. Frigus vero oboritur, quoties quis vel de rebus exilibus grandi ac phalerato orationis genere disserit *) vel ineptis hyperbolis **), acuminibusque parum argutis ***), vel epithetis denique absurdis ****) vtitur.

*) Commune id vitium fuit auctoribus sequioris aeui. Stilum sublimem adfectarunt Cassiodorus, Sidonius Apollinaris, Symmachus, etiamsi de rebus exilibus differerent. Et patribus maxime frigidus videtur Tertullianus, in primis in libello *de pallio*. Tam tenuem enim caussam acturus, tantis incedit cothurnis, vt in Philippum inuectus Demosthenes non grauius sublimiusque loqui potuisset. Conf. Sam. VVehrenfels *diatribe de Meteoris Orationis et de Longomachiis Eruditorum*.

**) Demetr. Phal. *n. CXV. pag. 77.* Ἐκ γὰρ τοῦ ὑπερβεβλημένου τῆς διανοίας καὶ ἀδυνάτου ἡ ψυχρότης. *Ex eo enim, quod superat modum in sententia, quodque item effici non potest, exoritur frigus*. Ipse Demetrius exemplum adducit locum auctoris nescio cuius, qui lapidem descripturus, a Cyclope in nauem Vlyssis proiectum: φερομένου, inquit, τοῦ λίθου αἶγες ἐνέμοντο εἰς αὐτοῦ, *quum lapis ferretur, caprae in ipso pascebant*. Nihil est hac hyperbole frigidius. Talia etiam haud rara apud Florum.

rum. Iam supra frigidam eiusmodi ὑπερβολὴν de nauibus M. Antonii adducere me memini. Iam aliam addo ex *lib. II c. 17. Decimus Brutus aliquanto latius Celticos Lusitanosque, et omnes Gallaeci populos, formidatumque militibus flumen obliuionis, peragratoque victor oceani litore non prius signa conuertit, quam cadentem in maria solem, obrutumque aquis ignem, non sine quodam sacrilegii metu & horrore deprehendit*. Quis haec legens non mera sibi prodigia narrari putet? Et tamen nihil in Hispania vidit Romanus miles, tantis ampullis dignum. Cur enim formidassent Limaeum fluuium? cur sine horrore non aspexissent solem occidentem? Nihil ergo hac Flori hyperbole frigidius. Eleganter Quinctil. *Instit. orat. lib. VIII. cap. 6. Huius quoque rei*, (hyperboles,) *seruetur mensura quaedam: Quamuis enim est omnis hyperbole vltra fidem: non tamen esse debet vltra modum: nec alia via magis in κακοζηλίαν itur. Piget referre plurima hinc orta vitia, quum praesertim minime sint ignota et obscura. Monere satis est, mentiri hyperbolen, nec ita, vt mendacio fallere velit. Quo magis intuendum est, quousque deceat extollere, quod nobis non creditur. Peruenit haec res frequentissime ad risum: qui si aptus est, vrbanitatis: sin aliter*, Stultitiae *nomen adsequitur*.

***). Talia sunt frigida illa acumina, quae Thrasoni suo tribuit Terent. *Eunuch. III, 1. v. 22. Illi inuidere misere: verum vnus tamen impense, elephantis quem Indicis praefecerat. Is, vbi molestus magis est: quaeso, inquam, Strato, eone es ferox, quia habes imperium in belluas?* Gnatho, *pulcre me hercle dictum et sapienter, papae! iugularas hominem. Quid ille?* Thraso, *Mutus ilico*. GN. *quidni esset?* TH, *quid illud, Gnatho? quo pacto Rhodium tetigerim in conuiuio, numquid tibi dixi?* GN, *numquam: sed nar-*

ra obsecro. TH, *vna in conuiuio erat hic, quem dico, Rhodius adolescentulus. Forte habui scortum; coepit ad id adludere, et me irridere. Quid agis, inquam, homo impudens? Lepus tute es, et pulpamentum quaeris.* GN. *Ha, ha, he!* TH, *quid est?* GN, *facete, lepide, laute; nihil supra. Tuumne, obsecro te, hoc dictum erat? Vetus credidi.* TH. *audieras?* GN. *saepe; et fertur in primis.* TH. *meum est.* Quid quaeso frigidius est hisce Thrasonis acuminibus? Haec si frequententur, oratio profecto ipsa hieme Gallica fiet frigidior.

****) *Epitheta* quoque vt ornant, ita et frigidissimam reddunt orationem. Illud fit, si loco et cum delectu; hoc, si confertim et promiscue adhibeantur. Loco et cum delectu adhibentur, I. *Si aliquid efficiunt*, vt ait Quinctil. *Instit.* [illegible] 6. id est, si sine illis, quod di[illegible], minus esset, Cicer. *Catil.* I, 1. *[illegible] finem sese effrenata iactabit audacia?* Deme epitheton, inermis ac veluti imbellis erit oratio. II. Si adponuntur *discretionis* caussa v. c. *fortuna secunda, aduersa.* III. Si rei cuidam sint *propria.* e. g. *alma Ceres, pius Aeneas, augustissimus imperator.* Alia sunt epitheta, quae propria vocat Quinctil. *lib. VIII. Inst. orat. c. 2.* veluti *dulce mustum*, et *cum dentibus albis*, de quibus recte v. c. Burmannus *ad Quinctilian. p. 673. Talia epitheta, adfinia ipsi rei et propria saepe apud poetas occurrunt,* vt demens furor, taciturna silentia, pauidus metus, moestus dolor: *antiquiores magis adhuc in his lasciuierunt, vt Lucretius dixit* sonitum sonantem, *et Aristophanes* [illegible] *Sed in his omnibus acri opus est iudicio, nec extra carmen facile vsurpandum, ne inepti videamur.* At nos propria vocamus epitheta, quae rei, tamquam cognomina quaedam tribui solent, et de quibus idem

Quin-

Quinctil. *ibid. Interim autem, quae sunt in quoque genere praecipua, proprii locum accipiunt, vt Fabius inter plures imperatorias virtutes cunctator est adpellatus.* IIII. *Si ornatus et descriptionis* caussa adhibeantur. Sic Cicer. *de senect. cap. 15. herbescentem segetum viriditatem* dixit. Mirus in his epithetis artifex est Petronius. V. Si rem, de qua loquimur, *diminuant*, e. g. Petron. *Satir. cap. 2. Nondum* vmbraticus *doctor ingenia deleuerat, et cap. 7. Delectata illa vrbanitate tam* stulta. Terent. *prolog. in Andr. v. 20. Quorum aemulari exoptat negligentiam potius, quam istorum* obscuram *diligentiam.* Sic adhibita epitheta in laude ponuntur. At frigidam ea reddent orationem. I. si sint *poetica, dithyrambica, sesquipedalia.* Talia sunt illa Pacunii, Lucilii, Laberii *luctificabile cor, monstrificabile facinus, repandi rostrum incurui ceruicum pecus, auis pietaticultrix, gracilipes, crotalistria.* II. Si sint *otiosa*, vel vt Aristoteles vocat ἄκαιρα v. c. *album lac, sudor humidus.* Conf. Demetr. Phal. *de eloquut. n. LXVI.* III. Si sint *crebra* ac *densa*. Ineptit in his Apuleius, qui vix substantiuum sine epitheto audet ponere. Quam frigida illa *de asin. aur. III. Commodum punicantibus phaleris aurora roseum quatiens lacertum, coelum inequitabat.* Conf. de epithetorum vsu Buchner. *de commut. ratione dicendi, I, 13. p. 214. seq.*

XLVIII.

Horum vsus.

De vsu horum characterum sola notanda est regula DEMETRII PHALEREI *eloquut. num.* CCX. τὸ δὲ πρέπον ἐν παντὶ πράγματι φυλακτέον· τουτέστι, προσφόρως ἑρμηνευτέον τὰ μὲν μικρὰ μικρῶς, τὰ δὲ μεγάλα μεγάλως. *Decorum in omni reseruandum est, hoc est, apte ac-*

accommodate ipsis singulae res sunt verbis exponendae, exiles exiliter, et amplae ample *).

*) *Tenuis* ergo stilus locum habet in colloquiis, epistolis ad familiares, in scriptis didacticis, in historiis minus pragmaticis: *mediocris* in epistolis elaboratioribus, declamationibus scholasticis, dialogis elaborantibus, satiris, et historiis paullo maioris momenti: *sublimis* denique in panegyricis, historiis pragmaticis, et si quando principi adfingitur oratio. Praecipue opera danda, vt ne diuersos dicendi characteres temere atque imprudenter misceamus. Ex instituto hoc praeceptum illustrat Quinct. *Inst. orat. lib. XI. c. 1.*

XLVIIII.

Tertia diuisio stili.

Omnes hae stili differentiae ad formam potius illius, quam ad materiam, pertinent. Si vero hanc consideres: sex habebis dicendi formas vel ideas, PERSPICVAM, GRANDEM, PVLCRAM, MORATAM, CONCITATAM, et eam, quam DICENDI VIM adpellitare solent *).

*) Non hi sunt dicendi characteres, sed certae priorum characterum adfectationes vel virtutes, quae quam maxime ornant orationem. Singularis de illis exstat tractatus Hermogenis περὶ ἰδεῶν, siue *de Ideis*, editus Graece et Latine a Gasp. Laurentio, *Geneuae* CIƆIƆCXVIIII. 8. quem nemo praeclarius illustrauit, Io. Sturmio *libris quatuor de vniuersa ratione elocutionis rhetoricae*, editis *Argent.* CIƆIƆLXXVI. 8.

L.

Stilus perspicuus et obscurus.

Prima dicendi idea est ΣΑΦΗΝΕΙΑ vel PERSPICVITAS, de qua multa subtiliter

liter disputat HERMOGENES *). Nos breuiter dicimus, perspicuam fieri orationem vel verbis **), vel eorumdem ordine et compositione ***), vel ipsa argumentorum dispositione ****). In quibus si peccatur, nascitur inde genus dicendi OBSCVRVM, tanto diligentius fugiendum, quanto magis illud orationis fini repugnat *****).

*) In singulis ideis Hermogenes distincte considerat *sententiam*, *methodum*, *dictionem*, *figuram*, *membra*, *compositionem*, *clausulam et numerum*, sed ita, vt ipse, quid sibi velit, non satis intellexisse videatur. Non praeter rem eum veteres adpellarunt ξυςῆρα, *scalptorem*, *quod docuerit dictionem scalpello quasi deradere*, Synes. *Dion. pag.* 47. Sed non solus Hermogenes tam multa praecepta accumulat: Iam pridem enim obseruauit Auct. ad Herenn. *l.* I. *rhetores Graecos, ne parum multa scisse viderentur, ea conquisiuisse, quae nihil attinebant, vt ars difficilior cognitu videretur*. Quae quum ita sint, dabimus operam, vt, missis subtilitatibus in quonam consistat vnumquodque dicendi genus, dilucidius ostendamus.

**) Orationem ergo perspicuam reddunt I. *verba propria* aut certe *non longe translata*. Vnde Epicuri oratio facilis intellectu fuit, quia maxime is studuit proprietati verborum. Laert. X. 13. Gassend. *de vita et morib. Epicuri VIII.* 7. Sic perspicua etiam sunt illa Terent. *Andr.* I. 2. 25. *Si sensero, hodie quidquam in his te nuptiis fallaciae conari, quo fiant minus; aut velle in ea re ostendere, quam sis callidus: verberibus caesum, te in pistrinum, Dave, dedam vsque ad necem, ea lege atque omine, vt, si inde te exemerim, ego pro te molam.* Omnia enim verbis propriis eloquutus est se-

neae. Perspicua etiam est oratio II. *verbis notis vulgoque receptis* composita. Ergo obscura erunt verba *obsoleta*, *peregrina*, nouiter *inuenta*. Sic Plauti dictio nonnumquam obscurior, quia vtitur verbis obsoletis, aut nouiter inuentis, e. g. *assiduus* pro diuite. *Amphitr.* I, 1. v. 14. *os occillare*, pro verberare *ibid.* v. 28. obsoleta sunt. Noua contra: *pugnos edere* pro pugnis accipi, *Vulcanum in cornu conclusum tenere*, pro *laternam gerere*. Vtraque ideo paullo sunt obscuriora. Nec multo clariores sunt *loquutiones*, quibus ad *fabulas obscuriores* aut historias secretiores adluditur. Ait Persius *Sat.* I, v. 2. *seqq.*

Quis leget haec? min' tu istud ais? nemo hercule, nemo?
Vel duo, vel nemo. Turpe et miserabile, quare?
Ne mihi Polydamas et Troiades Labeonem Praetulerint?

Obscura haec. Quis enim Polydamas? qui Troiades? quis Labeo? Cornutus, vetus Scholiastes per Polydamanta intelligit Neronem, quod saepius nupserit, per Troiades Romanos, per Labeonem malum Homeri interpretem. Sed nisi Cornutum haberemus Oepidum, hoc quidem aenigma ignoraremus.

***) Perspicua porro est oratio III. in qua ordo verborum non nimis est perturbatus. Hinc paullo obscuriores sunt odae Horatii, quia Lyricorum more, verba confusius collocat, e. g.

Phoebus, volentem praelia me loqui,
Victas et vrbes, increpuit, lyra.

Si dixisset: *Phoebus me praelia victasque vrbes lyra volentem loqui, grauiter increpuit*, nihil obscuritatis habuisset oratio. Porro perspicuitatem gignit III. *membrorum breuitas*. Vnde-

de-

denuo sequitur, vt tanto obscuriores sint periodi, quanto prolixioribus membris constant. Hinc perspicua est illa periodus Plinii *lib. V. epist.* 16. *Vt enim crudum vulnus medentium manus reformidat, deinde patitur, atque vltro requirit: sic recens animi dolor consolationes reiicit ac refugit, mox desiderat, et clementer admotis adquiescit.* Si prolixiora essent membra, facile caligo offunderetur orationi. In primis id contigit, si *parentheses*, vel crebriores, vel paullo prolixiores interserantur. Obseruat hoc et Fabius *lib. VIII. Inst. orat. c.* 2. *Etiam interiectione, (qua et oratores et historici frequenter vtuntur, vt medio sermone aliquem inserant sensum,) impediri solet intellectus, nisi, quod interponitur, breue est. Nam, Virgilius illo loco, quo pullum equinum describit, quum dixisset.*

Nec vanos horret strepitus,

compluribus insertis, alia figura quinto demum versu redit,

Tum si qua sonum procul arma dedere,
Stare loco nescit.

Sic obscurior est Plauti narratio in *prologo Captiu.* ob piolixiores parentheses.

Seni huic fuerunt filii nati duo.
Alterum quadrimum puerum seruus surripuit,
Eumque hinc profugiens vendidit in Aulide
Patri huiusce. (Iam hoc timetis?) optimum est.
Negat hercle ille vltimus: accedito;
Si non vbi sedeas, locus est, est, ubi ambules.
Quando histrionem cogis mendicarier:
Ego me tua caussa (ne erres) non rapturus sum.
Vos, qui potestis ope vestra censerier,
Accipite reliquum, alieno vti nihil moror.
Fugitiuus ille, ut dixeram ante, huius patri

Domo quem profugiens dominum abstulerat, vendidit.

Quamuis vero breuiora membra dilucidam reddant orationem: saepe tamen etiam V. ex membris iustae magnitudinis perspicuitas eidem accedit. Saepe enim fit, quod ait Horatius *de art. poetic. v. 25.*)

Dum *breuis esse laboro,*
Obscurus fio.

Sic obscurissima sunt illa Persii *Sat. I. v. 8. seq.*

Nam Romae est quis non? ah, si fas dicere, sed fas
Tunc, quum ad canitiem, et nostrum illud viuere triste
Adspexi, et nucibus facimus quaecunque relictis,
Cum sapimus patruos: tunc, tunc. Ignoscite, nolo:
Quid faciam? sed sum petulanti splene cachinno.

Membra enim iusto breuiora sunt, et meras paene hic reperimus ἀποσιωπήσεις. Sensus est: *nam Romae est quis non*, scilicet rudis et imperitus? *Ah si fas dicere? sed fas* omnino est dicere, etiam tunc, *tunc quum ad canitiem* senum scilicet poetarum, *et nostrum illud viuere triste*, vel vitam tristem, *adspexi, et quaecunque facimus nucibus* puerilibus *relictis quum sapimus, patruos*, id est, veram seueritatem prae nobis ferimus. Nam et *tunc, tunc* sumus rudes et imperiti. *Ignoscite* haec dicenti. Respondent: *nolo*. *Quid faciam* ergo? Num ideo omittam satiram scribere? *sed sum petulanti splene cachinno*. Id est natura ad satiram factus. En, quantam caliginem membra nimis abrupta orationi offundunt.

****) Si argumenta omnia sine iusto ordine miscentur, non potest sane non oratio esse ob-

obſcura. Ergo VI. accuratior diſpoſitio multum ad perſpicuitatem facit. Sed caue tamen, ne, oratorum ſacrorum exemplo, membra quaeuis in nouas diuiſiones, et has iterum in ſubdiuiſiones, quas vocant, deducas. Non enim diuidere hoc eſt, ſed in puluerem ſecare, adeoque ad perſpicuitatem hoc nihil facit. Breuiter omnia haec de perſpicuitate praecepta coniungit Quinct. *lib. VIII. cap. 2. Nobis prima ſit virtus perſpicuitas, propria verba, rectus ordo, non in longum dilata concluſio; nihil neque deſit, neque ſuperfluat. Ita ſermo et doctis probabilis, et planus imperitis erit. Haec eſt eloquendi obſeruatio.*

*****) Et tamen nonnulli ſtudio obſcurum eiuſmodi dicendi genus adfectarunt, et in his maxime Tertullianus, et e poetis Perſius. Quinctil. *lib. VII. Inſt. orat. c. 2. praeceptorem qui diſcipulos ſuos omni ſtudio ad obſcure ſcribendum cohortatus eſt*, memorat, *qui non rare exclamauit*: tanto melius, ipſe non intelligo. Add. Martial. *lib. X. Epigr. 21.*

II.

Stilus grauis, aſper, vehemens, ſplendidus, circumductus.

Secunda dicendi idea eſt τὸ ΜΕΓΕΘΟΣ MAGNITVDO, ad quam orationem GRAVEM *), Aſperam **), VEHEMENTEM ***), SPLENDIDAM ****), ac CIRCVMDVCTAM *****) referre ſolent. De ſingulis dicendi formis nonnulla obſeruabimus.

*) *Graue* dicendi genus (*σεμνότητα* vocant rhetores), illud eſt, quod de rebus diuinis, moralibus, aut ciuilibus harumque cauſſis accurate et prudenter differit. Incomparabilis in hac dicendi forma eſt Cornelius Tacitus, qui, quoties de euentu aliquo agit, cauſſas et con-

consilia tam acute prodit, ut non eam historicum, quam rerum ciuilium magistrum legere tibi videaris. Exemplo esse poterunt paucae periodi ex *Annal. I,* 2. vbi dicturus, Augustum cuncta discordiis ciuilibus fessa nomine Principis sub imperium accepisse, caussas huius conversionis reip. ita accurate explicat: *postquam Bruto et Cassio caesis, nulla iam publica arma; Pompeius apud Siciliam oppressus, exutoque Lepido, interfecto Antonio, ne Iulianis quidem partibus, nisi Caesar, dux reliquus: posito triumuiri nomine, consulem se ferens, et ad tuendam plebem tribunicio iure contentus, vbi militem donis, populum annona, cunctos dulcedine otii pellexit, insurgere paullatim, munia senatus, magistratuum, legum, in se trahere, nullo aduersante, quum ferocissimi per acies aut proscriptione cecidissent, ceteri nobilium, quanto quis seruitio promtior, opibus et honoribus extollerentur: ac nouis ex rebus aucti, tuta et praesentia, quam vetera et periculosa mallent. Neque prouinciae illum rerum statum abnuebant, suspecto senatus populique imperio ob certamina potentium, et auaritiam magistratuum; inualido legum auxilio, quae vi, ambitu, postremo pecunia turbabantur.* Quid, quaeso, paucis hisce periodis possit excogitari grauius? Tam accurate profecto omnes istius euentus caussae ex istorum temporum statu reique publicae conditione, explicantur, ut instar dissertationi sufficerent materiam.

**) *Asperum* dicendi genus Graecis vocatur τραχύτης, idque adhibetur in reprehendendis magnorum virorum vitiis. Sic Cicer. *Verrin.* 7. satis asper est in reprehendenda nobilitate: *Hominum nobilium non fere* [illegible] *nostrae industriae: nullis nostr*[illegible] *beneuolentiam illorum allicere poss*[illegible] *natura ac genere disiuncti sunt, ita d*[illegible] *a nobis*

ani-

animo et voluntate. Quare quid habent eorum inimicitiae periculi, quorum animos iam antea habueris offensos, quam vllas inimicitias susceperis.

***) Si quis paullo acerbius in minoris dignationis personas inuehitur, genus hoc dicendi vocatur Σφοδρότης, *vehementia*. Verba in hac orationis forma sunt asperiora, nonnunquam etiam nouata, figurae vehementiores, membra fere breuiora. Talis idea in *Ciceronis* orationibus aduersus Catilinam, Pisonem, Vatinium et in Philippicis vbique elucet.

****) Graecis vocatur Λαμπρότης, quando quis res a se ipso vel aliis gestas gloriosa et magnifica oratione collaudat. Qua in re tamen cauendum, ne fastuosus videaris. Nihil enim molestius est ostentatione et iactantia. Maxime in defensionibus virorum magnorum locum habet haec idea. Sic P. Scipio Africanus ab obtrectatoribus vocatus in iudicium brevi, ac splendida oratione caussam dixit: *Hoc die, Quirites, Hannibalem Poenum in Africa felici praelio vici, Carthaginem magna spirantem leges nostras accipere coegi. Itaque quum hodie litibus et iurgiis supersedere aequum sit, ego exemplo hinc supplicatum ibo in Capitolium, Diisque gratias agam, quod mihi et hoc ipso die et saepe alias rei publicae bene gerendae mentem facultatemque dederunt. Vestrum quoque, quibus commodum est, ite mecum, Quirites, et orate Deos, vt mei similes ciues habeatis.* Liv. *XXXVIII. extr.* Atque splendida oratione sua facta nonnunquam extollit *Cicero*, maxime in oratione *pro P. Sulla cap. 9. et 11.* vbi tam magnifice solertiam suam in opprimenda coniuratione Catilinaria collaudat, nihil vt possit hoc quidem loco reperiri splendidius.

****) Ge-

*****) Genus hoc dicendi *Exaggeratum* et CIRCVMDVCTVM, seu, *ut Hermogenes vocat*, περιβεβλημένον ϗ [illegible] in eo consistit quod propositiones e variis fontibus amplificantur. Fontes eiusmodi, vel, vt rhetoribus vocantur, loci amplificationum sunt I. *Genus*, quod ad illustrandam speciem adsumi solet. E. g. Muret. *orat. I. Cum omnes mihi singulari ac praecipua quadam laude digni videntur, qui in adsequenda honestarum artium scientia operam et industriam suam collocant: tum ii praecipue, qui veluti maiore quodam numinis adflatu perculsi, ceteris omnibus posthabitis, ad diuinarum rerum intelligentiam omnes cogitationes suas atque omnia studia contulerunt.* II. Species, quibus genus illustratur. ei gr. Cicer. *lib. VIIII. epist. ad diuer.* 20. *Nam omnem nostram de republica curam, cogitationem de dicenda in senatu sententia, commentationem caussarum abiecimus, et in Epicuri nos, aduersarii nostri, castra coniecimus.* Dicere voluit, se publicis negotiis valedixisse. Haec in species distribuit, seque nec magistratus amplius petere, nec senatui interesse, nec in foro caussas agere, ait. III. *Definitio*, qua amplificatur definitum. Sic C. Aquilium a iuris prudentia laudaturus, Cicero *pro A. Caec. cap.* 28. hanc ei iuris consulti definitionem accommodat: *quapropter hoc dicam, numquam eius auctoritatem nimium valere, cuius prudentiam populus Romanus in cauendo, non in decipiendo perspexerit: qui iuris ciuilis rationem numquam ab aequitate seiunxerit; qui tot annos ingenium, laborem, fidem suam populo Romano promtam expositamque praebuerit: qui ita iustus et bonus vir est, cet.* Eodem pertinent IIII. *Effectus*, V. *Adiuncta*, VI. *Caussae*, VII. *Opposita*, VIII. *Comparatio*, VIIII. *Testimonium*, de quibus aliisque amplificandi fontibus accurate egit Val. [illegible] *Rudim. Rhet. I. par. 2.*

Part. II. c. 3. Quod si itaque frequentius quis vtatur eiusmodi amplificationibus, nascitur inde genus dicendi CIRCVMDVCTVM vel EXAGGERATVM: cui adsuetus, nisi sibi caueat, facile in Asiaticam illam loquacitatem incidet.

LII.

Tertia dicendi forma est τὸ ΚΑΛΛΟΣ vel PVLCRITVDO, quam in ὡραισμὸν vel καλλωπισμὸν *) ἀξίωμα vel dignitatem **), et τὸ γλαφυρὸν seu floridum dicendi genus ***) dispescere solent. Primum pulcritudinis genus in vitio ponitur ****): secundum in genere deliberatiuo, tertium in demonstratiuo, laudem meretur.

Stilus elegans sophisticus, floridus.

Vid. I. G. Bergeri *de naturali pulcritudine orationis ad excelsam Longini disciplinam illustri contirendique C. Iulii Caesaris exemplo exacta liber commentarius*, *Lipsiae* cIↃIↃccxx. 4.

*) καλλωπισμὸς vocatur, nimia illa ac *sophistica* orationis elegantia, quae tota ad pompam ac ostentationem comparata est, qualis fuit oratio veterum sophistarum, Gorgiae Leontini, aliorumque, qui veluti calamistris intorquebant orationem, vt erudite docuit Ge. Nic. Kriegr. *in dissert. de eloquut. sophist.* Inter Latinos infeliciter eiusmodi καλλωπισμὸν adfectauit Apuleius: inter recentiores Io. Barclaius in *Argenide* aeque ac *Euphormione*, cuius stilus adeo vix commendandus est tironibus. Nascitur hic καλλωπισμὸς I. Ex epithetis *amoenioribus*, verb. grat. *ego vero tibi locum ostendam, vbi nec smaragdinum pratorum virorem, nec gemmeam florum varietatem, nec lenes aquarum susurros, nec suauissimos auicularum concentus desiderabis*. II. *Ex translationibus amoenis et venustis*; vel-

nui a floribus et fructibus desumuntur. III. Ex *descriptionibus amoenis*, quales vbique adfectat Barclaius. III. Ex *figuris sonantioribus*, veluti ὁμοιοπτώτῳ, ὁμοιοτελεύτῳ, aliisque similibus. Laudem talia forsan inuenerint in pueris: non aeque in viris, quos virilis et grauis decet eloquentia.

**) Ἀξίωμα vel *dignitas* ea est pulcritudinis species, quae in partium omnium decentia posita est. Hinc si omnes partes orationis, veluti exordium, confirmatio, confutatio, decore inuentae atque elaboratae sint, si periodis sua constet concinnitas, dictioni sua puritas, ipsi orationi suus nitor: pulcram merito dixeris eiusmodi orationem. Et tales sunt Ciceronis *orationes pro lege Manilia, pro Q. Ligario, pro Milone*, pulcrae illae quidem, sed a sophistico tamen illo ac calamistrato dicendi genere remotissimae.

***) Τὸ γλαφυρὸν vel *floridum* orationis genus medium inter sophisticam dicendi formam et dignitatem tenet locum, orationemque variis veluti floribus ac luminibus distinguit, sed vt paullo magis ostentare videatur elegantiam, quam τὸ ἀξίωμα. Et hinc aliqui iam olim floridum illud dicendi genus commendabant incipientibus, *vt ad alenda primarum aetatum ingenia magis accommodatum*, Quinctil. *lib. II. Inst. orat. cap. 5.* vbi Turnebus: *Floridum adpellat genus, sententiis argutum, verbis elegans, et metaphoris crebrum. In hac autem videtur esse sententia Cicero, qui quidem epidicticum genus, quod floridum est et sophisticum, eloquentiam nutrire scribit.* Tales sunt Ciceronis *oratio pro Archia Poeta et pro M. Marcello*, Plinii *panegyricus*, et e Graecis *Luciani dialogi*. Saepe quoque ad floridam hanc dicendi formam propius accedunt *Petronius*, Lactantius et e recentioribus Erasmus, Mure-

re-

retus, Maioragius. Facillime differentiam hanc intelliges, si dixeris, dignitatem similem esse pulcritudini virorum: floridum stilum venustati matronarum; τὸ καλλωπισμὸν denique fuco meretricio.

****) Iam pridem Petronius *cap. 1. et 2.* risit sophisticum illud ac calamistratum dicendi genus, id est, *mellitos verborum globulos, et omnia dicta, factaque quasi papauere et sesamo sparsa. Qui inter haec,* inquit, *nutriuntur, non magis sapere possunt, quam bene olere, qui in culina habitant.*

LIII.

Quarta idea τὸ ἦθος siue MORATA ORATIO vocatur. Eam tunc potissimum conspicimus, quum ita loquimur aut scribimus, vt ubique probitatis, veracitatis, beneuolentiae, prudentiae, modestiae, omnisque virtutis significationes demus *.

Stilus moratus.

*) Moratam ergo orationem reddunt, I. *Extenuationes*, Cic. *pro Archia cap. 1. quidquid in me est ingenii, quod sentio, quam sit exiguum, cet.* II. *Officiorum oblationes*, quae in Ciceronis *epistolis* sunt frequentissimae. III. *insectationes vitiorum*. IIII. *Virtutum commendationes*, et quae sunt huius generis alia.

LIIII.

Quinta idea est ἡ γοργότης, id est, velox et CONCITATVM dicendi genus, quod omnia breuibus membris vel incisis, maxime vero interrogationibus, responsionibus, obiectionibus, solutionibus proponit *). Et cauendum quidem est genus orationis ignauum, iners, remissum, et quasi su-

Stilus concitatus & parenthyrsus.

ſupinum **) ſed cauendum etiam, ne in PARENTHYRSVM abeat nimia, et ex immodico adfectu profecta celeritas ***).

---

*) Vtimur concitato eiuſmodi ſtilo

I. In *narratione rerum*, quae celeriter ſe inuicem ſunt conſequutae. Terent. *Andr. I, 1. v. 56. ſeqq.*

-- obſeruabam mane illorum ſeruulos
Venientes aut abeuntes; rogitabam: heus puer;
Dic ſodes, quis heri Chryſidem habuit? nam Andriae
Illi id erat nomen. Teneo. Phaedrum aut Cliniam
Dicebant, aut Niceratum; nam hi tres tum ſimul
Amabant. Eho, quid Pamphilus? Quid? ſymbolam
Dedit, coenauit. Gaudebam. Item alio die
Quaerebam; comperiebam, nihil ad Pamphilum
Quidquam adtinere.

II. In *deliberatione* nobiſcum ipſis inſtituta. Terent. *Eunuch. I, 1. v. 1. ſeqq.*

Quid igitur faciam? non eam? ne nunc quidem,
Quum arceſſor ultro? an potius ita me comparem,
Non perpeti meretricum contumelias?
Excluſit, reuocat, redeam? non, ſi me obſecret.

III. In *altercationibus oratoriis*, maxime vbi cum aduerſario coram nos colloqui fingimus. Cicer. *pro Sex. Roſc. cap. 19. Illum quidem voluiſſe exheredare, certe tu planum facere debes. Quid ergo adferre, quare id factum putem? Ve-*

re

re nihil potes dicere. Finge aliquid saltem commodo, vt ne plane videaris id facere, quod aperte facis, huius miseri fortunis et horum virorum talium dignitati illudere. Exheredare filium voluit? Quam ob caussam? Nescio. Exheredauitne? Non. Quis prohibuit? Cogitabat. Cogitabat? Cui dicit? Nemini. Quid est aliud, iudicio et legibus ac maiestate vestra abuti ad quaestum atque ad libidinem, nisi hoc modo accusare?

**) Graeci ignauum vel lentum eiusmodi dicendi genus vocant ὕπτιον vel ἀνειμένον, idque in vitio ponitur.

***) ΠΑΡΕ'ΝΘΥΡΣΟΣ nomen accepit a thyrso, bacchantium gestamine. Quum enim hi furere solerent: παρένθυρσον vocarunt furiosum illud dicendi genus, quod in inepta adfectuum concitatione versatur, quum scilicet tragoediae aguntur de nugis, ac in rebus paruis illae dicendi faces adhibentur, quibus auditor incendi solet atque inflammari. Conf. v. c. Schvvartzii *Miscell. politior. human. p. 99.* Quod vitium grauiter reprehendunt Dionys. Longin. περὶ ὕψους, *sect. IIII.*, 15. et Cic. *de Orat. II*, 51. Lepidum exemplum est apud Martialem, *epigr. lib. VI. cap. 19.* vbi aduocati, nescio cuius, παρένθυρσον ita perstringit:

Non de vi, neque caede, nec veneno,
Sed lis est mihi de tribus capellis,
Vicini queror, has abesse furto,
Hoc iudex sibi postulat probari.
Tu Cannas, Mithridaticumque bellum,
Et periuria Punici furoris,
Et Syllas, Mariosque, Mutiosque
Magna voce sonas manuque tota.
Iam dic, Postume, de tribus capellis.

Nihil sane hoc dicendi genere est ineptius. Accidit

cidit enim eiusmodi oratoribus, vt pro consternatione et stupore cachinnos auditorum commoneant, quippe qui furere apud sanos et quasi inter sobrios bacchari vinolentos arbitrantur, vt eodem loco obseruat Longinus.

LV.

Dicendi vis.

Sextam denique orationis ideam HERMOGENES (II. 9.) Δεινότητα vel DICENDI VIM adpellat. Ea nihil aliud est, quam aptus ac decorus reliquarum idearum vsus. Quod si enim quis suo loco perspicua, graui, morata, pulcra, concitata oratione vti nouerit, et in omni re viderit, quid deceat, ei δεινότητα tribuit Hermogenes *).

Quarta stili diuisio.

Ceterum quum non eadem omnes deceat oratio: alius stilus esse dicitur τεχνικὸς vel ἐπιστημονικὸς, vulgo *philosophicus*, alius ἱστορικὸς, *historicus*, alius διαλογικὸς, vulgo *dialogisticus*, alius ῥητορικὸς, *oratorius*, alius πολιτικὸς, *ciuilis*, alius ἐπιστολικὸς, *epistolicus*, alius denique ποιητικὸς, *poeticus*. De singulis pauca.

*) Hinc δεινότης deest auctoribus omnibus qui Latine quidem nec ineleganter scripserunt; sed digno materia sua charactere non vsi sunt. Non ergo δεινὸς est Tertullianus, qui, quum docere velit, perspicuitatem negligit, nec Florus, qui historiam scripturus, poetico stilo vtitur, nec e recentioribus Lipsius, qui etiam, vbi docet, vel rhetoricatur, vel comicum agit. Sane aeque inepti hi videntur, ac comici, qui reges tunica rustica; rusticos purpura; matronas meretricio; meretrices matronali habitu indutas, producunt in scenam. Elegans est praeceptum Quinctiliani *Instit. orat. lib. XI. cap. 1. Quid*

pro-

prodest, esse verba et Latina, et significatia, et nitida, figuris etiam numerisque elaborata nisi cum iis, in quae iudicem duci formarique volumus, consentiant? Si genus sublime dicendi parvis in caussis, parvum limatumque grandibus, laetum tristibus, lene asperis, minax supplicibus, submissum concitatis, trux atque violentum iucundis adhibeamus: Vt monilibus et margaritis ac veste longa, quae sunt ornamenta feminarum, deformentur viri, nec habitus triumphalis, quo nihil excogitari potest augustius, feminas deceat.

LVI.

Stilus philosophicus.

PHILOSOPHICVS stilus adhibendus in omnibus scriptis didacticis *). Satis laudis meretur, si sit proprius **), purus ***), perspicuus ****). Elegantiam non adfectat, nec tamen sponte se offerentem negligit *****). Praecipue tamen vitat figuras patheticas, et quidquid ad persuadendum potius, quam ad demonstrandum facere videtur ******).

*) In ἐπιστημονικῷ hoc dicendi genere reliquis omnibus praeferendi e Graecis Xenophon in *oeconomicis*, aliisque scriptis didacticis, inter Latinos Celsus, qui *de arte medica*, et Columella, qui *de re rustica* pura ac tersa oratione scripserunt. Nec plane contemnenda dictio Ciceronis, quam in libris *de officiis* et in *topicis ad Trebatium* adhibuit, quamvis in illis aliquando ad oratorium dicendi genus adsurgat. In reliquis scriptis philosophicis stilus Tullii propius ad genus dicendi vel διαλογικὸν vel προτρεπτικὸν accedit. Seneca acutus est, sed non tam docet, quam rhetoricatur. Lactantius purus in plerisque et elegans, sed nec is ab oratorio stilo abstinet.

**) Ab-

**) Abſtinendum ergo in hoc ſtilo a translationibus, maxime longe petitis. Quum enim docentium ſit, claras ac diſtinctas rerum ideas in audientibus excitare: facile patet, huic fini non conuenire metaphoras. Hinc iam ſupra obſeruaui, laudem meruiſſe ſcripta Epicuri, qui nuſquam vſus ſit translato dicendi genere. Equidem de rebus ad mentes et ſpiritus pertinentibus ſaepe nobis deſunt verba propria: ſed et hic danda opera, ne metaphoris audacioribus, et rem non ſatis exprimentibus vtamur. Sic ſi quis *adfectus* vocat *commotiones animi*, iiſque opponit *mentis quietem et tranquillitatem*, metaphorice quidem loquitur, ſed ferendus eſt. Aſt ſi quis adfectus cum Stoicis *animi tumultus*, aut *perturbationes*; aut animi quietem *inducias cum mente factas* adpellaret; merito reprehenderetur. Ideae enim inde naſcuntur vel falſae, vel certe obſcurae ac confuſae.

***) Caue ergo exiſtimes, docentium eſſe, ſtilo ſicco et barbaro vti. Non magis hic character decentes docet, quam philoſophum pallium et pera Diogenis. Non vnguenta redolent viri ſapientes, ſed nec ſordes amant. Non ferendi ergo in tanta litterarum luce, qui in theologicis vel philoſophicis doctrinis tradendis, latinae linguae puritate atque elegantia omnino neglecta, barbaro, atque exotico ſtilo vtuntur. Docuerunt ſane quamplurimum noſtrorum temporum poſſe de rebus etiam theologicis puro ac terſo orationis genere diſſeri. Feliciter idem iuris prudentia tentarunt Cujacii, Briſſonii, Hotomani, qui Ulpianum et Papinianum, quam Iaſonem, vel Accurſium maluerunt imitari. Medicos Celſus purius ſcribere docuit: philoſophiam paene innumeri elegantiſſime pertractarunt. Quis ergo hodie in tanta litterarum luce vmbratiles doctores imitaretur, et, fruge reperta, glandibus vesci mallet?

****) Quid iuuat docere, si intelligi nolis? Perspicua e veteribus sunt scripta Xenophontis et Columellae, e recentioribus Cartesii, quo non temere quisquam cogitationes suas dilucidius cum aliis communicauit. Hi omnes cum voluptate leguntur. At quis sine taedio legerit Lullii somnia, aut Helmontii, et Henr. Mori, meditationes? Non omnibus promiscue haec scripta, aiunt, sed initiatis, adduntque illud Horatii *Carm. III. 1.*

Odi profanum vulgus et arceo.

Sed, vt vera fatear, suspecta mihi semper est obscuritas, et plerumque parum sapientia latitat in tam spissis nubibus. Nulla est veritas tam sublimis, quae non verbis possit enunciari dilucidis, alias enim ne ab ipso quidem docente concipi, adeoque nec doceri posset. Notum est, quantum antiquis obscuritatis caussa vapularit Heraclitus, ea quae volebat dicere, *ὄτε λέγων, ὄτε κρύπτων, ἀλλὰ σημαίνων, nec clare eloquens, nec occultans, sed innuens*, quod ipse de oraculis pronunciauit apud Iamblichum *de myster. Aegypt. p. 79.*

*****) Non solum verba elegantiora atque acumina non negligunt philosophi, si se sponte offerant, vt docent Socratis *disputationes* apud Xenophontem, et Arriani *dissertationes Epictetica*e: sed ne iocos quidem ac facetias liberales adspernantur. Noti sunt *Socratici sales*, de quibus videndus Cicero *de offic. I. 30. de orat. II. 67.* Hi ita placuerunt antiquitati, vt si quid festiuum atque vrbanum vocare vellent, *Socraticum* adpellarent. *Omne* scilicet *tulit punctum, qui miscuit vtile dulci.* Vnde merito ipse scurram egit, quisquis tanto fuit ſupercilio, vt Socratem ideo *ſcurram Atticum* vocaret Cicero *de nat. Deor. I. 36.* Adhibendus tamen et hic modus, videndumque, quid deceat. Quod quum non faceret Diogenes Cynicus, Σωκράτης, μαινόμενος, *Socratis furentis* nomen accepit. In primis abſtinendum eſt ab eiuſmodi ſalibus in rebus grauibus, quales ſunt ſacrae et theologicae. Tentarunt etiam hac in re aliud Balt. Schuppius et Io. Val. Andreae, ſed et hi multorum reprehenſionem incurrerunt. Quamuis forſan eos excuſet ingenium ad vrbanitatem natura factum, et tempora, quibus viuebant infeliciſſima, de quibus iure repetas illa Iuuenalis *Sat. I,* 30.

Difficile eſt ſatiram non ſcribere.

******) Aliud eſt *concionatorium* dicendi genus, aliud τεχνικὸν vel *philoſophicum*. Illud contentum eſt argumentis veroſimilibus, quae tamen tantis verborum phaleris veſtiuntur, vt demonſtrationes videantur. Hoc nudam proponit veritatem, eamque demonſtrationibus accurate ſuffulcit. Illud oratorias, hoc philoſophicas amat connexiones, id eſt, veritates omnes ex genuinis ac veluti domeſticis principiis ducit. Illud delectat et mouet; hoc docet et conuincit. Nec tamen figuras omnes reſpuit methodus paraenetica, quam vocant, quippe cuius finis itidem eſt *monere* et *perſuadere*. Attamen et tunc magis illae ſponte ſua inter dicendum ſeſe obtuliſſe, quam operoſe excogitatae videri debent. Sunt ſane in Arriani *diſſertationibus Epicteticiis* quaedam pulcherrime dicta, ſunt figurae elegantiſſimae, ſed tanta cum ſimplicitate coniunctae, vt orationem naturali quadam pulcritudine adſurgere, ſtatim adpareat. Illud fallit, hoc bona fide agit. Exemplo ſit Seneca, qui, declamatorio dicendi genere vſus miram prae ſe fert ſapientiae ſpeciem: et ta-

men

men si remotis inuolueris propius eum inspicias, non demonstrationes inuenies, sed acumina quaedam parum solida, non res et veritates, sed verba sonora, id est, fulgor e pelui. Id quod iam dudum obseruarunt Malebranche *de inquisition. verit.* II, 4. Menag. *in Menag. tom.* II. *vt et* Saneuremontius *in Saneuremontianis.*

LVII.

A philosophico seiungendus est stilus HISTORICVS *), qui non modo puritatem **), sed et concinnitatem *) amat. Decet praeterea illum perspicuitas ****) et grauitas †), pulcritudo ††), minime vero vehementia †††), parenthyrsus ††††) et hyperbole †††††).**

Stilus historicus.

*) Singularis *de stilo historico* exstat tractatus Casp. Scioppii, sed in quo frustra praecepta quaeres. Solet enim iste homo vbique aliorum vitia, tamquam quisquilias colligere. Non itaque docet, qualis esse debeat ista historicorum oratio, sed qualis est apud eos, qui parum adcurate scripserunt. Paullo meliora, sed et pauciora sunt, quae de stilo historico praecipiunt Quinctil. *Instit. orat.* X. 1. Lucian. *in dial.* πῶς δεῖ ἱστορίαν συγγράφειν, Scheffer. *de stilo* II. 5. *p.* 15. *et in Gymn. p.* 35. *seq.* Addendus etiam Voss. *de art. hist.* 20. *seq.*

**) Quemadmodum omnem in vniuersum Latinitatem, ita et stilum historicum maxime commendat *puritas*. Abstinendum ergo a verbis poeticis: sed non vtendum tamen vulgaribus ac tabernariis, vt recte monet Lucianus. Ceterum et historici I. suas habent *dictiones*, quas non temere reperias apud oratores. Vnde iam olim, teſte Athenaeo, *Deipn.* II. Parthenius quidam libellum conſcripſit περὶ τῶν παρὰ τοῖς ἱστορικοῖς λέξεων, *de vocabulis hiſtoricorum*. Nos quaedam tantum, exempli cauſſa, dabimus. Animaduertit Auguſtin. Saturn. *Mercur. maior.* X, 9. vocem *velox* aliter fere ab hiſtoricis, aliter ab oratoribus, aliter a poetis, vſurpari. Hi dicunt *velox pedes*, illi *velocibus pedibus*, iſti *velox pedibus*. Sic et frequentiſſima hiſtoricis eſt conſtructio *profunda maris*, *incerta viae*, a quibus fere abſtinent oratores. Frequentiſſimae etiam connectendi formulae *quo factum eſt*, *interiecto tempore*. In primis huc pertinet formula hiſtoricis fere propria: *ceterum fides eius rei penes auctores erit*: de qua Cortius *ad Salluſt. p.* 497. *Formula propria hiſtoricorum, vbi ad praeſtationem ſcribere nolunt. Seneca de breuit. vit. cap.* 14. *Neque ſemper pro ſigno verboſitatis et neglectus rerum eſt habenda*. Vid. Io. Chriſtoph. Becmann. *Praecogn. mor. cap.* 3. *Immo in re dubia, difficili, et per alios cognita, fere ſemper adhibetur*. Plin. *Hiſt. nat.* XXVIII, 1. Quin immo externa quoque et barbaricos ritus indagabimus, *Fides tamen auctores adpellet*. Seneca *nat. quaeſt. cap.* 3. Aut quod hiſtorici faciunt, et ipſe faciam. Illi quum multa mentiti ſunt ad arbitrium ſuum, vnam aliquam rem nolunt ſpondere, ſed adiiciunt; *penes auctores fides erit. Adde eumdem de morte Claudii cap.* 1. Plin. *lib.* VIIII. *epiſt.* 33. Tacit. *Germ. cap.* 3. Quin et II. figuras ſibi veluti proprias amant hiſtorici, in quibus haud poſtrema eſt *enallage infinitiui* pro imperfecto indicatiui, de qua Seru. *ad Virg. Aen.* II, *v.* 683. *ſeq. Infinitus modus pro indicatiuo: et eſt* Figura propria Hiſtoriographorum. Conf. Cort. *ad Sall. p.* 42. *ſeq.* Vtuntur equidem etiam poetae. Sed hiſtoriam eſſe proximam poeſi, *et*

quo-

quodam modo carmen solutum, obseruat Quinctil. *Inst. orat.* X. 1.

***) Formant ergo periodos historici, sed breuiores. *Nihil enim est in historia*, Cicerone *teste*, *pura et illustri breuitate dulcius*. Diffusiores tamen aliquando sunt Nepos, Liuius, et qui alias satis pressus esse studet, Tacitus. Nonnumquam etiam incisim et membratim scribunt, quoties vel rem celeriter gestam referunt, vel aliorum verba obliquo dicendi genere recensent.

****) *Perspicuitas* virtus historico quam maxime necessaria. Vnde cauendus perturbatior verborum ordo, quem etiam in Thucydide nonnulli reprehendunt. Perspicuus maxime Cornelius Nepos et Iul. Caesar, obscuriores Sallustius et Tacitus, quorum vterque Thucididem videtur imitatus.

†) *Grauitas*, vt iam supra diximus, maxime decet historicos pragmaticos. Et hinc eam virtutem miramur in Polybio, Tacito, Thuano, Cominaeo et nonnullis aliis, qui pragmaticas dederunt historias, et non modo euentus, sed et eorum caussas, personarum characteres, consilia, similiaque adcurate enarrant.

††) *Pulcritudinem*, quum in *dignitatem* et *venustatem* supra distribuerimus, hic addendum est, illam, quam hanc, historico esse digniorem. Elegantissimus est Liuius, Curtius potius venustus videtur. Vbique enim adfectat sophisticum quoddam ac declamatorium dicendi genus. Nimius in descriptionibus locorum, fluminum, fontium: nimius in consectandis sententiis, quae tamen historicum non decent, nisi statim ad hypothesin transferantur. De eo nemo aequiore Ioue indicauit Bergero *de natur.*

 pulcr.

pulcr. orat. p. 373. 451. seq. 557. qui hic merito adhibendus in consilium.

†††) Abstinendum ergo ab increpationibus hominum, quippe quae ad declamatores pertinent. Historici non est, vel in homines inuehi, vel eorum virtutes collaudare, sed res gestas, procul habito odio aut amore, narrare. Ineptus ergo Velleius Paterculus, qui vbique immiscet panegyricos: ineptus etiam Florus, qui nonnunquam fasces et secures in viros grauissimos expedit.

††††) Omnes figurae, quae adfectibus mouendis inuentae sunt, historicum dedecent. Vnde nec laudem in historia merentur interrogationes, exlamationes, et quae sunt huius generis aliae. Frigidum ergo est, quod Florus saepe exclamationes narrationibus, quasi per parenthesin) interserit. Veluti *lib. I. c. 3. Sic, (rarum alias decus!) vnius manu parta victoria est.* Et *cap. 7. Eminentia forte papauerum capita virgula excutiens, quum per hoc principes interficiendos esse intelligi vellet, (quae superbia!) sic respondit.* Paucis interiectis: *cedentibus ceteris diis (mira res dictu!) restitere Iuuentas et Terminus.* Talia frequentissima sunt apud Florum. Veluti *lib. I. 10. Immane dictu! I. 11. Nouum et insigne commentum!* Item, *quis credat? proh pudor! Fidem numinum! quanta velocitate?* Frequentissimae quoque apud eum sunt interrogationes. Exemplo esse poterit c. 8. *lib. I.* totum paene interrogationibus compositum. Talia etiam nonnulli notant in Curtio, cuius prolixa exclamatio exstat *lib. IIII. cap. 16.* Sect. 10.

†††††) Nihil frigidius est hyperbole, maxime in historia. Hanc quoque in Floro supra aliquoties notauimus. Sed nec Curtius ab hoc vitio abhorret. Quis quaeso feret historicum referentem, Alexandrum in Aegyptum profectum extra terminos solis errasse? Et tamen

men ita loquitur Curt. *IIII.* 83. male imitatus Virgilium *Aeneid. VI. v.* 795.

- - - - - - iacet extra ſidera tellus
Extra anni ſolisque vias.

Poetica haec ſunt, in hiſtorico non toleranda, qualia tamen plura occurrunt apud Curtium. Eamdem dicam Floro merito ſcribit Bergerus *ibid. p.* 452. *Florus, nulla ingenii verecundia, cogitationum ſequutus impetum, ſuperiores audacia transferendi vicit, cum ipſisque certauit poetis, dignus profecto, quem multa frigide, multa putide, multa ſine mente ſana loquutum increpitaret grauiter et incuſaret Io. Georgius Graeuius, ſinceri vir iudicii, vt tamdem aliquando multi, qui commendant acumen illius venuſtatemque, diſcerent, res geſtas Romanorum capitulatim expoſitas, illinc eſſe conſiderandas, non ſtilum imitatione tam praua effingendum.*

LVIII.

Stilus dialogicus.

Stilus DIALOGICVS familiares amicorum ſermones imitatur. Vnde facile adparet, eum eſſe tenuem *), Rhodium **), moratum *) et nonnunquam iocoſum ac vr-** banum ****). Quare non temere imitandi Plato et Cicero †), ſed e Graecis Xenophon ††), et Lucianus †††), e Latinis veteribus comici, et in his maxime Terentius ††††), e recentioribus Eraſmus, cuius colloquiis nihil poteſt reperiri vrbanius †††††).

*) Praecepta de ſtilo διαλογικῷ haud poenitenda ſuppeditauit Demetr. Phaler. *de eloquut.* 231. *ſeq.* Nos veluti fundamenti loco ponimus, dialogos imitari familiares amicorum confabulationes. Vnde facile adparet, I. ſtilum

 dia-

dialogicum *tenuem* esse debere. Nemo sane in colloquiis cothurno incedit. Attamen quum et stilus tenuis nonnumquam subtilior, nonnumquam elegantior acutiorque sit: ratio habenda est personarum. Vnde Plautus omnes quidem comoedias suas tenuiter scripsit, sed aliam tamen orationis ideam heris, aliam filiis familias, aliam militi glorioso, aliam meretricibus, aliam denique seruis, lenonibus, parasitis, tribuit. Idem obseruare nos decet in dialogis, et adcurate, quantum video, id obseruauit Erasmus. Attamen et mediocrem aliquando esse posse dialogorum elaboratiorum stilum, supra §. 48. obseruauimus. Tales sane sunt dialogi quidam Ciceronis et omnes Platonis, quum contra Xenophon et Aeschines humi fere repant. Multum interest, quas personas quis loquentes inducat, et qua de re inter se sermocinatae esse fingantur.

**) *Atticum* dicendi genus paullo est ingeniosius, *Asiaticum* operosius, quam vt dialogos deceat. Quum ergo in colloquiis familiaribus non praemeditati, sed ex tempore sermones caedere soleamus: consequens est, vt II. stilus *Rhodius* quam maxime deceat dialogos. Hinc maiore cum voluptate legimus colloquia Erasmi et Luciani, quam Ciceronis, qui aliquando vix etiam in dialogis ab Asiatica illa vbertate abstinet.

***) Hinc in dialogis vbique debent elucere eloquentium *amor*, *modestia*, *vrbanitas*. Maxime e comicis notandae sunt formulae, quibus in familiari colloquio se inuicem excipiebant amici. Quemadmodum enim hodie nobis familiares sunt formulae salutandi, bene precandi, petendi cet. ita nec Romanis illae defuerunt. Nos specimen huius rei daturi, vel ex vnica Terentii *Andria*

quas-

quasdam huius generis decerpemus. *Act. I. scen. 1. Dictum puta; nempe vt*, id est, *intelligo, quid velis, nempe iubes, vt. Quin tu vno verbo dic, quod me velis. Heus, puer, dic sodes. O dictum bene! beasti. Quam timeo quorsum euadas: Sat est, curabo.* Act. II. 1. *Nunc te per amicitiam et per amorem obsecro. Reddidisti animum. Act. II. 2. Me vide*, id est fide mea promitto. *Act. II. scen. 5. Neque istic, neque alibi tibi vsquam erit in me mora. Facis vt te decet. Act. III. scen. 3. Ah ne me obsecra, quasi hoc te orando a me impetrare oporteat. Merito te semper maxime feci: Act. III. 4. Hem numnam periimus? Act. IIII. 4. Hem praediceres.* Tales formulae in dialogis incredibilem venustatem habent, si commode adhibeantur.

****) Genus hoc dicendi iocosum et vrbanum, dici non potest, quanta voluptate legentes aeque, ac audientes adficiat. Vnde et veteribus eiusmodi facetiae sales dicuntur, eo, quod non minus sermonem, quam sal cibos condiunt. Quamuis vero natura hic utramque faciat paginam, nihilque sit frigidius iocis, inuita Mineruа excogitatis: plures tamen fuerunt qui totam artem iocandi praeceptis quibusdam includere ausi sunt. Exstant Iac. Masenii *Argutiae familiares*. Exstat etiam Vauassoris politissimus *de dictione ludrica* libellus: quo tamen maxime comicam illam et scurrilem linguas corrumpendi licentiam, quam Galli vocant *burlesque*, exagitat. Sed reliquis omnibus hac in re praeferendus Cicero *de orat. II, 58. seq. et ad diuers. lib. VII. epist. 32.* etiam *lib. I. Offic. cap. 29.* et Macrob. *Saturn. II, 2. et 3.* quibus nemo curiosius iocandi fontes indagauit. Vnde digna Ciceronis commentatio visa est elegantissimo Passeratio, quam libro suo *de ridiculis* praeclaro commentario illustraret.

Nos horum ductu praecipuos hic iocandi modos tradimus. Ridiculum vel in *verbis* est, vel in ipsa re seu *sententia*. Primus *verborum* locus est.

I. *Ambiguitas*. Sic olim de seruo iocatus est Nero, *solum esse, cui domi nihil sit nec obsignatum, nec occlusum*. Cicer. *l.* 56. Talis etiam est Plauti iocus *in Poenul. I,* 1. *v.* 22.

Quin si feriri te video, exempla dolet. Mater M. Bruti quum pretiosum aere paruo fundum abstulisset a Caesare, subiiciente hastae bona ciuium: non effugit tale dictum Ciceronis: *equidem quo melius emtum sciatis, comparauit Seruilia hunc fundum, Tertia deducta*. Tertia vero erat Seruiliae filia, in quam aeque, ac in matrem lasciuiebat Caesar, Macrob. *Saturn. II,* 2.

II. *Verbi pronunciatio* vel παράγραμμα, quando vocabulum deprauatur. Quodam dicente: *eamus deambulatum*, alter respondit: *quid opus est te?* Cui ille: *immo vero*, inquit, *quid opus est te?* Cic. *de orat. II,* 63.

III. *interpretatio nominis*, Cic. *pro Sex. Roscio. cap.* 43. *Venio nunc ad aureum illud nomen Chrysogoni*.

IIII. *Testimonium, prouerbia, sententiae auctorum* commode adhibita, Antonius, quum testis a se profectam pecuniam diceret, et hic haberet filium delicatiorem, et prodigum, peropportune vsurpauit illa comici.

Sentin' senem esse tactum triginta minis? Cic. *de orat. II,* 64. Post Mutinensem fugam interrogantibus Furius Albinus, *quid ageret Antonius?* respondit: *Quod canis in Aegypto*, bibit et fugit. Macrob. *Saturn. II,* 2.

V. *Responsio* ad verbum, non ad sententiam. Quaerente censore Catone: *ex tui animi sententia, tu vxorem habes?* Non hercle, inquit L.

Por-

Porcius Nasica, *ex animi mei sententia*. Cic. *de orat. II. 65.* Sic et Antioco ostentanti exercitum, auro et argento fulgentem, interrogantique: *putasne satis esse Romanis haec omnia?* respondit Hannibal: *plane satis esse credo. Romanis haec, etsi auarissimi sunt*. Macrob. *Saturn. II. 2.*

VI. *Immutatio verborum*, quum immutatis verbis sententiam retinemus. *Rusca*, quum legem ferret annalem dissuasor M. Seruilius: *dic mihi*, inquit, *M. Pinari, num, si contra te dixero, mihi maledicturus es, vt ceteris? Vt sementem feceris, ita metes, inquit* Cicer. *de orat. II. 66.*

VII. *Translatio*, quum metaphora habet insignem aliquem iocum. Corinthiis Scipioni promittentibus statuam eo loco, ubi reliquorum essent imperatorum: respondit Scipio: *turmales mihi displicent*. Idem, *ibidem*.

VIII. Relatio contrariorum vel retorsio, dicente Libone: *Quando, tandem, Galba, de triclinio tuo exibis? Quum tu, inquit, de cubiculo alieno.*

Et hi quidem verborum ioci: sequuntur *rerum* vel *sententiarum*. Tales sunt:

I. *Festiua narratio*. Talis narratiuncula Crassi de Memmio lacertum Largii deuorante exstat apud Cicer. *de orat. II. 59.*

II. *Collatio*. Sic Cicero pater Romanos homines similes aiebat esse Syrorum venalium: vt quisque optime Graece sciret, ita esse nequissimum Cicer. *de orat. II. 68.* Augustus, quum ei quidam libellum trepidus offerret, et modo proferret manum, modo retraheret: *Putas*, inquit, *te assem elephanto dare*. Macrob. *Saturn. II. 4.*

III. *Amplificatio incredibilis*. Scipio ad Numantiam stomachatus cum Metello, dixisse dicitur, *si quintum pareret mater eius, asinam fuisse parituram.*

IIII. *Arguta significatio*, quum rem obscuram callide et argute significamus, cum C. Fabricio P. Cornelius, homo furax et auarus, sed egregie fortis, gratias ageret, quod se consulem inimicus fecisset. *Nihil est*, inquit, *quod mihi gratias agas, si malui compilari, quam venire.* Cicer. *de orat. II. 66.* Publius Mucium, in primis maleuolum quum vidisset solito tristiorem: *Aut Mucio*, inquit, *nescio quid incommodi accessit, aut nescio cui aliquid boni.* Macrob. *Saturn. II. 2.* Faustus, Sullae filius, quum soror eius eodem tempore duos moechos haberet, Fuluium, fullonis filium, et Pompeium Maculam: *Miror*, inquit, *sororem meam habere maculam, quum fullonem habeat.*

V. *Ironia vel vrbana dissimulatio.* Scaeuola Septumuleio, cui pro Gracchi capite erat aurum repensum, roganti, vt se in Asiam praefectum duceret: *Quid tibi vis*, inquit, *insane? Tanta malorum est multitudo ciuium, vt tibi ego hoc confirmem, si Romae manseris, te paucis annis ad maximas pecunias esse venturum.* Cicer. *de orat. II. 67.* Quum Vettius monimentum patris exarasset: ait Augustus: *Hoc est vere monimentum patris colere.* Macrob. *Saturn. II. 4.*

VI. *In re inhonesta verbum rei honestae.* Africanus censor tribu mouens centurionem, qui in pugna non adfuerat, quum diceret, *se custodiae caussa in castris mansisse*, quaereretque, *cur ab eo notaretur? Non amo*, inquit, *nimium diligentes.* Cicer. *l. c.*

VII. *Contra voluntatem responsio.* Quum Tarento amisso arcem tamen Liuius retinuisset, multaque ex eo praelia praeclara fecisset, et aliquot post annos Fabius Maximus id oppi-

pi-

pidum recepisset, rogaretque eum Liuius, vt meminisset, opera sua se Tarentum recepisse: *Quidni*, inquit, *meminerim? Nunquam enim recepissem, nisi tu perdidisses*. Cicer. *l. c.*

VIII. *Falsa intellectio*. Quaesitus non nemo: *qualis videtur tibi in adulterio deprehensus? tardus*, inquit, Cicer. *l. c.* Quaestio erat de crimine, respondens minus se intelligere simulabat, de quo quaereretur, et respondit de homine. Non minus facete Augustus, quum multi a Seuero Cassio accusati absoluerentur, et architectus fori Augusti expectationem operis diu traheret, ita iocatus fertur: *Vellem, Cassius et meum forum accuset*, vt demum absoluatur. Macrob. *Saturn. II*, 4.

VIIII. *Falsa responsio*. Opimius, qui adolescens male audiuerat, sed Aegilium, qui mollis videbatur, nec tamen erat: *quid tu, Aegilia mea, quando ad me venis cum tua colu et lana?* Cui hic: *non pol*, inquit, *audeo. Nam me ad famosas vetuit mater accedere*. Cic. *de orat. II*, 68.

X. *Abscondita ridiculi suspicio*. Cattullus oratori cuidam malo, roganti, videreturne misericordiam mouisse? *Ac magnam quidem*, inquit, *neminem enim puto esse tam durum, cui non miseranda tua visa sit oratio*. Id. *l. c.* 69.

XI. *Morositas et lenitas*. Socrates colapho percussus a petulante iuuene: *Video*, inquit, *mihi in posterum cum galea incedendum*.

XII. *Salsa stultitiae reprehensio*. Siculus, cui Scipio praetor patronum dabat hospitem hominem nobilem, sed stultissimum: *quaeso*, inquit, *praetor, aduersario meo da istum patronum, deinde mihi neminem dederis*. Cicer. *de orat. III*. 69. Nomenclatori suo, obliuioso admodum, dicenti: *numquid ad forum mandas?* Augustus respondit: *Accipe commendatitias, quia illic neminem nosti*. Macrob. *Sat. II*, 4.

XIII.

XIII. *Coniecturalis explanatio*. Quum Scaurus accusaret Rutilium ambitus, postquam ipse consul erat factus, ille repulsam tulerat, et in eius tabulis ostenderet litteras A. F. P. R. idque diceret esse: *actum fiat P. Rutilii*; Rutilius autem: *ante factum, post relatum*. C. Caninius Eques Romanus cum Rufo adesset, exclamat: neutrum illis litteris declarari: *Quid ergo?* inquit Scaurus, *Aemilius fecit, plectitur Rutilius*. ID. *ibidem*.

XIIII. *Discrepantia*, seu ignoratio elenchi. *Quid huic abest, nisi res et virtus?* Cicer. *de or. II, 70.*

XV. *Familiaris reprehensio vel admonitio*. Patrono malo, quum vocem in dicendo obtulisset, suasit Granius, vt mulsum frigidum biberet, simulac domum redisset: *Perdam*, inquit, *vocem, si id fecero*: *Melius est*, inquit, *quam rerum*: Cic. *de or. II, 70.*

XVI. *Dictum consentaneum*, id est, rei vel personae conueniens. Scaurus bonorum possessionem contra tabulas nactus, Bestiae caussam itaque patronus agebat. Funus, quum induceretur, accusator Memmius: *Vide*, inquit, *Scaure, mortuus rapitur, si potes esse possessor*. Cic. *l. c.*

XVII. Ἀπροσδόκητον, *contra exspectationem responsio*. Scipio, quum ei M. Flaccus P. Mucium iudicem tulisset: *eiero*, inquit, *iniquus est*. Quum esset admurmuratum; *Ah*, inquit, *P. C. non ego mihi illum iniquum eiero, verum omnibus*. Cicero *l. c.* Seruius Geminus videns deformes L. Mallii, optimi pictoris filios: *non similiter*, inquit, *Malli, pingis, et fingis*. Cui Mallius: *in tenebris enim fingo*, inquit, *luce pingo*. Macrob. *Saturn. II, 2.*

XVIII. *Votum rei impossibilis*. M. Lepidus, quum, ceteris in campo exercentibus, in her-

herba ipse recubuisset: *Vellem hoc esse*, inquit, *laborare* ID. 17.

XVIIII. *Lenta et tarda responsio*. Exemplum est apud Cicer. *de or. II*, 71.

Atque hi quidem sunt praecipui loci ac fontes vrbanae ac iocosae dictionis a Cicerone ostensi. Nescio tamen, cur Cicero omiserit ἐναντιοφανὲς, praecipuum iocorum et facetiarum fontem, quando duae res iunguntur, quae consistere non posse videntur. Huc pertinent ioci Ciceronis: *Frater meus dimidius maior est, quam totus. Hoc consequutus est Rebilius, vt quaereretur, quibus consulibus consul fuerit*. Macr. *Saturn. II*, 3. vbi et similem iocum refert Laberii, qui quum sedile quaerens, ex Cicerone audiuisset: *recepissem te, nisi anguste sederem*, respondit: *mirum, si angustae sedes, qui soles duabus sellis sedere*. Cauendum tamen, ne ioci fiant illiberales. Tales sunt I. cum iniuria coniuncti, II. profani, veluti, si scripturae locis abutaris. III. cum imitatione gestuum et deprauatione oris coniuncti, IIII. obsceni, V. parum ingeniosi, et sola stultitia mouentes risum, VI. episodia et loquutiones nullius sensus. Sic virum grauem non decet iocus Plauti *Capt. prol. v. I. seq.*

Hos, quos videtis stare heic captiuos duos,
Illi, qui adstant, ii stant hic ambo, non sedent,
Vos vos mihi testes estis, me verum loqui.

Risum enim haec mouent, non quia ingeniosa, sed quia nullius sensus sunt. In primis hoc dicendi genere delectatus est ex Graecis Epicharmus, ex Latinis Plautus, quem ideo *ad exemplum Siculi properare Epicharmi*, *dixit* Horatius. Talia in vtroque obseruauit Muret. *Var. lect. XIIII*, 5. veluti illud Epicharmi:

Tiam

. Τόκα μὲν πὰρ κείνοις ἐγὼν ἦν, τόκα δὲ πὰρ κείνοις ἐγών.

nec non iocos Plauti: *Quoi homini di sunt propitii, ei non esset iratus puto*. item: *Quanta mea sapientia est, e malis multis, malum quod minimum est, id minimum est malum*. At ne Cicero quidem eo loco abstinuit, in illis *ad Atticum*: *Noli putare, pigritia facere me, quod non mea manu scribam: sed mehercule pigritia, nihil enim habeo aliud, quod dicam*. VII. deprauatio linguarum, quam *burlesque* vocant Galli, v. c. illa Molierii: *Bene bene respondere, dignus, dignus est intrare in nostro docto corpore*. In scena haec plausum referunt, in vita ciuili minime. Vnde & Plauti illa ludicra sunt in *Pseud. II, 2.*

PS. Sed quid est tibi nomen? H Harpax. PS. apage te Harpax, haud places,
Huc quidem hercle haud ibis intro, ne quid harpax feceris.

Vbi quidem *harpax facere* est dictio ludicra. Et *Curcul. III.*

--- L. *Quis tu homo es?*
C. *Libertus illius, quem omnes Sumanum vocant.*
L. *Sumane, salue, qui Sumanus? fac sciam.*
C. *Quia vestimenta, ubi obdormiui ebrius. Sumano: ob eam rem me omnes Sumanum vocant.*

Vestimenta Sumano? Denuo est ludicrum.

†) Platonis enim dialogi non seruant dictionis familiaris ideam, sed oratione conscripti sunt iusto grandiore, adeo, ut a poemate minus distent, quam comicorum fabula. Vid. Laert. *III*, 38. Themist. *orat. p.* 139. *edit. Harduin.* Idem De Ciceronis dialogis sentiendum est, tanto quippe artificio scriptis, vt probabile haud sit, hoc modo inter se colloquutas esse eas, quas inducit, personas. Simpliciores tamen

men sunt eius *Cato maior et Laelius*, quos ego Xenophonteos vocare soleo, quum reliqui Platonis vbertatem imitentur.

††) Dictio Xenophontis melle dulcior est, adeo vt *Apis Attica* diceretur. Vide Menag. *ad Laert. p.* 103. Atqui dulcis et simplex stilus quam maxime conuenit dialogis.

†††) Lucianus, quantum ab obscuro atque adfectato dicendi genere abhorruerit, vel solus eius docet dialogus λεξιφάνης, *Tom. I. opp. p.* 819. Et hinc ipse, si quis alius perspicuitatem ac elegantem simplicitatem sectatur, adeoque stilum *διαλογικὸν* praeclare exprimit.

††††) Terentii stilus castus, purus, tersus ac plane vrbanus est. Iocatur etiam, sed multo, quam Plautus, liberalius. Mores praeterea atque adfectus hominum adcuratissime exprimit, vt mea quidem sententia nullus ex antiquitate exstet auctor, qui familiaris stili suauitatem felicius expresserit.

†††††) Sunt equidem, qui compositionem adcuratiorem in Erasmo desiderant; sed hi nimis delicati videntur. Festiuus sane est, vrbanus, et tersus, ac ridendo, vt ait Horat. *epist. I*, 2.

--- quid sit pulcrum, quid turpe, quid vtile, quid non,
Plenius ac melius Chrysippo et Crantore, dicit.

LVIIII.

Stilus oratorius.

De stilo ORATORIO tanto breuius agendum: quanto minus ille a reliquis omnibus dicendi formis abstinet: Omnia sibi permittunt oratores; modo magnifice, modo mediocriter dicunt. Iam Asiaticam copiam, iam Rhodiam Atticamque fruga-

lita-

litatem amant. Modo iidem moratam in exordiis, modo perſpicuum in narrationibus, modo grauem in tractatione, modo in confutatione concitatam exprimunt. Figuris praeterea vtuntur omnibus, quae vel ad dignitatem orationi conciliandam, vel ad ciendos adfectus ſunt comparatae. Vt paucis dicam, non placere tantum, verum etiam admirationi eſſe cupiunt oratores *).

*) Conferri praecipue meretur Schefferus *de ſtilo, illiusque exercit. II. 7.*

LX.

Stilus politicus & ciuilis.

Ab oratorio ſtilo non multum diſcrepat POLITICVS, ſiue CIVILIS, niſi quod is Atticam breuitatem, nec non acumen et grauitatem magis amare videtur *). Elucet praecipue ciuilis iſta dicendi ratio ex orationibus magnorum atque excellentium virorum, quales paſſim hiſtoriis ſuis inſeruerunt Liuius, Tacitus, Curtius, aliique annalium ſcriptores **).

*) Talis eſt oratio Alexandri M. vere ciuilis apud Curtium IIII. 1. *Et ego pecuniam, quam gloriam, mallem, ſi Parmenio eſſem. Nunc Alexander, de paupertate ſecurus ſum, et, me non mercatorem, memini eſſe, ſed regem. Nihil quidem habeo venale, ſed fortunam vtique meam non vendo. Captiuos, ſi placet reddi, honeſtius dono dabimus, quam pretio remittemus.*

**) Diſputant quidam, an deceat integras orationes inſerere hiſtoriae. Negat Fr. Patricius; at adfirmat Ger. Io. Voſſ. *de art. hiſt.* 20. & 21. cui procul dubio elegantia harum

ora-

orationum imposuit. Nam nulla ratio est, qua possit homini veritatis amanti persuaderi, in hac re licere historicis mentiri. Et certissimum tamen est, Romulum numquam concionatum esse iis verbis, quae ei tribuit initio operis Dionysius Halicarnasseus. Ceterum illud verissimum est, vel ideo magni aestimandas esse eiusmodi orationes, quod veram dictionis ciuilis ideam nobis ob oculos ponunt.

LXI.

Stilus epistolicus.

Stilus EPISTOLICVS non est διαλογικῷ similis *), sed sermone quotidiano paullo adcuratior, dictione vero elaborata remissior est, vt Demetr. Phalereus *de eloquut. n.* 244. monet, ex tenui et venusto mixtus. Vbique etiam elucere debet τὸ ἠθικὸν **) id est, *genus dicendi moratum*. Neque tamen vno eodemque filo contexendae omnes epistolae. Iocosae enim et familiares quotidianis conscribuntur verbis ***); hortatoriae, expostulatoriae, et huius generis aliae concitatum ****); commendaticiae et petitoriae mediocrem *****), ciuiles denique aut ad viros magnos exaratae grauem stilum exigunt ******).

*) Existimauit hoc Artemon, qui Aristotelis epistolas exscripsit. Verum illum refellit Demetr. *Phal. de eloquut. num.* 232. *Dialogus enim*, inquit, *imitatur ex tempore loquentes: epistola autem scribitur, et alteri veluti dono mittitur.*

**) Est haec dicendi idea adeo necessaria, vt si absit, epistola esse desinat. Hinc qui de rebus grauissimis subtiliter disputant, scribunt quidem, verum non epistolas, sed tractatus vel dis-

dissertationes, quibus τὸ χαίρειν praemissum est, ut ait Demetr. Phal. *num.* 236. *et* 240. Hinc facile patet, longissime ab epistolico dicendi charactere abesse Senecae epistolas, in quibus nullum morati stili vestigium occurrit. Vnde, ne quidem epistolas has esse, sed locos communes, et variarum disputationum rhapsodias, nonnulli arbitrantur. Vid. Morhof. *Polyhist. I.* 1. 23. 22. *p.* 300.

***) Hanc legem ipse sibi dixit Cicero *ad diuers. lib. VIIII. epist.* 21. §. 2. Vnde in epistolis familiaribus non probatur nimia atque anxia scribendi cura. Certe non temere iudicauit Scioppius, epistolas Manutii, quamuis puras ac elegantes, vix ea esse gratia, vt hominem nisi valde otiosum ad iteratam lectionem inuitent. Quod non aliunde esse duxerim, quam a superstitiosa scribendi cura, quae tanta fuit in Manutio, vt saepe menses aliquot vni epistolae impendisse dicatur. Morhof. *Polyhist. I.* 1. 23. 57. *p.* 307.

****) Exemplo esse possunt Cicer. *epistolae ad Appium Pulcrum*, in primis *ad diuers. lib. III. epist.* 7.

*****) Tales sunt pleraeque epistolae Ciceronis ad viros grauiores scriptae. Praeclare quoque hoc dicendi genus exprimunt M. Ant. Muretus, Ian. Nic. Erithraeus, et pauci alii.

******) Has epistolas paullo elatiores esse iubet Demetr. Phaler. *de eloqunt. n.* 243. Nos non elatiores, sed grauiores ceteris esse volumus. Exemplo praeiuit Cicero *in epistola ad Quintum Fratrem I.* 1. quam ego reginam omnium Ciceronis epistolarum adpellare soleo. Tam graui enim oratione proconsulis describit officium, vt fieri id non potuisset grauius. Eiusdem generis sunt Epistolae, quas Dario et Alexandro M. tribuit Curt. *III.* 1.

LXII.

LXII.

Supereſt ſtilus POETICVS, qui tametſi huc non pertineat; vel ideo tamen non plane videtur praetereundus, vt ab eius tumore in ſoluta oratione nobis tanto facilius caueamus. Maxime autem ſtilus poeticus non modo verbis *), epithetis **), phraſibus ***), conſtructionibus ****) et connexionibus *****), ſed et toto orationis habitu ******) a proſa diſcrepat oratione.

Stilus poeticus.

*) Primo enim poetae vocabulis vtuntur, quae reliqui ſcriptores ignorant. Vid. ſupra §. XV. Deinde plura vocabula componunt, et veluti in vnum conflant. Vid. *ibid.*

**) Epitheta poetis placent I. etiam *otioſa* v. c. *Turdis edacibus*. Hor. *Epod. II. dulci mellis flauoque liquore*. Lucret. *de rer. nat. lib. III. translata*, et quidem audaciſſime, v. c. *ambitioſa colus*, i. e. quae, intertexto auro, fila trahit, Claudian. *conſ. Hon. IIII. v.* 549. *Turbo anhelus*. Sil. Ital. 1. *Attonitus ignis*, quo videlicet Scaeuola vrebat manum, Martialis *epigr. VIII*, 29. Plura eiuſmodi translata epitheta ſuppeditabit Morhofii *idea lexici poetici*, inſerta eius *Polyhiſtori I*, 3. 11. *p.* 679. At non epithetis tantum translatis vtuntur, verum etiam ſubſtantiuis, immo et aliis figuris audaciſſimis, vt ſaepe Delio natatore opus eſſe videatur. Eo in primis pertinet μετάληψις, non modo ſimplex, ſed multiplex. E. g. dixit Virgilius *lib. VIII. Aen. v.* 90.

Iter inceptum celerant rumore *ſecundo*.

Ibi vero duriſſima μεταλήψει *rumor* pro murmure, *murmur* fluuiale pro ipſo fluuio dicitur, ex mente Grouonii *Obſeru. II*, 17. niſi cum Seruio legere malis: *Rumone ſecundo*. III. decom-

composita et dithyrambica Claudian. *Consul. Honor. IIII.*

> Et Septemgemino *iactantior aethera pulset*
> *Roma iugo.*

Talia etiam sunt *Bellerophonteae habenae*. Claud. *Cons. Probini*, *Cornipedes equi*. ID. *consul. IIII. Honor. Amphitryoniades Hercules*. Stat. v. 6709. *Ternos Herculea*. *ibid.* v. 1312. IIII. *Obscura* v. c. *Geticum plectrum*, pro Orphico. *Arcadius galerus*, pro pilo Mercurii, *Centaurica semina*, pro equis; *Danaeius volucer*, pro Perseo; *Bisthonius ensis*, pro acuto, quia Mars Bisthone templum habebat. Talia complura apud Statium, quo non temere alius est poeta tumidior.

***) Phrases poetae non a vulgo petunt, sed ipsi sibi fingunt pro lubitu. Claudian. *Consul. Hon. VI.*

> --- *Certis ubi legibus aduena Nereus*
> *Aestuat*

i. e. ubi fluxus et refluxus maris est. Idem *Consul. Malbei*.

> --- *Qui se iaculantur in auras,*
> *Corporaque aedificant celeri crescentia nexu:*

Loquitur de funambulis. Talia etiam sunt: *exomere purpuream animam*, pro e vulnere mori; *venenatis grauida sagittis pharetra*, pro pharetra sagittis referta. *Colla triumphati Istri proculcare*, pro victoriam ad Istrum reportare. (Stat. Thebaid. X. 675.) *Fulminis radiis afflata cupressus combibit ingestus et stirpe et vertice flammas*, id est, *cupressus fulmine combusta est*. Quis ita in prosa oratione loqueretur? Plura huius generis dederunt Iac. Masen. *In Palaestra II, 12.* Fr. Robortell. *de artif. dicendi cap. de poet. serm. disp. I.* Ioan. Dedekern. *in obseruat. Poet. Amst.* CIↃIↃCLXXXVIII. editis, et

Mor-

Morhofio iterum cum praefatione sua in lucem exire iussit *Kilon.* cIↃIↃcxcI. 8.

****) In constructionibus maxime poetae amant I. *Graecismos*. Hinc nominatiuum saepe ponunt pro vocatiuo v. c. Sen. *Herc. fur.* 893.

Stantes, Sacrificus, *comas*
Dilecta tege populo.

Saepe et genitiuum pro ablatiuo, Hor. *Carm. I, 22. Integer vitae, scelerisque purus*, pro integer vita sceleréque purus. Saepe omittunt praepositionem *secundum*, more plane Graecanico, Virg. *Aen. III. v. 593. ac cetera Graius*. Talia etiam sunt, *nuda genu, pernix pedes, tremit artus*. Sed talia intellectu facilia. At obscurissimum illud Ouidii:

Phoeniceam fuluo clamydem contractus ab auro: ubi *contractus clamydem* idem est, *ac contracta clamyde usus*. Ita enim versum legendum explicandumque esse monet Gronou. *Obs. III*, 18. Saepe etiam adiectiuum apud poetas in locum aduerbii succedit, Virg. *Eclog. III. v. 63. suaue rubens hyacinthus*. Hor. *Carm. I. 22. Dulce ridentem Lalagen amabo*. Prudent. II. *hymn. Matutin.* 33. *Nunc nunc seuerum viuitur*. Hor. *epist. I, 1. v. 101. Insanire putas sollemnia me*. Saepe Graecorum more construunt, v. c. *Desine querelarum, decet nobis, caussa perire, callida resonare, bonus calamos inflare. Retulit Aiax esse Iouis pronepos*. Plura con[illegible]sit Buchn. *de commut. rat. dicendi I*, 19. [illegible]inde poetae II. plane negligunt leges, quas supra de verborum ordine dedimus. In primis Lyricis sollemne est, omnia miscere, ceu vel ex Horatio patet.

*****) Esse connexiones poetis proprias, vel ex solis adparet eorum comparationibus et similitudinibus. Eas plerumque connectunt ad[illegible] relatiuis *Qualis, Talis*, quibus num[illegible]tur oratores. Virg. *Aen. IIII. v. 143.*

Qua-

Qualis, ubi hibernam Lyciam Xanthique fluenta
Deserit; ac Delum maternam inuisit Apollo cet.
- - - haud illo segnior ibat
Aeneas.

******) Diversae nimirum poetis et oratoribus sunt inuentiones, diuersa argumentorum dispositio, diuersa eloquutio, diuersa etiam schemata. Vt de ultimis dicam, non facile v. c. apud oratorem reperies *seiugationem*, qualis illa Ouidiii *Heriod. ep. II. v. 25.*

Demophoon ventis et verba et vela dedisti:
Vela quaeror reditu; verba carere fide.

non facile etiam oratoribus placebit ἐπανάληψις talis, qualis illa Ovidii est *Fast. IIII. 365.*

Qui bibit, inde furit, procul hinc discedite, queis est
Cura bonae mentis, qui bibit inde, furit.

Plane poetica haec similiaque sunt, et hinc in prosa vix inueniunt locum. Plura de stilo poetico dabit Ger. Io. Voss. *de arte poetica.*

LXIII.

Stilus argutus.

Plerisque dicendi characteribus hactenus descriptis commune est ἡ δεινότης, id est, genus quoddam orationis ACVTVM atque ARGVTVM *), in quo palmam reliquis praeripere videntur Seneca, Plinius, Tacitus, Curtius. Ne ergo et huius stili obscura nobis sit ratio **): sciendum est, omne acumen vel in verbis ***), vel in propositionibus ****), vel in ipsis enthymematibus *****) esse positum.

*) Dubitarunt nulli, an acutum illud orationis genus laudem aliquam mereatur. Aiunt enim ad corrumpendam bonae dictionis indo-

indolem inuentum primum esse stilum argutum, et quidem post tempora Ciceronis, quum iam in deterius ire coepisset Romana eloquentia. Addunt, nihil solidi inesse eiusmodi argutiis, sed meros strepitus sententiarum male cohaerentium, et quamdam antithetorum histrioniam, quibus titillari aures possint, pectus non saturari. Vide Alberti de Albertis *Thes. eloq. sacrae et prof.* Franc. Vauassoris Orat. III. quae est *pro veteri dicendi genere contra nouum*, et iam ex antiquis Quinctil. *Inst. orat. VI.* 3. Sed haec omnia vt sunt verissima, ita tamen non ita accipienda, vt nullum omnino acuminibus concedamus locum. Laudem illam suam merentur, sed veluti condimenta quaedam atque aromata, quae quum intemperantius adhibita fastidium pariant, modice adspersa mirifice delectare solent. Quemadmodum ergo non laudanda Senecae oratio, quae tota argutiis potius, quam sententiis solidis atque enthymematibus, conflata est: ita nec reprehensionem merentur Plinius et Tacitus, qui paullo parcius istis condimentis vsi sunt. Vid. Morhof. *disciplin. argut. praefat. pag.* 3. *seq.* Addendus est v. c. Christian. Gottl. Schuuarzius *de orat. concinna* §. *XXXIIII. seq.* vbi de acuto dicendi genere, et quid de eo sentiendum sit, ex instituto disquirit.

**) Ex antiquis acuti stili fontes ostendere conati sunt Arist. *Rhet. III.* 10. *et* 11. Hermogenes, *Idear. II.* 5. Quinctilian. *inst. orat. VI.* 3. E recentioribus hic ceteris anteferendi Sarbieuius in libro *de acuto*, Masenius in *arte argutiarum*, Emman. Thesaurus *in idea argutae dictionis*, et, qui reliquos omnes longo post se interuallo reliquit Morhofius in *disciplina argutiarum*, quae prodiit *Lubec.* cIↄIↄccv. 8.

***) Acumen omnibus mentis operatio-

itio-
ni-

nibus inesse potest. Et ad *verba* quidem quod attinet, acutam orationem reddunt I. ambiguitas: ut quando quis de Draconis legibus dixit. *Non hominis istae sunt leges*, sed Draconis. Arist. *Reth. II*, 23. aut quando Sceparnio apud Pluat. *Rud. I*, 1. *aedes illustres* vocat, quas venti perflabant. II. ἀντανάκλασις *Quid ergo ista culpa Brutorum? minime illorum quidem, sed aliorum brutorum*. Cic. *ad Attic. epist: XIIII.* 14. III. παρονομασία v. c. *inceptio haec amentium est, non amantium*. Ter. *Andr. I*, 3. *Non est enim facile in eum scribere, qui potest proscribere*. Macrob. *Saturn. II*, 4. IIII. παρήχησις Plaut. *Menaechm. IIII*, 2. *Palla pallorem incutit*. V. Significationis mutatio. Sic *abdicare* alias dicuntur patres filios: acute ergo *Alexander Philippum patrem abdicasse* dicitur Curtio *IIII*, 10. Sic etiam si maritum imperiosae vxori dicas *nupsisse*: acutum hoc erit. Quamuis enim veteres *nubere* etiam viros dixisse ferantur, idque probari possit ex Nonio *de propr. serm. cap.* 2. *n.* 577. tamen et exoleuit postea illa verbi notio, et exemplum, quod ex auctore vetere, nescio quo, adducit Nonius, satis ostendit, scriptorem illum, quisquis fuerit, significationem studio mutasse. Ait enim ille:

Sed meus frater maior, postquam vidit me inde eiectum domo,
Nupsit posterius dotatae, vetulae, varicosae, afrae, (fort. *vafrae*.)

Tales vero qui domum ducunt, illi mihi vere nubere videntur. VI. allusio. Sic cum parasitus apud *Ter. Phorm. V*, 9. Chremetis amores Nausistratae uxori prodidisset, et deprehensus Chremes vxorem formidaret, lepide et acute ait parasitus: *Exsequias Chremeti, quibus est commodum ire, iam tempus est*, alludens ad formulam in funeribus sollemnem. Allusio quo-

que

que in illis Cicer. pro *Sex. Roscio*: *Venio nunc ad aureum illud nomen Chrysogonum*.

****) Propositiones reddunt acutiores I. repugnantia: Flor. *II, 6. Nouam de Hannibale victoriam commentus est Fabius, nolle pugnare*. Martial. *epig. II, 80.*

Hostem quum fugeret, se Fannius ipse peremit.

Hic, rogo, non furor est, ne moriare mori!

II. Paradoxa, Flor. *II, 6. Capuam Hannibali Cannas fuisse*. III. adfirmatio cum negatione coniuncta. Plin. *Paneg. IIII. Vtrumque, Caesar, moderate, et quod alibi tibi gratias agi non finis, et quod hic finis*. IIII. ἐναντιότης Cicer. *pro Planc. c. 28. Gratiam qui refert, habet; et, qui habet, eo, quod habet, refert*. Felicissimum hac in re fuit Publii Syri ingenium, cuius sententiae pleraeque omnes huius generis sunt. V. ἀντιμετάθεσις *Non ideo vicisse videris, ut triumphares, sed triumphare, quia vinceres*. Plin. *Paneg. cap. 17.* VI. Allegoriae, Sic quum aliquis familiam *suam triumphorum seminarium* vocasset: acute Cicero; *ex illo seminario*, inquit, *triumphorum non nisi arida folia laureae retulisti*. VII. Correctio, maxime quae fit per epitheton. Vellei. Paterc. *Hist. II. 41. Caesar, Alexandro M. sed sobrio, simillimus*. Sen. *epist. 4. Adhuc enim non pueritia in nobis, sed puerilitas, remanet*. VIII. lusus verborum: Seneca *de Ira, I, 16. Satis tibi est magna ad peccandum caussa, peccare*. Id. *I, 5. Vltima supplicia sceleribus vltimis ponat, vt nemo pereat, nisi quem perire etiam pereuntis intersit*. Arist. *Reth. III, 11. 26. Dignum est mori, antequam dignus sis mori*. Laberius apud Macrob. *Saturn. II. 7.*

Necesse est, multos timeas, quem multi timent. Publius Syrus:

Cui plus licet, quam par est, plus vult, quam licet.

licet. VIIII. distributio. Seneca *ep.* 1. *Si volueris attendere, magna vitae pars elabitur male agentibus, maxima, nihil agentibus, tota, aliud agentibus*. X. comparatio. *Adoptauit te optimus princeps in suum; senatus in optimi cognomen*. Plin. *Paneg. cap.* 88. *et* 4. *Enituit aliquis in bello, sed obsoleuit in pace: alium toga, sed non et arma honestarunt; reuerentiam ille terrore, alius amorem humanitate captauit; ille quaesitum domi gloriam in publico, hic in publico partam domi perdidit*. XI. similitudo. *Vita principis censura est, eaque perpetua*. Plin. *Paneg.* 45. *XI.* paroemia. Sic si quis de Hannibale diceret: *omnibus malis Punicis inest granum putre*; argutissime hoc esset dictum, cum ob aequiuocationem *malis*, tum ob paroemiam. XII. allusio ad fabulam. Cicer. *diuin. in Q. Caecil. cap.* 17. *sed repente vestigio ex homine, tamquam aliquo Circaeo poculo, factus est Verres*.

*****) In tertia mentis operatione siue *enthymemate* pleraeque argutiae ex sophismatibus oriuntur, veluti. I. *Ex aequiuocatione*. Tale est enthymema illud apud Suet. *Neron. c.* 39.

Quis negat Aenaae magna de stirpe Neronem?
Sustulit hic matrem, sustulit hic patrem.

II. Ex figura dictionis, v. c. *Mirum, nisi Anna haec in fine quoque sui esset similis*. III. Ex fallacia compositionis et diuisionis, v. c. *vos victi victores impios occidisti occisi*. IIII. Ex fallacia non caussae, v. c. *omnia, Castor, emis, sic fiet, vt omnia vendas*. Mart. *epigr.* Sic Populiae Marciae filia, miranti cuidam, quid esset, quod aliae bestiae numquam marem desiderent, nisi quum praegnantes vellent fieri? respondit: *Bestiae enim sunt*. Macr. *Sat. II*, 6. Et ita etiam ex reliquis fallaciarum generibus facile nascentur acumina, si ingenium accesserit

rit felicius. Nisi enim impetus quidam naturae adfuerit, facile in frigus et adfectationem degenerabunt. A quo vitio ne quidem Em. Thesaurus cauere sibi satis potuit.

CAPUT III.

De fundamentis Stili Philosophicis.

I.

Reliquum est, vt de fundamentis stili PHILOSOPHICIS dicamus. Quemadmodum enim fundamenta *grammatica* et *rhetorica* ad orationis structuram atque ornatum; ita *philosophica* ad eiusdem materiam pertinent, Verba enim, quantumuis ornata, in vanam abibunt loquacitatem, nisi sententiae illis subsint, tanto verborum adparatu dignae.

Fundamenta philosophica stili.

*) Praeclare hunc locum tractant Cicer. *de orat.* I, 19. *seq.* e recentioribus Muret. *P.* I. *orat.* IIII. vbi de philosophiae atque eloquentiae coniunctione praeclare differit.

II.

PHILOSOPHICA **) ergo stili cultioris fundamenta voco, quaecumque sententias veras, et rectae rationi consentaneas orationis suppeditant.

Quidnam per illa intelligatur.

**) Paullo latius itaque hic patet *philosophiae* nomen, quo omnes disciplinas atque artes, materiam stilo suffecturas, intelligo. Praecipue tamen huc pertinent *logica*, *philosophia moralis*, *ius naturae et politica*, quibus carere haud posse eloquentem, omnes eruditi fatentur.

III.

Quotuplicia sint?

Duorum vero generum sunt fundamenta philosophica. Alia enim *singularibus periodis*; alia *integris argumentis* suppeditant materiam.

IIII.

Ad amplificandam orationem facit definitio.

Ad amplificandam orationem plurimum facit I. DEFINITIO *), quae, dici non potest, quantum ornet orationem **). Definitiones vero non aliunde, quam ex philosophia, petendae sunt.

*) Caue vero existimes, definitiones illas vocabulis philosophicis et technicis concinnatas, cultiori inserendas esse orationi. Tum demum placebunt, si verbis lectissimis ornatissimisque proferantur. Neque tamen oratores eam semper sectantur ἀκρίβειαν, quam in philosophis exigimus, sed plerumque vel per caussas, vel per accidentia siue adiuncta, rem describunt. Sic Cicero pro *Cluent.* dicturus Milesiam quamdam mulierem, partu sibi medicamentis abacto, capitis esse damnatam, elegante definitione filii vtitur, atque hanc concinnat periodum; *Nec iniuria, quae spem parentis, memoriam nominis, subsidium generis, heredem familiae, designatum reipublicae ciuem sustulisset*. Ex quo exemplo patet, plures nonnumquam definitiones, aut si mauis descriptiones, veluti per congeriem accumulari. Nec minus elegans est illa definitio Cicer. *Philip. I. 12. Est autem gloria, laus recte factorum, magnorumque in rempublicam meritorum, quae cum optimi cuiusque, tum etiam multitudinis testimonio comprobatur*. Caussin. *lib. IIII. cap. 13.* vocat huiusmodi definitionem

per

per synonymiam; additque exemplum: *Quid enim est alium lilium, quam terrae ornamentum, plantarum gloria, oculus florum, pratorum gemma, pulcritudo radiis suauiter emicantibus fulgurans?* Eodem exemplo olim vel Sappho vel Achilles Tatius rosam γῆς κόσμον φυτῶν ἀγλαΐσμα ὀφθαλμὸν ἀνθέων *terrae ornamentum, plantarum decus, oculum florum* adpellauit.

**) Tria vero potissimum definitionum genera, in cultiore oratione commendantur. Primum rhetoribus vocatur ἄρνησις, alterum ἀφαίρεσις, tertium σύγκρισις. I. ἈΡΝΗΣΙΣ siue *negatio* est, quum vero genera, verasque proprietates tollimus. Cicero *pro Cluent. At quae mater? quam coecam crudelitate et scelere ferri videtis; cuius cupiditatem nulla vmquam turpitudo retardauit, quae vitiis animi in deterrimas partes iura hominum conuertit omnia: cuius ea stultitia, vt eam nemo hominem, ea vis, vt nemo feminam; ea crudelitas, vt nemo matrem adpellare possit.* II. ἈΦΑΙΡΕΣΙΣ siue *remotio*, quum res differentes tollimus, proprias subiungimus. Cic. *Philipp. I, 12. Credo enim vos homines nobiles, magna quaedam spectantes, non pecuniam, vt quidam nimis creduli suspicantur, quae semper ab amplissimo quoque clarissimoque contemta est, non opes violentas, et populo Romano minime ferendam potentiam, sed charitatem ciuium et gloriam concupisse, est antem gloria laus recte factorum, cet.* III. ΣΥΓΚΡΙΣΙΣ siue *contentio*, quum simul contraria siue opposita exprimimus. Cicer. *Phil. II, 44. Et nomen pacis dulce est, et ipsa res salutaris. Sed inter pacem et seruitutem plurimum interest. Pax est tranquilla libertas, seruitus malorum omnium postremum, non modo bello, sed morte etiam repellendum.* Conf. Buchner. *de commut. rat. dicendi* di II, 3. 1. At sunt tamen alia quoque oratoriarum definitionum genera. Aliquando enim res definitur per *partes suas*: Lactant. *Instit. II, 5. An Archimedes Siculus concauo aere similitudinem mundi ac figuram potuit machinari, in quo ita solem ac lunam composuit, vt inaequales motus, et caelestibus similes conuersionibus singulis quasi diebus efficerent, et non modo accessus solis et recessus, vel incrementa deminutionesque lunae, verum etiam stellarum vel inerrantium vel vagarum dispares cursus orbis ille, dum vertitur, exhiberet? Deus ergo illa vera non potuit machinari et efficere, quae potuit sollertia hominis imitatione simulare?* Aliquando per *caussas et effectus*. Hoc modo etiam pestem definit Virg. *lib. III. Aeneid. v. 137. seq.*

-- Subito cum tabida membris
Corrupto coeli tractu miserandaque venit
Arborisque satisque lues, et lethifer annus.
Liquebant dulces animas, aut aegra trahebant
Corpora: tum steriles exurere Syrius agros.
Arebant herbae et victum seges aegra negabat.

Definitiones per *accidentia* et *similitudinem*, addit Caussin. *lib. IIII. cap. 20. seq.*

V.

Et diuisio.

Nec minus ornatam periodum reddit II. DIVISIO *) . Saepe enim vel totum in partes, vel genus in species partitur orator, vt tanto vberior grauiorque fiat oratio. Optimas vero diuisiones suppeditare philosophiam **), nemo, nisi rerum omnium ignarus, ignorat.

*) Exemplum dabit Muret. *Part. I. orat. VII.* Dicturus is erat, philosophiam moralem non ad adparentem, sed ad veram felicitatem

esse

esse comparatam. At quum ex philosophia didicisset, adparentia illa bona vel vtilia, vel honesta, vel iucunda videri, diuisione illa vtitur, atque inde hanc continuat periodum: *Non enim philosophia sibi opes ac copias, quae et saepe possessoribus suis exitio sunt, et tam multis casibus eripi possunt; non honores et imperia, quae, quod concupierint, multi, quod adspernatus sit, nemo vmquam vituperatus est; non quidquam denique proponit eiusmodi, quo et carere sine probro, et abundare sine gloria, liceat: sed eam, ad quam omnes adspirant, quam sibi votis omnibus expetunt, ad quam omnes suas actiones, omniaque consilia referunt, felicitatem.*

**) Non tamen ethic partes tantum enumerari, sed singularum vel definitiones vel attributa quaedam recenseri solent. Sic Cicero *de offic. l. 4.* quum e Stoica philosophia didicisset, quatuor esse virtutes cardinales, prudentiam, iustitiam, fortitudinem, temperantiam: singulares definitiones vna hac eaque elegantissima, periodo complectitur: *sed omne quod honestum est, id quatuor partium oritur ex aliqua; aut enim in perspicientia veri, sollertiaque versatur: aut in hominum societate tuenda, tribuendoque suum cuique, et rerum contractarum fide: aut in animi excelsi atque inuicti magnitudine ac robore: aut in omnium, quae fiunt, quaeque dicuntur, ordine et modo, in quo inest modestia et temperantia.*

VI.

Sic etiam CAVSSAS rerum, ipsasque rationes, et argumenta oratori sufficit philosophia *). Iis vero quam maxime ad periodos caussales concinnandas opus est **).

Et caussae.

*) Philosophia enim quum sit solida veri

bonique cognitio, non solum τὸ ὅτι verum etiam τὸ διότι, inuestigat. Nam *scire* est rem per caussas nosse.

**) Periodi caussales nascuntur, si propositiones suis muniuntur rationibus. Rationes vero solidissimas suppeditat philosophia. Exemplo sit elegantissima periodus apud Cicer. *de amicit.* c. 11. Propositio eius haec est: *nulla est excusatio peccati, si amici caussa peccaueris:* Eam hac solidissima ratione fulcit: *Nam quum conciliatrix amicitiae virtutis opinio fuerit; difficile est amicitiam manere, si a virtute defeceris.*

VII.

Necnon effectus et diuncta.

Sed et EFFECTVS et ADIVNCTA rerum, quibus saepe egregie amplificatur periodus, e philosophia petuntur *).

*) Mira est eiusmodi periodorum elegantia, si rem veluti viuis coloribus depingere, atque ob oculos ponere velis. Effecta enim et adiuncta, quum maxime incurrant in sensus, tam luculentam reddunt orationem, vt rem non audire nobis, sed oculis vsurpare videamur. Insignem haec vsum habent in describendis personis, quarum χαρακτῆρες non nisi ex interiore philosophia morali peti possunt. Quam accurata est descriptio Catilinae apud Sallust. *Catil. cap. 5. Corpus patiens inediae, vigiliae, algoris, supra quam cuique credibile est, animus audax, subdolus, varius, cuius rei libet, simulator ac dissimulator, alieni adpetens, sui profusus, ardens in cupiditatibus: satis loquentiae, sapientiae parum. Vastus animus immoderata, incredibilia, nimis alta semper cupiebat.* Sic Seneca *de ira* I, 1. iracundiae turpitudinem exaggeraturus, effectus et adiuncta furoris et irae in-

inter se contendit; *nam vi furentium certa indicia sunt, audax et minax vultus, tristis frons, torua facies, citatus gradus, inquietae manus, color versus, crebra et vehementius acta suspiria: ita irascentium eadem signa sunt. Flagrant et micant oculi, multus in ore toto rubor, exaestuante ab imis praecordiis sanguine; labia quatiuntur, dentes comprimuntur, horrent ac subriguntur capilli, spiritus coactus ac stridens articulorum se ipsos torquentium sonus, gemitus mugitusque, et parum explanatis vocibus sermo praeruptus, et complosae saepius manus, et pulsata humus pedibus, et totum concitum corpus, magnasque minas agens, foeda visu et horrenda facies, depravantium se atque intumescentium.* Cicero de mansuetudine *in orat. pro M. Marcello 3. animum vincere, cet. iudico.*

VIII.

Nec minus CONTRARIA *) et CONDITIONES **), quibus ad construendas periodos saepe opus est, e philosophia mutuanda sunt.

Itemque contraria et conditione.

*) Sic praeclare sapientiam et curiositatem seiungit Cic. *de finib. V, 18. omnia quidem scire, cuiusque modi sint, cupere, curiosorum: duci vero maiorum rerum contemplatione ad cupiditatem scientiae, summorum virorum est putandum.*

**) In conditionibus quantum momenti sit positum, nemo ignorat. Quidquid enim adfirmari negarique potest, non absolute, sed certa sub conditione verum est. Quaenam vero sint singularum veritatum conditiones, id quidem philosophia docet. Sic Cic. *de offic. I, 29.* ostensurus, qua conditione iocari liceat: *Ludo autem et ioco,* inquit, *uti illo quidem licet,* *sed sicut somno, et quietibus ceteris, tum, quum grauibus seriisque rebus satisfecerimus.*

VIIII.

Sententiae etiã e philosophia petendae.

Idem dicendum de SENTENTIIS *), quae vix vllam vel venustatem vel dignitatem habent, nisi ex intima philosophia depromantur.

*) Sane, qui maxime ob sententiarum grauitatem concinnitatemque commendantur, philosophi fuerunt, veluti e Graecis Epicharmus et Euripides, e Latinis Seneca et Plinius. Nec praetermittendae tamen hic sunt, quas supra (P. I. cap. 2. §. 56. p. 144.) de Senecae sententiis dedimus, obseruationes. Merito hic consulendus est Henr. Stephanus in *dissertatione* elegantissima *de habendo delectu sententiarum, quae γνῶμαι a Graecis dicuntur*, vbi obseruat, improbas plerumque esse sententias, quae non ad philosophiae praecepta, sed ad vulgi opinionem formentur. Tales sunt illae Menandri:

Ἀπολλῦ γὰρ λέω

Τὸν μὴ δυνάμενον ζῆν ἀλύπως ἀποθανεῖν.

Satius fuisset, eos, qui sua squadra viuere nequeunt, occidere, (quam pauperibus stipem dare.) nec non Plauti:

Enimuero dii nos, quasi pilas, homines habent.

Praemissa est vtilissima illa Stephani dissertatio *comicorum Graecorum sententiis* ab eo editis CIↃIↃLXVIIII. in 16.

Fundamenta stili, quae argumenti interui

X.

Sed haec quidem praecipua sunt fundamenta stili, quae *singularibus periodis* suppeditant materiam. Proximum est, vt et ea, quae

quae *integris argumentis* inseruiunt, consideremus. Et horum quidem tria sunt, LOCVS COMMVNIS, SYLLOGISMVS, et ENTHYMEMA.

XI.

Locus communis quid?

LOCVS COMMVNIS est tractatio thematis moralis *) vel politici **) generalior, quae deinde ad hypothesin accommodatur ***).

*) Dici non potest, quantum eiusmodi loci communes ornent orationem. Hinc vix illa Ciceronis exstat oratio paullo diligentius scripta, cui non locus communis quidam moralis intextus sit. Sic e. g. *in oratione pro Sext. Roscio cap.* 16. *et* 18. eleganter differit de laudibus vitae rusticae: *cap.* 23. 24. praeclare ex philosophia morali disputat, possitne parricida tranquillo animo esse? et an tam nefandum crimen praesumatur? In oratione *pro T. Annio Milone cap.* 16. tractatur locus communis de moderamine inculpatae tutelae. In or. pro *Marcello cap.* 2. *et seqq.* demonstrat, maiorem esse clementiae, quam rerum bello gestarum, laudem. Talium locorum communium plenae sunt Ciceronis, Plinii, et recentiorum quoque oratorum, veluti Mureti, Maioragii, et Buchneri orationes.

**) Nonnumquam et politica themata intexuntur orationi. Sic Cicero in orat. *pro Sex. Roscio c.* 20. eleganter disputat, qua lege accusatores tolerandi sint in republica? Plura occurrunt in Buchneri *panegyricis*. Exempli loco esse poterit *or. V.* vbi *p.* 133. differit de studiis iuuenilibus principum; *p.* 135. de vtilitate peregrinationum; *p.* 136. de virtute vxoris principis.

pis, *p.* 159. an quis suam sibi possit fingere fortunam? cet.

***) Paullo aliter itaque loci communis vocabulum accipit Aphthon. *Progymn. VII.* 1. dum eum vocat λόγον αὐξητικὸν τῶν προσόντων τινὶ καλῶν ἢ κακῶν, *orationem augentem ea, quae in aliquo sunt bona vel mala*. Alius enim est locus communis *oratorius*, de quo nos hoc loco: alius *progymnasmaticus*, de quo Aphthonius agit.

XII.

Quomodo elaboretur.

Ceterum locus communis quisque constat THESI et AETIMOLOGIA. Accedit nonnumquam ILLUSTRATIO a *simili*, *comparatione*, *exemplis*, *contrario*, *testimonii* *). Quo vero ordine haec omnia proponenda sint, in oratoriis positum est arbitrio **).

*) Exemplum dabimus, locum communem Ciceronis de accusatoribus improbis, qui in oratione *pro Sex. Roscio c.* 20. Hic

I. THESIS praemittitur. *Interest reipublicae, vt multi sint accusatores, dummodo non calumnientur*. Hanc thesin ita profert Cicero: *accusatores multos esse in ciuitate, vtile est, vt metu contineatur audacia. Verum tamen hoc ita est vtile, vt ne plane illudamur ab accusatoribus*. Accedit statim

II. AETIOLOGIA. *Innocens est quispiam, verumtamen, quamquam abest a culpa, suspicione non caret. Tametsi miserum est, tamen ei qui accuset, possim aliquo modo ignoscere. Quum enim aliquid habeat, quod possit criminose ac suspiciose dicere, aperte ludificari, et calumniari sciens non videtur. Quare facile omnes patimur esse quam plurimos accusatores,*

quod

quod innocens, si accusatus sit, absolui potest: nocens, nisi accusatus fuerit, condemnari non potest. Vtilius est autem, accusari innocentem, quam nocentem caussam non dicere. Sequitur

III. ILLVSTRATIO, petita

I. *a simili. Anseribus cibaria publice locantur, et canes aluntur in Capitolio, vt significent, si fures venerint. At fures internoscere non possunt, significant tamen, si qui noctu in Capitolium venerint, et quia id est suspiciosum, tametsi bestiae sint, tamen in eam partem potius peccent, quae est cautior. Quod si luce quoque canes latrent, quum Deos salutatum aliqui venerint: opinor, iis crura suffringentur, quod acres sint, etiam tum, quum suspicio nulla sit. Simillima est accusatorum ratio. Alii vestrum anseres sunt, qui tantummodo clamant, nocere non possunt. Alii canes, qui et latrare et mordere possunt. Cibaria vobis praeberi videmus. Vos autem maxime debetis in eos impetum facere, qui merentur. Hoc populo gratissimum est. Deinde si voletis, etiam tum, quum verosimile erit, aliquem commisisse, in suspicione latratote, id quoque concedi potest.*

II. *a ritu antiquo*, calumniatorum frontibus litteram K inurendi. *Sin autem sic agetis, vt arguatis aliquem patrem occidisse, neque dicere possitis, aut quare, aut quomodo, et tantummodo sine suspicione latrabitis: crura quidem vobis nemo suffringet, sed si ego hos bene noui, litteram illam, cui vos usque eo inimici estis, vt etiam eas omnes oderitis, ita vehementer ad caput affigent, vt postea neminem alium, nisi fortunas vestras, accusare possitis.* Aliquando tamen omittitur illustratio, eiusque loco consectarium aliquod additur. Exempla habes apud Schvvarz. *de orat. concinna* §. 29. Seligemus vnum, quod *p.* 33. attulit:

The-

Thesis : *Ille neutiquam diues est, qui neque finem habet cupiendi, neque modum statuit utendi.*

Aetiologia : *Nam et multum desiderare egentis est signum, et nihil parcere egestatis initium.*

Consectarium : *Adeo vt malim paucis iucunde frui, quam magnas opes immoderato animo vel adpetere, vel prodigere.*

**) Idem sane Cicero *in orat. pro Arch.* locum communem de optimarum artium studiis ita disponit, vt *illustrationem aetiologiae* partim praemittat, partim subiungat.

I. THESIS. *Ego multos homines excellenti animo ac virtute fuisse, et sine doctrina, naturae ipsius habitu prope diuino per se ipsos et moderatos et graues extitisse, fateor. Etiam illud adiungo, saepius ad laudem atque virtutem naturam sine doctrina, quam sine natura valuisse doctrinam. Atque idem ego contendo, quum ad naturam eximiam atque illustrem accesserit ratio quaedam conformatioque doctrinae: tum illud nescio quid praeclarum ac singulare solere existere.*

II. ILLVSTRATIO petita *ab exemplis*. *Ex hoc* esse *hunc numero, quem patres nostri viderunt, diuinum hominem, Africanum: ex hoc C. Laelium, L. Furium, modestissimos homines et continentissimos: ex hoc fortissimum virum, et illis temporibus doctissimum, M. Catonem illum senem: qui profecto si nihil ad percipiendam colendamque virtutem litteris adiuuarentur, numquam se ad earum studium contulissent.*

II. AETIOLOGIA.

1. *Quod si non hic tantus fructus ostenderetur, et si ex his studiis delectatio sola peteretur: tamen, vt opinor, hanc animi remissionem humanissimam ac liberalissimam indicaretis. Nam ceterae neque temporum sunt, neque aetatum omnium*

nium, neque locorum. Haec studia adolescentiam alunt, senectutem oblectant, secundas res orant, aduersis perfugium ac solatium praebent; delectant domi, non impediunt foris, pernoctant nobiscum, peregrinantur.

2. *Quod si ipsi haec neque attingere, neque sensu nostro gustare possemus: tamen ea mirari deberemus, etiam quum in aliis videremus.*

IIII. ILLVSTRATIO noua. *Quis nostrum tam animo agresti ac duro fuit, ut Roscii morte nuper non commoueretur? qui quum esset senex mortuus, tamen propter excellentem artem ac venustatem videbatur omnino mori non debuisse. Ergo ille corporis motu tantum amorem sibi conciliarat a nobis omnibus: nos animorum incredibiles motus celeritatemque ingeniorum negligemus?*

XIII.

Vsus syllogismi oratorii

Quum vero oratio constet argumentis, argumentaque syllogismis concludantur: facile patet, vsum plane incredibilem esse SYLLOGISMI oratorii. Languida enim neruisque suis destituta videbitur oratio, quantumuis ornata, quae eiusmodi syllogismis non constat *).

* In alia omnia quidem ire videri posset Quinctilianus *Instit. orat. V*, 14. dum ita praecipit: *Namque ego vt in oratione syllogismo quidem aliquando vti nefas non duco, ita constare totam aut certam confertam esse adgressionum et enthymematum stipatione, minime velim. Dialogis enim ac dialecticis disputationibus erit similior, quam nostri operis actionibus, quae quidem inter se plurimum differunt.* Sed facile patet, non de oratoriis syllogismis eum loqui, sed de dialecticis, quos nemo paullo prudentior in elegantiore oratione tolerauerit. Hinc statim addit:

dit: *Nobis ad aliorum iudicia componenda est oratio, et saepius apud omnino imperitos atque aliarum certe ignaros litterarum loquendum est: quos nisi et delectatione allicimus, viribus trahimus, et nonnumquam turbamus adfectibus, ipsa, quae iusta ac vera sunt, tenere non possumus. Locuples et speciosa vult esse eloquentia, quorum nihil consequetur, si conclusionibus certis et crebris et in unam prope formam cadentibus concisa, et contemtum ex humanitate, et odium ex quadam seruitute, et ex copia satietatem, et ex amplitudine fastidium tulerit.* Nos ergo, quum non de contortis conclusiunculis, quales in dialecticis disputationibus vibrantur, sed de syllogismis copiosis et vberioribus, qui non in unam formam cadunt, loquamur: facile possumus Quinctiliano conciliari.

XLIII.

Quid sit? Est vero syllogismus oratorius iusta ratiocinatio, cuius singulae partes ita deducuntur atque amplificantur, ut syllogismi materia ac forma in tanta verborum copia latitans non nisi ab eruditis possit animaduerti *).

*) Sic Ciceronis oratio *pro Sex. Roscio* paene tota ex syllogismis composita est. Sed eos tamen, nisi ostendatur dispositio, vix quisquam lectorum animaduertet. Immo aliquando adeo multis verbis inuoluitur syllogismus, vt, syllogismum proferri, nemo animaduertat, maxime si perturbatiore ordine collocantur propositiones: Exemplo id demonstrauit Anton. Riccobon. *in comment. ad Aristotelis lib. I. c. 2. de art. rhetor. p. 57.* Cicer. *orat. pro Coelio cap. 19. 20.*

In Coelio nulla est luxuries, est enim deditus

op-

optimarum artium studiis, quo in hominum genere nulla luxuries esse solet.

Hic primo CONCLVSIO est, quam ita Cicero proponit: *At vero in M. Coelio nulla luxuries reperietur, nulli sumtus, nullum aes alienum, nulla conuiuiorum ac lustrorum libido, quod quidem vitium ventris et gutturis non modo non minuit aetas hominibus, sed etiam auget. Amores autem et hae deliciae, quae vocantur, quae firmiore animo praeditis diutius molestae non sol nt esse, (mature enim et celeriter deflorescunt,) numquam hunc occupatum impeditumque tenuerunt.* Conclusioni MINOREM propositionem, seu *adsumtum* subiungit Cicero: *Audistis, quum pro se diceret, audistis antea, quum accusaret, genus orationis, facultatem, copiam sententiarum, atque verborum, quae vestra prudentia est, perspexistis. Atque in eo non solum ingenium elucere eius videbatis, quod saepe etiam, si industria non alitur, valet tamen ipsum suis viribus: sed inerat, nisi me propter beneuolentiam forte fallebat ratio, et bonis artibus instituta, et cura et vigiliis elaborata.* Denique et MAIOR propositio subiungitur, cuius ἐξεργασία talis est: *Atque scitote, iudices, eas cupiditates, quae obiiciuntur Coelio, atque haec studia, de quibus disputo, non facile in eodem homine esse posse. Fieri enim non potest, vt animus libidinis deditus, amore, desiderio, cupiditate, saepe nimia copia, inopia etiam nonnumquam impeditus, hoc quidquid est, quod nos facimus in dicendo, non modo agendo, verum etiam cogitando, possit sustinere.*

XV.

Ceterum SYLLOGISMVS oratorius ita elaboratur, vt singulis propositionibus, quas praemissas vocant, subiiciatur vel **Quomodo elaboretur?**

AETHIO-

AETHIOLOGIA vel ILLVSTRATIO, vel utraque *). Quo ordine tum propositiones, tum membra illa, disponenda sint, denuo in oratoris positum est arbitrio **).

*) Sic Sextum Roscium Amerinum defensurus Cicero, non cadere in illum parricidii suspicionem hoc syllogismo ostendit:

Quicumque parricidii suspectus est, is audacissimus sceleratissimusque sit oportet.
Non autem huius notae est Sextus Roscius.
Non ergo est parricidii suspectus.

Maiori propositioni statim addit *aetiologiam*. Est enim crimen horrendum: vt et *illustrationem a* testimonio: vultu saepe laeditur pietas. Minorem etiam Cicero probat atque illustrat per μερισμόν, ostenditque, Roscium nec audacem esse, nec luxuriosum, nec auarum. Ipsam Ciceronis ἐξεργασίας statim subiiciemus.

**) Non ergo ordinem naturalem seruandum semper existimamus. Magna hic oratori relicta est libertas. Exemplo paullo ante adducto rem illustrabimus. Cicero syllogismum suum procul dubio ita animo conceperat.

I. MAIOR. Quicumque suspectus est parricidii, eum audacissimum sceleratissimumque esse oportet.

1. *Aetiologia*: Est enim crimen horrendum.

2. *Illustratio*: Quum enim vultu laedatur pietas: quanto magis parricidio?

II. MINOR: Sextus Roscius non est talis.

Aetiologia et illustratio per μερισμόν. Non est *audax*, nec *luxuriosus*, nec *auarus*.

III. CONCLVSIO. Ergo non suspectus est parricidii.

At in elaboratione alio ordine utitur. Aetiolologiam enim atque illustrationem ipsi maiori propositioni praemittit hoc modo:

I. Aetiologia maioris. *Occidisse patrem Sextus Roscius arguitur: Scelestum, Dii immortales, ac nefarium facinus, ac eiusmodi, quo vno maleficio scelera omnia complexa esse videantur.*

II. Illustratio maioris. *Etenim, si, (id quod praeclare a sapientibus dicitur,) vultu saepe laeditur pietas; quod supplicium satis acre reperietur in eum, qui mortem obtulerit patri, pro quo mori ipsum, si res postularet, iura diuina atque humana cogebant?*

III. MAIOR propositio. *In hoc tanto, tam atroci, tam singulari maleficio, quod ita raro exstitit [illegible] vt, si quando auditum sit, portentis ac [illegible] simile numeretur; quibus tandem se, [illegible] Eruci, argumentis accusatorem censes vti oportere? nonne et audaciam eius, qui in crimen [illegible] vocetur, singularem ostendere, et mores feros immanemque naturam, et vitam vitiis flagitiisque omnibus deditam, denique omnia ad perniciem profligata atque perdita?*

IIII. MINOR. *Quorum tu nihil in Sextum Roscium ne obiiciendi quidem caussa contulisti.*

Probatio et illustratio minoris per μερισμὸν *Patrem occidit Sextus Roscius. Qui homo? Adolescentulus corruptus et ab hominibus nequam inductus? annos natus magis quadraginta. Vetus videlicet sicarius, homo audax, et saepe in caede versatus? At hoc ab accusatore ne dici quidem audistis. Luxuries igitur hominem nimirum, et aeris alieni magnitudo, et indomitae animi cupiditates, ad hoc scelus impulerunt? De luxuria purgauit Erucius, quum dixit, hunc ne in conuiuio quidem ullo fere interfuisse. Nihil autem umquam debuit. Cupiditates porro quae possunt esse in eo, qui, vt ipse accusator obiecit, ruri semper habitarit, et in agro colendo vixerit?*

vit? Quae vita maxime disiuncta a cupiditate, et cum officio coniuncta.

VI. CONCLVSIO. *Quae res ergo tantum istum furorem Sexto Roscio obiecit?*

Eadem libertate oratores etiam minorem maiori propositioni, aut vtrique conclusionem praemittunt. Id quod, nisi breuitati studeremus, facile posset exemplis quam plurimis demonstrari.

XVI.

Enthymema oratoriũ.

Quum vero non semper vtraque praemissarum ad rei demonstrationem videatur necessaria: non raro alterutra omittitur, et tunc quidem e syllogismo fit ENTHYMEMA oratorium *).

*) Non ergo singularia quaedam praecepta exigit ENTHYMEMA. Vide Quintil. *lib. V. Inst. orat. c.* 14. Hoc vno enim a syllogismo oratorio differt, quod alterutra praemissarum omittitur. Vbi recte obseruat Aristot. *de arte rhet. lib. I. cap.* 2. eam omittendam esse propositionem, quae iam satis nota sit auditoribus. Ἐὰν γὰρ ᾖ τι τούτων γνώριμον, οὐδὲ δεῖ λέγειν· αὐτὸς γὰρ τοῦτο προστίθησιν ὁ ἀκροατής. *Si enim aliquid sit horum notum, non oportet dicere. Ipse enim id supplet auditor.* Altera, quae reliqua est, eadem ratione elaboratur, quam in syllogismis oratoriis paullo ante ostendimus.

PARS

PARS SECVNDA SPECIALIS.

DE VARIIS SCRIPTORIBVS IN SOLVTA ORATIONE VSITATIS.

CAPVT PRIMVM.

De Epistolis.

I.

Pleraeque institutiones epistolicae nullius momenti sunt.

DE conscribendis epistolis innumeri ferme praecepta satis prolixa dederunt *): sed, mea quidem sententia, paucissimi fecerunt operae pretium. Quum enim plerique epistolas certis regulis adstringere ausi sint: praestantissimae optimorum auctorum epistolae, opera quippe extemporali scriptae, longissime ab illis regulis discedunt **). Ex quo consequitur, ut aut epistolas Ciceronis, Plinii aliorumque innumeras proscribendas, aut praecepta illa epistolographica parui aestimanda iudicemus.

*) E veteribus de epistolis conscribendis nonnulla commentati sunt Demetr. Phal. *de eloqnu.* et Gregor. Nazianz. *epistola singulari*, quam seorsum cum Ad. Theodori Siberi *commentario* prodiisse nouimus *Vitemb.* cIↃIↃcvIII. 8. Post renatas litteras eiusmodi prodiere libelli,

belli, e quibus palmam reliquis praeferunt Io. Ludouici Viuis *de conscribendis epistolis*, *Colon.* cIↃIↃxxxvi. 8. Desid. Erasmi et Corn. Celtis eiusdem tituli libelli, *Colon.* cIↃIↃIxxiiii. 8. Rob. Britanni *ratio conscribendarum epistolarum*, *Lutet. Paris.* cIↃIↃIv. 8. Io. Despauterii *Ars Epistolica*, *Lutet. Paris.* cIↃIↃxxxv. 8. Henr. Farnesii *de imitatione Ciceronis*, *seu de scribendarum epistolarum ratione*, *Antu.* cIↃ IↃIxx-i. 8. Melch. Iunii *scholae rhetoricae de contexendarum epistolarum ratione*, *Argent.* cIↃ IↃIcIxxxii. 8. Iusti Lipsii *Institutio epistolica*, *Antu.* cIↃ IↃcv. 4. Dan. Ge. Morhofii *collegium epistolicum*, *Lubecae* cIↃ IↃccxvi. 8.

**) Solent enim eiusmodi auctores certas tradere regulas de quarumuis epistolarum argumentis et dispositione, quas tamen nemo ueterum adcurate obseruauit, neque hodienum quisquam eruditorum obseruat. Hinc si gratulatoriam quamdam Ciceronis epistolam contuleris cum praeceptis Io. Phil. Horstii, Sam. Schmidii, aliorumque scriptorum: non obseruabis, ad ista praecepta se adstrinxisse liberum Ciceronis ingenium. Alii formulas epistolis collegerunt, veluti Henr. Arningius in *medulla variarum*, *earumque in orationibus vsitatissimarum connexionum*, *Ienae*, ccIↃIↃcLvrii. 12. Hannardus Gamerius Mosaeus in *auctoritatibus Ciceronis*, *Col.* cIↃIↃcLxxvii. 8. Mich. Neander in *epist. familiarium formulis*, *Lips.* cIↃIↃxci. 8. Iac. Pontanus in *centuria epistolicarum formularum*, *Coloniae* 8. Gabr. Prateolus *in floribus et sententiis scribendisque formulis illustrioribus ex Cicerone*, *Paris.* cIↃIↃLxxvii. 16. Andr. Reyherus in *florilegio epistolico*, *Gothae*, cIↃIↃcLxvi. 8. Io. Starkius in *thesauro epistolari locorum et formularum epistolicarum*, *Hamb.* cIↃIↃcxxi. 8. Car. Virulus in *formu-*

lis epistolarum, *Paris.* cIↄccccLxxxx. et alii complures, sed, qui in haec formularum dumeta se relegari patiuntur, iis merito acclamaueris illud Horatii:

O imitatores, seruum pecus!

Liberrima est epistolas conscribendi ratio, sunt enim epistolae familiare inter absentes colloquium. Atqui familiares sermones regulis et formulis se circumscribi haud patiuntur. Ex quo consequitur, vt *quo simpliciora breuioraque sunt praecepta epistolica, eo meliora iudicanda sint.*

II.

Varia epistolarum genera.

Epistolae eruditorum **Latinae** variorum generum sunt. Aliae enim de rebus philosophicis, aliae de mathematicis, aliae de philologicis et criticis, aliae de theologicis, iuridicis, medicis, aliae denique de historicis conscribuntur. Quas omnes, quum non tam epistolae, quam dissertationes, videantur, nec tam elegantiam, quam acumen eruditionemque et diffusam lectionem, ostentent, huc plane non pertinere arbitramur.

Philosophicis) Tales sunt epistolae Senecae, quas si dissertationes philosophicas ac morales dixeris, non errabis, ex mea quidem sententia. Vnde non dubito eorum accedere sententiae, qui Senecam eas non ad Lucilium misisse, sed animi caussa, prout quidque in mentem venerat, in chartam coniecisse, existimant. Tales etiam sunt *Epistolae* Bern. Baldi *Mediol.* cIↄIↄLIII. 8. Conr. Bouilli. *Geneu.* cIↄIↄx. cum reliquis operibus, Ren. des Cartes, *Amstel.* cIↄIↄLXVIII. 4. Honorati Fabri, *Franc.* cIↄIↄcLXVIII. 12. Mars. Ficini, *Florent.* cIↄ-

cIↃccccclxxxxv. 4. Iac. Horstii, *Lips.* cIↃIↃlxxxxv. 8. aliaeque complures.

mathematicis) Veluti epistolae Matthiae Berneggeri, et Io. Kepleri mutuae. *Arg.* cIↃIↃclxxii. 12. Guil. Schickardi et Matthiae Berneggeri, *Arg.* cIↃIↃclxxiii. 12. aliaeque.

philologicis) Huc pertinent epistolae Rol. Maresii, *Par.* cIↃIↃciiii. 8. et *Lips.* cIↃIↃclxxxvii. 12. Rich. de Buri, *Franc.* cIcIↃx. 8. et Io. Caselli, *Helmst.* cIↃIↃcxxiii. 8. et *Hamb.* cIↃIↃcxviiii. 8. Iani Drusii, Io. Corasii, Iusti Lipsii, Aldi Manutii et Iani Parrhasii *quaesita per epistolas*, cet.

criticis) In rebus criticis occupantur pleraeque epistolae Scaligerorum, Is. Casauboni: Cl. Salmasii, Cl. Sarrauii, Th. Reinesii ad *Hoffmannum*, *Rupertum*, *Daumium*, *Bosium*, Fort. Liceti, Iusti Lipsii, Cael. Calcagnini, Tan. Fabri, Iani Gruteri, Io. VVovverii et variae illae virorum doctorum, quarum syllogen tomis V. in forma maiori quarta publici iuris fecit v. c. Petrus Burmannus, *Leidae* cIↃIↃccxxiv. xxvii.

theologicis) Quales sunt epistolae pleraeque Hieronymi, Augustini aliorumque patrum, et e recentioribus Io. Launoii, M. Ant. Flaminii, aliaeque complures.

iuridicis) In iuridico argumento saepe versantur viri generosi Greg. Maiansii *Epistolarum libri* vi. qui prodierunt *Valentiae Edetanorum* cIↃIcccxxxii. 4. in quibus orationis nitor cum rerum, quas explicat, praestantia certare videtur.

historicis) Quo pertinent epistolae Aug. Gisl. Busbequii, Herm. Conringii, Melch. Goldasti, Hug. Grotii, Hub. Langueti, Anglerii, Sforc. Pallauicini, Andr. Chrysost. Zaluskii, et aliorum. Nuper, vt alia omittam exempla, varias Galliae cisalpinae et transalpinae anti-

qui-

quitates eruditis epistolis explicauit Scip. Maffeius, Veronensis, quae prodierunt sub titulo: *Galliae antiquitates quaedam selectae atque in plures epistolas distributae, Ver.* cIↃIↃccxxIIII.

III.

Magis huius loci sunt epistolae, quae non eruditionis ostentandae, sed testandi amoris aut animorum conciliandorum caussa scribi solent: in quo genere scribendi Cicero, Plinius, Paullus Manutius, Marcus Antonius Muretus, Latinus Latinius, Ianus Nic. Erythraeus, Petrus Cunaeus regnant *).

Quae huc pertineant.

Ciceroni in omni epistolarum genere non temere vllus comparandus est. Sane in *epistolis ad diuersos* incomparabilis eloquentia, in *epistolis ad Atticum* insignis prudentia et adfectus vbique elucet, facileque adparet, Ciceronem, siue iocari, siue irasci, siue permouere maluerit, omnes alios longo post se interuallo reliquisse. Vid. Henr. Stephani *dissert. de vario epist. Cicer. genere*. Merito ergo epistolae illae incomparabiles assidua lectione in succum et sanguinem vertendae, nec vnquam e manibus deponendae sunt. Quem fructum inde ceperit Herm. Buschius, ostendit Io. Freinshem. *orat. IIII. p.* 46.

Cicero.

Plinii epistolae succinctae et festiuae, facetae et acutae, et concinnis sententiis distinctae, mirifice placent viris ingeniosis. Sed stilum tamen hunc non omnes decere, nec omnibus conuenire ingeniis, palam est. Plinius, inquit Lud. Viues, *doctis atque acutis ingeniis mirifice est aptus, qui scholasticas inter se mittunt*

Plinius.

sunt epistolas et vmbraticas, quibus oportet plus ornatus et condimenti adiungi, quando rebus non perinde nituntur. Adde Morhof. *Polyhist. I. 1. 13. 20. p. 300. Tomo I.*

Manutius. Manutio nemo accuratius Ciceronianam dictionem expressit. Longius tamen abest a Ciceronis vigore et prudentia. Vnde eius epistolae ornatae quidem, at a rebus plane inopes adparent. Quae forsan caussa est taedii illius, quod Casp. Scioppio iudice, legentibus Manutium obrepere soleat. Recentissimam et optima editio ex Krausiana. Elegantissima eius epistolam, quam Marq. Gudius omnium epistolarum Pauli Manutii reginam vocare solebat, e bibliotheca huius viri docti edidit Morhof. *in Polyhist. I. 1. 25. 41. p. 345. Tom. I.*

Muretus. Qui Paulo Manutio deesse videtur vigor et spiritus, M. Ant. Mureto plane est admirandus, vt hunc ego inter recentiores reliquis omnibus anteponere non dubitem. Quod iudicium etiam est Iani Nicii Erythraei *in Pinacoth. I. 5.*

Latinius. Prodierunt Latini Latinii epistolae *Romae* cIↃIↃcxxxvIIII. 4. et praeter rerum varietatem ob Latinitatis nitorem quam maxime commendantur.

Erythraeus. *Ian. Nic. Erythraeus, vel potius, qui sub eo nomine latet, Io. Vict. Roscius, Romanus, in eloquentia Latina adeo excelluit, vt in arte sua iure Roscius dicatur. Prodierunt epistolae eius admodum nitidae atque urbanae, *Colon.* cIↃIↃcxLv. 8. aliquot voluminibus, quae acutissimo Gabr. Naudeo adeo se probarunt, vt eas Petr. Bembi et Ang. Politiani epistolis longe anteponat. Vid. Naud. *epist. 66.*

Cunaeus. Eloquentiae laudem etiam non denegaueris epistolis Petri Cunaei, quas nuper edidit vir publico rei litterariae bono natus Petr. Burmannus *Lugduni Batauorum* cIↃIↃccxxv. 8.

*) Ali-

*) Aliquam stili elegantiam prae se ferunt epistolae Angeli Politiani, Petr. Bembi, Erasmi *Roterodami*, Ioach. Camerarii, Rog. Eschami, Iusti Lipsii, Dom. Baudii, Aug. Puchaeri, Io. Geo. Graeuii, Conr. Sam. Schurtzfleischi, sed quum horum plerique singulare quoddam dicendi genus adfectarint, quod non est publici saporis, legendi potius, quam imitandi, mihi quidem videntur.

IIII.

Quotuplices?

Ceterum epistolae Latinae, quibus hodie vtimur, vel *familiares* sunt, vel *elaboratiores*. Illae plures plerumque res complectuntur*): hae de uno themate exarantur diligentius **).

*) Solent enim familiares, si quando colloquuntur, de variis rebus inter se confabulari. Quae colloquia, quum imitentur epistolae, mirum haud est, si et illae de pluribus rebus agant. Tales sunt pleraeque Ciceronis *epistolae ad Atticum*. Exemplum vide *lib. XV. epist.* 25.

**) Huc pertinent epistolae *gratulatoriae*, *gratiorum actoriae*, *petitoriae*, *commendatitiae*, *cet.* Per has enim totas regnat vna eademque propositio primaria, adeoque adhibitis argumentis, diligentius elaborari solent. Sic Ciceronis *epist. ad diuers. XI*, 22. tota est commendatitia, *epist.* 12. *lib. V.* tota petitoria, eaque elegantissima. Vberiorem catalogum, in quo singulas Ciceronis aliorumque epistolae ad suas classes referuntur, dederunt Melch. Iun. *de conscrib. epist.* et Morh. in *colleg. epistolico*, sed qui ab eloquentiae studioso ex tot epistolarum voluminibus postea editis facile augeri possit.

V.

Epistolas familiares conscribendi ratio.

In epistolis *familiaribus* primo propositiones, de quibus scribere velis, iusto ordine ponantur ob oculos *). Deinde dispiciatur, habeantne inter se aliquid commune, an plane dissimilis sint naturae. Id enim dabit elegantem connexionem **). Considerentur porro singulare propositiones, an probari illustrariue debeant ***). Et inde si accesserit elaboratio, facile nascetur epistola familiaris elegantissima ****). Illud tamen obseruandum postremo, has epistolas quam maxime exigere moratum ac iocosum illud dicendi genus, de quo superiore capite disseruimus.

*) Exemplum omnibus ista praecepta reddet dilucidiora. Sunto nobis hae propositiones.

I. *Breuiter scribam tuo exemplo.*
II. *Fiduciam nobis magnam iniicis.*
III. *Bono ergo animo ero.*
IIII. *Litterarum mearum caussa non exspectabis in Italia.*
V. *Habebis pecuniam.*
VI. *Seruilius tibi amicus est.*
VII. *Nos non deerimus.*

**) Connexionis vel *verbales* sunt, vel *reales*. *Illae* per particulas & formulas fiunt, *hae* a propositionum similitudine ac dissimilitudine petuntur. Nonnumquam tamen etiam sine connexione propositiones componuntur. Sic Cicer. *epist. ad diuers. XI. 24.* omnes istas propositiones VII. quas paullo ante recensuimus, sine connexione ita extulit.

I. Narr

I. *Narro tibi : antea subirascebar breuitati tuarum litterarum , nunc mihi loquax esse videor. Te igitur imitabor.*

II. *Quam multa , quam paucis ? Te recte valere , operamque dare , vt quotidie melius : Lepidum commode sentire , tribus exercitibus quiduis nos oportere confidere.*

III. *Si timidus essem , tamen ista epistola omnem mihi metum abstersisset . Sed vt mones , frenum momordi. Etenim , qui , te incluso , omnem spem habuerim in te , quid nunc putas ? Cupio iam vigiliam meam , Brute , tibi tradere , sed ita , vt non desim constantiae meae .*

IIII. *Quod scribit , in Italia te moraturum , dum tibi litterae meae veniant , si per hostem licet , non erraris : multa enim Romae . Sin aduentu tuo bellum confici potest , nihil sit antiquius .*

V. *Pecunia , expeditissima quae erat , tibi decreta est.*

VI. *Habes amantissimum Seruilium.*

VII. *Nos non desumus. Vale.*

Dabimus tamen operam, vt et connexiones inueniamus. Inter primam et secundam propositionem similitudo quaedam adparet: *scribendi rationem breuem imitabor : sed et fiduciam tuam.* Inter secundam et tertiam similitudo quaedam intercedit : vtrobique enim *fiducia est* . Inter tertiam et quartam dissimilitudo est, *spes* enim est *morae impatiens*, Brutus vero *morabitur in Italia*. Quarta et quinta similes aliquo modo sunt : *Brutus non morari debet in Italia , nec nos in mora erimus , sed mittemus pecuniam.* Tres vltimae simillimae. *Nec pecunia tibi deerit , nec Seruilius , nec nos* . Connexio ergo erit talis.

I. *Narro tibi : antea subirascebar breuitati tuarum litterarum : nunc mihi loquax esse videor. Te igitur*

II. *non litteris tantum , verum etiam virtu-*

te animique magnitudine imitabor; Breuissima enim epistola tua me de tot rebus nouis, id est, de valetudine voluntateque tua et Lepidi, triumque exercituum virtute reddidisti certiorem, tantamque spem iniecisti animo, vt,

III. *nisi tuo exemplo optima spe fiduciaque essem, omnium mortalium sim meticulosissimus. Omnem itaque metum, si quis fuisset, ista epistola tua abstersisses; sed, vt vera fatear, tam frenum momordi. Etenim, qui, te incluso, omnem spem habuerim in te: quid nunc putas? Cupio iam vigiliam meam, Brute, tibi tradere, sed ita, vt non desim constantiae meae. Quum vero spes nihil aegrius, quam moram, ferat;*

IIII. *nolim profecto, te, litterarum mearum caussa, in Italia morari. Equidem, si per hostem licuerit, non erraris: multa enim Romae. Sin aduentu tuo bellum confici potest; caue rei gerendae occasionem, mora ista tua, dimittas. Sane, ne in nobis vlla tibi mora esset.*

V. *pecuniam, expeditissima quae erat, tibi decreuimus. Nec argentum ergo tibi deerit, nec, quod omni argento praestantius, amici.*

VI. *Seruilium enim habes tui amantissimum, cuius prolixam erga te voluntatem,*

VII. *et ego non imitabor modo, verumetiam, quoad eius fieri poterit, studio officiisque meis superabo. Vale.*

***) Accedunt nonnumquam aetiologiae, ceu ex epistola antecedente adparet, in qua Cicero propositionem III. ratione quadam confirmat. Accedunt etiam illustrationes, veluti exempla, similia, testimonia: sed ita, vt magis per adlusionem innuantur, quam explicentur prolixius. Exemplo erit Cic. *epist. ad diuers. V*, 12. in qua eiusmodi illustrationes mira breuitate concinnitateque cumulatas animaduertimus.

****) Exem-

****) Exemplum eiusmodi epistolae familiaris subiiciemus. Propositiones sunt sequentes:

I. *Diu admodum siluisti.*

II. *Ego iam rusticor.*

III. *Scribe ad me frequentius.*

Obseruatis ergo praeceptis, in ipso paragrapho explicatis, haec nascitur epistola.

I. *Tam diuturno me silentio adhuc mulctasti, vt, nisi te ex P. disciplina scirem prodiisse, in Pythagoraeorum castra transiisse te existimarem. Quis, malum, morbus te hominem, olim loquacissimum, inuasit, vt confestim magis mutus videaris, quam piscis? Ego vero praeclare, mihi crede, vlciscar illam pertinaciam tuam, litterisque meis tanto magis te obtundam quotidie, donec odiosissimum istud silentium tuum tibi extorqueam.*

II. *Sed, heus tu, inquies, tantumne tibi otii est, vt bonas horas scribendis epistolis consumas? Est vero, et quidem plurimum. Relicto enim vrbano strepitu, nuper in suburbanum illum, quem nosti, secessum, tamquam in portum, me vindicaui. Hic modo rusticor, et temporis nonnihil valetudinis, nonnihil remissioni animi tribuo. Interdum, ne nihil potius agere quam otiosus esse, videar, aliquid parturit ingenium, sed, vt ille ait, plenum ruris et inficetiarum.*

III. *Ne ergo me vrbanae elegantiae plane capiat obliuio: fac, quaeso, vt a te litteras et frequentissimas, et, quales tu mittere soles, Roma ipsa vrbaniores, accipiam. Vale.*

VI.

In epistolis elaboratioribus vna regnat propositio.

Ad *elaboratiores* quod attinet epistolas, in iis vna regnat propositio, ad quam, tamquam ad centrum, omnes reliquae partes referuntur. *)

 *) Exem-

*) Exempli caussa, in *gratulatoriis* propositio illa primaria est: *Gratulor tibi nouum munus, natalem, restitutam valetudinem, cet.* In consolatoriis: *Aequo animo tibi ferenda fortuna, mors parentis, cet.* In gratiarum actoriis: *Gratias tibi ago, quod me principi commendaris, suffragio adiuueris, cet.*

VII.

Quae deinde probanda?

Ea propositio deinde argumentis, firmis potius, quam multis, munienda est, quae facile suppeditabunt ipsae περιστάσεις, vt adeo certis argumentorum locis hic supersedere liceat *).

*) Vulgo quidem in institutionibus epistolicis multos argumentorum locos, veluti *ab vtili, iucundo, decoro, facili, honesto, cet.* ostendunt, ex quibus omnia argumenta, tamquam e sedibus aut pluteis suis, depromenda existimant rhetores. Sed his quidem loculis aequo animo carebimus. Ipsae enim περιστάσεις rationes scribenti sufficient optimas, et instituto adcommodatissimas, nihil vt opus sit istis argumentorum locis. e. g. si cui *gratulandum* sit nouum munus, ratio ipsa docebit, ostendendum esse, munus hoc esse optabile, honorificum, virtuteque alterius dignissimum, ex eoque multum decoris ad rempublicam redundaturum, cet. Si *consolandus*, quis de obitu filii: ratio ipsa suadebit, vt exponamus defuncti beatitudinem, temporum, quibus subtractus sit, miseriam, christiani in adfectibus coercendis officium, cet. Et sic numquam deerunt scribentibus argumenta, dummodo περιστάσεις, *quid? vbi? cet.* expendantur paullo diligentius. Vtilitatis tamen haud parum tironibus adferre possunt Planeri *epistolae enthymematicae*, quibus et varia argu-

menta vel enthymemata, quae in ſingulis epiſtolarum generibus adhibenda videantur, cum cura oſtendit, et veterum ac nouorum ſcriptorum epiſtolas in certas claſſes retulit.

VIII.

Diſpoſitio eſt arbitraria.

Perinde autem eſt, ſiue argumenta propoſitioni, ſiue hanc argumentis praemittas *).

*) Sic Manutius *epiſt. I.* 1. propoſitionem argumentis praemittit: *epiſt. I.* 2. eamdem illis ſubiungit. Nonnumquam propoſitio argumentis et praemittitur et ſubiungitur, cuius rei exemplum denuo eſt apud Manut. *epiſt. I.* 8.

VIIII.

An in epiſtolis locum habeant illuſtrationes.

Poſſunt et hic argumenta nonnulla aetiologiis illuſtrationibusue amplificari, dummodo obſerues, et parcius hoc fieri debere, et breuius. In epiſtolis enim ad exempla, ſimilia, ſententias tantum adludendum eſſe, iam ſupra obſeruauimus *).

*) Quam eleganter illuſtrationibus eiuſmodi vtatur Cicero, vel ex hac breui eius *epiſtola* 6. *libri* VII. adparet: *In omnibus meis epiſtolis, quas ad Caeſarem aut ad Balbum mitto, legitima quaedam eſt acceſſio commendationis tuae, nec ea vulgaris, ſed cum aliquo inſigni indicio meae erga te beneuolentiae. Tu modo ineptias iſtas, et deſideria vrbis, et vrbanitatis depone; et quo conſilio profectus es, id adſiduitate et virtute conſequere. Hoc tibi tam ignoſcemus nos amici, quam ignouerunt Medae, quae Corinthi arcem altam habebant, matronae opulentae, optimates, quibus illa manibus gypſatiſſimis perſuaſit, ne ſibi illae vitio verterent, quod abeſſet a pa-*

patria. Nam multi suam rem hanc gesserunt, et publicam patria procul. Multi qui domi aetatem agerent, propterea sunt improbati. Quo in numero tu certe fuisses, nisi te extrusissemus. Sed plura scribemus alias. Tu qui ceteris cauere didicisti, in Britannia, ne ab essedariis, decipiaris, caueto: et quando Medeam agere coepi, illud semper memento: Qui ipse sibi sapiens prodesse nequit, nequaquam sapiat. Cura, ut valeas.

X.

Exordia epistolarum qualia?

Accedit nonnumquam exordium, quod vel *commune* est, vel *proprium*. *Illud* omnibus epistolis *), *hoc* ei tantum, quam exaramus, conuenit **). Vtrumque breuissimum esse oportere, quilibet intelligit ***).

*) *Communia* exordia sunt, quae de valetudine alterius inquirunt, aut veniam scribendi rogant, aut acceptarum epistolarum sententiam repetunt. Antiquissimum solemnissimumque est illud. *Si vales, bene est, ego valeo*, quod tamen iam altero post Augustum aeuo euiluerat. Vnde non est, quod a nobis demum in vsum reuocetur.

**) Plerumque hoc ab occasione caussaque scribendi petitur, adeoque reperitur facillime. E. c. Si gratulandum alicui sit munus nouum; eius in ipso exordio iniicienda esset mentio. Sic Manutius *epist.* I, 2. Alfonso Caraffae gratulaturus purpuram, ita auspicatur. *Solent esse, quae minus expectantur, laetiora. Nihil tamen ista, qua te auctum nuper accepimus, dignitate neque magis expectatum apud eos, qui studia tua, tuos ad virtutem praeclaros impetus nouerant, neque iucundius, aut laetitiae maioris vmquam fuit.*

***) Ge-

***) Generatim enim inter epistolarum virtutes praecipua est breuitas, adeo, *vt eas sinistram manum implere haud debere*, scribat Seneca *epist.* 45. Longiores esse solent epistolae ad familiares, iisque quam maxime se oblectari scribit Cic. *epist. ad Quinctil. fratr.* I., 1. Sed hae plerumque neglectis exordiis, statim ad rem ipsam et variarum rerum narrationem progrediuntur. Nec breuitas tantum exordia epistolarum commendant, sed et inexspectatum. Statim enim nescio quid admirationis et voluptatis excitant improuisa ejusmodi, atque inexpectata exordia. Elegantissimum ergo exordium Cic. *epist. ad diuers.* VII, 13. *Quam sint morosi qui amant, vel ex hoc intelligi potest. Moleste ferebam antea, te inuitum istic esse, pungit me rursus, quod scribis, te esse istic libenter.* Sane quid sibi vellet Cicero hoc inexspectato exordio, intelligere non potuit Trebatius, nisi perlectis sequentibus. Aeque elegans est exordium Manutii *epist.* I, 24. *Odi paene meos oculos: etsi oculi sunt, id est, omnium rerum carissimi. Sed odi certe peius, quam antea, hunc morbum, quo mihi nunc tuus adspectus, tuus complexus eripitur.* Addo illud Coelii apud Cic. *epist. ad diuers.* VIII, 4. *Inuideo tibi: tam multa quotidie, quae mirere, istuc perferuntur.* Item illud Plinii *epist.* I, 6. *Ridebit, et licet, rideas.*

XI.

Vt et conclusiones.

Idem de conclusione sentiendum, quae qualis esse debeat, facile ex ipsa propositione primaria intelliges *).

*) Exempli gratia si cui gratulandum est, per se patet, conclusionem vel votum aliquod complecti, vel cohortationem, vel commendationem nostri, vel aliud quid huiusmodi. Ita

etiam

etiam epistolis gratiarum actoriis subiicietur vel votum, vel grati animi pollicitatio, vel commendatio in futurum. Sunt tamen etiam conclusiones quaedam tantum non omnibus epistolis communes, veluti officiorum oblatio, commendatio valetudinis, amicorum salutatio, responsionis flagitatio, et quae sunt huius generis alia.

XII.

Stilus epistolicus qualis?

Stilus epistolarum qualis esse debeat, iam *capite 2. partis prioris, num. 61.* satis adcurate exposuimus, nihil vt hic addendum ea de re videatur.

XIII.

Quid in titulis atque subscriptionibus obseruandum?

De complicandis etiam obsignandisque epistolis aliquid monere, superuacuum fuerit. Lippis enim et tonsoribus talia sunt notissima. De titulis tamen, quos vocant, et subscriptione, moneo, eum tenendum esse modum, vt ne vel antiquitatis adfectatione *), vel stili barbarie ac novitate **), reprehensionem iure mereamur.

*) Antiqui nullo titulorum syrmate onerabant alios, sed litteris haec praemittebant: M. T. Cicero Volumnio S. P. D. Postea saepe addebant: suo, vt C. Caecil. Plinius Arrio suo S. P. Denique et alterius nomen suo honoris caussa praemittere solebant, veluti: Arrio suo C. Caecil. Plinius S. P. D. idque diu in vitio positum esse nouimus. Parasiticum enim videbatur, nomen suum postponere, ceu ostendunt El. Vinet. *ad Auson. epist.* 20. et Menag. *Amoen. iur. civ. c. 23. p.* 124. Hinc Ausonius ibid. Paullini praeponens nomen, id metri necessitate excusat:

PAVL-

PAVLLINO AVSONIVS. *Metrum sic suasit, vt esses*

Tu prior: et nomen praegredere meum.
Quamquam et fastorum titulo prior, et tua Romae
Praecessit nostrum sella curulis ebur.

Semper itaque veteres, omisso titulorum syrmate, breui illa salutatione vsi sunt. Et hos quidem imitari non dubitarim, quoties ad familiarem aliquem scribendum esset. At, si viris magnis scribendum, nemini ego quidem auctor fuerim, vt hac antiqua formula vtatur. Satius tunc erit, titulos quosdam honoris in casu vocatiuo epistolae praemittere, hoc modo:

VIR ILLVSTRIS ATQVE EXCELLENTISSIME.

VIR SVMME, cet.

Ad calcem litterarum recentiore more adiunges subscriptionem:

ILLVSTRIS EXCELLENTISSIMIQVE NOMINIS TVI.

cultor perpetuus.

vel similem. Dandum enim aliquid hodiernis moribus, ne magnorum virorum dignitatem supercilio scholastico despicere videamur.

**) Merito ergo ex latinis epistolis elaboratioribus proscribimus I. salutationes illas: *Salutem et officia*, χαίρειν, εὖ πράττειν, אלוים *Immanuel*, et similia, et multo magis II. aenigmata illa puerilia: *Mitto tibi* NAVEM, *prora puppique carentem*, cet. Nec ferendae III. loquutiones abstractae, quas vocant, imitatione Ger-

Germanicae linguae inventae, veluti: *Dominatio vestra, vestra Serenitas, Nobilitas, Amplitudo, nobilissima dignitas vestra, cet.* Multoque minus tolerandae, quae plane vel barbarae, vel soloecae sunt, ex. gr. *Vestra deuotio, discretio, paternitas, vestra gratia, cet.* Ignota quoque veteribus illa extenuandi caussa reperta: *paruitas mea, exiguitas mea*, quamuis prius placuerit iam Valerio Maximo, *in prooem.* Id vero postea frequentarunt scriptores aeui posterioris, et maxime Christiani, quos vel maxime decebat modestia. Hieron. *ad Tranquillinum: Et quia meae* Paruitatis *quaeris sententiam.* Denique etiam IIII. ab illo more alios tertia persona compellandi merito abstinemus, v. c. *Iussit me excellentia vestra, si quid noui gestum fuerit, eam de illo reddam certiorem. Sciat ergo cet.* Putida haec omnia sunt, et a Latinae linguae indole aliena aeque ac compellatio in persona secunda singulari a more linguae Germanicae.

CAPVT II.

De Orationibus conscribendis.

I.

Cur etiam de conscribendis orationibus praecepta quaedam addamus.

ALterum scriptionum genus, quo hodie nonnumquam vtimur, sunt ORATIONES. Eas conscribendi rationem quum ex instituto ostendant rhetores, superuacuum forsan fore videbitur, ea de re vel verbum addere. Enimuero quum alia hodie, quam olim, sit oratoriae ratio, neque vetera illa rhetorum praecepta nostrae reipublicae, nostroque saeculo possint adcommodari *): licebit et nobis pauca quaedam de conscribendis orationibus monere.

*) Ora-

*) Oratoriam primi excoluerunt Graeci, e quibus vix quisquam, ante Aristotelem, eam in artis formulam redegit. Nam, qui ante hunc aliquid de praeceptis rhetoricis commentati sunt, veluti, Empedocles, Tisias, Theodorus, Gorgias, vix videntur operae pretium fecisse. Vid. Voss. *de nat. et constitut. rhet. VIII, p. 331. sequ.* Iam vero Graeci tantum non omnes in liberis vixerunt rebuspublicis, in quibus plebs eloquentia demagogorum quam maxime flectitur. Multum ergo intererat Graecorum, tum ad potentiam, tum ad securitatem, vt istam dicendi facultatem adsequerentur, qua animos vulgi huic illuc flectere possent. Hinc et totius oratoriae Graecae finis est τὸ πείθειν seu *persuadere*, nec melius ea definiri posse videbatur, quam πειθοῦς δημιουργὸς *persuasionis opifex*, ceu rhetoricam in *Gorgia* adpellat Plato. Paucissimi, et in his Quinctilian. *lib. II. Instit. orat. c. 15.* negarunt, finem oratoriae esse persuadere, vel apposite ad persuadendum dicere, eosque potius, *qui bene et recte dixerint*, finem artis adsequutos censuerunt. Sed si vel maxime hunc finem proximum dixeris: tamen et illa bene ac recte dicendi facultas procul dubio ad persuadendum fuit comparata; isque adeo oratoriae fuit finis ultimus. At hodie alia est rerumpublicarum plerarumque facies. Raro enim plebis suffragiis amplius, sed vel iussibus principum, vel optimatum consiliis, summa rerum committitur. Nec in laude amplius ponitur flexanimis illa eloquentia demagogorum, sed suppliciis digna iudicatur. Ex quo facile patet, oratoriam, cuius hodie vsus est, toto coelo ab antiqua illa Graeca distare.

Sci-

II.

Veterum orationis genera tria.

Scilicet triplex erat Graecis dicendi occasio. Vel enim in conciliis populi, vel in foro et iudiciis, vel in Graeciae conventibus verba erant facienda *). Quare etiam triplex Graecis erat orationum genus DEMONSTRATIVVM, quo in conuentibus Graeciae: DELIBERATIVVM, quo in conciliis vel comitiis; et IVDICIALE, quo in foro et iudicis vtebantur **).

*) Oratoriam praecipue excolebant Athenienses. Nec enim vel Sparta, vel Thebae, vllum, qui in ea arte excelluerit, oratorem protulere. Athenis vero Populus certis statisque diebus solebat in concionem vel concilium prodire, vt de figendis refigendisque legibus, de legendis magistratibus, de pace denique ac bello in medium consuleret. Et haec quidem populi comitia stata ac sollemnia ἐκκλησίαι νόμιμοι, ὡρισμέναι item κυρίαι dicebantur. Aliquando etiam extra ordinem cogebatur concio, si quid subitum accidisset, et hac erant ἐκκλησίαι σύγκλητοι vel πρόσκλητοι itemque κατακλησίαι. De quibus populi conciliis vel comitiis Iul. Pollux *Onomast. VIII*, 1. 32. et *V*. 8. 7. Pfeiff. *Antiq. Graec. II*, 35. In foro quoque exercebantur iudicia publica, maxime in Areopago, de quo videndus Suid. *voce* ἀρειοπάγο. Io. Meurs. *in Areopago*. Denique tota Graecia habebat suos conuentus, suasque panegyres, ad quas vndequaque ad communes ludos communiaque sacra confluebant Graeci. Talia erant *Olympica*, *Pythia*, *Nemia*, *Isthmia*, de quibus Pfeiffer. *Ant. Graec. I*, 49. *sequ.*

**) In conuentibus ergo vel ἐκκλησίαις oratores populo vel suadebant, vel dissuadebant aliquid,

aliquid, de quo tum deliberatio instituebatur. Vid. Demosth. *orat. pro Ctesiph.* Et hoc genus dicendi δημηγορικὸν, ἐκκλησιαστικὸν, vel συμβουλευτικὸν solebat adpellari. Tales sunt Demosthenis orationes *Olynthiacae*, *Philippicae*, et reliquae pleraeque. In foro etiam, veluti Areopago, Palladio, Delphinio, Prytaneo, Pheatio, Heliaeo, Lyceo, Meticheo quoties habebantur iudicia publica, oratorum partes erant, reis vel diem dicere, vel eosdem defendere, quod qua ratione factum sit, luculenter ostendit Meurs. *in Areopago cap. extremo*, et Sigon. *de repub. Athen. III.* Et eiusmodi orationes dicebantur δικανικαὶ seu *generis iudicialis*, quales sunt Demosthenis *orationes in Aphobum*, *Neaeram*, *Aristogitonem*, et aliae. Denique quando Graeci vniversi ad ludos sollemnes confluebant, in publica etiam ista celebritate gentis orationes habebantur, in laudem illorum, qui Graeciae libertatem defenderant, hostesque devicerant, Coel. Rhodigin. *lect. antiq. XXVIII*, 12.

III.

An etiam hodiernae orationes ad hæc genera revocari possint?

Quum vero hodie nec in populi conciliis concionentur demagogi, nec in foro caussarum patroni eloquentiam ostentent, nec denique sollemnis quaedam supersint panegyres: facile patet, triplicis illius caussarum generis, quo vniuersa veterum rhetorica nititur, hodie nullum superesse vsum *). Quandoquidem ergo in scholis tantum aliquae supersunt oratoriae Latinae reliquiae, declamationes vero illae vmbraticae ad nullum trium generum pertinent: nouum orationum genus inuenerunt doctores, quod quum non tam in persuadendo,

quam

quam docendo delectandoque versetur, ΔΙΔΑΣΚΑΛΙΚΟΝ adpellere consueuerunt **).

*) Aiunt equidem, hodiernum nos vel laudare, vel vituperare, suadere, vel dissuadere, adcusare, vel defendere, adeoque omnino magnum esse veteris oratoriae vsum. Quo sensu Quinctil. *lib. III. c. 7. Laudare testem, vel contra, pertinet ad momentum iudiciorum, et ipsis etiam reis dare laudatores licet, et editi in competitores, in L. Pisonem, Clodium et Curionem libri vituperationem continent, et tamen in senatu loco sunt habiti sententiae.* Sed qui considerauerit ea, quae paullo ante de trium generum origine disseruimus, facile deprehendet, orationes hodiernas *de laudibus historiae, de philosophia cum iurisprudentia coniungenda, de non ferenda iuuenum proternia, de turpitudine ebrietatis*, aliasque huius generis non magis similes esse orationibus veterum in comitiis populi, foroque et conuentibus Graeciae habitis, quam vmbram luci.

**) Multa de hoc *didascalico* dicendi genere commentatur Nic. Reusnerus, Matth. Dresserus, Conr. Dietericus, aliique rhetores. Sed ipsi rhetorices fini ac naturae illud repugnat. Interim negari nequit, plerasque declamationes, quas hodie in scholis audimus, generis esse didascalici.

IIII.

Orationes hodie vel scholasticae sunt, vel panegyricae.

Vt ergo orationes conscribendi rationem nostrae aetati reique publicae adcommodemus: duo hodie esse arbitramur Latinarum orationum genera. Alterum in vmbra scholarum vsu receptum *), alterum paullo sollemnius **). Illas DECLAMATIONES, has

has PANEGYRICAS vocare licebit. Nos hoc capite de declamationibus agemus.

*) *Declamationes* mihi sunt, quae de rebus quibusdam, ad eruditionem pertinentibus, veluti de quaestionibus physicis, moralibus, iuridicis, philologicis, theologicis, historicis, exercendi ingenii, ostentandaeque eloquentiae caussa habentur. Tales sunt pleraeque orationes M. Ant. Mureti, M. Ant. Maioragii, Petri Cunaei aliorumque recentiorum, quas more maiorum in gymnasiis et academiis habuerunt.

**) *Panegyricas* vero non tantum laudationes magnorum virorum, quales sunt pleraeque Buchnerianae, sed quaecumque in festo quodam conuentu coram splendidiore auditorio habentur, veluti in inauguratione academiae, vel regis, in sacris, saecularibus, cet. Hae quemadmodum a superioribus materia, ita et stilo quam maxime differunt.

V.

Declamationé scripturũ sollicitũ esse oportet de thematé.

Declamationem itaque scripturo, id praecipue agendum est, vt thema inueniat haud vulgare *) nec tamen a sensu communi remotum **): iucundum ***), nec tamen scurrile ****): ita denique comparatum, vt personis, loco, temporique conueniat *****).

*) Cavendum ergo est a thematibus vulgaribus, qualia sunt *de laudibus virtutis, de laudibus litterarum, cet.* His enim facile obiici posset illud Catonis: *Stulte, quis vnquam vituperauit?* In pueris & adolescentulis, qui nondum aere lauantur, tolerari haec possunt: minime in viris, quorum in grauiore materia exercetur ingenium.

**) Non enim eloquentia abutendum est, sed

sed utendum. Cum ratione ergo insaniunt, qui I. veterum academicorum more de rebus omnibus in vtramque partem disserendum, in eaque summam eloquentiae laudem positam existimant. Vid. Cic. *de finib. bon. II*, 1. Adcuratum ergo ac laudandum fuit senis illius Catonis iudicium, qui Carneadem, quod eadem eloquentia iustitiam et laudauerat, et vituperauerat, vrbe eiiciendum censuit. Sane rerum laudandarum, vituperandarumque ideae tam sunt necessariae, vt qui eas dicendo euellere animis conatur, vel magno conatu maximas agere nugas, vel ad quoduis scelus profligatissimus videatur. Et quid humano generi prodesset eloquentia, qua liceat νικᾷν ϗ δίκαια κἄδικα, vt de Socratis eloquentia ait Aristophanes *in Nubib. v.* 99. Nec magis sapere videntur, II. qui res vituperandas laudando, vel laude dignas vituperando in mustaceo quaerunt laureolam. Lucianus *muscam* et *podagram*, Synesius *caluitium*; Dio Chrysostomus *exsilium*; Maioragius *lutum*; Burmannus *pigritiam* laudauit, nec febri, asinoque sui encomiastae defuerunt. Παράδοξα haec sunt, et ingenio ostentando idonea, sed tamen puerilia, et viro graui parum digna. At nihil reperias in huius generis oratiunculis, sed mera σοφίσματα, sine quibus res minus laudandae laudari nequeunt.

***) Quum enim declamationes eiusmodi scholasticae pleraeque vix aliquam insignem vtilitatem vel reipublicae vel auditoribus polliceri possint, adeoque multis taedium inter audiendum obrepere soleat: facile patet, iucunditate rerum abstergendum esse hoc fastidium, adeoque ea themata quam maxime referre plausum, quae sunt auditu iucundissima. Quis dubitaret quaeso, quin suauissime celeberrimi auctoris declamationes *de charletaneria eruditorum* explicatioribus frontibus

tibus auditae sint, quam si subtilissimus aliquis philosophus magno supercilio *de laudibus reginae illius scientiarum, metaphysicae*, disseruisset?

****) Modus in rebus omnibus optimus est. Cauendum ergo, ne dum iucundus esse laboras, scurram aut histrionem agas. Cauenda etiam Cynica illa dicacitas et linguae virulentia, ne in satiram euadat oratio.

*****) Morhofius v. c. *in Polyhist. III.* 12. 3. *seq.* praeclare ostendit, inuentionem omnem poeticam e locis illis περιστατικοῖς: *Quis? quid? vbi? quibus auxiliis? cur? quomodo? quando?* vnice esse petendam, his tria alia adiuncta subiice? *quale? quantum? quoties?* Idem mihi de inuentione thematum videtur. Fingamus, orationem inauguralem habendam esse a professore politices: circumstantia *quis?* themata nobis suppeditabit varia. Disserere enim possemus *de virtutibus professoris politices, de praecipuis huius aeui scriptoribus politicis*, de quaestione: *prudentiae ciuilis doctrina, an solo vsu comparetur?* circumstantia *quid?* themata suggeret *de sophismate politico in veterum auguriis latitante, de eloquentia ciuili, de oratoria principis*. Fingamus porro orationem illam habendam Argentorati, vel Altorfii, circumstantia illa *vbi?* commendabit thema *de republica Argentoratensi, vel Norimbergensi solutissimo prudentiae architectonicae exemplo*. Sin Lipsiae ea oratio habenda esset, *quanta sit commerciorum ad reipublicae beatitudinem vtilitas*, posset demonstrari. Circumstantia *quibus auxiliis?* denuo nobis varia sufficiet themata, veluti *de doctrina principis, de exemplo principis, de perpetua censura*. Circumstantia *cur?* dicere suadebit *de doctrinis in academicis inculcandis*, vel de quaestione: *cur olim in academicis inculta iacuerit*

pru-

prudentia ciuilis? Circumstantia *quomodo?* nobis ad animum reuocabit themata, *de scopulis in prudentia ciuili cauendis*, *de monarchomachismo*, *de Machiauellismo*, *cet.* Denique si oratio ista habenda fuisset eo tempore, quo praeclarum aliquid, vel reipublicae admodum salutare contigerit: circumstantia illa quando? nobis suggereret quaestiones, quantum firmata pax, aut victoria insignis relata reipublicae profuerit? Quis ergo tam esset ab ingenio omni destitutus, vt e tot thematibus non posset illud seligere, quod et optimum, et auditoribus iucundissimum fore praeuideat?

VI.

Vnde res et argumenta petenda?

Inuento themate, dispiciendum, ad quam disciplinam illud pertineat. Inde enim omnis adparatus rerum argumentorumque est petendus *).

*) Nolim ergo, te et hic de certis argumentorum locis vel sedibus esse sollicitum, Declamationes pleraeque de rebus ad eruditionem pertinentibus agunt. Quid vero de iis dicendum sit, disciplinae docent. Ex iis ergo colligenda, quae ad thema pertinent, ita tamen, vt ne extra oleas vagemur. Non enim omnia, sed optima, et ad rem pertinentia, dicenda sunt. Exempli caussa, si quaestio esset: *cur olim tam inculta iacuerit prudentia ciuilis?* facile animaduerterem, omnem adparatum partim ex historia litteraria medii aeui, partim ex historia academiarum. Quantus mihi inde nasceretur rerum argumentorumque adparatus? Nihil ego opus est *locis dialecticis*, *arte Lullistica*, *indice combinatorio*, aliisque eiusmodi subsidiis, quae magno iuuenum malo a nonnullis commendantur.

Vbi

VII.

Vbi iustus rerum argumentorumque adparatus ad manum est, opera porro danda erit, vt illum in certas quasdam classes vel partes distribuamus *). Quot partes vel classes constituuntur: totidem erunt orationis ARGVMENTA.

Quomodo disponenda.

*) Collecto e. g. adparatu, qui ad thema aliquod pertinet: facile animaduerterem, eum ad quaedam reuocari capita posse. Hinc tota tractatio totidem constabit argumentis, quot sunt partes, in quas distributa materia sit. Ceterum, si vnquam, hic certe iudicio opus est. Nec ordo ille ita certis adstringi regulis potest, vt ab iis discedere non liceat. Eleganter Quinctil. *Instit. orat. lib. VII. cap. 1. Sed meminerimus ipsam dispositionem plerumque vtilitate mutari, nec eamdem semper primam quaestionem ex vtraque parte tractandam. Cuius rei vt cetera exempla praeteream, Demosthenes quoque atque Aeschines possunt esse documento, in iudicio Ctesiphontis diuersum sequuti ordinem, quum accusator a iure, quo videbatur potentior, coeperit, patronus omnia, vel paene omnia ante ius posuerit, quibus iudicem quaestioni legum praepararet.*

VIII.

Singula argumenta iam facillime poterunt elaborari, si ea obseruatione praecepta, quae supra de *syllogismo et enthymemate oratorio* suppeditauimus.

Quomodo singula argumenta elaboranda.

*) Scilicet argumenta singula rediguntur in syllogismos vel enthymemata. Praemissae deinde probantur atque amplificantur. Exemplo nobis erit Mureti oratio II. Venet. *de laudibus litterarum* habita. In ea ostendere conatur orator elo-

eloquentissimus, permultum ornamenti praesidiique optimas litteras rebus publicis bene temperatis adferre. Omnem ergo adparatum e prudentia ciuili petitum ad duo summa capita refert, demonstratque, *I. litteris pueritiam et adolescentiam ad rempublicam praeparari*, II. *iisdem viros ciuiles in administranda republica adiuuari*. Prius argumentum in hunc redigit syllogismum:

I. Maior. *Quodcumque adolescentes ad virtutem praeparat, illud multum ornamenti praesidiique adfert reipublicae*; vbi
  I. Ipsa propositio.
  II. Aetiologia. *Felicitas enim reipublicae a singulorum felicitate ac virtute dependet*.

II. Minor. *Litterae adolescentes ad virtutem praeparant*. Vbi
  I. Ipsa propositio.
  II. Aetiologia. Nam
    I.) pueritiam praeparant.
      1.) Aetiologia. *Informant enim eandem ad humanitatem et virtutem*.
      2.) Illustratio. *Vt in semente spes messis, ita in institutione puerili spes vitae posita est*.
    II. Iuuentutem praeparant.
      I.) Aetiologia. *Non abducunt eam a voluptatum illecebris, et ad gloriam excitant*.
      II. Illustratio ab
        1.) exemplo *Themistoclis, qui Miltiadis trophaeis excitabatur*.
        2.) fabulis poeticis, *de Veneris imperio, et de Iasone, qui Sirenum insidias Orphei lyra euasit*.
        3.) exemplis *Chrysippi, Archimedis, Solonis, qui voluptatem e litteris incredibilem ceperunt*.

III.

III. Conclusio. *Ergo litterae multum ornamenti praesidiique adferunt reipublicae.*

Alterum argumentum Muretus enthymemati huic includit:

I. Minor. *Litteris viri ciuiles in administranda republica adiuuantur.* Litterae enim vsum non exserunt.

I. In pace. Vbi

I. Aetiologia. *Politica enim omnes viri ciuilis partes ostendit.*

II. Illustratio, ab

I.) obiectione. *At possunt viri ciuiles aliena opera vti.* Quod negatur.

II.) Illustratio *ab exemplo Manlii, qui caecus consulatum recusabat, quod indignum putaret, ei capita fortunasque omnium committi, qui alienis oculis vteretur.*

II. In bello, vbi

I. Aetiologia. *Bella enim non tantum corporis, sed et animi viribus geruntur.*

II. Illustratio *a voto Agamemnonis, qui decem sibi non Achilles aut Aiaces, sed Nestoras optabat.*

III. Secunda aetiologia. *Historia tot bella ob oculos ponit, quam alias maximi duces paucis tantum bellis interfuerint.*

IIII. Tertia aetiologia. *Litterae ob oculos ponunt clarissimorum fortissimorumque ducum exempla.*

V. Quarta aetiologia. *Maximos saepe exercitus eloquentia vel sistit vel incitauit.*

VI. Illustratio *ab exemplo Tyrtaei poetae, qui Lacedemoniorum exercitum versibus inflammauit.*

VII. Aetiologia quinta. *Maximi ac celeberrimi duces eruditi fuerunt.*

VIII. Illustratio *ab exemplis Architae Tarentini, Melissi, Socratis, Platonis, Xenophontis, Periclis, Themistoclis, Epaminondae, Scipionum, Luculli, Fabii, Marcelli, Iulii Caesaris, Bruti.*

VIII. Illustratio *a lege Mitylenaeorum, qui bello victos non aliter mulctabant, quam vt ne liberos suos litteras edocerent.*

II. Conclusio. *Multum ergo ornamenti praesidiique litterae adferunt reipublicae.*

Vides, clarissimum illum oratorem non alio vsum artificio, quam quod nos hic commendamus, politissimam illam composuisse orationem. Ἐξεργασίαν eius addere nihil attinet. Ecquis enim est tam omnis elegantioris doctrinae incuriosus, vt elegantissimas Mureti orationes legendas, et in sinu gestandas non existimet?

VIII.

Exordia generalia.

Accedit ex hic EXORDIVM, idque vel *generale*, vel *speciale*. Modo enim a persona oratoris *), modo ab auditoribus **) modo a loco ***), modo a tempore ****) aliisque circumstantiis auspicari licet. Quae omnia *exordia generalia* habentur.

*) Talia sunt exordia, quibus orator sese extenuat. Ipse Cicero eiusmodi exordio vtitur in *oratione pro Sexto Roscio Amerino*. Erat enim tum admodum iuuenis, nec dum cuiquam praestiterat patrocinium. Minus ergo excusandi, qui extenuatione eiusmodi vtuntur in consessu hominum obscurorum, quique nulla admodum auctoritate pollent.

**) Elegantissimum huius generis est exordium Mureti, quo in *oratione II. partis I.* vtitur. Dicendum enim illi erat in splendidissimo mo Senatus Veneti consessu, cuius aspectus vel constantissimo viro metum incutere potuisset. Eiusdem generis est exordium orationis Ciceronianae pro lege *Manilia*.

***) Hunc exordiendi modum eadem oratione praeclare obseruauit Muretus. Nam vt in senatus, ita et in ipsius vrbis et reip. laudes latius excurrit.

****) Sic Muret. *orat. II.* 18. dicturus de circumcisione, a tempore, id est, Kalendis Ianuariis exorditur.

X.

Sed elegantiora plerumque sunt *exordia specialia*, quae vel ab occasione dicendi *), vel a re ipsa **) petuntur.

Exordia specialia.

*) Muret. *orat. I.* 8. dicturus de philosophiae moralis laudibus, exordium ducit ab occasione dicendi, munere scilicet docendi philosophiam, quod ei superiore anno, auspiciis pontificis maximi, fuerat demandatum.

**) Idque fit dupliciter, vel *directe*, quemadmodum Muret. *orat. I.* 1. de theologiae laudibus acturus, statim in exordio theologiam praecipua laude dignam esse demonstrat; vel *indirecte*, thesi, ceu vocant, ad hypothesin traducta, veluti, si quis de prudentia docendi acturus, in exordio ipsam commendaret prudentiam. At vero ea exordiorum genera videntur suauissima, quae vel a similitudine quadam, vel ab exemplo, vel denique a testimonio elegantiore petuntur. Ita Maiorag. *orat. III.* exordium ducit ab elegantissima comparatione solis et legum humanarum. Muretus vero *orationem I.* 10. ab exemplo Croesi; et *orationem II.* 2. a testimonio Euripidis auspicatur. Mirus ea in re artifex est Lucianus, cuius inter opera variae etiam exstant praefationes, seu exordia elegantissima ab exemplis, comparationibus, similitudinibus ducta, qualia sunt *Tomo I. p. 806. Hercules Gallus: Tom. II. Op. p. 841. de dipsadibus: Tomo III. p. 212. Herodotus vel Aetio*, et alia.

XI.

Dispositio exordiorum.

Exordia quomodo disponenda sint, etiam et vulgus rhetorum docet. Praemissa enim THESI, statim additur AETIOLOGIA; tum porro APODOSIS, ac denique BASIS subiicitur *). Solent tamen oratores, copiae studiosiores, singulas fere partes vel nouis rationibus, vel illustrationibus quibusdam munire **).

*) Thesis rem proponit; Aetiologia eamdem confirmat; Apodosis ad thema adplicat, Basis denique viam ad propositionem munit. Exempli loco sit exordium orationis I. Mureti, quod ita disponitur:

I. Thesis. *Theologia singulari quadam, ac praecipua laude digna est.*

II. Aetiologia. *Nam mortalitatem nostram diuinae naturae arctissima colligatione deuincit.*

III. Apodosis. *De ea dicere iussus, hanc spartam non abs re defugi.*

IV. Basis. *At nunc semel alium ingresso, vela facienda sunt.*

**) Sic in eodem exordio Muretus apodosin duabus fulcit rationibus. Defugisse se ait dicendi munus, partim ob rei grauitatem, partim, quod vix sperare potuerit eam stili sublimitatem, quae digna videretur tanta rei magnitudine. Priorem rationem exemplo sophistae apud Hannibalem de rebus bellicis dissedifferentiis: posteriorem testimonio Platonis illustrat. Sed en ipsum exordium:

I. Thesis. Theologia praecipua laude digna est: *Cum omnes mihi singulari quadam ac praecipua laude digni videantur, qui in adsequenda honestarum artium scientia operam et industriam suam collocant: tum ii praecipue, qui veluti maiore quodam numinis adflatu perculsi, ceteris omnibus posthabitis, ad diuinarum rerum intelligentiam omnes cogitationes suas, atque omnia studia contulerunt.*

II. Aetiologia. Nam mortalitatem nostram diuinae naturae arctissima colligatione deuincit: *Nam si eorum omnium, quae in hac immensa rerum vniuersitate cernuntur, vnumquodque naturali sui perficiendi desiderio tenetur: et animus noster, ad similitudinem diuinitatis effectus tanto perfectior est, quanto propius ad illud, ex quo ductus et propagatus est, exemplar accedit: dubitari profecto non potest, quin ea sit omnium praestantissima facultas, quae, quoad eius fieri potest, cum humanis diuina copulando, mortalitatem nostram, quantum illius imbecillitas patitur diuinae naturae arctissima colligatione deuincit.*

III. Apodosis, vbi

I. Applicatio. De ea dicere iussus, hanc spartam initio defugi: *De illius mihi facultatis laudibus hodierno die demandatum est ab iis, quorum et apud me plurimum valet, et apud omnes peraeque valere debet auctoritas, non vt eas quidem sigillatim percensere omnes, ac flore orationis conuestire conarer: (quod et imperare iniquum, et suscipere temerarium esset;) sed vt ex earum innumerabili copia pauca quaedam seligerem, de quibus hoc amplissimo loco, vobis audientibus, explicarem. Qua de re quum mecum initio ageretur, refugiebam equidem tanti oneris magnitudinem.*

III. Rationes et illustrationes: *veritus ne idem mihi contingeret, quod nobili olim sophistae apud Hannibalem de rebus bellicis longa accurataque oratione disputanti contigisse dicitur, si homo adolescens, et cum a ceteris rebus satis tenuiter instructus, tum in hoc genere penitus rudis, inter tot eruditissimos viros ad dicendum de rebus diuinis adgrederer. Illud etiam commouebat, quod praeclare a Platone scriptum noueram oratione et iis rebus, quae oratione tractantur: quamdam inter se cognationem intercedere oportere, ex quo facile intelligebam consequi, vt ad res diuinas pro dignitate tractandas diuinum quoddam requireretur orationis genus.*

IV. Basis. At nunc semel altum ingresso verba nimirum facienda sunt: *At ista quidem, re adhuc integra, fortassis maiore quadam cautione prouidenda fuerint: nunc quidem iam semel altum ingressis, quae nos cumque tempestas excerptura est, vela nimirum facienda sunt.*

XII.

Quid de captatione beneuolentiae censendum.

Propositioni, quae vel basi, vel apodosi subiungi, vel eidem innecti solet, plerumque accedit *captatio*, quam vocant *beneuolentiae*. Sed maiorem mihi laudem videntur mereri, qui benevolentiam potius dicendi suauitate retinendam, quam multis verborum lenociniis captandam existimant *).

*) Aut enim thema orationis ita est comparatum, vt auditoribus placeat, et tunc non erit, quod auribus insidieris, et verbis sesamo ac papauere sparsis captes beneuolentiam, sed praestabit, dare operam, vt et elegante elaboratione et ipsa dicendi suauitate auditorum spei

fasatisfiat? aut ipsum thema vel eius tractatio fastidio est: et tunc parum praesidii erit in ista beneuolentiae captatione. Fastidiosum enim est aurium iudicium, nec tam beneuolentiae, quam voluptati vtilitatique obsequitur. Notum est, quid de A. Albino censuerit M. Cato. quum in principio historiae eius multis verbis veniam gratiamque malae existimationis, si quid esset erratum, postulari legisset. Tunc enim Cato: *Nae tu*, inquit, *Aule, nimium nugator es, quum maluisti culpam deprecari, quam culpa vacare. Nam veniam petere solemus, aut quum imprudentes errauimus, aut quum compulsi peccauimus. Te, inquit, oro te, quis perpulit, vt id committeres, quod, priusquam faceres, peteres vt ignosceretur?* Corn. Nep. apud Gell. *Noct. Attic. XI. 8.* Itaque et Ciceronem parcius huiusmodi formulis captare beneuolentiam, animaduertimus, sed plerumque iis argumentis, quae ἤθη vocant oratores, auditorum vel iudicum fauorem sibi conciliare. At sicubi vti constituit nouo quodam atque inusitato genere dicendi, tali formula eum veniam precari animaduertimus. Exemplum reperias *in orat. pro Archia cap. 2. Quaeso a vobis, vt in hac caussa mihi detis hanc veniam, adcommodatam huic reo, vobis, quemadmodum spero, non molestam, vt me pro summo poeta atque eruditissimo homine dicentem, hoc concursu hominum litteratissimorum, hac vestra humanitate, hoc denique praetore exercente iudicium, patiamini de studiis humanitatis ac litterarum paullo loqui liberius, et in eiusmodi persona, quae propter otium ac studium minime in iudiciis periculisque tractata est, et vti prope nouo quodam et inusitato genere dicendi.*

XIII.

Qualis esse debeat conclusio.

In CONCLVSIONE plerumque vel quaedam fit argumentorum repetitio seu anacephalaeosis, vel paraenesis quaedam ad auditores subnectitur, atque adeo adfectus aliquis mouetur *). Sed cauendum, ne in rebus non adeo magni momenti tragoedias agamus, eoque in illud incidamus vitium, quod ΠΑΡΕΝΘΥΡΣΟΝ vocari supra *P. I. cap. 2. num. 53.* monuimus **).

*) Atque eatenus recte post Aristotelem monent rhetores, in exordio regnare ἦθος; in tractatione λόγον; in conclusione πάθος. Et hinc eleganter docet Quinctilian. *Inst. orat. lib. VI. c. 1. perorationis duplicem esse rationem, positam aut in rebus, aut in adfectibus. Rerum repetitionem et congregationem, quae Graece dicitur ἀνακεφαλαίωσις, a quibusdam Latinorum enumeratio, et memoriam iudicis reficere, et totam simul caussam ponere ante oculos, et etiamsi per singula minus mouerit, turbam valere. Adfectus quoque esse necessarios, si aliter obtineri vera et iusta, et in commune profutura non possint.*

**) Scilicet nostrae orationes veterum illarum veluti vmbrae sunt. Olim in orationibus plerisque adfectus erant concitandi, et magnis in laudibus tota Graecia erat *Pericles*, qui non loqui, sed fulminare, et in eorum mentibus, qui audissent, quasi aculeos quosdam relinquere dicebatur. Quum enim isti oratores vel de republica dicerent, vel de ciuium capite, et quidem apud plebem, quae non eam ratione, quam adfectu regitur: facile patet ratio, cur ea oratio omnium praestantissima visa sit, quae adfectus quam vehementissime moueret. At hodie non de ciuium capite et fortunis, non de reipublicae salute aut interitu, sed de rebus scho-

scholasticis declamamus, vbi frigida plerumque est nimia adfectuum commotio.

XIII.

Qualis totius orationis stilus?

Denique in orationibus vel declamationibus scholasticis, quam maxime stili habenda est ratio *). Conuenit vero huiusmodi orationibus stilus mediocris **), oratorius ***), elegans ****, perspicuus *****), nonnumquam etiam grauis et concitatus ******). Recte enim obseruauit Plato, *rationi et iis rebus, quae oratione tractantur, quandam inter se cognationem intercedere oportere* †).

*) Plerumque enim non tam ob insignem aliquam vtilitatem, quam ad ostentandam eloquentiam habentur. Turpe ergo esset, dicendo infantiam prodere, quam tacendo potuisse dissimulare.

**) De quo vide supra *part. I. c. 2. n. 45.*

***) Conf. supra *part.* I. *c.* 2. Vix ergo publici saporis sunt orationes Erycii Puteani, Casp. Barlaei, M. Zueri Boxhornii, Dom. Baudii, et in primis Io. Conr. Danhaueri, qui poeticam potius, quam oratoriam exprimunt facundiam. Iust. Lipsii orationes elegantiores purioresque sunt eius epistolis, adeo vt eas nonnulli Lipsio suppositas existiment. Vid. Vinc. Placc. *de Pseudon. p.* 219.

****) De hoc stilo vide supra *part. I. c.* 2. Cauendum tamen ne nimium elegantiae studium in sophisticam, vt ita loquar, vaniloquentiam euadat.

*****) Vide supra *part. I. c.* 2.

******) Quoties scilicet adfectus mouendi. Adde tamen, quae superiore paragrapho monuimus.

 †) Ope-

†) Operae pretium itaque fuerit, optimos hic recensere oratores, quos a renatis litteris floruisse constat. Primas itaque partes merito M. Antonio Mureto deferimus, cuius eloquentiam etiam Ios. Scaliger in *excerptis Puteanorum*. et Ian. Nic. Erythr. *Pinacoth. III. p.* 74. admirantur. Proximi huic sunt Io. Casa, de cuius opusculis praeclare meritus est Nic. Hieron. Hundlingius, M. Ant. Maioragius, Dionys. Petanius, Petr. Io. Perpinianus, Hispanus, de quo Ian. Nic. Erythr. *Pinac. loc. cit.* Franciscus Vauassor, Io. Caselius, Petr. Cunaceus et Aug. Buchnerus. Reliqui tantum non omnes longe infra mediocritatem subsidunt.

CAPUT III.

De Panegyricis.

I.

Panegyricus quid sit?

A Declamationibus differre ORATIONES PANEGYRICAS *), iam supra obseruauimus. *Est vero* λόγος PANEGYRICUS ORATIO *sollemnis* **), *in laudem personae illustris stilo magnifico elaborata* *** (*et in splendido auditorum congressu habita*. ****)

*) Panegyricae dictae sunt hae orationes, ὅτι πάντας ἤγειρον *quia omnes congregabant*, vt recte obseruat Scalig. *poet. III.* 109. Tales conuentus Athenis erant ludi quinquennales, de quibus Dionys. Halic. *Fragm. Rhet. I.* sed et quatuor illi ludi Graeciae, Olympici, Nemei, Pythii et Isthmii *panegyres* dicebantur. Scal *de*

art.

arte poet. I, 23. Quum vero in eiusmodi conuentibus etiam orationes in laudem virorum illustrium, et bene de patria meritorum haberentur: orationes istae dictae sunt *panegyricae*.

**) Omnes ergo panegyricae orationes sunt laudatoriae, sed non omnes laudationes sunt orationes panegyricae. Solemnis enim esse debet huiusmodi oratio, et hinc in magna quadam celebritate haberi. Dicuntur enim τῦ πανηγύρειν, id est *a congregando*, adeo vt et *nundinarum* πανήγυριν, dixerit Cicero *epist. ad Att.* I, 14.

***) Stilo panegyricae orationis adeo propria est magnificentia, vt Graeci ideo panegyricum vocent, quidquid est splendidum, elatum atque admirabile. Sic Plutarchus Graeciam, scortum nobile vocat πανηγυρικήν. Et Atheanaeus Apelicota Teium πανηγυρικῶς potius, quam στρατιωτικῶς, educatum ait. Vid. Cael. Rhodigin. *Lect. ant.* XXVIIII, 12.

II.

An viri sapientis sit scribere panegyricos?

Quandoquidem vero splendidae eiusmodi ac veluti ambitiosae laudationes non facile ab adulatione vacuae esse solent; multi eas vix putant ferendas *). Enimvero quum virtutem tollere videatur, qui laudem omnem et gloriam remoueri iubet **): malim ego quidem non tam ipsas illas orationes, quam adulationem seruilem et parasiticum veluti oratorum quorumdam obsequium reprehendere ***).

*) Iam olim optimi quidam principes sibi dicendos panegyricos ipsi magnopere deprecati sunt. Pescennius Niger eiusdam panegyricum recitaturo: *Scribo*, inquit, *laudes Marii vel* *Han-*

Hannibalis, vel alicuius ducis optimi, vita functi, et dic, quid ille fecerit, vt eum nos imitemur. Nam viuentes laudare irrisio est, maxime imperatores, a quibus speratur, qui possunt necare, qui proscribere; ego autem viuus placere volo, mortuus etiam laudari. Ael. Spart. *Pescenn. Nig.* 11. De Alexandro quoque Seuero, principe optimo, auctor est Luamprid. *in vita eius* 35. *oratores et poetas non sibi panegyricos dicentes, quod exemplo Nigri Pescennii stultum dixerit, sed aut orationes recitantes aut facta veterum, libenter eum audiuisse.*

**) Virtutis enim comes est laus et gloria, et plerisque non solum rerum bene gestarum praemium, verum etiam incitatrix ad res maiores alacriter suscipiendas constantissimeque peragendas. Vnde Plinius: *postquam*, inquit, *desiimus facere laudanda, laudari quoque ineptum putamus.* Cellar. *praef. ad Panegyr. vet. XII.*

***) Nonnumquam tamen laus eiusmodi, quantumuis nimia, non tam adulatio videtur, quam admonitio. Multis sane Plinius splendido illo Panegyrico suo non tam virtutes Traiani celebrasse, quam eum, qualis esse debeat, admonere voluisse videtur. Ceterum eleganter laudationis atque adulationis discrimen ostendit Lucianus *in apologia ὑπὲρ τῶν εἰκόνων Tom. III. p.* 327. *seq.* vbi docet, *adsentatorem quaecumque sui compendii caussa laudare, nullaque veritatis ratione habita, ea omnia immodicis laudibus extollenda existimare. Impudenter quoque mentiendo illum plura addere de suo, adeo vt non vereatur Thersiten quoque forma turpissimum ipso Achille pulcriorem dicere, et Nestorem inter omnes eos, quotquot ad Ilium pugnaturi venerint, natu minimum. Persancte quoque eum deieraturum, Croesi filium acutiore esse auditu praeditum Melampode, praeterea*

Ipsum

Iphnea acutius cernere quam Lynceam, dummodo spes aliqua consequendi lucri ob mendacium adpareat. Porro autem laudatarum nequaquam mentiri, aut addere aliquid, quod in totum in laudato non compareat, sed ea, quibus quis natura praeditus sit bonis, tametsi non admodum magna sint, extollere: nec lucrum eâ laude captare, sed iustum virtutibus pretium statuere, cetera.

III.

Ceterum in panegyricis conscribendis e veteribus ingenium exercuerunt Plinius *) et duodecim illorum panegyricorum auctores Cl. Mamertinus, Eumenius, Nazarius, Ausonius, Latinus Pacatus **), quos coniunctim post alios edidit Christ. Cellarius ***).

Quinam e veteribus eiusmodi orationes scripserint?

*) Plinii panegyricus arte magna, nec minore dictionis concinnitate compositus est. In primis vel ideo commendari meretur, quod et ciuilium rerum periti copiosissimum prudentiae imperatoriae penu in loculentissima illa oratione deprehendunt.

**) Auctores hi pro temporum, quibus floruere, varietate, vario stilo vtuntur. Incedunt, fere cothurnis, et nonnumquam poetico magis, quam oratorio dicendi genere delectantur. Laudari tamen meretur artificium oratorium, nisi quod nonnumquam nimis ad seruile osequium sese demittere videntur.

***) Seorsum hos auctores recensuit, notisque ac indicibus suo more illustrauit Christophorus Cellarius, *Halae* CIƆIƆCCIII. 8.

IIII.

Nec desunt, qui a renatis litteris panegyricos in laudem summorum principum scri-

Quinam e recentioribus?

scripserunt. *) Eminent in his Erasmus, Bo-rius VVinsemius, Ez. Spanhemius, Aug. Buchnerus, Io. Henr. Boeclerus, Oct. Ferrarius, Dan. Eremita, Ant. Malagonellus et quidam, quos nostra hac aetate in hac arte excelluisse constat **).

*) Non una exstat panegyricarum orationum collectio. Praecipua aliquot voluminibus prodiit *Hanou.* cIↃIↃXIII. 8. sed orationes non omnes his tomis comprehensas eiusdem esse commatis, recte obseruauit Morhof. *Polyhist.* *I*, 6. 3. 6. *p.* 280. *T. I.*

Erasmus. Exstat huius Erasmi oratio panegyrica ad Burgundum principem, optima, multaque eruditione referta, in cuius etiam stilo nihil poterit desiderari, iudice eodem Morhofio *l. c.*

VVinsemius. Exstant huius oratoris panegyrici varii.

Spanhemius. Splendido admodum et plane antiquo stilo Ez. Spanhemius laudauit Christinam, Sueciae reginam, *Gen.* cIↃIↃCLII. 4. Exstat eiusdem panegyricus genethliacus de nato Electori Branderburg. filio.

Buchnerus. Buchneriana oratione nihil potest esse splendidius, nihil vberius, nihil grauius. Nonnumquam tamen paullo longius a puritate illa castitateque tersae Latinitatis discedit, quod iam ab aliis est obseruatum.

Boeclerus. Huius variae exstant orationes panegyricae *Tomo III. differtat. academicarum*. Sed agmen facile ducit illa in laudem Christianae reginae, rerum summam suscipientis, *Vpsaliae* habita.

Ferrarius. Huius praecipue laudandae sunt orationes binae, quarum altera in laudem Christianae, reginae Sueciae, conscripta, sub titulo *Pallas Suecica*; altera in laudem Ludouici XIIII. regis Franciae, prodiit *Venet.* cIↃIↃCLXVI. 4.

Eremita. Exstat huius luculentissimus panegyricus Cosmo Medico, Magno Hetruriae Duci, dictus, de quo multi iudicarunt, ita in eo omnem artis oratoriae adparatum exhausisse Danielem Eremitam, vt, si iterum ipsi dicendi obtigisset occasio, nihil sibi eloquentiae ac artis superesse fuisset intellecturus. Sed edidit tamen et alterum panegyricum in laudem Ferdinandi Medicei. Recusos illos cum aliis eiusdem opusculis habemus *Vltrai.* cIↄIↄccI. 8. *cum praefatione* Graeuii.

Malagonellus.

Prodierunt Malagonelli orationes *Romae* cIↄIↄLXXXXVII. 12. sed facile adparet, eas non tam Ciceronis aliorumque castae orationis scriptorum facundiam, quam argutum illud Plinii dicendi genus, quod florida sententiarum varietate aures permulcet, sapere. Vid. Morh. *Polhy. l. c. p.* 208.

**) Plures aetate nostra prodierunt panegyrici, quos omnibus his facile opposueris. Praecipue tamen in Belgio Io. Ge. Graeuius, et P. Burmanus. Helmstadii Casp. Coerberus et Iust. Christophorus Boehmerus. Vitembergae Conr. Sam. Schurzfleischius et I. G. Bergerus, Altorfii Noricorum C. G. Schvvarzius. Halae Christophorus Cellarius et Nic. Hier. Gundlingius, magnam hoc dicendi genere laudem sibi pepererunt, quamuis fatendum sit, Gundlingii dictionem non vbique veterem illam puritatem atque elegantiam, quam in Cellario aliisque miramur, redolere. Vnde merentur variae illorum orationes, quae et colligantur, et diurna nocturnaque versentur manu.

V.

Vt vero, quomodo scribendi sint panegyrici, tanto magis pateat: sciendum est, eos esse duorum generum. Alii enim ANA-

LYTICA *), alii SYNTHETICA **), quam vocant, methodo conscribuntur. Vossius tertium genus addit, quod *mixtum* vocat, *lib. I. cap. 9.* *)

*) *Analyticam* methodum sequimur, quoties viri cuiusdam illustris historiam ordine temporis percensemus. Sic Plinius auspicatus a Traiani adoptione, quae is deinde in imperio gesserit, paullo accuratius exponit. Sic et Latinus Pacatus laudaturus Theodosium, primum de patria Hispania, deinde de patre, tum de dotibus fortunae, hinc porro de virtutibus dotibusque animi, denique de rebus gestis agit. Et ita quidem plerique solent elaborari panegyrici, qui adeo nihil aliud sunt, quam historiae vel vitae magnorum virorum, multis sententiis atque locis communibus, tamquam gemmis quibusdam, illuminatae.

**) *Syntheticos* panegyricos vocamus, in quibus thema quoddam tractandum suscipitur, quod deinde ex vita historiaque viri cuiusdam illustris illustratur. Exemplo esse potest panegyricus Cl. Mamertini Maximiano Herculeo dictus, in quo demonstratur, *Herculeum, quum ad restituendam rempublicam a Diocletiano vocaretur, plus tribuisse beneficii, quam acceperit*. Vid. *paneg. vet. I. 3.* Hoc thema deinde petitis ex eius historia vitaque argumentis demonstrat. Ita et Buchnerus Henricum a Friesen laudaturus, magni cancellarii sistit imaginem, eumque et genere nobilem, et virtute ornatum, et auctoritate conspicuum, et doctrina prudentiaque insignem esse debere, exemplo eius demonstrat. Ceterum synthetica haec laudandi ratio ab ipso Cicerone inuenta videtur, quippe qui in *oratione pro lege Manilia* eadem fere methodo Pompeium Magnum collaudat.

Quem-

VI.

Quemadmodum ergo declamationibus disciplinae *); ita panegyricis historia adparatum sufficit **): neque quisquam scribet panegyricum, nisi qui interiorem viri laudandi vitam atque historiam in numerato habet. *)

Variura argumēta ex historia petenda.

*) Vid. supra *cap.* 2.

**) Siue enim analytica, siue synthetica methodo panegyricus sit elaborandus, vtramque paginam facit viri illius, cui consecratus est, historia. Vnde primo omnium sollicitum de ea esse oportet oratorem. Quemadmodum vero superiore capite declamationem scripturos res e disciplinis collectas in certas classes ac argumenta dispescere iussimus: ita et hic historia viri, quem laudaturi sumus, in certas periodos describenda est. Et quidem, si syntheticam methodum eligimus, argumenta iam nota sunt. Quamuis et hic loci communes saepe ex intima philosophia morali, iurisprudentia naturali, et ciuili maxime prudentia depromendi sint: Deinde vero dispiciendum, quid ex historia vel vita viri laudandi ad probandam illam orationis partem aliquid conferat. Sin magis placeat methodus analytica: laudandus erit heros noster a *patria*, *parentibus*, *educatione*, *dotibus corporis*, *fortunae*, *animi*, *rebus gestis*, *cet.* Quotcumque ergo mihi laudabilia in historia eius offeruntur, totidem nasci mihi intelligo panegyrici argumenta.

VII.

Singula argumēta constant loco communi et historia.

Collecto igitur ex historia adparatu, eodemque in partes aut argumenta distributo, singulae partes erunt elaborandae. Verum

rum caue hic eodem modo, quo in declamationibus, procedas. Quum enim in his argumentum vnumquodque per syllogismum vel enthymema oratorium disponatur *): in panegyricis singula argumenta *loco communi* et ipsa *historia* constant **).

*) Vide *caput antecedent*.

**) *Locus communis* ostendit, rem esse laudandam; *historia* vero, laudem istam in virum illum illustrem cadere, demonstrat. Solet tamen nonnumquam locus communis vel omitti, vel breui certae sententiae includi. Nonnumquam etiam locus communis historiae, nonnumquam haec illi praemittitur, aliquando inter se miscentur.

VIII.

Quomodo loci communes elaborandi?

Locus communis facile inuenietur, considerato paullo adcuratius argumento *). Quomodo vero elaborandus disponendusque sit, iam priore huius opusculi parte docuimus **).

*) E. g. si quis laudandus esset a genere, loci communes tractari possent, splendidos natales multum conferre ad auctoritatem: illustri sanguini inesse quosdam virtutis igniculos: indicatrices ad res magnas gerendas esse virtutes exemplaque maiorum. Porro si de peregrinationibus eiusdem dicendum esset, locum inuenirent tractationes de peregrinandi prudentia, de vtilitate peregrinationum, cet.

**) Vide supra *lib. I. c. 3. num. II. seq.*

VIIII.

Quomodo historia.

Historia ipsa non nuda recensenda, sed intermixtis subinde iudiciis politicis et moralibus, nec non variis similitudinibus, ex-

em-

emplis, testimoniis illustranda *). Nihil enim occurrere debet in panegyricis, nisi illustre, sublime, magnificum.

*) Alias enim nihil interesset inter historiam et panegyricum. Hinc vita variis iudiciis et illustrationibus, tamquam gemmis, distinguenda est.

X.

Stilus panegyricorum sit sublimis *), grauis **), acutus ***), nonnumquam etiam, si ita ferat materiae ratio, concitatus ****). Obseruandum tamen, sublimis etiam stili certos veluti gradus esse. Vnde quo illustrior est, quam laudamus, persona; eo sublimiorem grauioremque esse stilum oportet *****).

Qualis sit panegyricorum stilus?

*) Vide supra *part. I. cap. 2. num. 46.*

**) Maxime haec grauitas in locis communibus et iudiciis, quae historiae immiscenda esse diximus, elucet. Vide supra *part. I. cap. 2.*

***) Attamen vt in omni vita, ita et hic illud adprime vtile est, ne quid nimis. Plinius et sequentes panegyricorum scriptores, inprimis Ausonius, plus iusto indulgent ingenii acumini, quod etiam vbique ostentant Io. VVovverus et Ant. Malagonellus. Castiores ea in re M. Ant. Muretus, Aug. Buchnerus, Io. Geo. Graeuius, C. G. Schvvarzius, quos merito imiteris. Conf. *part. I. c. 2. n. 63.*

****) Stilus concitatus panegyricorum praecipue in exordiis et conclusionibus locum habet, quoties adfectus mouendi sunt vehementiores. Conf. *part. I. cap. 2. n. 54.*

*****) Quum enim inter rem, de qua dissedifferimus, ipsamque orationem quandam veluti proportionem esse oporteat: facile parebit, sublimiorem esse debere stilum in panegyrico magno alicui principi consecrato; paullo remissiorem vero, si viri vel rerum gestarum, vel eruditionis scientiaeque gloria conspicui, virtutes sint celebrandae.

XI.

Quid in exordiis et conclusionibus obseruandum?

Ad *exordium* et *conclusionem* quod attinet, nihil singulare habent panegyrici, nisi quod in utraque parte vehementiores moueri solent adfectus, quam qui in declamationibus locum habere possunt. *)

*) Nam saepe in panegyricorum vel exordiis vel conclusionibus vti solemus apostrophis, sermocinationibus, prosopopoeiis, exclamationibus, aliisque figuris patheticis, quae in declamationibus non solum intempestiuae, verum etiam frigidae plerumque essent futurae.

CAPVT IIII.

De Dialogis.

I.

Dialogi etsi hodie rariores, laudem tamen merentur.

IN scriptionibus prosaicis, locum haud postremum merentur dialogi, qui veteribus non modo *), verum etiam vltimi aeui scriptoribus quibusdam **) fuere in deliciis. Et quamuis hodie paene ab usu recesserint: digni tamen sunt ob iucunditatem ac elegantiam ***), de quibus praecepta nonnulla ****) suppeditemus.

*) Summis Graecorum philosophis ea scriben

bendi methodus mirifice placuit. Hodiernum exstant Platonis, Aeschinis et Xenophontis dialogi plane egregii. Nec ignoti sunt Athenaei δειπνοσοφισταὶ Luciani *dialogi*, aliaque huius generis opera. E Latinis in dialogis scribendis excelluit Cicero, qui et philosophica et oratoria scripta pleraque hac methodo composuit. Exstat etiam Corn. Taciti vel potius incerti auctoris de caussis corruptae eloquentiae dialogus elegantissimus, cui iungendus Minucii Felicis insignis dialogus, quo Christianae religionis caussam contra gentilium calumnias perorauit. Omitto Macrobium, qui Athenaeum non infeliciter imitatus est, et alios.

**) Recentioribus paullatim vel displicere, vel ignota esse coepit haec scribendi ratio. Neque tamen nulli aliquid in ea re ausi sunt. Nam ut colloquiorum scriptores omittam, et qui in vernacula eiusmodi quid tentarunt; non inuenusti sane sunt dialogi quidam M. Anton. Maioragii, Iani Nicii Erythraei, Iusti Lipsii.

***) Quemadmodum enim omnis imitatio habet, quod nos capiat atque oblectet: ita non potest non dialogus cum voluptate legi, qui doctorum virorum mores, vrbanitatem disserendique rationem veluti in theatro sistit. Nec iucunditate solum, sed et utilitate sua, nonnumquam se commendant dialogi. Quum enim veritates nonnullae ita sint comparatae, vt si nudae ac sine inuolucro sistantur, animo parum composito duriores videri possint: consultissimum erit, argumentis in vtramque partem adlatis, de iis disputare, et lectori permittere iudicium. Cui rei maxime inseruient dialogi. Vnde facile patet, cur Galilaeus a Galilaeis librum de systemate mundi dialogistica, quam dogmatica, methodo conscribere maluerit. Et nescio, sane, an non id innuere voluerit Quin-

ctistilianus, quando dialogis libertatem adscribit *l. X. c. 5. Quapropter historiae nonnumquam vbertas in aliqua exercendi stili parte ponenda, et dialogorum* libertate *gestiendum*. Quamuis enim ibi pro *libertate* Vossiani codices habeant *vbertate*: tamen quum id vocabulum iam paullo ante adhibuerit scriptor elegantissimus, non sane verosimile est, eum illud hic repetere voluisse.

****) Equidem iam olim elegantem de dialogo librum edidit Car. Sigonius ad Io. Moronum, cardinalem, excusum *Venet.* cIↃIↃLXII. *et Lips.* cIↃIↃLXXXXVI. in 8. Sed ille historicus potius et criticus est, quam rhetoricus, quod et de Georgii Paschii diatriba de vsitata veterum exemplo ratione tradendi per dialogos, *Xilonis* cIↃIↃCC. 4. edita, dicendum videtur.

II.

Dialogus quid sit?

Est vero DIALOGVS *fictum* *) *inter viros doctos* **) *colloquium, quo variae de materia quadam dubia sententiae* ***) *expenduntur*.

*) Plerosque ergo dialogos sermones personis tribuere, quos numquam inter se habuere, satis constat. Ac proinde Socrates, visa Platonis Lyside: *Proh Dii immortales*, inquit, *quam multa de me mentitur adolescens!* Diog. Laert. III., 35. Non magis veras esse, quae in Luciani, Ciceronis, aliorumque veterum dialogis viris summis tribuuntur, orationes, facile unusquisque, qui in his non plane hospes est, intelliget.

**) Exstant etiam dialogi, in quibus Dii vel mortui in campis Elyseis inter se confabulari finguntur, quales e veteribus Lucianus

cer-

confecit. Hos Poeticos dicere possis ob ingeniosam fictionem, quae hic utramque paginam facit. Sed quum ob futiles libellos nostra memoria hac methodo scriptos hi dialogi fere ridiculi facti sint: iis iam quidem non immoramur.

***) Equidem, quemadmodum familiares de rebus variis inter se caedunt sermones; ita et dialogos de rebus omnibus conscribi posse, nemo dubitauerit. Sed quum hic de iis potissimum agamus colloquiis, quae inter viros eruditos habita finguntur, hi vero non videantur de lana caprina sermocinari: aptissimam dialogis materiam suppeditabunt quaestiones dubiae, de quibus in utramque partem solet a viris doctis disputari. Sic Cicero modo diuersas de Diis sententias, modo ancipites veterum de diuinatione disputationes, modo quaestiones de fato, vel de summa hominis felicitate, examinat paullo adcuratius.

III.

Quamquam autem multiplices sint dialogi *): praecipue tamen hic obseruandum, alios HISTORICOS **) esse, alios COMICOS ***). Quae diuisio non ab obiecto, sed a forma vel scribendi ratione, desumitur.

Quotuplices illi sint?

*) Sic Platonis dialogi vulgo diuidi solent in φυσικοὺς, qualis est *Timaeus*; ἠθικοὺς, qualis est *Apologia Socratis*; λογικοὺς quales sunt *Theages*, *Cratylus*, *Sophista*, *Laches*; ἐλεγκτικοὺς, quales *Parmenides et Protagoras*; πολιτικοὺς, quales *Criton*, *Phaedo*, *Minos*, *Symposion*, *Leges*, *Menexenus*, *Clitipho*, *Philebus*; πειραστικοὺς. quales *Euthyphron*, *Meno*, *Ion*, *Charmides*; μαιευτικοὺς, qualis *Alcibiades*; ac denique ἀνατρεπτικοὺς

quales *Hippias*, *Enthydemus et Gorgias*. Vid. Albini *introd. in Platonis dialog. n. 5.* apud Fabric. *Biblioth. Graec. 2. p. 46.*

**) *Historicos* dialogos voco, in quibus, quid inter personas actum sit, historice narratur. Tales sunt Ciceronis dialogi de oratore, de finibus, de diuinatione, aliique, in quibus tum occasio colloquii, tum ipsi, qui inter amicos vltro citroque habiti sunt, sermones historice enarrantur.

***) *Comicos* adpello dialogos, vbi, sine narratione, sermones personarum, directa oratione, proponuntur. Tales sunt Ciceronis dialogi *de legibus*, vt et eiusdem *Topica ad Trebatium*, nec non *partitiones oratoriae*. Platonis etiam, Luciani et Erasmi dialogi plerique sunt comici.

IIII.

Quales personae eligēdae in dialogis historicis.

Ad historicos quod attinet dialogos, primo omnium eligendae sunt personae, et quidem tales, quae vno eodemque tempore vixerunt *), et quas ita loquuturas fuisse verosimile sit **).

*) Ridiculum ergo esset v. c. Abrahamum, Petrum et Mahumedum colloquentes introducere, qui quum eodem tempore haud vixerint, nec colloqui profecto inter se potuerunt. Et tamen ne Plato quidem sibi ab hoc vitio temperauit, qui in *Timaeo* philosophum hunc Pythagoraeum introducit colloquentem cum Socrate, quos tamen *eodem saeculo haud vixisse*, iam Macrob. *Saturn. I, 1.* obseruauit; quamquam et Cicero *de finib. V.* eum a Platone auditum referat. Immo et Socratem cum Parmenide, cuius pueritia vix Socratis senectutem adprehenderit, et Paralum ac Xanthippum,

pum, Periclis filios cum Protagora committit Plato, quum illos multo ante infamis illa pestilentia Athenis absumsisset. Macrob. *ibid.*

**) Vt vbique, ita et hic τὸ πρέπον vtramque paginam facit. Hinc ludibrium deberet lectoribus, qui e. g. *Augustum* et *Liuiam* de substantiae definitione, aut de vsu syllogismorum loquentes introduceret. Quis enim credat, par istud coniugum de quaestionibus eiusmodi leuissimis inter se disseruisse? Peccauit ea in re ipse Cicero. Quum enim in quaestionibus Academicis Lucullum et Catullum introduxisset loquentes, ab Attico monitus, tantos viros de rebus eiusmodi colloquutos, vix esse verisimile, mutauit consilium, aliasque personas elegit.

V.

Partes eiusmodi dialogorum tres numeramus, παρασκευὴν, (*exordium*) ἀγῶνα (*tractationem*) καὶ ἐπίλογον (*epilogum*) *).

Quae partibus illi constent.

*) Παρασκευὴ occasionem colloquii, ἀγὼν ipsum colloquium, ἐπίλογος denique, quomodo illud abruptum sit, enarrat.

V I.

[illegible] partim *prologo* *), partim *narratione* **) constat, tametsi prologus non semper videtur necessarius.

Qualis sit παρασκευή.

*) *Prologus, nihil aliud est, quam totius dialogi exordium*, quod vel ab ipsa re, vel a circumstantiis loci, temporis, personarum, potest desumi. Sic Cicero dialogos de diuinatione auspicatur a vetere quaestione, an sit diuinatio quaedam praesensioque rerum futurarum? Dialogis de natura Deorum prologum a philosophorum dissensu de exsistentia et natura Deo-

rum praemittit. In principio librorum de legibus, de laudibus municipii Arpinatis; alibi de laudibus Luculli et Hortensii disserit.

**) *Narratio* quasi viam pandit ad colloquium, et qualis fuerit sermocinandi occasio, enarrat. Dicendum ergo, vbi viri isti congressi sint, et qua occasione in hanc disputationem inciderint. Ingenio ergo non magis, quam iudicio, hic opus est, ne quid fingamus, quod circumstantiae non ferant.

VII.

Re constat prologo et narratione.

Prologus non aliter, quam quodcumque aliud orationis exordium, elaboratur *). *Narratio* vero ordinem temporis obseruat, adeoque, quid antecesserit, quidue consequutum sit, sigillatim exponit **).

*) Quemadmodum ergo orationis exordium *protasi*, *aetiologia*, *apodosi et basi* absoluitur: ita eaedem partes in dialogorum prologis obseruantur. Id quod vel vnico exemplo demonstrare iuuat: Cicero *de nat. Deor. I*, 1. in prologo huius dialogi dissensum philosophorum de Deorum exsistentia et natura hoc ordine exponit.

I. Protasis. *Magna semper fuit inter philosophos contentio de natura Deorum.*

II. AEtiologia. *Disputant enim*

I. *de existentia Deorum.*

II. *de eorum essentia.*

III. *de prouidentia.*

III. Apodosis. *Et tamen haec quaestio maximi momenti est.*

IIII. Basis. *Hinc philosophiae me sedulo dedi, et maxime amaui academicam, quae nihil temere adfirmat. Vnde etiam methodo academicorum de natura Deorum disputabo.*

Ha-

Habes hic omnes exordii partes, ad quas facile etiam reliquorum dialogorum prologos licebit reuocare.

**) Hinc vulgo aiunt, *narrationem* constare *antecedentibus*, *concomitantibus*, et *consequentibus*. Cicero eodem dialogo ita narrationem disponit.

I. Antecedens. *Veni ad Cottam feriis Latinis, et inueni disputantem cum Velleio Epicureo et Balbo Stoico.*

II. Concomitantia. *Tum me Cotta inuitauit ad disputandum.*

III. Consequens. *Facile ei assensus, primo Velleium rogaui sententiam:*

Elegans in primis est παρασκευὴ quam Octauio suo praemisis Minucius Felix. Exorsus enim a laudibus Octauii Christiani, deinde narrat Caecilium, Deorum cultorem, Octauio familiarissimum, salutatum hunc venisse, quocum hic ad maris litus deambulatum exierit. In via Caecilium incidisse in simulacrum Serapidis, quod quum more maiorum veneraretur, Octauium monitum esse a Minucio ne pateretur familiarem diutius in tanta re errare. Hinc occasionem illis natam de religione disputandi.

VIII.

Quid sit ἀγών.

Ἀγὼν ipsum enarrat colloquium. Vbi obseruandum, varias de quaestione sententias inter personas colloquentes esse distribuendas *). Primae partes plerumque deferuntur personae, quae opinionem vel vulgarem, vel paullo absurdiorem defendit **). Vbi haec persona dixit sententiam, altera respondet, et prioris argumenta partim probat, partim refellit, et, quid sibi videatur, exponit ***). Idem et reliquae, si plu-

plures sint, personae faciunt. Accedit nonnunquam veluti arbiter, qui totam litem componit ****).

*) Hanc regulam adcurate plerumque obseruat Cicero. Sic in dialogo de natura Deorum alium ex mente Epicureorum, alium ex sententia Stoicorum, alium ex Platonicorum principiis de Diis disserere fingit. Ita et Minucius Felix Caecilio partes paganorum, Octauio Christianorum tribuit.

**) Hinc in Ciceronis saepe laudato dialogo Velleius Epicureus, in Minucii Felicis Octauio Caecilius, Deorum cultor, prior dicit sententiam.

***) Hic quoque exemplum luculentissimum dabis Minucii Felicis dialogus, in quo Octauius Caecilii argumenta non solum adcurate refellit, sed et pro Christiana religione copiosius disserit.

****) Ita eodem dialogo Minucius Felix veluti arbitri partes in se suscipit. Sed obseruandum, arbitrio eiusmodi locum vix esse in dialogis Ciceronis. Quum enim hic academicorum scholae dedisset nomen, qui nihil temere adfirmabant: facile patet ratio, cur numquam componat litem, sed lectores veluti sub cultro relinquat.

VIIII.

Qualis epilogus?

Epilogus plerumque breuissimus est, et tantum, quomodo interruptum sit colloquium *), aut quid rei consequutum sit **), enarrat.

*) Hic quoque aliquid, quod verisimile sit, fingendum, v. c. accessisse amicum, qui alio sermonem inflexerit, vel itum esse ad coenam,

nam, in qua aliis de rebus in multam noctem confabulati sint, cetera.

**) Sic Minucius Felix in epilogo narrat Caecilium Octauii oratione permotum, profanas de religione sententias eierasse, et christianae ecclesiae dedisse nomen.

X.

Qualeis personae eligēdae in dialogis comicis.

Dialogi *comici* non historice narrant, quid inter se sermocinati sint amici, sed tantum directa oratione, vt comici solent, singulorum orationem proferunt, praemissis semper personarum nominibus *). Quo fit, vt veluti *κατ' ἐξοχὴν colloquia* vocentur eiusmodi dialogi.

*) Quum in dialogis *historicis* plerumque personae verae introducantur inter se colloquentes: in comicis nomina fere finguntur, quamuis et hic laudem mereatur ὀνοματοποιΐα, quae characterem personarum quodammodo exprimit, qua in re Plautus in primis mirus fuit artifex.

XI.

Quot partibus illi constent?

Haec quoque colloquia παρασκευῇ, ἀγῶνι et ἐπιλόγῳ absoluuntur. Verum παρασκευὴ nec prologum, nec narrationem complectitur, sed tantum ipsum ostendit sermonis initium, et quo ordine colloquentes in hos sermones inciderint.

XII.

Qualis dialogorum stilus?

De stilo dialogorum non est, quod hic plura moneamus, quum illum iam supra *) satis adcurate descriptum meminerimus. Id tantum addo, hic quoque personarum, quas loquentes introducimus, habendam

 esse

esse rationem, ne vel pueris cothurnos, vel Herculi soccos aptemus **).

*) Vid. *part. I. cap. 2. num.* 58.
**) Alius enim dicendi character viro erudito, alius indocto, alius viro honesto, alius parasiro, alius Thrasoni competit. Hac quoque in re parem vix habent Lucianus, Plautus, et Terentius, quibus nemo fere diuersos personarum characteres ipsa etiam forma stili adcuratius expressit. Contra ea Plato, cuius stilo omnes tantam tribuerunt laudem, ut ipsum Iouem, si Graece loqui vellet, Platonis oratione vsurum somniarint, vbique eumdem seruat stili characterem, eamdem orationis vbertatem, eaque re multum venustatis dialogis suis detrahit.

CAPUT V.

De Inscriptionibus.

I.

Inscriptiones vel veteres vel nouae.

PRosa oratione etiam *Inscriptiones* conficiuntur, quae cum vltimis potissimum temporibus, id est, patrum nostrorum memoria, nouam veluti faciem induerint *), recte in *antiquas* et *nouas* dispesci possunt.

*) Quales veteres fuerint inscriptiones, satis adparet e tot marmoribus, quorum epigraphas collegerunt Ian. Gruterus. Thom. Reinesius, Raph. Fabbretus, Jo. Bapt. Ferretius, Iac. Sponius, Iac. Phil. Tomasinus, Sertor. Vrsatus, Iac. Salomonius, Onuphr. Panuinius, Marc. Velserus, Phil. a Turre, Cnr.

Caes.

Caes. Maluasia, Io. Vignolius, nuper etiam Scip. Masfeius *in Antiquitatibus Galliae*, et Maiansius in *epistolis*, aliique quam plurimi. Vt iam non dicam de noua Marquardi Gudii collectione, quae *Leonardiae* typis Halmianis excusa, prodiit tandem cIↃIↃccxxxii. At postremis temporibus aliud in vsu esse coepit inscriptionum genus, ex meris argutiis conflatum, quod cum vetere illo nihil habet commune, nisi quod auctores et harum inscriptionum breues longasque lineas promiscue ponere solent. Quum enim ob poetarum ineptias ipsa carmina, quantumuis nitida, sordere coepissent viris grauibus: coeperunt illi aliquid reperire inter orationes et versus medium, et, loco carminum, cudere inscriptiones argutas. Auctores huius rei Itali, inter quos mirifice hoc siue inscriptionum, siue elogiorum genere delectati sunt Laur. Pignorius, Iac Salianus, Em. Thesaurus, Oct. Ferrarius, Io. Palatius, aliique, quos deinde et Galli, Germani, ceteraeque nationes imitari non dubitarunt. Parum honorifice tamen de nouo hoc inscriptionum genere sentiunt eruditi, quotquot sunt antiquae elegantiae tenaciores. Nam praeterquam quod exemplo veterum destituuntur: nescio quid declamatorium et sophisticum sapit argutus ille inscriptionum stilus, nec magis virum grauem decet, quam vestis auro gemmisque operta. Vid. Boecleri *Museum tom. III. dissert. acad. p. 337. seq.* Morh. *disciplin. argut. III. 4. p. 180. seq.*

II.

Veterum exemplo conscriptae quando hodie locum inueniant

Veteres hodie imitamur, quoties in portis, propugnaculis, pontibus, aliisque publicis operibus inscriptiones ponendae sunt *). Idem stilus lapidaris maxime ornat epitaphia **), cenotaphia ***), et alia huius generis monimenta.

*) Non temere vllum opus publicum extruxere Romani, quod non addita inscriptione aliqua veluti consecrarint. Illud et hodie imitantur principes, famae suae studiosiores, vt vel ex solis illustrissimi auctoris Monimentis Paderbornensibus liquet. Sic et hodie saepius titulis eiusmodi ornantur portae vrbium aediumque publicarum, cataractae, archus triumphales, pontes, aliaque opera publica, qualia exempla passim extant in Em. Thesauri *inscriptionibus*. Hic vero caue nouas illas inscriptiones, quarum superiore paragrapho mentionem fecimus, imiteris. Exigit enim temporum nostrorum elegantia, ut veterem potius illum stilum lapidarem exprimere conemur.

**) Neque enim probantur eruditis epitaphia hodierna, in quibus praeter vitae mortisque historiam, et aliquot sententias e scriptura sacra depromtas, nihil omnino occurrit, quod placeat. Imitandi et hic veteres, quorum epitaphia et breuitate concinnitateque, et interdum etiam acumine, sed non anxie quaesitis argutiis, sese lectoribus commendant. Plura eiusmodi monimenta extant apud Gruterum, Reinesium, Sponium aliosque, e quibus optima quaeuis seligi oportet, quae imitemur. Neque enim negari potest, alia sequioris aeui inquinatam Latinitatem; alia vel auctorum vel lapicidarum ruditatem redolere.

***) Cenotaphia ab epitaphiis quomodo differant, nemo ignorat. Epitaphium *est titulus vero sepulcro suffixus*; Cenotaphium *inscriptio sepulcro honorario adiecta*. Talia sepulcra honoraria sunt monimentum illud Drusi Moguntinum, vulgo *der Eichelstein*, et celeberrimum cenotaphium Pisanum, Caii & Lucii Caesarum memoriae positum, quod singulari eoque pereruditio commentario illustrauit doctissimus Romanae ecclesiae Cardinalis Henricus Norisius, *Venetiis*, cIↄIↄCLXXXI. *fol.*

III.

Vt vero stilum lapidarem veterem paullo adcuratius exprimamus, quaedam tum circa *materiam dispositionem*que, tum circa *eloquutionem ac ortographiam* monenda sunt.

In iis quid obseruandum?

IIII.

Materiam facile sufficiet occasio. Nemo enim non videt, si verbi gratia aedificium publicum inscriptione vel titulo notandum sit, tunc finem, caussam efficientem, et tempus in eiusmodi monimento esse exprimenda *). Non temere tamen inscriptio publica poni solet, in qua non Principis honorifica fiat mentio **).

Earum materia.

*) Sic e. g. muris Veronensibus haec inscriptio addita reperitur adud Gruter. *Inscript. pag.* CCXVI. 12.

COLONIA. AVGVSTA. VERONA.
NOVA. GALLIENIANA.
VALERIANO. II. ET. LVCILLO. COSS.
MVRI. VERONENSIVM.
FABRICATI.
EX. DIE. III. NON. APRIL.
DEDICATI. PRID. NON. DECEMBR.

Habes hic murorum finem, scilicet vt praesidio essent coloniae Veronensis; habes caussam, vel certe quibus consulibus Romanis id factum sit, habes denique aedificationis ac dedicationis tempus. Omnia enim haec scire posteritatis intererat.

**) Quaecumque in monarchia geruntur, Principis geruntur auspiciis. Vnde non facile praetermitti solet grata ac honorifica eorumdem mentio. Quid? quod legibus cautum sit, ne priuatorum nomina operibus publicis inscribantur, sed principum. *l. 3. D. de operib. publ.* nisi priuati sumtus in illa fecissent. *l. 2. §. 2. l. 3. §. 2. D. eod.* Notandum tamen, adulationem illam, quam in Romanis posterioribus vbique animaduertimus, ex inscriptionibus etiam passim elucere. Nihil enim frequentius est loquutionibus: *Deuotus numini maiestatique eius diuina eius prouidentia, cet.*

V.

Earumdem dispositio, & quidem epitaphiorum?

Ad dispositionem quod attinet, a *publicis monimentis* seiungere soleo *epitaphia*, quo olim et inscriptiones priuatorum statuis subiectae pertinebant: quamuis vti antiquioribus temporibus inscriptiones vel titulus statuarum plane ignorabant, et plerosque a posteris demum additos esse obseruat Iac. Periz. *Animadu. hist. c. 7. p. 302. seq.* ita et iam pridem exoleuit mos ille priuatis dedicandi statuas. In EPITAPHIIS plerumque praemittitur CONSECRATIO*), cui deinde subiungitur MORTIS vel SEPVLTVRAE mentio **) Hinc porro sequitur NOMEN defuncti ***), cui ELOGIVM aliquod breue et acutum ****) addi solet. Accedit postea DIES EMORTVALIS et defuncti AETAS. Nonnumquam et ALLOQVVTIO vel ad defunctum *****), vel ad viatorem ******), subiicitur. Quibus omnibus denique subiungitur NOMEN illius, qui istud monimentum fieri curauit †). Reliqua, tamquam πάρεργα, merito praetermittimus ††).

*) CONSECRATIO illa vel dedicatio saltim non temere omittebatur a Romanis, apud quos sepulcra pontificii iuris, adeoque religiosa, putabantur. Vid. *antiq. Rom. iurisprud. civil. illustrant. II. l. 4. p.* 409. Quum vero illa dicata dicerentur Diis inferis: semper fere epitaphiis praemitti solebant litterae: D. M. id est, *Dis Manibus*, vel: D. M. S. *Dis manibus sacrum*, item: D. I. M. S. *Dis inferis manibus sacrum*. Iac. Guther. *de iure man. III.* 1. In Christianorum autem epitaphiis hae inscribuntur litterae D. O. M. S. vel D. O. M. id est, *Deo optimo maximo sacrum*, vel: *Deo optimo maximo*.

**) Solet haec elegantiore aliqua phrasi exprimi v. g. *Mortale, quidquid habuit, hic deposuit. Adstas viator trophaeo. Sitae sunt sub hoc monimento exuviae*, cet.

***) Hic quoque cauere solent antiquae elegantiae studiosiores, ne nomina longo titulorum syrmate onerent. Sic Principis titulum veteri exemplo ita liceret reddere: *Incomparabilis Princeps*, vel: *Iosephus, Imp. Caes. Aug. P. P.* vel: *Princeps Pius, Felix, Aug. P. P.* vel: *Carolus Imp. Caes. Aug. Germanicus, Gallicus. Hispanicus. Italicus. Hungaricus. Turcicus*. Talia etiam sunt elogia: *Princeps iuuentutis, Principis amicus, Principis a secretis, ab epistolis*, cet.

****) Id quo breuius atque acutius, eo erit elegantius. v. c. *Incomparabilis exempli femina, quae numquam maritum, nisi morte, turbauit. Puer venustulus, ipsisque gratiis amabilior. Princeps immortalitate dignissimus, si aliud ad aeternitatem iter patuisset. Amor deliciumque generis humani. Quem* *ano nasci nunquam, aut nunquam mori opta-missent*, cet.

*****) Talis est vetus illa; *Haue beatissima anima, nos te ex, quo quemque natura iusserit, ordine cuncti sequemur*. Talis etiam formula in antiquis monimentis frequentissima: H. S. E. S. T. T. L. *hic situs est: sit tibi terra leuis*. Grut. *Inscr.* p. CCCXXXI. 6. p. DCLXXV. 10. p. DCXCIII. 8. p. DCLXXVI. 1. p. DCCII. 20. p. DCXCV. 9. Quemadmodum vero his locis omnibus literae tantum singulares occurrunt: ita tota formula expressa est apud eundem p. DCCCXLIII. 1. p. DCCXVII. 9. pag. DCCLXXXV. 3. Add. Martial. *Epigr.* V. 34. et VIII. 30. Sunt et aliae formulae alloquendi cineres: *Haueto animae*, Reines. *class.* XIIII. 70. *Haue dulcis, dulcis vale*, Reines. *class.* XIIII. 192. *Salue, haue, vale*, Gruter. p. DCXCI. 6. p. DCCLXIX. 4. Reines. *class.* XIIII. 31. ΘΑΡΡΕΙ, ΘΑΡΣΕΙ, ΕΥΘΥΜΕΙ, ΘΑΡΡΕΙ ΚΑΙ ΕΥΘΥΜΟΝ ΕΧΕ ΑΓΑΘΟΝ, Reines. *praef.* p. 8. et *class.* XIIII. 31. Grut. p. CIↃCXX. 4. p. DCCCCXXXIII. 11. Eliod. II. 1. III. 1. ΕΥΨΥΧΕΙ ΣΥΝ ΤΟΥ ΟΣΙΡΙΔΟΣ Reines. *inscr. praef.* p. 8.

******) Sepulcra Romani solebant condere in agris iuxta vias, vbi et spacium quoddam, septo plerumque cinctum, religione occupari credebatur. Vid. *antiqu. Rom. iurispr. illustr.* II. 4 p. 459. *seq.* Hinc tam frequens viatorum mentio in epitaphiis Romanis. Saepe etiam defuncti viatores alloqui, et de communi mortalitate rerumque omnium vanitate admonere fingebantur. Tales sunt elegantes illae allocutiones: *Non fui, fui, non sum*, cet. *Viator, ut viuis, morieris, ut sum mortuus*. Sic vita traditur. *Solus cursim quaeris, ut consorio illo die tanto facilius sine impedimento refungam*: quamuis hanc formulam non antiquam

quam, sed post renatas litteras inuentam esse, facile pateat, idque praeclare demonstratum sit a Th. Reinesio in *praefat. inscriptionum*. Adde et hanc, quae in pueri sepulcro locum habere posset: *Quum fata intercipiant pueros, tibi quid exspectandum sit, memento.* Aliquando et colloquium aliquod instituitur inter defuncti cineres et viatorem: *Bonus homo sicuti et tu.* ΧΡΗΣΤΗ ΧΑΙΡΕ, ΚΑΙ ΣΥΓΕ. Exempla habet Reines. *class. XI. inscr. I. p. 606.* Est vbi aliquid rogare fingitur defunctus a viatore, veluti: *Nemo nos inquiet*, Reines. *class. XII. 60. Te quicumque titulum nostrum releges, rogo per superos, sic vt ad infernas partes recipiaris, ne velis tribus sepulcris molestari.* Reines. *class. XIIII. 33. Roga per superos, qui estis, ossa mea tueatis*, pro *tueamini*, Reines. *class. XVII. 170.*

†) In hac suscriptione plerumque necessitudo, quae inter defunctum et superstitem intercesserat, vel caussa, cur monimentum positum sit, exprimitur. Tales sunt formulae: *Parenti optimo et* B. D. S. M. (id est, *bene de se merenti*) C. Crispus Filius, *hoc monimentum* L. L. Q. (id est, *lubens lugensque*), vel *cum lacrumis posuit. Patruo* B. D. S. M. C. Manlius ex Test. F. F. vel F. C. id est, *ex testamento fieri fecit*, vel *faciundum curauit*. Paullo maioris momenti sunt litterae: H. M. H. S. id est, *hoc monimentum heres sequitur*, quas, quoties hereditario iure conditorium possidemus, epitaphiis subiicimus.

††) Talia in vetustis epitaphiis et titulis sepulcralibus quam plurima obseruamus, quae iam Barn. Brissonius et alii collegerunt. Vt paucis rem exemplis illustremus, aliquando adiiciebatur poena, inferenda in arcam pontificum, si quis sepulcrum alienaret. Gruter. *Inscr. p.* LX. 1. *p.* XII, 12. *p.* CIↃCXXXIX, 12. *p.* DCCCCXLVI, 6. *p.* DCII, 8. Reines. *Inscr. class. I*, 43. *p.* 87.

Ali-

Aliquando edicitur, ne extraneum corpus in idem monimentum, vel infra finem maceriae inferretur, Reinef. *claſſ.* XII, 37. ne vſtrinum monimento adplicaretur, *ibid. n.* 123. vt dolus malus monimento abeſſet: Reineſ. *claſſ.* XV, 25. In primis frequentes in veterum epitaphi imprecationes, quibus iis dira quaeuis minabantur, qui ſepulcrum violare non dubitaturi ſint. e. g. *Ollam eius ſi quis inuolarit, ad inferos non recipiatur*. Reineſ. *claſſ.* XVII, 168. conf. *claſſ.* XIIII, 33.

V I.

Nec non monimentorum publicorum.

Reliqua monimenta publica ita diſponi poſſunt, vt praemiſſo PRINCIPIS *nomine et titulo* *) breuis rerum geſtarum addatur HISTORIA **). Eam deinde ſequitur deſcriptio OPERIS PVBLICI, hoc titulo notandi, vel OCCASIONIS, operi huic conſtruendo datae ***). Deinde additur SVBSCRIPTIO perſonarum vel collegii, cuius impenſis hoc monimentum conſtructum eſt ****).

* Hic quoque repetendum, quod ſupra §. V. huius capitis monuimus, dandam ſcilicet eſſe operam, ne cum longo prouinciarum ſyrmate nomen Principis proferamus. Quum enim ſtilo lapidari hic vtendum ſit: ſatius erit, vetere more Principum titulos recenſere.

**) Res geſtae fere caſu ablatiuo ſolent deſcribi, e. g. *Proſtratis, hoſtibus, conciliata. Pace, patria. opibus. locupletata*, cet.

***) Nonnumquam et operis ipſius et occaſionis ſimul iniicitur mentio, e. g. *Ciuibus. in. ius. iurandum. adactis. arcum. hunc triumpha-*

phalem. constituit. deuota virtuti. maiestatique. eius. ciuitas.

****) Vbi tamen cauenda est antiquitatis adfectio. Sane merito ludibrium debent cordatioribus, qui sollemne istud S. P. Q. omnibus fere municipiis tribuunt, vbi populo nihil iuris est in administranda republica, et vbi vmbra potius collegii, quam senatus hoc nomine dignus occurrit. Romae saepe nomina subscribebant operum publicorum curatores. Hi erant viri senatorii ordinis, qui sub dispositione praefecti vrbi erant, et sub spe habebant procuratores et dispensatores operum publicorum. De his erudite vti solet, Reines. *Inscr. class. VIIII, 54. p. 571.* Ceterum nostrorum erit huius quoque paragraphi doctrinam exemplo illustrare. Tale est, quod sequitur:

D. O. M.
IMP. CAROLVS.
REX. GERMANORVM. HISPAN.
HVNGAR. BOEMORVM.
SICVLORVM.
PRINCEPS. PIVS. FEL. AVG. P. P.
PROFLIGATIS. HOSTIBVS.
REDDITA. CIVIBVS. PACE.
IMPERIO. CLASSE. MILITIBVS.
OPERIBVS. FIRMATO.
ALBAM. GRAECAM. TVRCIS.
EREPTAM.
NOVIS. HIS. PROPVGNACVLIS.
MVNIVIT.
OPTIMO. PRINCIPI.
HOC. MONIMENTVM.
POS.
DEVOTI. VIRTVTI. MAIESTATIQVE.
EIVS.
REGNI. HVNGARICI. PROCERES.

Po-

VII.

Stilus lapidaris qualis?

Potissimum vero respiciendumque est ad STILVM, quem LAPIDAREM vocant critici. Eum enim nonnulla singularia habere, nemo ibit inficias *).

*) Praecipua hic tantum consectabimur. Obseruandum itaque est

I. *In marmoribus multa occurrere vocabula, multasque loqutiones, reliquis Romanae linguae auctoribus ignotas*, quales sunt ABANTE, DEANTE, AETERNALIS. Vid. Scaligeri *indices*, Gruteri *inscriptionibus additos*, qualem etiam *cap.* 18. suis iudicibus inseruit Reinesius. Ex eo notamus vocabula Ballatio, Ballematio, Vallatio pro *saltatione*, Capitularis pro *seruo arcario*, Duplicarius, pro eo, *qui vtrique parti fauet*, Frunitus, pro *fruitus*, Schola ollarum, pro *receptacula vrnarum*. Tata, [illegible], Por, pro *puer*, pora, pro *puella*, Virginia coniux, Virginius compar. Virginius vir. Vterque alter, pro *fratre*. Quae pauca tantum speciminis loco damus. Verum caue in his quaeras delicias. Multa enim huius generis lapicidarum ruditati; multa vulgi dialecto debent originem. Forsan etiam aliquando aberratum est ab iis, qui inscriptiones veteres e lapidibus descripserunt. Exempla sane eiusmodi lapsuum plurima notauit Car. Sponius: plura adhuc dabit Marq. Gudius, cuius correctiones orae operis Grueteriani adscriptae maximam partem publici iuris factae sunt, cum in noua et splendida marmorum Gruterianorum editione, tum in *actis eruditorum Lipsiensibus*, ipsaque noua marmorum Gudianorum collectione.

II. *Singulares quoque esse in marmoribus con-*

structiones, qualium haud paucas notauit idem Scaliger, e. g. *cum ferarum libycarum*. Sed nec hic est quod imiteris, quum eadem id prohibeant rationes, et haec nimis archaismum sapiant. Licebit ex eodem indice Reinesiano quaedam huius generis excerpere. *Adquiescere cui* pro *prope aliquem quiescere*, *Ad cumulum aedificare*, id est, *ad colophonem perducere*. *Comitari cum aliquo*, *ex paruo creuit*, *molestari alicui*, *monere taurobolium*.

III. *In primis inscriptiones praeferre ortographiam antiquam*, veluti *olli* pro *illi*, *coerauerunt* pro *curarunt*, *Abei* pro *abi*, *quoi* pro *cui*. Imitari licebit, quae frequentissima reperies in bonae aetatis monimentis, veluti *heic* pro *hic*, *Sulpici* pro *Sulpicii*, *Kalendae* pro *calendae*, *eidus* pro *idus*. Reliqua pro obsolectis habenda. Neque enim adfectionis notam effugies, si orthographiam vetustissimam immo et falsam aliquando in hodiernis monimentis sequendam existimaueris. Talis est vsus frequens *ae* pro *e*. e. g. *caeleris*, *caerealis*, immo quod mireris, *diae*, *comparaes*, *pacae*, *praesbyter*, *quinquae* pro *celeris*, *Cerealis*, *die*, *compares*, *pace*, *presbyter*, *quinque*. Eo etiam referimus promiscuum vsum B. et V. vt *ababus* pro *abauus*, *atabus* pro *atauus*, *Baleria* pro *Valeria*, *vxori bene bibenti* pro *vxori bene viuenti*, *duuius*, *incomparauilis*, *venemerenti*, *vonae* pro *dubius*, *incomparabilis*, *bene merenti*, *bonae*. Talia, quae magno numero dedit Reines. *in indice Inscr. cap.* 19. quis sanus imitanda putet?

IIII. *Frequentissimas esse in scriptionibus formulas quasdam*, quas merito notabis v. c. *Bene de se merenti lubens lugensque*. Plures idem index Scaligerianus antea laudatus suppeditabit.

V. *Denique praecipue notandas esse siglas*,

vel vocum abbreuiationes, de quibus singularis exstat liber Sertorii Vrsati, in Io. Georg. Graeuii *thesauro antiquitatum Rom. tom. XI. p.* 507. recusus. Addi possunt *indices* Scaligeri et Reinesii, necnon Io. Nicolai commentatio *de siglis veterum, Lugd. Bat.* cIↃccIII. in quibus eiusmodi notae vel abbreuiationes, in lapidibus obuiae, plena manu proferuntur.

VIII.

Inscriptionum nouarum materia, inventio, et eloquutio.

Pergimus ad inscriptiones *nouas*, quae, quod ad materiam adtinet, parum a carmine differunt *). Res omnis ad vnicam regulam redit, *non temere* scilicet *in inscriptione ponendam lineam, quae non acutum quid et admirandum prae se ferat* **). Attamen, si dicendum quod res est, quo magis hanc obseruabis regulam, eo minorem laudem reportabis ab iis, qui, quam frigida sit illa acuminum nimia adfectatio, non ignorant.

*) Quaecumque ergo inuentio poemati conscribendo inseruit, eadem et inscriptioni suppeditet materiam. Parum enim interest inter carmen et inscriptionem nouam.

**) Quum ergo fontes acuminum me iam supra, sub finem *part. I. c. 2. §. 63.* dare meminerim: hic quidem actum agere nolo, sed exemplis loco addere sufficiet inscriptionem Em. Thesauri, vt, quales sint illae lautitiae, harum rerum cupidis exemplo ostendamus. Exstat illa *p.* 319. et Iobi, quem ipse Esau pronepotem putat, continet elogium:

In

In arenam, o ciues!
Gemini congrediuntur athletae,
Orientis alter; alter occidui solis imperator,
Iob et Daemon.
Simplicem illum videbitis cum multiplici hoste pugnantem,
Illum semper eumdem, hunc semper alium:
Qui forma carens, formas alternat.
Sed proderit Iobo aduersarii varietas,
Toties vnum triumphaturo.
En mollium Sabaeorum specie simulatus hostis,
Iobi boues praedatur,
Haec prima daemonis velitatio, robur eneruare deliciis.
Sed irrito euentu.
In flammam mutatur flammarum hospes,
et caelo cadens, vbi stare non potuit,
Incendit, quacumque incedit:
Et pascentes ouiculas igni depascitur,
Hinc magicum Chaldaeorum agmen mentitus,
Camelos cum rectoribus corripit.
Sustinet hanc iacturam diuinus pugil,
Qui opibus impeditior, quo ditior,
Aeque beneficum vocat numen, siue opes adferat, siue auferat.
Sic praedonem angit, dum de praeda non angitur.
Hactenus prolusit adgressor: iam propius,
Vt regiam euertat, in ventum vertitur.
Nil enim aulae nocentius vento.
Omnes turbat hic turbo, praeter illum cui nocet;
Qui ruinas inter infractus,
Latiore caelo fruitur, dum tecta subsidunt.
Sed maiores ciet lacrymarum nimbos hic ventus.
Dulcem senis sobolem inter epulas ruina sepelit.
At facilius terram mouet, quam Iobum,
Qui ruente familia sustinere potest orbitatem.
Spoliato quid superest? Vita.

Hanc

Hanc tortoris imagine, cruciat, non rapit:
Vt intra corpus et cadauer medius,
Iob vitam optet, vel mortem.
Iob neutrum curat.
Et ante numen cadens aemulum sternit dum sternitur.
Debellauerat: nisi defessus Antagonista
Deteriorem sibi vicarium sufficeret, feminam.
Viro igitur vxorem delegat,
Quae postremam suis malis imponere manum suadeat,
Et mortem morte anteuertere.
Beneficam crederes hanc maleficam, nisi esset vxor,
Cui luxus est, debili marito carere.
Detrahit hanc pietatis laruam mariti pietas,
Ac linguam lingua retundens,
Viuere mauult, inuisus coniugi ac sibi,
Totiesque hostem verberat, quoties spirat;
Et nihil amaturus, praeter Deum, mortem etiam odit.
Nam postremis in malis,
Fortius est mortem arcere, quam arcessere.
Iam inter rapinas et ruinas nudus, palmam tenet,
Sed ipsam in palmam victus inuolat Daemon.
Et vltimos conatus adhibet, amicorum probra.
Hi tanta virtute, amaris salibus respersa,
Famosis carminibus victoris famam corrumpunt.
Habet hanc felicitatem nouissima calamitas,
Quod inuidiam extinguit: hoc uno inuidenda.
Iob omnium miserrimus, inuido habet amicos,
Nimirum poetas
Tam male mordaces, vt vel vlcerosum mordeant.

Adeo

Adeo inter aulicos, virgines Musae
lasciuiunt.
Euincit extremum hunc laborem strenuus Job,
Qui contemtus et contentus, hostes hostiis
lustrat.
Hic toto coeli theatro plausus excitat,
Nec minore praemio, quam praelio,
Regno, liberis, opibus, duplo auctior
hos ipse luctus cecinit:
et calamitates calamo felices fecit.

PARS

PARS TERTI[A]

DE VARIIS CVLTIORIS STI[LI] FACVLTATEM ADSEQVEN[DI] SVBSIDIIS

CAPUT PRIMUM.

De Auctorum lectione.

Latina lingua inter demortuas referéda.

Atina lingua iamdudum i[nter] mortales conticuit. In L[atio] enim ipso, vbi olim q[uondam] maxime floruit, sensim [...] barbarorum commercio [...]pit inquinari, vt demum noua inde e[...] sit dialectus, quam Italicam dici moris [est] *). Idem in prouinciis huius linguae [...]tum fuit, in quibus LVSITANICA, [HI]SPANICA et GALLICA linguae in pri[...] Latinae locum successere **). Vt adeo [...]la hodie sit prouincia, in qua vetus [...] lingua Romana ita vigeat, vt eam vsu, [...] consuetudine cum prouincialibus, addis[cere] possis ***).

* Praeclare linguae latinae μεταμορφώσ[...] et vt ea sensim in Italicam mutata sit, os[ten]derunt Car. du Fresne in *dissertatione g[los]sario mediae et infimae Latinitatis praemi[ssa]* et Chr. Cellarius *in dissertatione de ling[uae] Italicae origine*.

**) De earum linguarum natura praecl[...] disse[...]

disseruit ED. Brerevvood in *scrutinio linguarum*, cui iungendus Morhof. *Polyhist. I. 4. 3. et 4. p. 19. seq.*

***) Exstat libellus ἀδέσποτος Gallice primum scriptus, dein *Londini* CIↃIↃCCLVIIII. in 12. excusus sub titulo: *An examen of thevvay of teaching the latin tongue to little children by vse alone*, in quo Regi suadet auctor, ut ciuitatem aliquam Latinam instituat, in qua solo vsu ac consuetudine linguam doceantur pueri: quod consilium etiam, quod mireris, probatur Morhofio, accurati iudicii viro in *Polyhist. I. 29. 21. p. 461.* Sed vereor ego quidem, ne et infructuosum hoc consilium, et eadem Latinae huius ciuitatis fata futura sint, ac olim reipublicae Platonicae, quae nusquam, nisi in Platonis cerebro, exstitit. Latinam linguam comparandam esse non colloquiis, sed stilo, docet Sanctius *in Mineru. p. m. 859. seq.*

II.

Ex eo uero consequitur, vt Romanae linguae puritas ac elegantia non aliunde, quam ex veteribus, qui naufragium euaserunt, auctoribus classicis, hauriri possint *), Quum vero multum referat, quo ordine, quaque ratione auctores euoluas **): de ea quoque re nonnulla, more nostro, monebimus.

Hinc potissimum ex auctoribus classicis discenda.

*) Caue tibi persuadeas, ex vsu tantum et loquendi consuetudine ad Latinae linguae facultatem posse perueniri. Tantum enim abest, vt hoc fieri possit, vt potius inde nasci soleat inquinatum illud ac sordidum dicendi genus, quo Poloni et Hungari delectantur. Quo fit, vt Itali, Latine

elegantiae ſtudioſiores, a ſermonibus La
etiam cum viris doctis de induſtria abſtin
ne dictio aliquid ex idiotiſmo vernacula
hat, quem etiam viri, quamuis eloquenti
in colloquiis vix effugiunt. Neque ſola ſcri
ne Latinae eloquentiae facultatem adſequi
Quid enim iuuabit ſcribere, niſi antea
linguae indolem ac genium animo concep
Id vero qua alia ratione conſequi poſſis,
lectis diligenter auctoribus, ego quidem
intelligo.

**) Sunt equidem, qui ſolum leger
Ciceronem exiſtimant. Verum Ciceronian
los, ſi Diis placet, iam dudum exagitaru
ri cordatiſſimi. Alii omnes auctores eo,
ſcripſerunt, ordine, id eſt ſecundum aetat
in quas inciderunt, ſeriem legi iubent,
ratione vſum ferunt Cl. Salmaſium. Sed
non poteſt non inaequale ac frigidum naſ
cendi genus, quod nec magnus ille criticus
per evitare potuit. Eo itaque ordine vten
puto, vt ſenſim ad perfectionem linguae pe
niamus, et auctor vnus alteri veluti
ſternat; quo facilius intelligi ac in ſuc
ac ſanguinem verti poſſit.

III.

In lectione auctorum certum ordinem commédauit TAN. FABER.

Quod ad ordinem huius lectionis
net, ſemper mihi ſe probauit TANAQ
LI FABRI methodus, tanto magis a
randa, quanto iucundius eius experi
tum in ipſo filio cepit, quem, a de
aetatis anno ad decimum quartum, ha
tione ita vtraque lingua expoliuit, vt
viris certare poſſet *). Nos vero, qua
Fabrum non per omnia ſequuti, Fabri
me

men methodo praecipuos Latinae linguae auctores ita disponemus, ut quatuor cursibus ille ambitus absolui, ex prioribus semper animus ad posteriorum intelligentiam praeparari possit.

*) Mentionem huius methodi aliquoties facit Faber in epistolis, sed postea eam adcuratius descripsit in libello: *Methode pour commencer les humanites Graques et Latines, Salmurii*. cIↄIↄLXXII, 12. ex quo tractatu pleraque excerpsit, et *Polyhistori* suo intexuit Morhof. *part. I. lib. II. c. 9. n. 44. seq.* Hanc methodum ergo et nos sequemur, sed ea usi libertate, vt in ipso auctorum ordine pleraque, nostro arbitrio, mutemus.

IIII.

Qui auctores primo cursu perlegendi?

Primo itaque cursu, in quo singulari cura ac diligentia opus esse videtur, PHAEDRI fabulas, POMPONII MELAE geographiam, EVTROPIVM, et CORN. NEPOTEM euoluendos suaserim. *Ex primo* enim auctore vocum phrasiumque aliqua copia, *ex secundo* geographiae veteris notitia, *ex tertio* historia Romana, *ex ultimo* denique historiae Graecae non minima pars potest hauriri. His vero praesidiis praemunitus, facile, ex mea quidem sententia, reliquos auctores omnes facilius intelliget.

Phaedrus.

Argumentum fabularum Phaedri earum, si pauca paullo obscuriora omiseris, puerile est, ac summa cum voluptate coniunctum. Stilus tenuis, et plane talis, quali in familiari sermone vtebantur Romani. Summa quoque in his fabulis est orationis puritas, nec

..mma
, nec
iu-

iudicium suum eruditis vmquam prob
Scioppius, qui nescio quem Thracismun
Phaedri stilo sibi subolfacere visus est. Vi
tur Schefferus *in vita Phaedri*, eius fal
praemissa, et Morhofius *de Patauinitat*
uii, p. 159. Inter minores Phaedri editi
praestant Io. Cristoph. VVolffii, quae
diit *Flensburgi* cIↄIↄccvIIII. 8. et I
Burmanni, quae prodiit *Hagae Com*
cIↄIↄccxvIIII. 12. Inter maiores duae
mannianae, prima, quae cum integris c
mentariis Gudii, Rittershusii, Rigaltii,
veleti, Heinsii, Schefferi, Praschii et ex
ptis aliorum prodiit *Vltraiecti* cIↄIↄccxv
8. mai. et altera, quae cum commentario
uo ipsius Burmanni prodiit *Leidae* cIↄIↄccxx
4. mai.

Pomponius Mela.

Geographiae caussa Phaedro subiungit
POMPONIVM MELAM, Claudiani
scriptorem. Ex eo enim non solum terra
situs addisci, verum etiam vocum phrasi
que copia non parum poterit locupleta
Latinitas enim huius auctoris, etsi non
eo elegans et florida, pura tamen est,
satis castigata, id quod profecto tiron
praecipue vtile est. Inter meliores editic
est Isaaci Vossii, cui Iacobus Gronouius s
opposuit editionem, in qua potissimum C
dium Salmasium aduersus Vossii censuras
signi, et familiari Gronouiano calamo, a
monia vindicauit. Sed et hoc non imp
tulit, siquidem Vossius *adpendicem obse*
tionum ad Melam *Londini* publici iuris
cit. Denique huic πάντα περὶ πάντων
didit Iacobus Gronouius. Nouissime
diit cum notis integris Hermolai Barba
Petri Ioannis Oliuarii, Fredenandi Nonii
tiani, Petri Ciacconii, Andrae Schotti, I
ci Vossii, et Iacobi Gronouii, curante A
hamo Gronouio, *Lugd. Batauor.* cIↄIↄccxxI

ma

mai. In hac tamen editione non omnia, quae Vossius aduersus Gronouium monuit, exstare, viri docti monuerunt. Indignam tantis viris dixeris hanc litem, et plane pudendam, nisi nobis tot elegantes Pomponii editionis, totque obseruationes vtilissimas peperisset.

Eutropius.

EVTROPIVM, quamvis sequioris aeui historicum, vel ideo subiungendum Melae duximus, quod nullus exstat scriptor, qui stilo simpliciore historiam Romanam ab ipsis vrbis primordiis, ad occasum paene occidentalis imperii vsque tradiderit. Romanae vero historiae cognitione non poterit is carere, qui se ad reliquorum scriptorum lectionem accingit. Accedit, quod iam habet in hoc auctore tiro, in quo geographiae veteris, quam a Mela edoctus fuerat, vsum perspiciat. Latinitas est simplex, et nonnumquam satis tersa, vt adeo et vocum phrasiumque copia legendo illo possit augeri. Si quid ex saeculi genio naeui trahit auctor, facile illud notari euitarique poterit, si iungantur notae Christophori Cellarii, in quibus illi lapsus adcurate notantur. Quare et eius editionem prae ceteris commendandam existimamus. Nouissime Eutropium cum *metaphrasi Graeca* Paeanii, et notis integris Eliae Vineti, Henrici Glareani, Tanaquilli et Annae Fabri, Thomae Hearnii, item selectis Friderici Sylburgii et Christophori Cellarii edidit Sigebertus Hauercampus *Lugduni Batauorum* cIↃIↃccxxvIIII. 8. mai. qui et suas, et Christophori Augusti Heumanni notas adiecit, in qua tamen editione multa itidem viri docti desiderant.

Cornelius Nepos.

Subiicimus Eutropio CORNELIVM NEPOTEM, idque ob multas rationes. Nam primo, si quid ex Eutropio aeruginis haereat, illud eius lectione facile poterit abstergi: deinde

ex eo insignis parabitur elegantissimarum
quutionum copia. Denique eadem opera
Graeca et Punica historia tantum addiscet ti
quantum satis erit ad sequentes auctores ta
facilius intelligendos. Editiones exstant in
merae: sed ego, quod ad hunc vsum adtin
Cellarianam reliquis existimo longe antepon
dam. Optima editio est, quam cum notis in
gris Iani Gebhardi, Henrici Ernstii, et
Andr. Bosii, et selectis Andreae Schot
Dionysii Lambini, Gilberti Longolii, Hi
Magii, Io. Sauaronis, aliorumque doctoru
nec non excerptis Petri Danielis, et inc
locupletissimo omnium vocabulorum, stu
et opera I. Andr. Bosii confecto edidit Au
stinus *van* Staueren, *Lugduni Batauo*
CIƆIƆCCXXXIIII. 8. *mai*.

V.

Qui secundo?

Emensus hoc iter tiro, iamque tot
miniculis ad maiora instructus, alterum
spicabitur cursum, quo TERENTIVM,
CERONIS *epistolas* et *libros* aliquot *phi*
phicos, nec non IVLIVM CAESAREM
MINVCIVM FELICEM diurna nocturna
manu versabit.

Terentius.

Qui superiore cursu commendati sunt
ctores, ad puritatem pertinent: danda erg
stea erit opera, vt et concinnitatem elegant
que veterum imitemur, et huc pertinent a
res in hanc classem relati. TERENTIO
nihil potest reperiri elegantius. Phrasis eiu
ab archaismis quibusdam discesseris, non s
pura, sed et nitida est, quod ipse, qua
alioquin modestissimus, in *praefatione Hea*
timorumeni prae se ferre non dubitat. V

lector iam sensim elegantiae adsuescet, quae in Latino illo scriptore est maxima, ceu vel ex *chrestomathia Terentiana*, editioni Boecleri *Argent.* cIↃIↃCLVII. 8. adiecta, adparet. Quare haec editio et *Lindenbrogiana*, *quae* cIↃIↃCXXIII. 4. prodiit, reliquis omnibus anteferenda videtur, maxime, quum posterior veteris grammatici, Aelii Donati, *scholia* in Terentium simul exhibeat, Add. Barth. *Aduersar. lib. VIIII.* Splendidissima editio est, quam *commentario perpetuo* illustrauit, et cum Aelii Donati, Eugraphii, Calphurnii et Friderici Lindenbruchii *obseruationibus* edidit Arnoldus Henricus VVesterhouius, *Hagae Comitum* cIↃIↃCCXXVI. *duobus voluminib.* 4. *mai.* Contractiorem hanc omissis aliis *cum interpretatione* Donati et Calphurnii, vt et *commentario perpetuo* idem auctor postea edidit *Hagae Comitum* cIↃIↃCCXXXII. 8. *mai.*

Vt Terentius elegantiae Romanae; ita CICERO concinnae pariter ac fusae orationis gustu nos imbuit. Hinc merito iam eius epistolae in manibus erunt, in quibus et elegantia, et ars periodica tanta adparet, vt facundiam ex earum lectione se adsequutos multi fateantur, et in his Hermannus Buschius apud Freinshemium *orat. IIII*, *p.* 46. Conf. Muret. *part. II*, *orat. XVI.* vbi Ciceronianarum epistolarum vsum et praestantiam egregie demonstrat. Nec adeo difficilis amplius erit harum epistolarum lectio ei, qui iam non poenitendam historiae Romanae et geographiae antiquae partem primo cursu ex Eutropio et Pomponio Mela sibi reddiderit familiarem. Selectu tamen et ordine hic quoque opus est. Merito ergo I. *epistolis ad Atticum*, in quibus Cicero ἀττικίζει, praefero *epistolas ad diuersos*, nec non *ad Quintum fratrem*. II. in his ipsis omitti possunt eae,

M 4 quae

quae a Coelio, nec non a Tirone scriptae sunt, seligendae vero in primis III. epistolae, quas in proconsulatu scripsit. Iis enim nihil solet esse elegantius. Denique IIII. comparanda eiusmodi editio, in qua ordine chronologico epistolae dispositae sunt. Ita enim lectio eo facilior erit ob historiae nexum, et continuam seriem. Reliquis tamen editionibus palmam iure quodam suo praeripiunt *Cellariana*, quae vna cum Gottlieb Cortii *adnotationibus* nouissime prodiit *Lipsiae* cIↃIↃCCXXXV. 8. *Bengeliana*, quam *iis instruxit rebus, quae ad interpretationem imitationemque pertinent*, Ioannes Albertus Bengelius, *Stutgardiae* cIↃIↃCCXVIIII. 8. *mai.* et *Graeuiana*, quae cum *notis integris* Petri Victorii, Paulli Manutii, Hieronymi Ragazonii, D. Lambini, Fulv. Vrsini, *nec non selectis* Io. Frider. Gronouii, *et aliorum*, vt et cum Io. Georg. Graeuii *animaduersionibus* et *ex eiusdem recensione* prodiit *Amstelodami* cIↃIↃCXCIII. *duob. volum.* 8. *mai.*

Epistolae ad Atticum optime prodierunt *Amstelodami* cIↃIↃLXXXIIII. *duob. volum. in* 8. *mai. ex recensione* Ioannis Georgii Graeuii, *et cum notis integris* P. Victorii, Paulli Manutii, Malaespinae, Lambini, Fulvii Vrsini, Simon. Bosii *e chirographo eius auctoris*, Francisci Iunii et Pompae, *ineditis item antea* Isaaci Casauboni, Mureti et Io. Frid. Gronouii, *selectisque* Corradi, *atque aliorum*.

Eiusdem *Epistolarum ad Q. Fratrem libri tres, et ad Brutum liber unus, cum notis integris* Petri Victorii, Paulli Manutii, Leon. Malaespinae, D. Lambini, F. Vrsini, Fr. Iunii, Ian. Gruteri et Iacobi Gronouii. Adiectus est *ad Marcum Tullium fratrem de petitione consulatus liber, cum integro commentario* VALERII PALERMI Veronensis, prodierunt *Hagae Comitum* cIↃIↃCCXXV. 8. *mai*.

Libris philosophicis reliquis praemittendos ego iudicarim *Catonem maiorem* et *Laelium*, ob facilitatem. His deinde subiiciendos suaserim *libros de officiis*, ob adcuratam eloquutionem et concinnitatem egregiam, quam ipse Cicero in *prooemio* filio ad comparandam Latinae linguae facultatem profuturam iudicat. Proximos esse iusserim *libros de diuinatione*, et *de finibus bonorum et malorum*, ex quibus praeter Latinitatis elegantiam hauriri poterit insignis historiae philosophicae cognitio, qua plane non potest carere, qui reliqua opera philosophica Ciceronis euoluere statuit.

Ciceronis libri philosophici.

Libri tres de officiis, *Cato Maior*, *Laelius*, *paradoxa*, *somnium Scipionis ex recensione* Ioannis Georgii Graeuii, *cum eiusdem animaduersionibus et notis integris* D. Lambini, F. Vrsini, C. Langii, Fr. Fabritii, A. Manutii *selectisque aliorum*, prodierunt *Lugduni Batauorum* cIↃIↃccx. *duob. volum.* 8. *mai.*

Libri II. de diuinatione et liber I. de fato cum notis integris Paulli Manutii, P. Victorii, D. Lambini, F. Vrsini, Hadr. Turnebi et Io. Dauisii prodierunt *Cantabrigiae* cIↃIↃccxxI. 8. *mai.*

Ciceronis *opera quae extant omnia*, adcuratissime edita sunt a Iacobo Gronouio *cum notis integris* Iani Guilielmi et Iani Gruteri, vt et Asconio Pediano et *veteri scholiastae*, *Lugduni Batauorum* cIↃIↃcLXXXXII. 4.

Perlectis Ciceronis epistolis iam perspicuus admodum, et intellectu facilior videbitur Iulius Caesar, maxime in libris *de bello ciuili*, quos illis *de bello Gallico* praemittendos arbitror. Tota enim illa historia partim ex Eutropio, partim ex Ciceronis epistolis memoriae succur-

Iulius Caesar.

 rec.

Stili

elegans, sed simplex, vn-
[illegible] Ciceroni subiungendum puto,
[illegible] redundantis copiae ex lectione
[illegible] haeserit, lecto Caesare, pos-
[illegible]. Optima editio est, quae *cum ani-
[illegible]ionibus integris* Dion. Vossii, Io. Da-
[illegible], *aliorumque variis notis ex museo* Ioan-
. Georgii Graeuii prodiit *Lugduni Batauorum* 1713. 8. *mai.*

Quum omnes, quos commendauimus, auctores, profano Deorum cultu sese polluerint,
merito iam his subiungimus Minucium Felicem,
Christianum scriptorem, quum ille et elegantiae
et concinnitatis sit studiosissimus. Duae vero sunt
huius consilii mei rationes. Nam praeterquam,
quod inde nostrae religionis principia ac mysteria stilo elegantiore exprimere discimus: dialogus iste, quem *Octauium* inscripsit, etiam
bonam partem mythologiae continet, adeoque
viam sternit ad lectionem *Ciceronis de natura
Deorum*, & poetarum, in quibus mythologia
vtramque paginam facit. Attamen ei, qui cum
fructu lecturus est Minucium, suaserim, vt simul ad manus habeat Iulii Hygini *fabulas*,
vel Natalis Comitis *mythologiam*, vel alium
ex eiusmodi scriptoribus mythicis, e quibus
veteres coniunctim prodierunt *Amstelodami*
1681. 8. Ceterum Minucium nitidissime ediderunt Cellarius, et Iacobus Gronouius *Lugd.
Batauor.* cIↃIↃCCVIIII. 8. *mai.*

VI.

Qui ter-
tio.

In tertio auctorum cursu ad stili differentiam respicio. Hinc in manibus iam erunt
Sallustius, Ciceronis *orationes selectiores*,
Liuius, Suetonius, Plinii *panegyricus*, Tacitus, Curtius, Plautus, Senecae *aliquot libri*

bri philosophici, et denique Lactantius. I cui non vacat tam vastos auctores totos perlegere: ei potiores inde partes decerpere licebit.

Sallustius.

Vt stili vere *Attici* formam animo concipias, commendanda erit lectio C. Crispi Sallustii. Nemo enim fere Atticam Thucydidis dictionem inter Latinos illo adcuratius expressit. Tribus verbis integras explet sententias, non circumducit, non interponit, asyndetis frequentissime vtitur, et vbique adstrictior adparet. Vid. Leo Allatius *de erroribus magn. viror. in dicendo*, *pag.* 36. vbi sententiam Scaligeri, breuitatem Sallustio *lib. IIII. Poet. c.* 24. negantis, refellit. Verborum tamen obsoletorum atque archaismorum nonnumquam adfectator est, quod merito in eo reprehendit Scioppius *de exercit. rhet. generib. p.* 13. *seq.* Omnibus editionibus palmam praeripiunt *VVassiana*, quam *cum notis integris* Glareani, Riuii, Ciacconii, Gruteri, Carrionis, Manutii, Putschii, Doussae, *et selectis* Castalionaei, Cornelii, et Ausonii Popmae, Iani Mellerii Palmerii, Fuluii Vrsini, Io. Frid. Gronouii, Petri Victorii, cet. edidit Josephus VVasse, *Cantabrigiae*, cIↃIↃccx. in 4. et ea, quam adnotationibus illustrauit Gottlieb Cortius, ac edidit *Lipsiae* cIↃIↃccxxIII. 4.

Ciceronis orationes.

Stili *Rhodii* et *Asiatici*, nec non *oratorii morati* et *concitati* indoles optime e Ciceronis *orationibus* elucet. Vnde ad earum lectionem merito nunc se accinget elegantioris stili studiosus. Selectas vero commendo, quales sunt *pro S. Roscio Amerino*, *pro Archia poeta*, *pro M. Marcello*, *pro Q. Ligario*, *pro lege Manilia*, *pro T. Annio Milone*, *Philippica secunda*, et quaedam aliae, coniunctim aliquoties editae. Prae ceteris tamen adole-

ret. Stil... Christophori Cellarii editio, ob
de e... et indices commendari
...tur.

Liuii stilus est *Rhodius*, *elegans* et *grauis*.
Hinc vt et hic dicendi characteres exempla
quaedam perspiciantur: merito decas aliqua
huius praestantissimi scriptoris erit euoluenda. Vberius de eius stilo disputatum est a
Morhofio in *dissertatione de Patauinitate Liuii*. Optima editio est Io. Frid. Gronouii,
quae tertium emendatissime prodiit *Amstelodami* cIↃIↃLXXVIIII. 8. *mai. Vo-
lum. III.*

Sueto-
nius.

Tenuis stili effigiem sistit Suetonius, saeculi II. scriptor, qui nusquam adsurgit, semper humi repit. Praestantissima editio est,
quam cum notis integris Io. *Bapt.* Egnatii,
Henrici Glareani, Laeuini Torrentii, Fuluii Vrsini, Isaaci Casauboni, Iani Gruteri,
Theod. Marcillii, Io. Ge. Graeuii, Caroli
Patini, (qui et numismatibus illustrauit)
et *selectis aliorum* edidit vir magnus Petrus
Burmannus, *qui et suas adnotationes addidit*.
Prodiit haec editio *Amstelodami* cIↃIↃCCXXVI
in 4. mai. duob. volum.

Plinius.

Eodem tempore, quo Suetonium floruisse
constat, stili *sublimis* exemplum egregium
dedit Plinius iunior, conscripto admirabili
panegyrico, cui parem vix habet Romana
antiquitas, cuius nouam editionem adornare Vir. Clarissimum Christianum Gottlieb
Schvvarzium, mirifice laetamur. Sed et *Attici* atque *acuti* stili specimen edidit Plinius, maxime in *epistolis*, de quibus tamen
iam supra iudicium nostrum dedimus. Optima editio est *Cortiana*, quae *cum notis selectis*
Io. Mariae Catanei, Iacobi Schegkii, Iacobi Sirmondi, Isaaci Casauboni, Henrici Stephani, Conradi Cittershusii, Claudii Minois, Casparis Barthii, Augusti B...
che-

cheri, Ioannis Schefferri, Ioannis Friderici Gronouii, Christophori Cellarii, Gotlieb Cortii, et Paulli Danielis Longolii prodiit *Amstelodami* cIↃIↃccxxxviii. 4. *mai.*

Tacitus.

In Tacito praeter acumen etiam σεμνότητα seu *grauitatem stili* maxime commendant eruditi: idque nemo, nisi in istius lectione plane hospes, inficias iuerit. Vnde non moramur Casparem Scioppium, Andream Alciatum et AEmilium Ferretum, quibus soloecus iste auctor, et plane e iuuenum manibus excutiendus videtur. Vid. Vossius *de histor. Latinit.* I,3. Inter Taciti editiones reliquis palmam dubiam reddit, immo praeripit, praeclara illa, quam ex noua parentis sui Iacobi Gronouii ad MS. Florentinum recognitione excudi curauit Abrahamus Gronouius, *Lugduni Batauorum* cIↃIↃccxx. 4. *mai. cum notis integris* B. Rhenani, F. Vrsini, Mureti, Iosiae Mercerii, Iust. Lipsii, Valentis Acidalii, Curtii Pichenae, Iani Gruteri, Hug. Grotii, Io. Freinshemii, Io. Frid. Gronouii, Iac. Gronouii et Io. Iensii; *selectis* autem Alciati, Aurelii, Barclaii, Boxhornii, Coleri, Marcelli Donati, Ferreti, Gutherii, Kirchmaieri, Loccenini, Lupani, Reinesii, Ruperti, Salinerii, Sauilis, Schefferi, Vertranii, Virdungi, *et aliorum.*

Curtius.

Stili *elegantis* et *floridi* ideam dabit Curtius, incertae aetatis scriptor, quem ob declamatorium et anxium dicendi genus, naeuosque varios multi plane nouum ac suppositicium scriptorem putant. Vid. Vossius *de histor. Lat.* I. 28. Guid. Patin. *epist.* 27. *p.* 96. Cellar. *in iudicio de Curtio, editioni suae praemisso.* VVagenseillius *in pera librorum iuuenil. tom.* IIII. *p.* 178. Verum vtut facile largiamur, non immunem esse Curtium a variis naeuis, in dictione aeque, ac in geographia admissis: non tamen

men

men ideo nitidum illum scriptorem vel nouum, vel plane e manibus iuuenum excutiendum arbitramur, vel ideo, quod stilus ille *venustus*, quem supra descripsimus, a nemine, quam a Curtio, felicius exprimitur. CVRTIVM a Io. Clerici iniuriis vindicauit V. Cl. Iacobus Perizonius *in Q. Curtio Rufo restituto in integrum, et vindicato Lugduni Batauorum* cIↃIↃCCIII. 8. Optima Curtii editio est, quae *cum omnibus supplementis, variantibus lectionibus, commentariis ac notis perpetuis* Fr. Modii, Val. Acidalii, D. Popmae, Ioan. Freinshemii, Io. Schefferi, Christoph. Cellarii, Nicol. Heinsii, *vt et selectis et excerptis aliorum cura* Henrici Snakenburgii prodiit *Lugduni Batauorum* cIↃIↃCCXXIIII. 4. *cum figur.*

Plautus. In *iocoso* stilo regnat Plautus, qui et purus est, et tersus. Verum hic obseruandum. I. archaismos nimis amare Plautum, id quod tamen saeculo, quo vixit, condonandum est. II. Eumdem stilum ex personarum, quas in theatro sistit; ingenio formare, et hinc III. saepius fingere phrases et voces, ridiculas magis, quam Latinas. IIII. iocos quoque seruiles, quibus abundat, aliquando parum esse vrbanos, quod iam Horatius in *art. poet. v.* 270 *seqq.* notauit.

At nostri proaui Plautinos *et numeros et*
Laudauere sales: nimium patienter vtrumque,
Ne dicam stulte mirati: si modo ego et vos
Scimus inurbanum lepido seponere dicto,
Legitimumque sonum digitis callemus et aure.

Conf. Dan. Heinsii *dissertat. in hunc locum* Horatii, Terentii editionibus addi solita, et Vauassor *de ludicra dictione*. His obseruatis fructum ex Plauti lectione non leuem capiemus. In optimis editionibus eminent Fride-

Taub-

Taubmanni, *cum eiusdem luculentissimo commentario, et notis* Iani Gruterii, quae prodiit cIↃIↃcxxi. 4. itemque Io. Frid. Gronouii, quae prodiit *Amstelodami* cIↃIↃcxxiiii. 4. *Tom. II.* Nec negligendum Phil. Paraei *Lexicon Plautinum*, quod insignem vtilitatem adferet omnibus, qui dictionis Plautinae sunt paullo studiosiores. Nouam Plauti editionem minatus est Arn. Henr. VVesterhouius.

Seneca.

In *acuto* ac *sententioso*, quem vocant, stilo, prae ceteris commendandus Seneca, quamuis eum etiam hac in re iusto esse diligentiorem, iam supra ex Quinctiliano aliisque sit obseruatum. Abundat sane Seneca dulcibus vitiis, quae facilius, quam saniora, a iuuentute in imitationem trahuntur: vnde merito eius lectionem in tertium demum cursum reiecimus. Ex philosophicis eius scriptis hic seligendos existimarim libros *de tranquillitate animi, de prouidentia*, et *de clementia*. Reliqua, vt et *epistolae* vltimo cursui poterunt reseruari. Editio Io. Frid. Ornouii, quae prodiit *Amstelodami* cIↃIↃIxxii. 8. *volum. III.* reliquis adcuratior, commodior, atque elegantior habetur.

L. [illegible]tius.

Subiungimus his omnibus Lactantium, Christianorum Ciceronem, quem saeculo IIII. ineunte floruisse constat. Eo enim duce facile discemus, quae optima sit imitandi ratio. Nam Ciceronis dictionem atque vbertatem tam adcurate expressit, vt non temere quisquam paria illi ea in re fecerit. Sunt tamen et in Lactantio naeui quidam saeculo, quo vixit, condonandi, quos aeque, ac virtutes illius cum cura expendit Io. Aug. Krebsii *dissertatio, Halae Magd.* cIↃIↃccii. *habita, de stilo Lactantii Firmiani*. Institutiones eius diuinae multo nitidiores sunt libello *de moribus persequutorum*, quem Stephanus Baluzius e codice Colbertino exscriptum primus extulit *tom. II. Miscel-*

scellan. Paris. cIↃIↃCLXXVIIII. 8. Vnde hu
librum non Lactantio, sed Caecilio cuidam
buendum existimat Massuetus. Sed nec is
bellus vel ob res, quas complectitur, non
dignissimas videtur praetermittendus. Edit
nes *institutionum diuinarum* exstant vari
in quibus *Cellarianae* locus haud postrem
debetur. Alter vero libellus *cum notis* S
phani Baluzii, Gisberti Cuperi, Columi
Toinardi, Graeuii, El. Boherelli, Th. Ga
Iac. Tollii editus est a Paullo Bauldri *Vltr
iecti* cIↃIↃLXXXXII. 8.

VIII.

Qui quarto.

Quarto cursu, iis potissimum, qui se
totos amoenioribus Musis consecrarunt, d
stinato, non solum reliqua auctorum h
ctenus recensitorum scripta adeunda, se
et per ceteros scriptores omnium aetatu
diuagandum est *(. Euoluendi itaque erun
scriptores rei rusticae Cato, Varro, Colu
mella, scriptor architecturae doctissimu
Vitruuivs, historici porro Velleius Paterc
lus, Valerius Maximus, Caius, Plinius
Florus, Iustinus, *scriptores historiae Augu
stae* sex, et Ammianus Marcellinus, rheto
res item & oratores M. Ann. Seneca, Quin
ctilianus, et *auctore Panegyricorum veterum*
quibus denique accedent Cornelius Celsus
T. Petronius Arbiter, Frontinus, Aulu
Gellius, Apuleius, Censorinus, Iuliu
Obsequens, Fl. Vegetius, Macrobius, e
Marcianus Capella. Reliqui enim scri
ptores, quibus et Symmachum, et Cassio
dorum, et patres plerosque accenseo, hi

sto-

ſtoriae potius, quam Latinitatis cauſſa euolvendi ſunt.

*) Quum enim viro eloquenti de variis rebus diſſerendum ſcribendumque ſit; facile adparet, non ſufficere ei paucos auctores. Hinc phraſes ad rem bellicam pertinentes ex ſcriptoribus hiſtoricis, tacticis, et qui de caſtrametatione egerunt: phraſes oeconomicas ex Catone, Columella, Varrone: loquutiones medicas ex Celſo; architectonicas ex Vitruuio et Palladio: alias denique ex aliis petet. Vnde ſimul intelligere licebit, quanto in errore verſentur, qui ſolo lecto Cicerone ad ſummam eloquentiae perfectionem ſe peruenturos exiſtimant.

Scriptores rei rusticae Cato.

Cato, quum dudum ante Ciceronem ſcripſerit, non adeo elegans eſt. Archaiſmos adhuc habet ſaeculo ſuo familiares. Optimum tamen agricolam fuiſſe, iam Cornelius Nepos *in vita eius obſeruauit*.

Varro.

Varro innumera paene ſcripſit, in quibus tamen praeter libros aliquot *de re ruſtica* et *de lingua Latina* pauciſſima fragmenta commune illud naufragium euaſerunt. Scripta eius iam olim doctrinae potius, quam eloquentiae laude commendabantur, Quinctil. *Inſt. orat.* X, 1. Auguſtin. *de ciuitate Dei* VI, 2.

Columella.

Elegantiſſimus de re ruſtica ſcriptor eſt Columella, qui ſub Claudio floruit, vir eloquentiſſimus, adeoque cum cura legendus. Coniunctim hos ſcriptores *cum notis virorum clariſſimorum et lexico rei ruſticae* edidit V. Cl. Io. Matth. Geſnerus *Lipſiae* cIↃIↃccxxxv. 4. *Volum. II*.

Scriptor architecturae Vitruuius.

M. Vitruuius Pollio architecturae ſcriptor doctiſſimus eſt, nec nitidiſſimus tamen, quamuis ſaeculo Auguſteo floruerit. Hinc in eo peregrinitatem et plebitatem notant Barthius *aduerſ.* I, 10. et Caſp. Scioppius. Saepe in

linguas

quae a Coelio, nec non a Tirone scriptae sunt, seligendae vero in primis III. epistolae, quas in proconsulatu scripsit. Iis enim nihil solet esse elegantius. Denique IIII. comparanda eiusmodi editio, in qua ordine chronologico epistolae dispositae sunt. Ita enim lectio eo facilior erit ob historiae nexum, et continuam seriem. Reliquis tamen editionibus palmam iure quodam suo praeripiunt *Cellariana*, quae vna cum Gottlieb Cortii *adnotationibus* nouissime prodiit *Lipsiae* cIↃIↃccxxxv. 8. *Bengeliana*, quam *iis instruxit rebus*, *quae ad interpretationem imitationemque pertinent*, Ioannes Albertus Bengelius, *Stuigardiae* cIↃIↃccxvIIII. 8. *mai.* et *Graeuiana*, quae cum *notis integris* Petri Victorii, Paulli Manutii, Hieronymi Ragazonii, D. Lambini, Fulv. Vrsini, *nec non selectis* Io. Frider. Gronouii, *et aliorum*, vt et cum Io. Georg. Graeuii *animaduersionibus* et *ex eiusdem recensione* prodiit *Amstelodami* cIↃIↃcxcIII. *duob. volum.* 8. *mai.*

Epistolae ad Atticum optime prodierunt *Amstelodami* cIↃIↃLXXXIIII. *duob. volum. in* 8. *mai. ex recensione* Ioannis Georgii Graeuii, *et cum notis integris* P. Victorii, Paulli Manutii, Malaespinae, Lambini, Fulvii Vrsini, Simon. Bosii *e chirographo eius auctoris*, Francisci Iunii et Pompae, *ineditis item antea* Isaaci Casauboni, Mureti et Io. Frid. Gronouii, *selectisque* Corradi, *atque aliorum*.

Eiusdem *Epistolarum ad Q. Fratrem libri tres*, *et ad Brutum liber unus*, *cum notis integris* Petri Victorii, Paulli Manutii, Leon. Malaespinae, D. Lambini, F. Vrsini, Fr. Iunii, Ian. Gruteri et Iacobi Gronouii. Adiectus est *ad Marcum Tullium fratrem de petitione consulatus liber*, *cum integro commentario* VALERII PALERMI Veronensis,

pro-

prodierunt *Hagae Comitum* cIↃIↃccxxv. 8. *mai*.

Libris philosophicis reliquis praemittendos ego iudicarim *Catonem maiorem* et *Laelium*, ob facilitatem. His deinde subiiciendos suaserim *libros de officiis*, ob adcuratam eloquutionem et concinnitatem egregiam, quam ipse Cicero in *prooemio* filio ad comparandam Latinae linguae facultatem profuturam iudicat. Proximos esse iusserim *libros de diuinatione*, et *de finibus bonorum et malorum*, ex quibus praeter Latinitatis elegantiam hauriri poterit insignis historiae philosophicae cognitio, qua plane non potest carere, qui reliqua opera philosophica Ciceronis euoluere statuit.

Ciceronis libri philosophici.

Libri tres de officiis, Cato Maior, Laelius, paradoxa, somnium Scipionis ex recensione Ioannis Georgii Graeuii, *cum eiusdem animaduersionibus et notis integris* D. Lambini, F. Vrsini, C. Langii, Fr. Fabritii, A. Manutii *selectisque aliorum*, prodierunt *Lugduni Batauorum* cIↃIↃccx. *duob. volum.* 8. *mai.*

Libri II. de diuinatione et liber I. de fato cum notis integris Paulli Manutii, P. Victorii, D. Lambini, F. Vrsini, Hadr. Turnebi et Io. Dauisii prodierunt *Cantabrigiae* cIↃIↃccxxi. 8. *mai.*

Ciceronis *opera quae extant omnia*, adcuratissime edita sunt a Iacobo Gronouio *cum notis integris* Iani Guilielmi et Iani Gruteri, vt et Asconio Pediano et *veteri scholiastae*, *Lugduni Batauorum* cIↃIↃcLxxxxii. 4.

Iulius Caesar.

Perlectis Ciceronis epistolis iam perspicuus admodum, et intellectu facilior videbitur Iulius Caesar, maxime in libris *de bello ciuili*, quos illis *de bello Gallico* praemittendos arbitror. Tota enim illa historia partim ex Eutropio, partim ex Ciceronis epistolis memoriae succurret.

ret. *Stilus* eius est elegans, sed simplex, vnde eum ideo Ciceroni subiungendum puto, quod quidquid redundantis copiae ex lectione Ciceronis forsan haeserit, lecto Caesare, possit abstergi. Optima editio est, quae *cum animaduersionibus integris* Dion. Vossii, Io. Dauisii, *aliorumque variis notis ex museo* Ioannis Georgii Graeuii prodiit *Lugduni Batauorum* 1713. 8. *mai*.

Minucius Felix.

Quum omnes, quos commendauimus, auctores, profano Deorum cultu sese polluerint, merito iam his subiungimus Minucium Felicem, Christianum scriptorem, quum ille et elegantiae et concinnitatis sit studiosissimus. Duae vero sunt huius consilii mei rationes. Nam praeterquam, quod inde nostrae religionis principia ac mysteria stilo elegantiore exprimere discimus: dialogus iste, quem *Octauium* inscripsit, etiam bonam partem mythologiae continet, adeoque viam sternit ad lectionem *Ciceronis de natura Deorum*, & poetarum, in quibus mythologia vtramque paginam facit. Attamen ei, qui cum fructu lecturus est Minucium, suaserim, vt simul ad manus habeat Iulii Hygini *fabulas*, vel Natalis Comitis *mythologiam*, vel alium ex eiusmodi scriptoribus mythicis, e quibus veteres coniunctim prodierunt *Amstelodami* 1681. 8. Ceterum Minucium nitidissime ediderunt Cellarius, et Iacobus Gronouius *Lugd. Batauor.* CIϽIϽCCVIIII. 8. *mai*.

VI.

Quaestertio.

In tertio auctorum cursu ad stili differentiam respicio. Hinc in manibus iam erunt Sallustius, Ciceronis *orationes selectiores*, Liuius, Suetonius, Plinii *panegyricus*, Tacitus, Curtius, Plautus, Senecae *aliquot libri*.

bri philosophici, et denique Lactantius. Si cui non vacat tam vastos auctores totos perlegere: ei potiores inde partes decerpere licebit.

Sallustius.

Vt stili vere *Attici* formam animo concipias, commendanda erit lectio C. Crispi Sallustii. Nemo enim fere Atticam Thucydidis dictionem inter Latinos illo adcuratius expressit. Tribus verbis integras explet sententias, non circumducit, non interponit, asyndetis frequentissime vtitur, et vbique adstrictior adparet. Vid. Leo Allatius *de erroribus magn. viror. in dicendo, pag.* 36. vbi sententiam Scaligeri, breuitatem Sallustio *lib. IIII. Poet. c.* 24. negantis, refellit. Verborum tamen obsoletorum atque archaismorum nonnumquam adfectator est, quod merito in eo reprehendit Scioppius *de exercit. rhet. generib. p.* 13. *seq.* Omnibus editionibus palmam praeripiunt *VVassiana*, quam *cum notis integris* Glareani, Riuii, Ciacconii, Gruteri, Carrionis, Manutii, Putschii, Doussae, *et selectis* Castalionaei, Cornelii, et Ausonii Popmae, Iani Mellerii Palmerii, Fuluii Vrsini, Io. Frid. Gronouii, Petri Victorii, cet. edidit Josephus VVasse, *Cantabrigiae*, cIↃIↃccx. in 4. et ea, quam adnotationibus illustrauit Gottlieb Cortius, ac edidit *Lipsiae* cIↃIↃccxxIII. 4.

Ciceronis orationes.

Stili *Rhodii* et *Asiatici*, nec non *oratorii morati* et *concitati* indoles optime e Ciceronis *orationibus* elucet. Vnde ad earum lectionem merito nunc se accinget elegantioris stili studiosus. Selectas vero commendo, quales sunt *pro S. Roscio Amerino, pro Archia poeta, pro M. Marcello, pro Q. Ligario, pro lege Manilia, pro T. Annio Milone, Philippica secunda*, et quaedam aliae, coniunctim aliquoties editae. Prae ceteris tamen adole-

 scen-

scentibus Christophori Cellarii editio, ob dispositiones nouas, et indices commendari meretur.

Liuii stilus est *Rhodius*, *elegans* et *grauis*. Hinc vt et hic dicendi characteres exemplo quodam perspiciantur: merito decas aliqua huius praestantissimi scriptoris erit euoluenda. Vberius de eius stilo disputatum est a Morhofio in *dissertatione de Patauinitate Liuii*. Optima editio est Io. Frid. Gronouii, quae tertium emendatissime prodiit *Amstelodami* cIↄIↄLXXVIIII. 8. *mai*. *Volum*. *III*.

Suetonius. *Tenuis* stili effigiem sistit Suetonius, saeculi II. scriptor, qui nusquam adsurgit, semper humi repit. Praestantissima editio est, quam cum notis integris Io. Bapt. Egnatii, Henrici Glareani, Laeuini Torrentii, Fuluii Vrsini, Isaaci Casauboni, Iani Gruteri, Theod. Marcillii, Io. Ge. Graeuii, Caroli Patini, (qui et numismatibus illustrauit); et *selectis aliorum* edidit vir magnus Petrus Burmannus, *qui et suas adnotationes addidit*. Prodiit haec editio *Amstelodami* cIↄIↄCCXXXVI. *in* 4. *mai*. *duob*. *volum*.

Plinius. Eodem tempore, quo Suetonium floruisse constat, stili *sublimis* exemplum egregium dedit Plinius iunior, conscripto admirabili *panegyrico*, cui parem vix habet Romana antiquitas, cuius nouam editionem adornare Vir. Clarissimum Christianum Gottlieb Schvvarzium, mirifice laetamur. Sed et *Attici* atque *acuti* stili specimen edidit Plinius, maxime in *epistolis*, de quibus tamen iam supra iudicium nostrum dedimus. Optima editio est *Cortiana*, quae *cum notis selectis* Io. Mariae Catanei, Iacobi Scheghii, Iacobi Sirmondi, Isaaci Casauboni, Henrici Stephani, Conradi Rittershusii, Claudii Minois, Casparis Barthii, Augusti Bucheri, Ioannis Schefferi, Ioannis Friderici Gronouii, Christophori Cellarii, Gotlieb Cortii, et Paulli Danielis Longolii prodiit *Amstelodami* cIↃIↃccxxxviii. 4. *mai.*

In Tacito praeter acumen etiam σεμνότητα Tacitus. seu *grauitatem stili* maxime commendant eruditi: idque nemo, nisi in istius lectione plane hospes, inficias iuerit. Vnde non moramur Casparem Scioppium, Andream Alciatum et AEmilium Ferretum, quibus soloecus iste auctor, et plane e iuuenum manibus excutiendus videtur. Vid. Vossius *de histor. Latinit.* I,3. Inter Taciti editiones reliquis palmam dubiam reddit, immo praeripit, praeclara illa, quam ex noua parentis sui Iacobi Gronouii ad MS. Florentinum recognitione excudi curauit Abrahamus Gronouius, *Lugduni Batauorum* cIↃIↃccxx. 4. *mai. cum notis integris* B. Rhenani, F. Vrsini, Mureti, Iosiae Mercerii, Iust. Lipsii, Valentis Acidalii, Curtii Pichenae, Iani Gruteri, Hug. Grotii, Io. Freinshemii, Io. Frid. Gronouii, Iac. Gronouii et Io. Iensii; *selectis* autem Alciati, Aurelii, Barclaii, Boxhornii, Coleri, Marcelli Donati, Ferreti, Gutherii, Kirchmaieri, Loccenii, Lupani, Reinesii, Ruperti, Salinerii, Sauilis, Schefferi, Vertranii, Virdungi, *et aliorum.*

Stili *elegantis* et *floridi* ideam dabit Curtius, incertae aetatis scriptor, quem ob declamatorium et anxium dicendi genus, naeuosque varios multi plane nouum ac suppositicium scriptorem putant. Vid. Vossius *de histor. Lat.* I. 28. Guid. Patin. *epist.* 27. *p.* 96. Cellar. *in iudicio de Curtio, editioni suae praemisso.* VVagenseillius *in pera librorum iuuenil. tom.* IIII. *p.* 178. Verum vtut facile largiamur, non immunem esse Curtium a variis naeuis, in dictione aeque, ac in geographia admissis: non tamen

men ideo nitidum illum ſcriptorem vel nouum, vel plane e manibus iuuenum excutiendum arbitramur, vel ideo, quod ſtilus ille *venuſtus*, quem ſupra deſcripſimus, a nemine, quam a Curtio, felicius exprimitur. CVRTIVM a Io. Clerici iniuriis vindicauit V. Cl. Iacobus Perizonius *in Q. Curtio Rufo reſtituto in integrum, et vindicato Lugduni Batauorum* cIɔIɔCCIII. 8. Optima Curtii editio eſt, quae *cum omnibus ſupplementis, variantibus lectionibus, commentariis ac notis perpetuis* Fr. Modii, Val. Acidalii, D. Popmae, Ioan. Freinshemii, Io. Schefferi, Chriſtoph. Cellarii, Nicol. Heinſii, *vt et ſelectis et excerptis aliorum cura* Henrici Snakenburgii prodiit *Lugduni Batauorum* cIɔIɔCCXXIIII. 4. *cum figur.*

Plautus. In *iocoſo* ſtilo regnat Plautus, qui et purus eſt, et terſus. Verum hic obſeruandum, I. archaiſmos nimis amare Plautum, id quod tamen ſaeculo, quo vixit, condonandum eſt. II. Eumdem ſtilum ex perſonarum, quas in theatro ſiſtit; ingenio formare, et hinc III. ſaepius fingere phraſes et voces, ridiculas magis, quam Latinas. IIII. iocos quoque ſeruiles, quibus abundat, aliquando parum eſſe vrbanos, quod iam Horatius in *art. poet. v.* 270. *ſeqq.* notauit.

At noſtri proaui Plautinos *et numeros et*
Laudauere ſales: nimium patienter vtrumque,
Ne dicam ſtulte mirati: ſi modo ego et vos
Scimus inurbanum lepido ſeponere dicto,
Legitimumque ſonum digitis callemus et aure.

Conf. Dan. Heinſii *diſſertat. in hunc locum* Horatii, Terentii editionibus addi ſolita, et Vauaſſor *de ludicra dictione*. His obſeruatis fructum ex Plauti lectione non leuem capiemus. In optimis editionibus eminent Frider.

Taub-

Taubmanni, *cum eiusdem luculentissimo commentario, et notis* Iani Gruterii, quae prodiit cIↃIↃcxxi. 4. itemque Io. Frid. Gronouii, quae prodiit *Amstelodami* cIↃIↃcxxiiii. 4. *Tom. II.* Nec negligendum Phil. Paraei *Lexicon Plautinum*, quod insignem vtilitatem adferet omnibus, qui dictionis Plautinae sunt paullo studiosiores. Nouam Plauti editionem minatus est Arn. Henr. VVesterhouius.

Seneca.

In *acuto ac sententioso*, quem vocant, stilo, prae ceteris commendandus Seneca, quamuis eum etiam hac in re iusto esse diligentiorem, iam supra ex Quinctiliano aliisque sit obseruatum. Abundat sane Seneca dulcibus vitiis, quae facilius, quam saniora, a iuuentute in imitationem trahuntur: vnde merito eius lectionem in tertium demum cursum reiecimus. Ex philosophicis eius scriptis hic seligendos existimarim libros *de tranquillitate animi, de prouidentia*, et *de clementia*. Reliqua, vt et *epistolae* vltimo cursui poterant reseruari. Editio Io. Frid. Ornouii, quae prodiit *Amstelodami* cIↃIↃLxxii. 8. *volum. III.* reliquis adcuratior, commodior, atque elegantior habetur.

L. Lactantius.

Subiungimus his omnibus Lactantium, Christianorum Ciceronem, quem saeculo IIII. ineunte floruisse constat. Eo enim duce facile discemus, quae optima sit imitandi ratio. Nam Ciceronis dictionem atque vbertatem tam adcurate expressit, vt non temere quisquam paria illi ea in re fecerit. Sunt tamen et in Lactantio naeui quidam saeculo, quo vixit, condonandi, quos aeque, ac virtutes illius cum cura expendit Io. Aug. Krebsii *dissertatio, Hallae Magd.* cIↃIↃccii. *habita, de stilo Lactantii Firmiani*. Institutiones eius diuinae multo nitidiores sunt libello *de moribus persequutorum*, quem Stephanus Baluzius e codice Colbertino exscriptum primus extulit *tom. II. Miscel-*

scellan. Paris. cIↄIↄCLXXVIIII. 8. Vnde hunc librum non Lactantio, sed Caecilio cuidam tribuendum existimat Massuetus. Sed nec is libellus vel ob res, quas complectitur, notatu dignissimas videtur praetermittendus. Editiones *institutionum diuinarum* exstant variae, in quibus *Cellarianae* locus haud postremus debetur. Alter vero libellus *cum notis* Stephani Baluzii, Gisberti Cuperi, Columbi, Toinardi, Graeuii, El. Boherelli, Th. Gale, Iac. Tollii editus est a Paullo Bauldri *Vltraiecti* cIↄIↄLXXXXII. 8.

VIII.

Qui quarto.

Quarto cursu, iis potissimum, qui sese totos amoenioribus Musis consecrarunt, destinato, non solum reliqua auctorum hactenus recensitorum scripta adeunda, sed et per ceteros scriptores omnium aetatum diuagandum est *(. Euoluendi itaque erunt scriptores rei rusticae Cato, Varro, Columella, scriptor architecturae doctissimus Vitruuivs, historici porro Velleius Paterculus, Valerius Maximus, Caius, Plinius, Florus, Iustinus, *scriptores historiae Augustae* sex, et Ammianus Marcellinus, rhetores item & oratores M. Ann. Seneca, Quinctilianus, et *auctore Panegyricorum veterum*, quibus denique accedent Cornelius Celsus, T. Petronius Arbiter, Frontinus, Aulus Gellius, Apuleius, Censorinus, Iulius Obsequens, Fl. Vegetius, Macrobius, et Marcianus Capella. Reliqui enim scriptores, quibus et Symmachum, et Cassiodorum, et patres plerosque accenseo, hi-

sto-

ſtoriae potius, quam Latinitatis cauſſa euoluendi ſunt.

*) Quum enim viro eloquenti de variis rebus diſſerendum ſcribendumque ſit; facile adparet, non ſufficere ei paucos auctores. Hinc phraſes ad rem bellicam pertinentes ex ſcriptoribus hiſtoricis, tacticis, et qui de caſtrametatione egerunt: phraſes oeconomicas ex Catone, Columella, Varrone: loquutiones medicas ex Celſo; architectonicas ex Vitruuio et Palladio: alias denique ex aliis petet. Vnde ſimul intelligere licebit, quanto in errore verſentur, qui ſolo lecto Cicerone ad ſummam eloquentiae perfectionem ſe peruenturos exiſtimant.

Scriptores rei ruſticae Cato.

Cato, quum dudum ante Ciceronem ſcripſerit, non adeo elegans eſt. Archaiſmos adhuc habet ſaeculo ſuo familiares. Optimum tamen agricolam fuiſſe, iam Cornelius Nepos *in vita eius obſeruauit*.

Varro.

Varro innumera paene ſcripſit, in quibus tamen praeter libros aliquot *de re ruſtica* et *de lingua Latina* pauciſſima fragmenta commune illud naufragium euaſerunt. Scripta eius iam olim doctrinae potius, quam eloquentiae laude commendabantur, Quinctil. *Inſt. orat.* X, 1. Auguſtin. *de ciuitate Dei* VI, 2.

Columella.

Elegantiſſimus de re ruſtica ſcriptor eſt Columella, qui ſub Claudio floruit, vir eloquentiſſimus, adeoque cum cura legendus. Coniunctim hos ſcriptores *cum notis virorum clariſſimorum et lexico rei ruſticae* edidit V. Cl. Io. Matth. Geſnerus *Lipſiae* cIↄIↄccxxxv. 4. *Volum. II.*

Scriptor architecturae Vitruuius.

M. Vitruuius Pollio architecturae ſcriptor doctiſſimus eſt, nec nitidiſſimus tamen, quamuis ſaeculo Auguſteo floruerit. Hinc in eo peregrinitatem et plebitatem notant Barthius *aduerſ.* I, 10. et Caſp. Scioppius. Saepe in

linguas

linguas varias translatus est hic auctor. Latinae quoque editiones exstant haud paucae, in quibus commendanda praestantissima, quam cum Guil. Philandri *Castilonaei integis commentariis, excerptis notis* Dan. Barbari, et *lexico Vitruuiano* Bernardi Baldi Vrbinatis, tum Io. Buteonis, Nic. Goldmanni, Claudii Salmasii et Marci Meibomii *ad loca quaedam Vitruuii obseruationibus, addita eius vita,* vulgauit Ioannes de Laet. *Amstelod.* 1149. *fol.*

Velleius Paterculus.

Valleius Paterculus sub Tiberio floruit, historiamque edidit, cuius in postrema parte vbique ostendit animum parasiticum, stilumque Tiberio et Seiano obnoxium. Vnde cum potius panegyristen dixeris, quam historicum. Dictio tamen eius, quidquid alii, est plane Romana, elegans, et vel ideo commendanda, quod hominum indolem cum cura descripsit. Inde Io. Henr. Boecleri enatus est libellus *de characteribus politicis Velleianis, Argentor.* cIↃIↃclxxII. 8. Praestantissima omnium, ac nitididissima editio est, quae *cum integris scholiis, notis, variis lectionibus et animaduersionibus doctorum* curante V. Cl. Petro Burmanno prodiit *Lugduni Batauorum* cIↃIↃccxvIIII. 8. *mai.* cui ex illa *Oxoniensi* etiam Henrici Dodvelii *annales Velleiani* accesserant. Fragmentum Velleii, quod circumfertur, a VVolfg. Lazio editum, ab eruditis dudum explosum est.

Valerius Maximus.

Eodem Tiberio imperante Valerius Maximus vixit, qui historiam memorabilium dictorum factorumque in varios titulos distributam scripsit. Sed quum stilus vix sapiat tam bonum aeuum: non dubitarim ego quidem eorum accedere sententiae, qui non tam integrum auctorem, quam eius excerpta quaedam ad nos peruenisse iudicant. Vnde et raro inter se conspirant codices MSS. ceu obseruauit Barthius, taius *Aduers. XVIII. 15.* Omnibus editionibus palmam praerepturus fuisset Iacobus Perizonius, si eius prodiisset editio. Sed in spongiam incubuit hic Aiax, nisi quod nuper *Perizoniana*, quae reperiri potuerunt, nouae ac splendide editioni suae inseruit V. Cl. Abrahamus Torrenius. Prodiit haec editio *Leidae* cIↃcccxxvI. 4. *mai. cum notis integris* Henr. Loriti Glareani, Stephani Pighii, Iusti Lipsii, Christoph. Coleri et Io. Vorstii, necnon *selectis aliorum obseruationibus*, quibus accedunt *amendationes ineditae* Casparis Barthii, Francisci Guyeti et Marquardi Gudii, item Antonii Schultingii *exercitatio ad libros VII. de testamentis rescissis.*

Plinius. C. Plinii Secundi *historia naturalis* iustae instar bibliothecae est, unde reliquorum eius librorum iactura tanto tristior accidit reipublicae litterariae. Vid. Plin. *lib. III. epist. 5.* Auctor nondum satis castigatus videtur ob codicum MSS. penuriam, et eorum, qui exstant, naeuos, de quibus conqueruntur *Scaligeriana prima, p. 20.* Reliquis tamen praeferendae editiones Io. Frider. Gronouii *cum notis variorum Lugduni Batauorum* cIↃIↃcLVIIII. 8. *mai. tom. III.* et illa cedro digna Io. Harduini, *Lutet. Paris.* cIↃIↃccXXIII. *fol. Exercitationes* siue Solinianae, siue *Plinianae* Cl. Salmasii, incredibili eruditionis varietate refertae sunt, adeo ut vir ille doctissimus omnes fere vastae doctrinae thesauros in iis exhausisse videatur. Sed multa etiam insunt parum adcurate scripta, multae hariolationes criticae, multae coniecturae satis audaces, vt postea viris doctis tantum non omnibus vapularit Salmasius. Prodierunt post Parisinam editionem *Vltraiecti* cIↃIↃcLXXXVIIII. *in fol. tom. III.*

Florus. Florus, ex Annaeorum gente, qui sub Traiano scripsisse videtur, historiam stilo magis poetico,

tico, quam historico, composuit. Vbique adfectat magnificentiam et acumina, quae tamen eliquando in frigus abeunt, vt supra aliquot exemplis demonstrauimus. Non tamen sine fructu eum leges, si iudicium adhibueris. Splendidissima editio est, quae *cum integris* Salmasii, Freinshemii, Graeuii, *et selectis aliorum animaduersionibus ex recensione et cum notis* Caroli Andreae Dukeri prodiit *Lugduni Batau.* cIↃIↃccxxII. 8. *mai.*

Iustinus.

Incertae aetatis est Iustinus, quem plerique ad ferream Latinitatis aetatem referunt. In compendium redegit Trogi Pompeii, seuerissimi et priscae eloquentiae viri *historiam Philippicam*: sed stilo vltra aeuum suum elegante, vt illum dictionem Trogi sui vbique retinuisse verosimile sit. Optima editio est, quae *cum integris commentariis* I. Bongarsii, F. Modii, M. Berneggeri, M. Z. Boxhornii, I. Vossii, I. F. Gronouii, I. G. Graeuii, T. Fabri, I. Vorstii, I. Schefferi *et excerptis aliorum* prodiit *Lugduni Batauorum* cIↃIↃccxvIII. 8. *mai.* curante Abrahamo Gronouio. Adcuratissimam nobis editionem dedit, et *variantes lectiones adiecit* V. Cl. Petrus Burmannus, *Lugduni Batauorum* cIↃIↃccxxII. in 12.

Scriptores historiae Augustae.

Scriptores historiae Augustae vocantur, qui historiam imperatorum Romanorum, inchoatam a Suetonio continuarunt, AElius Spartianus, Iulius Capitolinus, AElius Lampridius, VVlcatius Gallicanus, Trebellius Pollio et Fl. Vopiscus, qui omnes intemperantibus Diocletiano et Constantino M. floruisse videntur: quamuis quas singuli vitas composuerint, non adeo videatur expeditum, ceu ostendit vir doctissimus Henr. Doduuellus in *praelectionibus Cambdenianis*. Maximi merito habentur ob rerum, quas tradunt, varietatem: stilus vero haud parum ex aeui illius sordibus trahit, nec

ad-

…ud pa.

adeo temere imitandus est. Coniunctim saepe editi sunt isti VI. viri, de quibus optime meriti sunt Is. Casaubonus et Cl. Salmasius, quorum notae cum saepius, tum potissimum *Lugduni Batauorum* cIↃIↃcLXX. *in 8. mai. volum. II.* prodierunt, in qua editione et Iani Gruteri notae occurrunt. Nouam horum scriptorum editionem parat V. Cl. Godofredus Mascouius.

Ammianus Marcellinus.

Ammianus Marcellinus, Graecus natione, Latine tamen scripsit temporum suorum historiam. Quumque sub Iuliano demum imperatore vixerit: facile colliges, qualem eius dictionem esse oporteat. Duriuscula illa est, et horridior, quam ut stili caussa legi possit. Est tamen Ammianus scriptor prudens, grauis, seuerus, et veritatis studiosissimus, vnde viri doctissimi in eo illustrando multum industriae collocarunt. Editio optima est, quae *cum integris obseruationibus* Friderici Lindenbrogii, Henrici Hadrianique Valesiorum et Iacobi Gronouii prodiit *Lugduni Batauorum* cIↃIↃLXXXXIII. *fol.* multis imperatorum numis, gemmis, imaginibus, obeliscis aeri incisis exornata.

Seneca.

M. Annaeus Seneca Rhetor, Lucii philosophi parens, more saeculi, controuersias et suasiones, id est declamationes, scripsit. Vigebant enim tum vmbratiles illae exercitationes, quas suo more exagitauit Petronius. Quamvis vero non nisi excerpta habeamus, quae ipse Seneca in filiorum gratiam e penu memoriae, qua ad miraculum vsque valuit, depromsit: scripta tamen illa sunt ea dictionis puritate et elegantia, vt nihil in eo genere purius exstet aut venustius. Solent plerumque *declamationes* istae philosophi operibus iungi, id quod etiam a Io. Frid. Gronouio factum.

Quinctilianus. M. Fab. Quinctilianus a Galba Imperat ex Hispania Romam deductus, rhetoricam docuit, tanta fama, vt viros doctissimos, in his Plinium etiam, discipulos habueri Exstant eius *institutiones oratoriae*, aetern opus, et *declamationes*, quae tamen quum Quinctiliani praecepta non sint compositae eius esse haud videntur. Splendidissima o nium et vtilissima editio est ea, quam *c virorum doctorum integris notis ac animadue sionibus* edidit V. Cl. Petrus Burmannus *Lu duni Batauarum* cIↃIↃccxx. 4. *mai. volum.* Conferenda omnino eiusdem V. Cl. *epistola* Claudium Capperonnerium, *Diaconum A bianensem, et Graecae linguae Professorem noua eius* M. Fab. Quinctiliani *de institutio oratoria editione, Leidae* cIↃIↃccxxvi. *mai.*

Auctores panegyr. vet. Cornelius Celsus. De auctoribus his panegyricorum veter iam supra actum est *part. II. cap. 3.*

Cornelius Celsus, suauissimae Latinitat auctor, artem medicam nitida dictione e pressit, vnde eum Latinorum Hippocratem et medicorum Ciceronem vulgo audias cogn minari. Optime de eo meritus est medic Theodor. Ians. ab Almeloueen, qui Celsi emendatissimum, suisque illustratum no dedit *Amstelodami* cIↃIↃccxxx. 8.

Petronius. Accedit celeberrimus ille elegantiarum pa ter, ac nequitiarum arbiter, D. Petronius A biter, *Satirici* auctor, a quo sola si abes obscenitas, nemo felicius manum ad scribe dum adpulisset. Perstrinxisse videtur Neron ni aeui infelicitatem, et forsan, si integr exstaret satiricon, auctore habituri essem non minus grauem vitiorum insectatoren quam Iuuenalem. Verum videtur aliquis, rum castus, ea tantum ex opere illo excerp se, quae inuenerat maxime obscena. Co mendandus itaque est non pueris ac ado

scen-

ſcentibus, ſed compoſitae mentis viris, qui et inde haud pauca praeclare diſcent. Optima editio eſt, quam *cum integris virorum doctorum commentariis, et notis* Nicolai Heinſii ac Guilielmi Goeſii *nunc primum editis*, vna cum Iani Douſae *praecidaneis*, et D. Ioſ. Ant. Gonſali de Salas *commentis* edidit Vir Clariſſim. Petrus Burmannus *Traiecti ad Rhenum* cIↃIↃCCVIII. *in 4. mai.* Nouam editionem mox iterum prodituram ſperamus. Exſtat et aliud fragmentum, Traguriae in Dalmatia repertum, de quo mirae inter Valeſium, Schefferum, VVagenſeilium, alioſque viros doctos interceſſere lites. Edidit illud *cum notis* ſuis Io. Schefferus, *Vpſaliae* cIↃIↃCLXV. 8. deinde Thom. Reineſius, *Lipſiae* cIↃIↃCLXVI. 8. hinc Chr. Arnoldus, *Norimberg.* cIↃIↃCLXVII. 8. qui etiam totius illius litis hiſtoriam texuit, variaque virorum doctiſſimorum iudicia adiecit. Fuit etiam, qui totum Petronium Albae Regiae anno cIↃIↃCLXXXVIII. repertum in lucem extulit Franc. Nodotius, *Roterodam.* cIↃIↃCLXXXXIII. 12. Sed non tam creduli adhuc fuerunt eruditi, vt hunc ſibi fucum fieri paterentur a milite.

Frontinus.

Et Traiani aeuo eſt Sextus Iulius Frontinus, qui et *de ſtratagematibus*, et *aquaeductibus* et *cloacis* ſtilo non adeo nitido ſcripſit. Stratagemata Vegetario plerumque addi ſolent: ſed et ſeparatim *cum notis integris* Franciſci Modii, Godeſcalci Stevvechii, Petri Scriuerii et Samuelis Tenullii edidit Franciſcus Oudendorpius, *Lugduni Batauorum* cIↃIↃCCXXXI. 8. *mai.* Liber *de vrbis Romae aquaeductibus* opera et ſtudio Ioannis Poleni ſplendidiſſime prodiit *Patauii* cIↃIↃCCXXII. 4. *mai.*

A. Gellius.

Aulus Gellius, quem alii Agellium vocandum contendunt, *noctes Atticas*, ſed luculentiſ-

ſimas,

ſimas, ſcripſit, quo in libro innumera philologica, critica, hiſtorica, philoſophica, promiſcue tractauit. Optima editio eſt, quae *Lugduni Batauorum* cIↃIↃcvi. *in 4. mai.* cura Iacobi Gronouii prodiit. Nouam expectamus a V. Cl. Abr. Gronouio.

Apuleius, Madaurenſis, Afer, monſtroſae ac tumidae Latinitatis auctor eſt. Proprietatis quidem ſatis eſt amans, et diligens veteris Latinitatis conſeruator, ſed qui *tumore* et adfectatione ita omnia corrumpit, vt phraſin eius non immerito *docto ineptam* cum Voſſio et Lipſio poſſis adpellare. Mirifice tamen Apuleii ſtilum amauit Philippus Beroaldus, a multis hinc iure notatus. Commodiſſima editio eſt Geuerardi Elmenhorſtii, quae *cum ſpicilegiis* Iani Rutgerſii, Er. Puteani et Io. Brantii cet. prodiit *Frf.* cIↃIↃcxxi. 8. *Metamorphoſeos* autem *libros XI.* Ioannes Pricaeus, *Goudae* cIↃIↃcl. 8.

Cenſorinus.

Cenſorinus, quem ſub Alexandro Seuero vixiſſe conſtat, librum ſcripſit aſtrologica mathematicaque doctrina refertiſſimum, *de die natali*. Stilus ſimplex eſt, nec plane contemnendus. Optimae editiones ſunt Henr. Lindenbrogii, *Lugduni Batauorum* cIↃIↃcxxxxii. 8. et quae *Cantabrigiae cum notis variorum* prodiit.

Iulius Obſequens.

Iulius Obſequens *de prodigiis*, quae Romae et in vicinia acciderunt, *libros II.* ſtilo ſimpliciſſimo ſcripſit. Eos *cum animaduerſionibus* Io. Schefferi, et *ſupplementis* Conr. Lycoſthenis edidit Franciſcus Oudendorpius, *Lugduni Batauorum* cIↃIↃccxx. 8.

Vegetius.

Fl. Vegetius, aeui Theodoſiani auctor, tum *de re militari*, tum *de mulomedicina* ſcripſit. Prior liber vna cum reliquis ſcriptoribus cum notis variorum prodiit. Poſteriorem ſplendidiſſimae *editioni ſcriptorum rei ruſticae tom. II.* inſeruit V. Cl. Io. Matth. Geſnerus.

Eius-

Eiusdem aetatis scriptor Aurelius Theodosius Macrobius vtilissimo ad posteritatem instituto optima quaeuis ex Latinis Graecisque auctoribus excerpsit. Quare etsi eius stilus varius est: multa tamen veterum fragmenta hodie intercidisse conquereremur, nisi a Macrobio fuissent conseruata. Certe ei inter alia debemus luculentissimum illud e Ciceronis libris *de republica* ἀποσπασμάτιον, quod *somnium Scipionis* adpellatur, in quod Macrobius commentarium doctissimum conscripsit. Prodierunt Macrobii opera saepius, sed optima est editio, quae *cum notis integris* Is. Pontani, Io. Meursii et Iac. Gronouii prodiit *Lugduni Batau.* cIↃIↃCLXX. 8. mai.

Macrobius.

Marciani Capellae stilus adeo horridus et durus est, vt eum *pecudalis eloquentiae* auctorem suo stilo vocet Casp. Barthius *Aduersar.* XXV. 13. Fabulam scripsit *de Mercurii & philologiae nuptiis*, qua totam encyclopaediam, sed non satis feliciter, complexus est. Auctori huic adolescens XIIII. annorum lucem accendere studuit Hugo Grotius, cuius editio prodiit *Lugduni Batau.* cIↃIↃLXXXXVIIII. 8.

Mar. Capella.

VIII.

Omissos videbis poetas. Nam Plautus, Terentius, Phaedrus, quos recensuimus, licet metro se adstrinxerint, dictione tamen familiari potius, quam poetica, vtuntur *). Neque tamen exiguus est poetarum vsus etiam in soluta eloquentia, si cum iudicio legantur **). In primis vero commendandi sunt ob puritatem sermonis Virgilius, Horatius, Ouidius ***), Catullus, Tibullus, Propertius, ob phrasim Lucretius ****), ob acumen Lucanus *****). A tumidorum

An etiam poetarum lectione opus sit?

vero poetarum, quales sunt Statius, Claudianus et alii *****), imitatione plane, me quidem auctore, abstinebit elegantiae castioris studiosus.

*) Comici enim personas sistunt viliores, veluti senes, agricolas, seruos, libertos, parasitos et huius generis alios, qui cothurnis incedere haud solent. Hinc et eiusmodi eligunt metrum, quod vix familiari et soluta oratione possit distingui. Paullo adstrictior est Phaedrus, qui tamen et ipse comicos potius, quam poetas alios imitatur.

**) Qui paullo subactiore sunt iudicio, ii, quid in poetis sit poeticum, quid Latinum, facile discernent. Ergo ex poetis *magnam optimarum vocum phrasiumque copiam* colligent, quae etiam in prosa oratione inueniet locum. Dabimus exempla quaedam e Cunaeo. Dixerat Horat. *Carm. IIII*, 4.

per damna, per caedes, ab ipso
ducit opes animumque ferro.

Hanc phrasin eleganter imitatus Cunaeus *or. I. p.* 14. de academia Lugdunensi: *quo plures*, inquit, *emergerent belli difficultates, tanto illa maior in dies pulcriorque effloruit, ita quod prope inauditum est, per damna, per caedes, ab ipso ferro duxisse vires suas et augmentum videtur*. Sic et Lucanus *Pharsal. V*, 108. de infantibus a Mario occisis:

crimine quo parui caedem potuere mereri?
sed satis est iam, posse mori.

Haec ita imitatur Cunaeus *orat. II. p.* 39. *Crudelitatem in omnes ciues exercuit, etiam in eos, quorum nullum erat aliud crimen, nisi quod mori possent*. Ita Idem *orat. IIII. p.* 72. Aristotelem vocat *maximam vbique auctorem naturae verique*, idque stilo Horatii, qui *lib. I. od. XXVII.* Pythagoram hoc elogio ornauit. In deliciis quoque ipsi sunt phrases: *sub faustis enutritus penetralibus*, ex Horat. *Carm. IIII*, 4. *Romani rerum domini* ex Virg. *Aen. I. v.* 282. *Ioue aequo iudicare* ex Horat. *epist. II.* 1. *v.* 68. *Victima suorum ciuium* ex Sen. *Herc. Fur. v.* 922.

II. Poetae etiam saepe suppeditabant praestantissima epitheta, nec non

III. Pulcherrimas similitudines, imagines et alia huius generis. Quam pulcrum v. c. est epitheton Hor. *satir. II*, 3. *v.* 287. *foecunda Menenii gens*, pro stultis? Quam eleganti imagine de tardiore gressu vtitur Plaut. *in Poenul. III*, 1. *v.* 10.

nam iste quidem gradus succretus est cribro pollinario.

Caue tamen hic arripias epitheta vere poetica, qualia iam supra notauimus. Nam pauciora

IIII. E poetis petes acumina et ingeniosas loquutiones. Sic Martialem imitatus, de eo, quem mortis metus manus sibi consciscere iussit, eleganter dices: *nihil eum potuisse facere stolidius, quam dum, ne moreretur, mori voluerit*. Denique

V. Nonnumquam integra poetarum loca oratione soluta reddi possunt, quod saepe ipsum Ciceronem fecisse adparet. Cunaei exemplum iam supra adduximus ex eius *Sardis venalibus p.* 412.

***) Virgilii dictio elegans est ac plane Latina. Ad solutam tamen orationem propius accedunt eius *eclogae* et *georgica*, quam *Aeneis*, in qua absolutissimum dare voluit sublimis et heroici carminis exemplum. Ea vero propria est Virgilii laus, quod res verbis aequat, et ex lectoribus fere efficit spectatores. Optima et splendidissima omnium est editio, quam cum integris *commentariis* Seruii, Philargyrii, Pierii, et *adnotationibus* Scaligeri et Lindenbrogii *ad Culicem*, *Cirin*, et *Catalecta* edidit Pancratius Masuicius *Leouardiae* cIↃIↃccxvii. 4. *tom. II.* Inter minores editiones praestat *Burmanniana*. Q. Horatius Flaccus, impar aetate Virgilio, *carmina Lyrica*, *satiras*, *epistolas* et *de re poetica* scripsit. In his satirae, epistolae et de arte poetica libellus proxime ad solutam orationem accedunt. Dictio in illis est grauis, morata, amoena, et caste Latina. Textum Horatii emendatissime exhibent editiones duae *Burmannianae*, et Alexander Cuninghamius, cuius editio prodiit *Hagae Comitum* cIↃIↃccxxi. 8. Denique P. Ouidius Naso scripsit *libros amorum*, *metamorphoses*, in quibus omnibus iuueniliter saepe lasciuit. Maiore iudicii maturitate compositi sunt libri *tristium*, *de Ponto* et *Fasti*, antiqua eruditione referti. *Heroidum epistolarum* purissima quidem dictio, sed impurae saepe sententiae sunt, vt solet in libris eroticis. Stilus vbique candidus, natiuus, et facilis, quiue plurimum adiumenti solutae orationis scriptoribus suppeditare possit. Ita enim plerumque scribit Ouidius, vt demto numero poetico, solutam orationem audire te crederes. Optimae editiones sunt duae *Burmannianae*, altera, quae tribus voluminibus in minore forma prodiit *Amstelod.* cIↃIↃccxiiii, et textum tantum exhibet; altera, quam cum integris Iacobi Mycilli, Herculis Ciofani et Heinsiorum et excerptis aliorum *adnotationibus* edidit vir laude nostra maior Petrus Burmannus *Amstelodami* cIↃIↃccxxvii. 4. *volum. IIII.*

****) T. Lucretius Carus, Ciceronis aequalis, philosophiam Epicuri naturalem carmine

mine Latino exposuit, cuius dictionem, puram admodum esse vel ideo oportet, quod post Lucretii fata ipse Cicero amici poemati limam adhibuit. Fugiendi tamen archaismi quidam, quibus aliquando indulsit Lucretius. Optima ac emendatissima sine dubio est editio, quam *cum interpretatione & notis* edidit Thomas Creech, *Londini* cIↃIↃccxvii. 8. *mai.* quamuis non ignorem, recentiorem esse editionem *Hauercampianam*, quippe quae *Lugduni Batauorum* cIↃIↃccxxv. 4. *vol. II.* prodiit, quae tamen ob integros aliorum commentarios adiectos commendari meretur.

*****) Acutissimus poeta est Lucanus, ex Annaea gente, M. Senecae rhetoris ex filio Annaeo Mela nepos. Quinctiliano *Institut. orat.* X, 1. sagacissimo ingeniorum censori, *ardens videtur, concitatus et sententiis clarissimis vsus, sed oratoribus magis, quam poetis adnumerandus*. Nos vero non poesos, sed acutae dictionis caussa, commendamus Lucanum, non ignari, versus paullo inamaeniores et nonnumquam tragicos furores in eo notari. Lucanum cum lectionibus variantibus edidit V. Cl. Gottlieb Cortius, *Lipsiae* cIↃIↃccxxvi. 8. cum *scholiaste* vero inedito et *adnotationibus* integris Henrici Glareani, Iacobi Mycilli, Hugon. Grotii, et selectis aliorum edidit vir doctissimus Franciscus Oudendorpius, *Lugduni Batauorum* cIↃIↃccxxviii. 4. *mai.*

******) Meteora potius orationis, quam solidam stili elegantiam deprehendimus in Papineo Statio, quem cum *animaduersionibus suis* edidit Caspar Barthius. Vnde miror, ejus tumores adeo placuisse Iusto Lipsio, Aug. Buchnero et aliis, quibus magni spiritus poeta videtur. Vbique excrescit in tumorem, vbique eo sublimitatis tendit, vbi, quo loco pedem ponat, non inuenit. Vnde recte illi, qui Statium fingunt in summo Parnasso sedere, sed casuro similem. Eumdem tumorem in Sidonio Apollinari, Claudiano aliisque sequioris aeui poetis reperimus, quorum lectionem ideo non adeo multum cultioris stili studiosis profuturum arbitramur.

VIIII.

In auctorum lectione, quae obseruanda.

Sed haec quidem de ordine, quem in lectione auctorum obseruandum arbitramur. Proximum est, vt, quae in ipsa lectione obseruanda enotandaque sint, doceamus.

X.

Primo phrases elegantiores.

Primum ergo danda est opera, vt sensum auctoris probe capiamus *). Deinde respiciendum ad voces et phrases elegantiores, nec non ad compositionem ac constructiones rariores **). In his enim quanta sita sit stili elegantia, ii intelligent, qui quae superioris partis primae capite primo ea de re diximus, sibi in memoriam reuocauerint.

*) Equidem in ipso, quem commendauimus, ordine ad intelligentiam auctorum magnum positum est momentum. Suadendum tamen simul est auctores cum fructu lectoris, I. vt optimas sibi editiones comparent. Quo emendatior enim est textus, eo auctor intelligetur facilius. Praeterea non tam facile librariorum vitia pro loquutionibus rarioribus atque elegantioribus adripient, sed prudentes abstinebunt ab iis, quae dubiae lectionis esse, ex editionibus cum MSS. collatis intelligunt. II. Vt notas eruditorum diligenter conferant, in quibus difficillima plerumque loca cum cura explicantur.

tur. Neque tamen aliorum sententiis, tamquam scopulis est inhaerendum. Saepe enim attentior lectio et meditatio aliquid suggeret, quod quis frustra in variorum notis quaesiuerit, maxime quum illae notae variorum saepe rem eandem repetant, difficiliora haud raro praeteruehantur et in rebus exiguis et vulgo notis aliquando sint verbosissimae. III. Vt ne adspernentur subsidia illa, quae ad explicandos auctores quam maxime faciunt. Sic Liuium v.c. lecturus facilius progredieris, si praeter geographiam antiquam, etiam antiquitates Romanas et Lipsii praeclarum opus *de militia vetere Romanorum* in consilium adhibueris. Immo et in librorum omnium historicorum lectione in primis utile ac frugiferum est, et chronologiam quamdam paullo adcuratiorem, veluti Dion. Petauii *rationarium temporum*, et eos scriptores, qui de veterum Rom. familiis commentati sunt, vel uti Glandorpium, Ant. Augustinum, Fulu. Vrsinum, a *Petauio*, et *Vaillantio* editum auctumque in consilium adhibere. Vtrique usui seruient etiam Steph. Vinpighii *annales Romani*, quamuis hic auctor, quod ad magistratus et personarum originem gentiumque successionem adtinet, multa indulsisse ingenio videatur.

**) Exempli loco esto locus quidam Senecae *Consul. ad Marc. XV*. Prima periodus haec est:

> *Quid aliorum tibi funera Caesarum referam? quos in hoc mihi interim videtur violare fortuna, vt sic quoque generi humano prosint, ostendentes, ne eos quidem, qui diis geniti, deosque genituri dicantur, sic suam fortunam in potestate habere, quemadmodum alienam.*

Hic mihi notarem elegantem compositionem *aliorum tibi funera Caesarum*. Notarem etiam phrases et vocabula: *funera Caesarum* pro funera in domo Augusta: *in hoc* pro ideo, *principem violat fortuna*, pro fortuna principi aduersa est. Satis enim patet, Senecam ad sacrosanctam principum personam respicere, quam alioquin violare nefas est. Nec inelegans est loquutio, *fortunam suam in potestate habere*. Succedat iam altera et tertia periodus.

Diuus Augustus, amissis liberis, nepotibus, exhausta Caesarum turba, adoptione desertam domum fulsit. Tulit tamen fortiter, tamquam eius iam res ageretur, cuius cum maxime intererat, de diis neminem queri.

Hic diuus est ἀποθεώσεως signum. Notarem quoque *Caesares* hic dici principes iuuentutis, qui in spem imperii succrescunt. Nec praetermitterem phrases: *turba liberorum exhausta est*, pro numerosa proles morte intercepta est, quamuis durior sit translatio, quum *turba* non *exhauriri*, sed dissipari, opprimique soleat. Sane et haec non satis adcurate vel eleganter dicta enotare vtile est. *Deserta domus* pro orbitate, *adoptione fulcire desertam domum* pro adoptione sibi liberos in demortuorum locum surrogare, vbi denuo non satis elegans est translatio, quum non *domus desertae*, sed hiscentes, ventremque facientes et ruinam minantes fulciri soleant: *Nemo iam de deo queritur*, pro felicissima sunt tempora. Pergit Seneca:

Tib. Caesar, et quem genuerat, et quem adoptauerat, amisit: ipse tamen pro rostris laudauit filium, stetitque in conspectu, posito corpore, interiecto tantummodo velamento, quod pontificis oculos a funere arceret, et flente populo Romano, non flexit vultum, experiendum se dedit Seiano, ad latus stanti, quam patienter posset suos perdere.

Hic occurrunt vocabulo *amittere* et *perdere*. Prius de filiis Tiberii; posterius de Seiano eius-

que

que sociis vsurpat Seneca. Hoc mihi in animum reuocaret differentiam vtriusque vocabuli, *amittere* scilicet nos dici, vbi spes sit recuperandi, *perdere*, vbi euanuerit. Illa spes scilicet liberos Caesarum non minus, ac ipsos Caesares, in diuorum numerum referebat eorum temporum superstitio. Observandae porro loquutiones: *hoc oculos ab ea re arcet*, pro hoc inter oculos et rem interiectum; *non flexit vultum*, pro eodem vultu perseuerauit, *experiendum se alicui dare*, pro experimentum in se dare. Plura addere nihil adtinet.

XI.

Nec ad verba tantum respiciendum, verum etiam ad ingeniosa iudicia, vel acumina, quae auctor immiscuit *).

Deinde acumina sationa.

*) Haec dici non potest, quantam suauitatem adferant orationi, si ea cautione, quum supra commendauimus, adhibeantur. Sic in Senecae periodis paullo ante recensitis, mihi notarem arguta illa iudicia: *principes non ita suam fortunam in potestate habere, quemadmodum alienam*. Item *principis quam maxime interesse, neminem suo tempore de diis* (de fortuna) *queri*. Sic quoque si legissem Phaedri *fab. I, 14.* praeter voces et loquutiones praecipue mihi in vsus meos seponerem acutum illud regis iudicium: *quantae putatis esse vos dementiae, qui capita vestra non dubitatis credere, cui calceandos nemo commiserat pedes?* Talia enim elegante imitatione exprimi, aliisque rebus adcommodari poterunt, ceu infra docebimus.

XII.

Denique quam maxime ratio habenda est rerum *). Vix enim operae praetium vide-

Denique res notatu digniores.

retur, verborum tantum caussa per tot omnis aevi scriptoris diuagari.

*) Per res in primis intelligo, I. ritus antiquos, II. ea, quae ad illustrandam historiam ecclesiasticam, ciuilem, naturalem, iuris et legum, philosophiae et litterarum pertinent; III. doctrinas e philosophia depromtas, ita tamen, vt semper, cui sectae aut methodo philosophandi addictus fuerit auctor, consideremus, IIII. sententias et apophtegmata, V. similitudines et comparationes, VI. exempla memoratu digniora, aut si quid aliud ad institutum nostrum facere videbitur. Fieri enim potest, vt quis singularia quaedam themata aliquando adcuratius tractare constituerit. Huic ipsa suadebit ratio, vt res omnes, in auctoribus obuias, quae ad istud thema pertinere videbuntur, cum cura obseruet, et in suos vsus seponat. Id quod pluribus exemplis docuit Sagittarius in libello *de lectione atque imitatione Ciceronis*. Nos, vt iisdem Senecae periodis regulam nostram illustremus, ex iis notare possemus *exempla* Augusti et Tiberii, qui liberorum amissionem forti animo tulerunt. Notaremus etiam *exemplum* stultitiae Seiani, qui se gratia principis excidere haud posse, putauerat. Porro obseruaremus *ritum* veterum, quod etiam principes suos pro rostris laudarint, nec non *alterum ritum*, quod pontificibus maximis Romanorum funera adspicere non licuerit, ideoque interposuerint velamentum, quod oculos ab isto conspectu arceret.

XIII.

Inde conficienda excerpta.

Quum vero fallax plerumque sit memoria, et nemo velit tantum laboris lectioni auctorum ideo insumere, vt quae legerit obser-

obseruaritque, eorum paullo post obliuiscatur: *opus etiam erit excerpendi arte* *), quam tamen non confusam **) aut cum taedio coniunctam ***) sed expeditissimam esse oportebit.

*) Fuerunt equidem, qui memoria felicissima freti hac excerpendi opera supersederunt. Sed ii plerumque ipsi postea de ista negligentia sua conquesti sunt. Nam præterquam quod memoria, quamuis felicissima, subinde fallit, aliaque pro aliis suggerit: molestus tunc erit euoluendi labor, quando locum auctoris requirere volueris. Accedit, quod licet iuuenes lecta facile teneamus memoria, senectus tamen homines plerumque reddat obliuiosos. Tunc vero iucundum erit, omnia, quae legimus, in collectaneis nostris tamquam in cella penaria recondita intueri.

**) Confusa erunt collectanea, si ea ita conficias, vt, quae quaeris, inuenire nequeas. Hic non suaserim, vt quis more vulgari, verba et res sub titulis quibusdam collocet. Nam primo ita res ad varias disciplinas pertinentes adcumulantur, et res diuersae naturae saepe sub eodem titulo adparebunt. Deinde quum titulos arbitrio nostro fingamus, et una saepe obseruatio sub decem titulis inueniat locum: haud raro fiet, vt eam sub pluribus titulis frustra quaeramus. Omitto alia, quae huic excerpendi rationi insunt, vitia.

***) Innumera exstant de excerpendi arte consilia, quae non magis plerumque necessaria videntur, quam si quis artem reponendi thesauros magno adparatu docere vellet. Quis quaeso probaret V. C. Vinc. Placcii scrinium? quis alia eiusmodi inuenta, qualia haud pauca recensuit Morhofius. *Mihi ea demum excerpendi ratio videtur optima, quae et omnium minime laboriosa, et tamen ad rem quamlibet reperiendam expeditissima est.*

XIIII.

Et quidem lexicographica.

Magno vero laboris compendio excerpta locupletissima conficies, si lexicon aliquod adcuratius *) et aduersariorum librum tibi paraueris. Et lexico quidem adscribes vocabula, si qua inueneris, rariora **) significationes vocum elegantiores ***), phrases selectiores ****) epitheta notatu digniora *****), signatis simul auctorum locis ******), additisque obseruationibus criticis et philologicis, quas in virorum doctorum adnotationibus deprehendisti †).

*) Excerpta eiusmodi lexicographica mirifice commendant Iac. Thomas. in *erotem. rhet.* *p.66.* Vinc. Placc. in *hist. excerpt.* eius libro de excerpendi arte adnexa, et Morhof. *Polyhist. I, 2, 3, 4, 619.* Vsui hic erit *lexicon Fabrianum* Gesneri, vel ideo, quod vir hic diligentissimus iam plurima enotauit, adeoque multum laboris nobis detraxit.

**) Talia sunt, quae, iam Morhof. *l. c.* *p.623.* notauit *vacuefacere* apud Nep. *leno* pro legato apud Iustinum, pro quo tamen emendatiores editiones legunt *legatus*, *calculo* pro calculatore apud Cic. aliaque huius generis. Probe tamen in eiusmodi vocabulis dispiciendum, I. an forte sint dubia? Multa enim, expensis codicibus MSC. euanescere solent. Sic et Petr. Bembus apud Ciceronem inuenerat *muliercu..ssimus*, eaque voce tamquam Ciceroniana

fusfuerat vsus. Verum postea ex codicibus MSS. adparuit, non legendum in Cicerone esse *ex multissimis miseriis*, sed *multis meis* miseriis. Dispiciendum quoque II. an sint obsoleta? item III. an ioci caussa inuenta? Sic Cicero aliquando dicit *dextella* pro *dextra*, *epist. ad Attic.* XIIII. 13. sed quis dubitaret, quin ipse hanc vocem ioci caussa inuenerit? Talia etiam multa apud Plautum occurrunt. Haec quidem tamquam rariora notanda, sed non temere imitanda videntur. Denique et id generatim obseruandum, rariora, quantumuis bona, vel ideo non esse frequentanda, quia rariora sunt. Notanda tamen sunt diligenter, vt ne bonis auctoribus, qui aliquando talibus vsi sunt, dicam temere impingamus. Sic rara quam plurima occurrunt in *Digestis*, quae in libro *Parergon* diligenter collegit Barn. Brissonius, et acerrime exagitauit Laur. Valla. Et tamen pleraque defendi posse, satis ostendunt *opuscula de Latinitate veterum ICtorum Lugduni Batavorum* cIↃIↃccxI. 8. recusa, et adnotationes doctissimae, quae iis adspersit v. c. Car. Andr. Dukerus.

***) Rariores nonnumquam occurrunt vocum significationes, quas notari in lexicis omnino par est. Sic *insanire* est immodicos sumtus facere apud Plaut. *mil. glor.* III. 1. v. 59. Virgil. *ecl.* 3. v. 36. Terent. *Phorm.* IIII. 3. 37. *supplicium* pro supplicatione non semel occurrit apud SALLVSTIVM. Talia notanda sunt, ita tamen, vt et hic consideremus, num forte auctor ad adfectationem sit procliuior. Multae enim significationes rariores sunt apud SALLVSTIVM, quae vix videntur imitandae.

****) Phrases eiusmodi sunt eligendae, quas non facile ipsi fingeremus, e. c. *otium corpori dare*, est apud Phaedr. *praef. lib.* III. Hanc ipse non excogitassem facile. Mea ergo in-

intereſt, vt eam lexici adſcribam margini, a vocem *otium*. In indice vero Germanico euolui poterit vox *ſic eine Veraenderung machen*, ibique addi pagina lexici, in qua illa phraſis Latina adſcripta eſt. Eodem modo reliquae phraſes elegantiores ſuo quaeque loco poterunt adſcribi. Neque tamen plane praetermittendi ſunt Germaniſmi falſo ſuſpecti. Quamuis enim illi non temere adfectandi ſint, multae tamen occurrunt loquutiones Latinae, quae quum nobis ob vernaculae ſimilitudinem haud parum ſuſpectae videantur, in optimis tamen auctoribus reperiuntur, V. C. *magnum ſe facere, hilarem ſe facere, veſtis bene ſedet, pro felice aliquem adſpicere*. Conferri meretur Voſſii libellus *de Latinitate falſo ſuſpecta*.

*****) Talia epitheta non ſtatim ſuccurrunt, et tamen mirifice ornant orationem. Marius Nizolius laudanda opera ſingulis ſubſtantiuis epitheta Ciceroniana ſubiecit. V. C. ad vocem *bellum* haec notauit epitheta; bellum *acerbum, aeternum, adfectum, non confectum, commotum, confirmatum, pernicioſum, exitioſum, crudele, domeſticum, triſte, turbulentum, duriſſimum, peſtiferum, inteſtinum, iuſtum, denunciatum, inductum, merum, mortiferum, nefarium, occultum, oppreſſum, renatum, reſtrictum, inflammatum, deterrimum, pericoloſum, externum, profligatum, hoſtile*. Si ex reliquis auctoribus talia colligerentur, quantam nobis enatam videremus epithetorum ſegetem? Sed in vſu eorum illa reuocanda erunt in memoriam, quae ſupra *part. I. c. II. §. 47.* ea de re monuimus.

******) Hic denuo magno nobis adiumento erunt editiones optimae, in quibus plerumque textus in capita, et haec denuo in inciſa ſua ſecantur. Facile ergo phraſi Corneli-

nae:

mae: *petere commigrationis societatem* poterit adscribi locus Nep. I, 1, 2. ubi primus numerus vitam imperatoris: secundus caput; tertius incisum capitis notat.

†) In hunc censum veniunt I. *scholiastae veteres*, quos non temere praetermittendos puto, quia insignem suppeditant observationum doctissimarum copiam. Sic in Ciceronem commentati sunt Ascon. Paedianus et Macrobius: in Virgilium Donatus et Seruius: in Horatium Acron, Porphyrion, aliusque *ἀνώνυμος*, cuius scholia ex Codice MSC. primus extulit Iac. Crucquius. De Iuuenale etiam, Terentio, Persio, aliisque auctoribus bene meriti sunt scholiastae quidam veteres, quos euoluisse haud poenitebit. Consulendae etiam II. adnotationes virorum doctorum, qui a renatis litteris lucem auctoribus accendere conati sunt. In his vero bonae frugis plenissimae sunt notae Mureti, Manutii, Lipsii, Taubmanni, Scaligeri, Salmasii, Casauboni, Gronouiorum, Graeuii, II. Vossii, Bourmanni, Iani VVowveri, Cellarii. Nam qui ad solam criticam pertinent commentarii, vtiles illi quidem sunt, sed huc non pertinent. Quin quum et sparsim loca quaedam veterum scriptorum, vel illustrent, vel interpretentur viri docti: operae pretium facturi sunt, qui huiusmodi opera stromatica et tessellata diligenter et cum iudicio legent. Tales sunt M. Anton. Mureti *variae lectiones*: talia Hadr. Turnebi et Casp. Barthii *aduersaria*: Tho. Reinesii *varia*, et quae Ianus Gruterus in *face critica* vel *thesauro* suo laudabili industria collegit. Hic merito addendae, quae nuper ab anno cIↃ IↃCCXXXII. magno optimarum litterarum bono prodierunt Miscellaneae Observationes in Veteres Auctores, quarum iam *To*-

mos VI. Amstel. in forma octaua editas adh
vidimus.

XV.

Nec non aduersaria.

In aduersariorum libro promiscue not
possunt, quaecumque acutiora in aucto
bus classicis legimus *). Ea enim subin
perlegendo, et, qua occasione vsui e
possint, meditando **), facile omnia m
moriae infigemus.

*) Hic exscribi velim integra auctoru
loca, addito statim numero libri et capiti
Margini deinde adscribi potest titulus aliqu
vt tanto facilius possit inueniri, quod qu
ritur.

**) E. c. si in adversariis meis inuenir
acumen illud Phaedri: *quantae putatis e
vos dementiae, ei credere capita, cui calce
dos nemo commiserat pedes?* cogitarem qua c
casione illud possim imitatione exprimer
Quum ergo Phaedrus loquatur de furore in
pia deperdito, qui medicinam facere coep
rit: fingerem ego, malum aduocatum pr
dia conduxisse. Sic in promptu futura e
imitatio: *quantae putatis hoc esse dementia
res et fortunas suas committere ei, cui ne
commisisset infortunium.* Sed de his paullo p
in capite de *imitatione* plura monebimus.

XVI.

Et denique loci communes reales.

Denique ad res quod attinet, seiung
ego soleo eas, quae ad disciplinas pe
nent, et quae in sola eloquentia vsui e
possunt. Illas ad suam quamque discip
nam *), has in aduersaria referri suaserim *

*) Totidem puto conficienda collectan

quo

quot sunt disciplinae. Sed vt hic quoque compendium facias laboris in singulis disciplinis, seligendum erit compendium aliquod vel systema adcuratius scriptum, illudque charta munda distinguendum. Quotiescumque ergo aliquid legis, quod ad hanc vel illam disciplinam pertinet, statim in componendo illo euolues locum, ubi materia ista occurrit, eoque referes locum auctoris. Sic ne titulis opus erit, nec indicibus. Nec periculum erit, vt omnia inuenire possis.

**) Huc refero exempla, similia, sententias acutiores, aliaque huius generis, quae tamquam gemmae intexi solent orationi elegantiori. Haec in aduersariis adscribi possunt eo modo, quem superiore paragrapho commendauimus. Si enim in margine addantur tituli, iique deinde in indicem referantur, facile omnia poterunt reperiri. Sed in his omnibus is prudentissime agere videtur, qui suo quemque sensu patitur abundare.

CAPVT II.

De Imitatione.

I.

Quid sit imitatio?

PArum vtilitatis adferet auctorum lectio, nisi accesserit IMITATIO. Haec vero nobis est facultas, auctoris stilum *) eiusque ideam sine plagii suspicione **) exprimendi.

*) Quum vero stilus non consistat in sola phraseologia, sed in ipso orationis habitu: facile patet, non eum imitari Ciceronem, qui phra-

phrasibus ex eius libis excerptis vtitur,
qui totum orationis Ciceronianae charact
sollerter exprimit.

**) Aliud est exscribere auctorem,
eumdem imitari. Hinc qui integras aucto
periodos orationi suae intexit, is non i
ri, sed plagium committere videtur. Q
re plures forsan peccarunt eruditi, quam
go existimatur.

II.

Quid de ea notandum?

Vt vero totam imitandi artem recte
neamus, de duobus potissimum capit
videtur cogitandum, videlicet quem i
ri oporteat *)? et quomodo ea imi
prudenter sit instituenda **)?

*) Satis equidem ipsa nos sana docet
tio, exemplum quod nobis imitandum pr
nimus, suis numeris, absolutum esse del
Recte enim Plin. *epist. I, 5. Stultissimum c*
ad imitandum non optima quaeque praepo
Sed quem, quaeso, auctorem dixeris optin
Fieri potest, vt in eodem genere plures
dem laudem, sed diuersissimam tamen, c
quantur. Sane qui inter se contendit Ci
nem et Plinium, Nepotem et Caesarem,
uium et Tacitum, Horatium et Iuuenal
vtrosque fatebitur maximos, sed peculiari
dam et sua laude. Quare non adeo exped
est, quis e tot praestantissimis auctoribus
cipue, sit imitandus.

**) Quemadmodum rebus in omnil
ita et in imitatione, apprime hoc est vtile
quid nimis. Qui neminem imitaturus su
dulget ingenio, plerumque sibi fingit dictio
quamdam insulsam atque insipidam. C

Caeserem vel Cornelium Nepotem imitabuntur. Denique quibus oratio grauis et pressa est in deliciis, ii non inuita Minerua Tacitum sibi imitandum proponent. Hinc naturam cuique suam hac quoque in re esse sequendam, iam olim optime obseruauit Quinctil. *Inst. orat.* X. 2. *Ergo primum est, vt, quod imitaturus est quisque, intelligat, et quare bonum sit sciat, tum in suscipiendo onere consulat* suas vires. *Nam quaedam sunt inimitabilia, quibus aut infirmitas naturae non sufficiat, aut diuersitas repugnet. Nec, cui tenue ingenium erit, sola velit fortia et abrupta: cui forte quidem, sed indomitum, amore subtilitatis et vim suam perdat, et elegantiam, quam cupit, non adsequatur. Nihil est enim tam indecens, quam quum mollia dura fiunt.* Quis vero auctor ingenio nostro quam maxime videatur adcommodatus, facile ex eo intelligemus, si, quis maxime nobis placeat, et quem facillime imitando exprimamus, subinde facto periculo, experiamur. Ita enim fere natura comparatum est, vt tanto magis quidque nobis placeat, quanto est ingenio ac naturae nostrae conuenientius.

IIII.

Imitatio vel puerilis est, vel virilis.

Est vero imitatio vel PVERILIS, vel VIRILIS seu mascula. Illa verba ac phrases anxie et morose imitatur *): haec ipsum auctoris ingenium ac orationis habitum cum iudicio ac libertate exprimit **).

*) Tales sunt omnes illae imitationes, quas in scholarum triuio deprehendimus. Perlecta Ciceronis periocha, excerptis phrasibus elegantioribus, iisque in epistolam aliquam aut historiam compactis, tum demum discipuli sibi plane Ciceroniani, aut si mauis, Ciceronianissimi

ſimi videntur, quaſi omnis elegantia Ciceroniana in ſolis phraſibus, ac non potius in ipſo orationis habitu, conſiſteret. Mireris ergo viros quoſdam ceteroquin doctiſſimos nimium huic puerili imitationi tribuiſſe, ac ſaepe periodos integras ex auctoribus exſcripſiſſe. Iam a Scheffero in *gymnaſ. ſtil. p.* 31. eſt obſeruatum, AEneam Syluium in *hiſtoria Europae* de Hungaris ita diſſeruiſſe: *Turcas aurea et diſcolori Veſte: Hungaros ferro atque aere fulgere. Criſtianum agmen et ſtare paratum et ſequi, nec turba nec ſarcinis pergraue, intentum, quod dux non modo ſignet, ſed etiam innuat.* Atqui haec omnia ſunt ex Curtio, *lib. IIII. cap.* 26. vix verbo mutato, exſcripta. Ferenda haec ſunt in pueris; in maturioris iudicii viris reprehenſione digniſſima, maxime ſi non loca auctorum rebus, ſed res auctorum phraſibus adcommodentur. Cuius rei praeclarum exemplum ab eodem Scheffero *p.* 32. datum eſt ex Eginhardi *vita Caroli M.* qui Caroli ſui deſcripturus ſtaturam et corporis habitum: *formae*, inquit, *auctoritas ac dignitas, tam ſtanti quam ſedenti, plurima inerat, ceruix obeſa et breuior, venterque proiectior, valetudine proſpera, praeterquod, antequam decederet, noctibus ita dormiebat, ut ſomnum quater aut quinquies non ſolum expergiſcendo, ſed etiam deſurgendo interrumperet.* Omnia haec ex Suetonii *Claudio*, *Nerone*, *Iulio et Auguſto*, quemadmodum et alia, exſcripta ſunt. Quis vero crederet, Carolum M. illorum formam ac corporis habitum in pleriſque tam adcurate expreſſiſſe? ſic Eginhardus *ergo dum inepte* Suetonii *premit veſtigia, multa adfingit illi principi inſulſa et παρὰ τὸ ὂν* vt eleganter ait Caſaubonus.

**) Virilis vel maſcula imitatio non verba tantum ac phraſin auctoris exprimit, ſed et inueniendi, disponendiue artificium, ipsumque orationis habitum, ita tamen, vt illa exscripta esse, nemo possit arguere. Eleganter Quinctilian. *inst. orat. lib.* X. *cap.* 2. *p.* 928. *edit.* Burmannianae: *imitatio autem, (nam saepius idem dicam,) non fit tantum in verbis. Illuc intendenda mens, quantum fuerit illis viris decoris in rebus atque personis, quod consilium, quae dispositio, quam omnia etiam, quae delectationi videantur data, ad victoriam spectant: quid agatur prooemio, quae ratio et quam varia narrandi, quae vis probandi ac refellendi, quanta in adfectibus omnis generis mouendis scientia, quantaque laus ipsa popularis vtilitati gratia adsumta: quae tum est pulcherrima, quum sequitur, non quum arcessitur. Haec si peruiderimus, tum vere imitabimur.* E. g. elegans est haec periocha Lucretii *lib. I.*

nec me animi fallit, quam sint obscura, sed acri
percussit thyrso laudis spes magna meum cor,
et simul incussit suauem mi in pectus amorem
Musarum, quo nunc instinctus mente vigenti
auia Pieridum peragro loca, nullius ante
trita solo.

Haec imitatus est Virgilius, sed ita, vt nemo eum plagii suspectum habiturus sit. Ita enim canit poeta suauissimus *Georg. III.*, 289. *seqq.*

nec sum animi dubius, verbis ea vincere magnum
qnam sit, et angustis rebus hunc addere honorem,
sed me Parnassi deserta per ardua dulcis
raptat amor: iuuat ire iugis, quæ nulla priorum
Castaliam molli diuerterat orbita cliuo.

Similia haec Virgilii sunt illis *Lucretianis*: ast non eadem tamen. Eamdem enim rem elegantiotiore phrasi alioque orationis charactere expressit Virgilius. Sic supra etiam hanc produximus periodum Ciceronis ex *orat. pro A. Caecina, c. I. Si quantum in agro locisque desertis audacia potest, tantum in foro atque in iudiciis impudentia valeret: non minus in caussa cederet A. Caecina Sex. Aebutii impudentiae, quam in vi facienda eius cessit audacia.* Eam nos *p. 82.* ita sumus imitati: *si quantum in effringendis carceribus astutia potest, tantum ad effugiendam furcam audacia valeret: non minus iam hic fur carnifices deluderet audacia, quam lictoribus olim illusit astutia.* Nec verba hic sunt eadem, et res diuersissima. Quicumque tamen vtramque periodum inter se contenderit, statim deprehendet, nostram e *Ciceroniana* esse expressam. Scilicet non verba et phrasin, sed ipsum orationis habitum sumus imitati, eaque imitatio iure quodam suo *virilis* poterit adpellari.

V.

Quid puerilis?

Ad *puerilem imitationem* quod adtinet, ea multo facilior est. Modo enim phrases ab auctore mutuas accipimus *): modo sententiam quamdam aliis verbis phrasibusque exprimimus **) modo eamdem, additis quibusdam detractisque vocibus aut circumstantiis, refingimus ***).

*) Hoc imitationis genus maxime puerile est. Nihil enim artis habet vsus iste phrasium. Sic si quis ita loqueretur: *quum et nobilitate generis, et gloria maiorum, et tua virtute vnus omnium maxime floreas: omnes non solum sperant, sed etiam confidunt, talem te aliquando futurum, qualem cognitum iudicarunt:* facile vnusquisque videt, phrases has omnes e Cornelii Nepotis *vit. Miltiad. c. I.* esse: sed nemo

mo tamen quidquam artis aut ingenii in hac imitatione deprehendet.

**) Secundam hanc imitationis puerilis ſpeciem iam Quinctil. *inſtit. orat.* X. 5. commendauit, *ſumamus ſententiam*, inquit, *eamque verſemus quam numeroſiſſime, velut eadem cera aliae atque aliae formae duci ſolent*. Exempli loco ſit ſententia illa Hectoris apud Naeuium: *pulcrum eſt laudari a laudato viro*. Hanc ſi quis aliis verbis ita exprimeret: *laudari ab iis, qui ipſi ſunt laude digniſſimi, is vero fructus laudandarum actionum videtur pulcherrimus*, dicerem ego, ſententiam illam ex Naeuio quidem, ſed mutatis tamen verbis, eſſe expreſſam.

***) Haec quoque imitandi ratio puerilis eſt, ſed paullo artificioſior. Quemadmodum enim prima ſpecies furto manifeſto ſimilis eſt: ita haec eorum furum aemulatur ſollertiam, qui rebus furtiuis ſigna quaedam detrahunt, aut alia noua addunt, ne tam facile poſſint a dominis furtum concepturis, vel quaeſitoribus agnoſci. E. g. ſupra p. 81. 82. prolixam admodum ac verboſiſſimam adduximus periodum ex Mureti *orationibus* I. 4. Eam coarctabimus facile, omiſſis nonnullis aut detractis, quae eminere videntur: *ſi eorum, quae viuunt, vnumquodque perficiendi ſui deſiderio tenetur, animuſque noſter tum demum, quando ad diuinum exemplar propius accedit, videtur perfectiſſimus: ea profecto erit omnium praeſtantiſſima facultas, quae homines deo, quoad eius fieri poteſt, arctiſſime deuincit*. Eodem modo etiam amplificando refingi poſſunt auctorum ſententiae. Verum in vtraque imitandi ratione danda eſt opera, vt ne ſententiae elegantia ac acumen pereat. Plerumque enim tam preſſae ac rotundae ſunt optimorum auctorum ſententiae, vt neque addi quidquam, neque detrahi poſſit, quin ſimul

Plerum ſunt opti neque add quin ſimu

maxima pars pulchritudinis pereat. Exemplo esto sententia, vt opinor, Publii Syri: *cuiuis potest contingere, quod cuiquam potest*. Hic siue addas quidquam, siue detrahas, plurimum acuminis ac elegantiae decedet. Vnde adcurata opus est prudentis doctoris manuductione, ne adolescentes his decipiantur.

VI.

In virili vel invétionem imitamur.

Virilis imitatio non contenta phrasibus aut vocabulis, ipsas auctoris virtutes exprimere docet. Quum vero auctoris virtus modo in inuentione, modo in dispositione, modo in eloquutione eluceat, masculа in primis videtur imitandi ratio, qua auctoris INVENTIONEM adsequi contendimus *).

*) Inuentio versatur in excogitandis argumentis. Ea vero quum in λόγους, ἤθη, καὶ πάθη dividantur, nullum est argumentorum genus, in quo non imitari liceat alios. Saepe auctores nobis suppeditant I. *enthymemata* elegantissima, quae nobis in vsus nostros convertere licebit, E. g. Plinius *epist. I*, 10. laudaturus Euphratem philosophum Stoicum, quot praeclara enthymemata adcumulat? Ait eum esse, I. obuium et expositum, plenumque humanitatis; II. in disputando grauem, subtilem, ornatum, ac paene Platonicum; III. in sermone copiosum, varium, dulcem, vt facile repugnantes quoque ducere possit. Addit IIII. multum ipsi venerationis adquirere proceritatem corporis, decoram faciem, demissum capillum, ingentem et canam barbam; V. nullum horrorem in cultu esse, multam tamen seueritatem. Laudat quoque VI. vitae sanctitatem cum comitate; VII. seueritatem in insectandis vitiis cum summa humanitate coniunctam. Nec VIII. liberos eius ad

re-
ma...

ad veram laudem adcurate institutos praetermittit. Vide, quot hic enthymemata paucis periodis adcumulet Plinius? An iam deesse tibi possent argumenta, philosophum vel theologum aliquem praeclarum laudaturo? Equidem adfirmare non dubitarim, toti orationi encomiasticae sufficere posse haec enthymemata. Quem vero tunc deprehensurum putas, te Plinium esse imitatum? Nec minus II. *adfectus* excitandi rationem optime ostendunt auctores classici. Exemplum denuo praebebit Plinius, *epist. III. 1.* qui amore studiorum inflammaturus Caninium Rufum, praediorum eius amoenitatem collaudat, ac deinde colligit, recte iis vtendum esse: non rectius vero iis vsurum Caninium, quam si, omissis sordidis rei familiaris curis, in studiorum sese portum vindicet, maxime quum praedia illa post eum alium atque alium habitura dominum, gloria vero, vigiliis ac lucubrationibus parta, numquam sit interitura. Quam eleganter hoc argumento παθητικῷ uti posses, si quando cohortari aliquem volueris ad diligentiam, qui in pingui aliquo secessu, aut alio amoeniore loco viuit? Denique III. etiam *mores* quos vocant, seu ἤθη optime ducibus auctoribus classicis addiscimus. Vt hic quoque consulamus Plinium, *Epistola* eius *XI. libri I.* exemplo esse poterit, quam comiter cum amicis sit expostulandum. Obiurgat Fabium Iustum de infrequentia litterarum, petit vt vel solum illud, *si vales, bene est, ego valeo*, scribat, hoc enim sibi fore gratissimum. Serio se id rogare ait, vt sciat, quid agat, quod sine sollicitudine summa nescire non possit. Tam morata epistola nobis etiam facile licebit cum amicis expostulare, si nostro usi stilo mutata Plinii dictione, solum retineamus argumentum ἠθικόν. Ceterum incredibilem utilitatem eloquentiae studioso hic adferet veterum

Graecorum Latinorumque ſcriptorum comparatio. Hi enim pleraque, quae in Graecia admiramur, imitati ſunt, et ita quidem, vt aliquando ſuperarint. Pertinet huc Scaligeri *Poetices Lib. V.* vbi id exemplis innumeris oſtendit, addito ſimul vbique iudicio, qua in re vel ſuperarint Graecos Latini, vel iis manus dare coacti ſint. Quin a *cap. X.* eius libri ipſos Latinos inter ſe contendit eadem cura, oſtenditque, ſaepe vnum alterum in eadem ſententia exprimenda vel impari paſſu ſequutum eſſe, vel multis poſt ſe paraſangis reliquiſſe. Addi poteſt Macrobii *commentarius in* Ciceronis *ſomnium Scipionis*, quo Ciceronem Platonis ſimilem inuentionem expreſſiſſe, praeclare ipſo ſtatim libelli initio demonſtrat.

VII.

Vel diſpoſitionem.

Nonnumquam et DISPOSITIONEM auctoris imitamur, cum generalem totius orationis *), tum eam, quam in ſigulis argumentis deprehendimus **).

*) Ex. gr. Buchnerus *panegyr. VIII.* laudaturus Henricum Friſium, cancellarium Saxonicum, ita orationem partitur, vt cancellarium et *genere nobilem*, et excellentem *virtute*, et magnum *peritia*, et *auctoritate* validum eſſe oportere, eaſque virtutes omnes in Friſio eminuiſſe, oſtendat. Quilibet, in Ciceronis lectione paullo verſatior, intelliget, Trullianam eſſe hanc diſpoſitionem. Is in oratione *pro lege Manilia, cap.* 10. eodem modo laudat Pompeium Magnum. Ait enim, ſummo imperatori quatuor res ineſſe oportere, ſcientiam rei militaris, virtutem, auctoritatem, et felicitatem, eaque omnia in Pompeio ſumma eſſe.

**) Permultum enim refert, quomodo diſponantur argumenta ſingula. Fieri id ſolet per ſyl-

syllogismos et enthymemata. Sed in his disponendis magnam oratori relictam esse libertatem iam supra obseruauimus. Non melius itaque nobis consulemus, quam si ea quoque in re auctores veteres duces sequamur. Exemplum petamus ex eiusdem Ciceronis *oratione cap.* 15. ubi auctoritatem Pompeii hoc ordine collaudat:

I. MAIOR: *quicumque maxima pollet auctoritate, is imperator optimus est:*

RATIO: *Homines enim vt contemnant, aut metuant, aut oderint, aut ament, opinione non minus famae, quam ratione, commouentur.*

II. MINOR: *Pompeius maxima pollet auctoritate.*

RATIONES.

I. *Popul. Rom. praeclara de eo iudicia tulit.*

II. *Pompeius rempublicam seruauit sola fama ac celebritate nominis.*

III. *Plures gentes ei se dediderunt.*

III. CONCLVSIO: *Ergo Pompeius erit imperator optimus.*

Hoc ordine Cicero auctoritatem Pompeii celebrat. Dabimus operam, vt eodem ordine Eugenii, Sabaudiae ducis, prudentiam bellicam laudemus.

I. MAIOR: *Quicumque prudentissimus est, is optimus erit imperator.* Et quoniam prudentia multum in bello quoque gerendo ac imperio militari valet: certe nemini dubium est, quin ea quoque mentis perspicacia idem ille dux incomparabilis plurimum possit.

RATIO. *Plura enim saepe prudentia, quam manu in bello geruntur.* Vehementer autem pertinere ad res feliciter gerendas, quid agatur, ac quomodo vnumquodque prouide administretur, quis non intelligit, quum res ipsa doceat, imperatores in profligandis hostibus, expugnandis castris, vrbibusque capiendis, plura saepe consilio ac prudentia, quam ferro, effecisse?

II. MINOR. *Eugenius, dux Sabaudiae, est prudentissimus.* Quod igitur nomen vnquam in vniuerso orbe Cristiano ob prudentiae laudem celebrius fuit? Cuius consilia paria?

RATIO I. *Eius prudentiam tres imperatores Romanorum probarunt.* In quo principe tres Romanorum imperatores, id quod maximum prudentiae argumentum est, tantam spem collocarent, vt eum maximas exercitibus imperiique sui fatis summo cum imperio praefecerint.

II. *Prudentiam, multis variisque bellis feliciter administratis, sibi peperit.* An vero quidquam prudentiae ei deesse posse existimatis, quem a prima adolescentia in castris versatum, in omni bellorum genere fortuna exercuit, nullamque rem in vsu militari positam passa est ignorare?

RATIO III. *Vbique eius eluxit prudentia.* Itaque vt plura non dicam, neque aliorum testimoniis iudiciisque confirmem, quantum consilio prudentiaque valeat, ipse ille sibi testis virtutis suae sit locupletissimus, qui quo anno Gallicano bello in Sabaudia oppositus est imperator, tam repente acutissimo hosti consilia omnia disturbauit, vt prius se fusum fugatumque, quam aduentantem Eugenii exercitum animaduertet. Iam, recepta a Turcis Alba Graeca, quum res Christianorum in Hungaria in peius ire coepissent, barbarorum opes animique creuissent, satisque firmum praesidium regnum illud non haberet: amissus fuisset tot victoriarum fructus, nisi ad id ipsum eo tempore Eugenium tanto bello prouidentia Leopoldi obiecisset. Huius consilium ac prudentia non solum Turcas superiori Hungarie cum maximo mo exercitu imminentes retardauit, verum etiam castris operibusque clausos e latebris istis in aciem, ex hac in fugam, ac inde praeterlabentem fluuium coniecit, tantoque terrore concussit Turcarum imperium, ut pertaesi bellorum, pacis leges cum summo dedecore suo coniunctas accipere, quam Eugenii prudentissima consilia diutius experiri mallent. Age vero illa res quantam declarat eiusdem ducis in administrando bello sollertiam, quod in postremo bello Gallicano Gallorum duces alios intra ipsa moenia ac propugnacula, alios in acie caperet, reliquos plerosque, copiis quamuis superiores, ad internecionem caederet? Quot ille tum victorias reportauit? quot vrbes cepit? quot fecit prouincias? Quae omnia si quis eum solis armis solaque vi effecisse existimat, ne is, ex mea quidem sententia, magnopere fallitur.

III. CONCLVSIO: *Ergo Eugenius est imperator optimus*. Potestis ergo iam colligere, auditores, quantus dux sit Eugenius, quem animi robur manu fortem; armorum vsus intrepidum; prudentia denique reddit invictissimum.

Nemo, qui nostra cum Ciceronis verbis contulerit, non similitudinem quandam deprehendet, quum tamen praeter artificium disponendi connectendique formulas nihil admodum verbis Ciceronianis, eo loco obuiis, exposuerimus.

VIII.

Denique et eloquutionem auctoris mascula quadam ac decora imitatione effingimus, quoties auctoris cuiusdam characterem *), acumina **), figuras ***), ac periodis ****) exprimere studemus.

Vel eloquutionem.

*) Sic si constat characterem dicendi aucto-

ctoris esse sublimem, mihi quoque perspectam esse oportet rationem, sublimitatem illam exprimendi. Et ita etiam reliquos characteres imitandi rationem cognitam me habere oportebit. Faciam e. g. periculum, an Plinii characterem in *epist. III. lib. I.* obuium imitatione quadam virili exprimere liceat?

Quid agit Lipsia, tuae meaeque deliciae? quid horti amoenissimi? quid illud nemus opacissimum? quid smaragdinus pratorum viror? quid illi suaues et tamen serii doctissimorum virorum congressus? quid theatrum anatomicum, quod plurimus ager collustrat et refrigerat? quid acroateria illa spaciosissima? quid illa domestica? quid bibliothecae publicae priuataeque? Tenentne te, ac per vices ad se adliciunt? An, vt solent iuuenes, voluptatis deceptus illecebris crebris comessationibus indulges? Si tenent, ter quaterque; sin minus, ne beatum quidem dixerim. Quin tu, (occasio est enim,) indignam te inglunieem aliis relinquis, at ipse te in illo digno Musis secessu, honestarum artium studiis adseris. Haec sit occupatio tua, haec remissio, hic labor, haec requies; in his dies, in his item noctes transigantur. Collige aliquid et reconde, quod sit sempiternum. Nam voluptates illae, exactis paucis annis euanescent; hoc numquam iucundissimum esse desinet, si semel coeperit. Non ignoro quam indolem, quod horter ingenium: tu modo da operam, vt tantum vtaris occasione, quantum vti voles, quum non amplius vteris. Vale.

Nemo hic Plinii non agnoscet stilum. Eadem est inuentio, eadem epistolae dispositio, eadem dicendi forma pressa et acuta, et tamen vix verba quaedam Plinio debeo.

**) Quoties ergo occurrit acumen aliquod ingeniosius, dispiciendum, qua occasione illud locum inuenire possit. Nec hic tamen

pla-

plagium, sed imitationem requirimus. Non eidem semper rei, sed alii, acutum illud dictum adcommodandum est. E. g. lepide Martial. *epig. II*, 8. canit:

hostem quum fugeret, se Fannius ipse premit,
hic rogo, non furor est, ne moriare mori?

Eodem vero exemplo dicere possem: *quis quaeso maior vmquam furor poterit excogitari, quam Euclionum, qui ne esuriant aliquando, per omnem vitam esuriunt?*

***) Ex. g. elegans in primis est illa figura Cicer. *Phil. XII*, 3. *Quid enim per Deos immortales potest reipublicae prodesse nostra legatio? prodesse dico: quid si etiam obfutura? obfutura? quid si iam nocuit?* Eam ita exprimere licet alia occasione: *putatisnè ei pecuniam ad bellum tantum conficiendum superesse! superesse dico? quid si etiam defutura sit? defutura? quid si iam summa laboret inopia?* Eadem ratione et alias figuras elegantiores licebit imitando exprimere.

****) Saepe ita comparata est periodus, vt habeat aliquid admirandum. Tunc vero imitationem merebitur. Exemplam iam adfuit supra, quum primam periodum Ciceronis ex *oratione pro A. Caecina* imitaremur.

VIIII.

Vnde opus est analysi et genesi.

Hactenus, quis imitandus sit, quot modis id fieri possit, et quid in puerili aeque ac mascula imitatione in exemplum proponi debeat, paullo adcuratius inuestigauimus. Proximus est, vt, qua arte mascula illa imitatio constet, doceamus. Hic vero duo notanda sunt imitationis capita, quorum alterum ANALYSIN, alterum GENESIN adpellamus *).

 *) Qui-

*) Quicumque alicuius rei forma
materiam imitandam sibi proponit, is p
omnium rem interius contemplari, et sin
eius partes earumque dispositionem adcu
expendere: ac deinde de illis eodem mo
singendis connectendisque debet cogitare. I
per ANALYSIN; posterius per GENE
fieri solet. Est ergo nobis analysis *artifi
periochae cuiusdam in partes suas solutio
consilio suscepta, vt, quid in singulis arti
lateat, perspici possit.* GENESIS vero est
*tificiosae materiae cuiusdam secundum eas
partes dispositio, ita comparata, vt idem a
ficium in singulis partibus eluceat.*

X.

In analysi quid considerandum?

Ad ANALYSIN quod attinet, pr
periodos, quas mascula ratione imita
existimamus, logice in membra sua p
mur *), deinde de phrasibus ac voca
iudicamus **), ac denique, qua arte
gulae partes inter se connexae ac v
coagmentatae sint, expendimus ***).

*) Primo ergo opus est ANALYSI
GICA. Ea quo modo instituenda sit, ia
philosophia rationali constare debet. No
go rem exemplo illustrabimus. Muretus *pa
orat.* 22. ita ait:

*Si pro cuius quisque propugnatione a
fensione plura pericula subiit, plus excepit
bitatum, pluribus quasi procellis ac tempe
bus agitatus est, eo plus gaudii ex iis,
ad retinendam atque amplificandam illiu
gnitatem pertinent, ad eum peruenire, c
dum est: dubitare non potes, beatissime p
quin Carolus rex, te pontifice creato, tant
res reges eximia quadam percepit ex ea reg*

n

reges...

magnitudine superauerit, quanto non huius modo memoriae, sed omnium aetatum ac saeculorum reges graui ac diuturna susceptorum pro sedis apostolicae auctoritate laborum ac discriminum perpessione superauit.

Iam si vberrimam hanc ac incomparabilem periodum imitandam ducerem: primo omnium cogitandum esset de *analysi logica*, quam ita instituerem. Tota periodus perfectum continet syllogismum:

MAIOR. *Quicumque pro altero plus periculi ac laborum subiit, is maxime de ejus dignitate laetatur.*

MINOR. *Carolus rex pro pontifice plus periculi ac laborum subiit, quam alii.*

CONCLVSIO. *Ergo de dignitate pontificis maxime laetatur.*

Accedat alia periodus ex Plin. *paneg. c.* I.

Bene ac sapienter, P. C. maiores instituerunt vt rerum agendarum, ita dicendi initium a precationibus capere, quod nihil rite, nihilque prouidenter, sine deorum immortalium ope, consilio, honore auspicarentur.

Occurrit hic initio

I. THESIS. *Dicendi auspicium more maiorum a precibus faciendum.*

II. AETIOLOGIA.

1) *Est enim id a maioribus bene ac sapienter institutum.*

2) *Etiam aliae actiones omnes a precibus inchoandae.*

3) *Nihil rite et prouidenter sine deorum ope geritur.*

**) Accedere deinde debet IVDICIUM DE PHRASIBVS. Considerandum enim, quid in stilo et dictione auctoris praeclarum ac admiratione dignum videatur. Sic in Mureti periodo obseruo, 1) auctorem saepe coniunxisse per μεγεθος eiusmodi vocabula, quae paene eiusdem significationis videntur, nec tamen sunt. Nam hoc modo coniungit *propugnationem* ac *defensionem*, quarum haec etiam scriptis et verbis: illa armis tantum suscipitur. Ita etiam ipsam defensionem ita describit, vt gradatim adsurgat a *periculis* ad *acerbitates*, ab his ad *procellas* ac *tempestates*. In secundo periodi membro eadem ratione coniungit *retinere* et *amplificare dignitatem*, vt ostenderet Carolum non solum in id dedisse operam, vt ne pontificis conditio deterior redderetur, verum etiam vt melior esset. In tertio membro, adiectiuo in substantiuum mutato amplificat orationem. Nam pro *magno gaudio percepto* ait: *eximia quaedam percepti ex ea re gaudii magnitudo*. In postremo membro denuo coniungit *huius memoriae* et *omnium aetatum ac saeculorum reges*: nec non *labores* et *discrimina*. Et haec quidem in illa Mureti periodo ad iudicium de phrasibus pertinere videntur. Quod ad Plinii adtinet periodum, is quoque coniungit eiusmodi vocabula: veluti *bene* ac *sapienter*: *rite* et *prouidenter*, *deorum opem*, *consilium*, *honorem*. Obseruanda quoque synonimia phrasium: *initium ab aliqua re capere*, et *auspicari*.

***) Sic satis patet, Muretum periodi suae membra coniungere per particulas et formulas: *I. si quod quisque*, *II. eo plus*, *III. dubitare non potes*, *quin tanto*, *IIII. quanto*. In Plinii periodo connexio est simplicissima. Rationem enim postponit thesi, eique illam connectit per particulam caussalem QVOD.

X I.

ANALYSIN sequitur GENESIS. Perspecta

cta enim interiore periochae alicuius pulcritudine, danda est opera, ut thema quoddam eodem ordine disponamus *), eiusdemque generis phrasibus **), ac connexionibus ***) vtamur. Sic enim fiet, vt ouum ouo non similius videatur, quam stilus noster stilo auctoris ****).

*) Exemplis res erit clarior. Muretti periodum supra in syllogismum soluimus. Sumemus ergo plane aliam materiam, eamque eadem ratione disponemus. Thesis nostra erit: *nobiles iuuenes prudentiae ciuilis cognitio decet*. Syllogismus inde nascetur talis:

MAIOR. *Quidquid in reipublicae administratione maximi momenti est: illud diligenter excolendum est a nobili iuuene.*

MINOR. *Prudentia civilis in reipublicae administratione maximi momenti est.*

CONCLVSIO: *Est ergo a nobili iuuene diligenter excolenda.*

Ita et Plinii periodum thesi et rationibus constare diximus. Eodem exemplo nos ponemus.

THESIN: *Physices initium ab experientia capiendum.*

AETIOLOGIA.

I. *Hoc enim viri sapientes monuerunt.*

II. *Omnium artium auspicium ab experientia fieri debet.*

III. *Nihil solide addiscitur sine experientia.*

Has dispositiones quamuis ad aliam materiam adcommodatas, superioribus illis simillimas esse nemo non videt.

**) Quidquid in phraseologia auctoris praeclarum atque admirabile visum est, illud imitatione est exprimendum. Sic quum Mureti

atque

aeque ac Plinii artificium in eo potissimum consistat, vt voces idem paene significantes coniungant, vt phrases synonymas vsurpent, vt denique adiectiuum in substantiuum commutent: danda erit opera, vt et nos haec omnia imitemur. E. g. distinguit Muretus *defensionem* ac *propugnationem*: nos in nostro exemplo eodem modo scientiae *intelligentiam* et *vsum*, seiungemus. Muretus per gradus a *periculis* ad *acerbitates*, et ab his ad *tempestates et procellas* adsurgit. Nos eadem ratione *a doctrina* ad *prudentiam*, *ab hoc* ad *exercitationem* vel *exsequationem* consiliorum progrediemur. Muretus iungit dignitatem *retinendam* atque *amplificandam*: nos eodem modo politicam et *imbibendam* et *excolendam* esse dicemus. Et sic facile reliqua etiam imitari licebit, ceu paullo post ipsa exempla satis ostendent.

***) In connexione imitanda cum ad ordinem membrorum, tum ad formulas connectendi respiciendum est. E. g. quum supra Mureti periodum in syllogismum redegerimus: facile animadvertemus, subiectum maioris propositionis primum; praedicatum eiusdem secundum; conclusionem tertium; et adsumtum denique quartum membrum constituere. Idem ergo ordo nobis quoque imitandus est. Sic Plinii periodo quum primo rationem primam et secundam, deinde ipsam thesin, ac postremo tertiam rationem positam obseruemus: nobis quoque ab eo ordine haud discedendum erit. Particulae vero et formulae connectendi poterunt retineri.

****) Ne iactantius hoc dictum existimes, subiungemus exemplor umnostrorum *ἐξεργασία* Mureti itaque periodum ita imitabimur:

Si e cuius quisque scientiae intelligentia atque vsu plus doctrinae sperat, plus sibi comparat prudentiae, pluribus denique ad res geren-

das praesidiis instruitur, eo plus industriae ad illam addiscendam excolendamque generosos adolescentes adlaturos, credendum est: dubitari profecto non potest, auditores, quin degustatis prius cultioribus litteris, prudentiam ciuilem tanto alacrius, quam reliquas artes, sint imbibituri, quanto non inferioribus modo, sed omnibus omnino artibus ac scientiis, eximia quadam ac mirifica percipiendae ex ea vtilitatis vbertate ac magnitudine antecellit.

Sic et Plinii exemplo, hanc effingemus periodum:

Bene ac prudenter, si quid aliud philosophi praeceperunt, vt artium addiscendarum, ita naturam contemplandi initium ab experientia esse capiendum, quod numquam adcurate, numquam solide homines sine sensuum suorum perceptione, testimonio, iudicio philospharentur.

XII.

Obseruationes quaedam aliae de imitatione.

Et hoc quidem est totum illud imitandi artificium, quod pauci adcurate tenent. Illud addo, neminem moueri debere rei difficultate. Quamuis enim ea imitandi ratio initio paullo operosior videatur: diuturna tamen exercitatione eam sensim adsequemur imitandi facultatem, ut non tam imitari, quam omnia ex ingenii penu depromere videamur.

CAPUT III.

De variis stili exercitiis.

I.

Exercitationum necessitas.

AD metam iam denique peruenimus, nec quidquam videtur reliquum, quam vt de exercitiis quoque stili *) aliquid moneamus. Verum ea in re licebit nobis esse breuioribus, quum post alios **) ex instituto illam exsequuti sint Casp. Sagittarius et Io. Schefferus ***).

*) Omnes, qui de cultiore stilo praecepta quaedam dederunt, praeter φυσιν et μαθησιν etiam ἀσκησιν *siue exercitationem* commendarunt. Et recte quidem, quia, teste illa rerum magistra, nulla lingua sine vsu adcurate addiscitur. Quum vero consuetudinem cum Latine loquentibus interceperit nobis linguae huius interitus, scriptione haec iactura vtcunque pensanda est. *Stilus* enim, teste Cicerone, *optimus dicendi magister est*. Et Theon rhetor a Thoma Gale editus, in *praefatione opusculi* sui: *quemadmodum*, inquit, *picturae studiosis nihil profuerit, cognouisse Apellis, Protogenis et Antiphili tabulas, nisi et ipsi pingere tentarint: ita et eloquentiae operam daturis neque copia sensuum, neque puritas sermonis, neque compositionis concinnitas, neque audiuisse praeclara, nihil denique horum omnium, quae rhetorica complectitur, vtile esse poterit, nisi quisque et ipse quotidie scribendo sese exerceat.*

**) Iam Quinctil. *instit. orat.* X, 3. nonnulla de scribendi exercitiis praecepit, quem deinde plures sequuti sunt, veluti Manut. *ep.* I, 4.

Stur-

Sturmius, Morhofius, *polyhist. tom. 1. lib. II. cap.* 13. et alii.

***) Casp. Sagittar. *de lectione ac imitatione Ciceronis*, et Io. Schefferus *de stilo*, cap. 13. 14. et ex instituto in *gymnasio stili*, *seu de varia scribendi exercitatione*, ex quo nonnulla hic decerpere iuuabit.

II.

Commendatur ergo versio.

Tironibus auspicandum erit a VERSIONE, quippe omnium facillima. Sed quum in scholis plerumque e vernacula aliquid in Latinam linguam transferendum proponatur: consultius videtur, e Latinis multa vertere Germanice, eaque interiecto tempo denuo Latina reddere *).

*) Versiones Latinae cum fructu non adeo magno coniunctae videntur, si tironibus imperentur. Quum enim nondum gustu quodam Latinae elegantiae imbuti sint; fieri non potest, quin Latinitas, hac exercitatione comparata, Germanismos redoleat. Ast si saepe auctorum veterum loca in vernaculam transferantur: facilius obseruabitur vtriusque linguae differentia. Cauere tum discent tirones Germanicos idiotismos, ordinem verborum Germanicum, et quidquid in lingua nostra a Latinae proprietatibus abhorret. Ego sane adolescentem me memini magnam Curtii et Nepotis partem in vernaculam transferre, notatis vbique vtriusque linguae differentiis, ex quo labore quantum fructum ceperim, non sine voluptate quadam recordor.

III.

Versionibus eiusmodi aliquamdiu adsueti, VARIATIONIBVS suam exercebunt

in-

industriam, operamque dabunt, ut sententiam aliquam aliis casibus *), verbis, phrasibus **) figuris ***) permutent.

*) Huius variationis per casus iam supra *part. I. c. 1. §. 22.* fecimus mentionem. Iam exemplo multiplicem illam variandi rationem illustrabimus. Sit nobis sententia: *omnes homines sunt ab otio procliues ad libidinem*. Iam in casu secundo dicere licebit: *est ea hominum omnino omnium indoles, vt ab otio ad voluptatem ac libidinem sint procliues*. In casu tertio: *commune id omnibus hominibus vitium est, vt ab otio ad libidinem ruant*. In casu quarto: *omnes homines otii dulcedo ad libidinem solet inuitare*. In casu sexto: *hominibus otio ac desidia veluti sepultis, sepultae animo libidines veluti reuiuiscunt*.

**) Quaerenda ergo erunt vocabula eiusdem notionis, quae synonyma vocare solent philosophi. Veluti in superiore exemplo: *ita natura comparata est omnium mortalium, vt laborem defugientes, in libidinem, id est, e Charybdi in Scillam incidant. Omnium omnino hominum indoles ab otio procliuis est ad libidinem. Non temere quisquam labores defugit, quin libidinem tanto acrius concupiscat, cet.*

***) Variatio per figuras non minus est elegans, et mirifice exercet ingenium. Sic Asyndeton erit: *omnes homines ab otio ad luxuriam, libidinem, lasciuiam praecipiti cursu ruunt*. Anaphora: *nihil est hominibus otiosis ad luxuriam, nihil ad lasciuiam, nihil ad libidinem ac voluptatem procliuius*. Climax: *ea hominum poene omnium est indoles, vt ab otio in luxuriam, ab hac in lasciuiam, atque ab ea denique in foedissimas libidines non gradu, sed praecipiti cursu ferantur*. Sic facile per

alias

Je

alias figuras institui poterit variatio. Sane mirifice hoc et ingenium acuit et iudicium, si prudentis magistri accedat institutio. Neque enim haec exercitatio committenda est iis, qui nondum aere lauantur.

LIII.

Carminis solutio.

Non praeter rem etiam a Scheffero, Morhoffo et aliis commendatur CARMINIS SOLVTIO *), quippe qua ipsi veteres non sine fructu vsi sunt **). Est autem illa elegans versuum, neglecta mensura et dictione poetica, in prosam mutatio ***).

***) Commendari haec vel eo nomine meretur, quod inde facillime addisci potest stili poetici ac prosaici differentia.

**) Iam olim eo exercitationis genere vsos esse Sulpicium et Augustinum, docet Sagittar. *de poet. et conit. Cicer. num.* CXVIII. Solebant vero veteres non solum loca poetarum notabiliora mensura ac dictione poetica soluere, verum etiam oratorum dicta in poemata sua transferre. Vt exemplo rem illustremus, Cicero in *orat. pro C. Rabirio*: *nihil me*, inquit, *clamor iste commouet: sed consolatur, quum indicat, esse quosdam ciues imperitos, sed non multos. Numquam, mihi credite, populus Romanus hic, qui silet, consulem me fecisset, si vestro clamore perturbatum iri arbitraretur.* Posteriorem partem in poema suum transtulit Silius Italicus:

feruida si nobis corda, abruptumque putassent
ingenium patres, et si clamoribus, inquit,
turbari facile in vulgum: non vltima rerum
et deplorati mandassent mentis habenas.

Sic et ipse Cicero nonnunquam loca poetarum

rum metro soluta in orationibus suis expressit. Exempli gratia, Euripid. in *Hippolyto* de mulieribus libidinosis ita canit:

> οὐδὲ σκότον φρίσσουσι τὸν ξυνεργάτην,
> τέρμνά τ' οἴκων, μή ποτε φθογγὴν ἀφῇ.
> *neque tenebras noctis perhorrerent consciae,*
> *neque, ipsa ne quando eiiciat vocem, domus.*

Haec ita soluta oratione expressit Cicero *pro Coelio*: *Ex hac igitur domo progressa ista mulier, de veneni celeritate dicere audebit? nonne ipsam domum metuet, ne quam vocem eiiciat? non parietes conscios? non noctem illam funestam ac luctuosam perhorrescet?*

***) Exempla complura peti possunt ex Nicod. Frischlini *paraphrasibus*. Vir enim iste doctissimus Virgilium, Horatii *epistolas* et Persii *satiras* in prosam ingeniose conuertit, quod in Horatio et Iuuenale etiam tentauit Eilh. Lubinus in *periphrasi Horatii et ecphrasi Iuuenalis*.

V.

Coarctatio.

Ad formam stili mutandam praecipue pertinet COARCTATIO, quae est *pressa atque adstricta eorum, quae cum ambitu ab auctore dicta sunt, expositio*.

*) Non hic intelligimus coarctationem illam, qua tota auctorum opera diffusissima in epitomen contrahuntur, sed qua stilus vberior in pressum atque adstrictiorem conuertitur. Facile enim ab iis, qui in potestate habent Latinam eloquentiam, stilus Asiaticus in Rhodium, immo et Atticum poterit commutari. Ex. gr. Cic. *Verrin. IIII. Nego*, inquit, *in Sicilia tota tam locuplete, tam vetere prouincia, tot oppidis, tot familiis tam copiosis, vllum argenteum vas, vllum Corinthium aut Deliacum fuisse; nego*

go vllam gemmam aut margaritam fuisse, aut quidquam ex auro et ebore factum, signum vllum aeneum, marmoreum, eburneum: nego vllam picturam neque in tabulis, neque textilem fuisse, quin quaesierit, inspexerit, quod placitum sit, abstulerit. Vberrima haec est, ac plane Asiatica periodus. Eam tamen facile ita coarctabimus: *nego in vniuersa Sicilia, locuplete ac populosa prouincia, vllum vas rari operis fuisse; nego vllam fuisse gemmam, aut quidquam ex auro, ebore, aere vel marmore ingeniosius confectum: nego picturam vel telam egregiam fuisse, quin quaesiuerit, inspexerit, abstulerit.* Vel breuius: *nego in Sicilia (at quanta prouincia!) vllum vas rari operis, aut quidquam vel materia pretiosum vel artificiosus elaboratum fuisse, quod non a Verre quaesitum, inspectum, ablatumque fuerit.*

VI.

Ex quo simul patet, quale sit quintum exercitationis genus, quod AMPLIFICATIONEM vocant. Eadem enim arte etiam ea, quae pressius ab auctore dicta sunt, per μερισμὸν *), circumstantias **), descriptiones ***), aliosque amplificandi fontes ****) dilatamus. Caue tamen, ita amplifices, vt periodus in τάσιν euadat, quam quippe in vitio poni, iam supra obseruauimus.

Amplificatio.

*) Dicere e. g. Cicero *diu. in Verr. I.* volebat. *Putasne te posse, quae Verres vbique patrauit distincta oratione proferre?* Hoc amplificaturus, primo illud *vbique* per μερισμὸν προφέρει, enumeratis prouinciis et locis, quae Verres sceleribus polluerat, deinde illud *distincte* per descriptionem illustrat, adeoque inde

na-

nascitur haec periodus vberrima: *putasne et posse, quae C. Verres in legatione, quae in praetura, quae Romae, quae in Italia, quae in Achaia, Asia, Pamphyliaque patrarit, ea, quemadmodum locis temporibusque patrata sint, sic criminibus et oratione distinguere?*

**) Eadem oratione insequente statim periodo Cicero dicere volebat: *putasne te posse id efficere, ut, quae praeter fas fecit, iudicibus satis acerba ac indigna videantur?* Haec quoque amplificaturus, primo addit circumstantiam *cur? esse enim id maxime necessarium*; deinde addit descriptionem eorum, quae contra fas et aequum fecerit Verres, eoque *libidinem, nefas, crudelitatem* refert. Denique sequitur circumstantia *quomodo?* tam acerba enim haec facinora iudici videri debere ait, quam iis, qui illa passa sint. Vnde haec enascitur periodus: *putasne te posse id, quod eiusmodi reo maxime necessarium est, facere, vt, quae crudeliter fecerit, ea aeque acerba et indigna videantur esse iis, qui audient, ac illis visa sunt, qui senserunt?*

***) Sic quum Cicero *pro Roscio Amer.* c. 13. dicere potuisset: *etenim si vultu saepe laeditur pietas: quod supplicium satis acre in parricidam reperiretur?* utrumque membrum periodi amplificat descriptione. In priore membro verba illa ait esse prouerbium a viribus sapientibus repertum. In posteriore parricidam luculenter describit. Vnde enascitur periodus: *etenim, si, id quod praeclare a sapientibus dicitur, vultu saepe laeditur pietas: quod supplicium satis acre reperietur in eum, qui mortem obtulerit parenti, pro quo mori ipsum, si res postularet, iura diuina atque humana cogebant?*

****) Neque enim vllus est locus dialecticus, nulla circumstantia, nulla figura, vnde non amplificatio quaedam peti possit. Ex instituto auto* ea de re agit Val. Thilo in *rudim. rhetor. de period. amplificat. et comm.* part. II. c. 3. seq. p. 72. seq.

VII.

Sextum exercitationis genus CHARACTEREM dicunt. Sunt vero characteres *imagines quaedam animorum per externas notas expressae designataeque* *)]. Quum vero sine insigni philosophiae moralis notitia character animi exprimi nulla ratione possit **): ab iis demum suspicienda est haec exercitatio, qui in hac philosophiae parte sunt versatissimi.

Characteris mutatio.

*) Cave ergo existimes, *characteres esse* mera elogia. Quare etsi Velleius Paterculus in describendis hominum ingeniis videatur felicissimus: in eo tamen peccasse videtur nitidissimus scriptor, quod vix quemquam sine elogio praetermisit. Pictorum reprehenditur adulatio, qui vix pingere se quemquam posse putant, nisi pulcriorem fingant. Quanto magis notandi, qui non describunt, sed laudant, et tamen veram imaginem vel characterem nobis ob oculos posuisse videri volunt?

**) Hinc cum fructu hic conferri possunt, quicunque in excolenda ethica characteristica exercuerunt ingenium, veluti Theophrastus *in characteribus morum*, de la Bruyere, Cl. Paschalis *in characteribus*, et si qui sunt huius generis alii. Vt vero, quid sit character, evidentius pateat; exemplum dabimus e Petronii *satyrico*, *cap.* 117. *pag.* 542. *edit.* praestantiss. Burmann. qui characterem ostentatoris hac elegante notatione expressit: *secundum hanc formulam imperamus Eumolpo, ut plurimum tussiat, ut sit modo solutioris stomachi, cibosque omnes fa-*

fa-

palam damnet; loquatur aurum et argentum, fundosque mendaces, et perpetuam terrarum fertilitatem. Sedeat praeterea quotidie ad rationes tabulasque testamenti, omnibus fidem renonet; et ne quid scenae deesset, quotiescumque aliquem nostrum vocare tentasset, alium pro alio vocaret, vt facile adpareret, dominum etiam eorum meminisse, qui praesentes non essent. En hic ostentatoris effigiem, tam profecto adcuratam, vt tibi eum videre coram videaris. Talia etiam circa alia vitia hominum tentanda sunt, sed ita, vt semper philosophiae moralis principia adhibeamus in consilium.

VIII.

Descriptio.

Proxima est DESCRIPTIO, vel ἔκφρασις, genus exercitationis, Schefferi *) iudicio, iucundissimum et ad splendorem orationis pulcritudinemque praecipue comparatum. Est vero descriptio expositio, rem eiusque naturam ac indolem perspicue subiiciens oculis **).

*) Scheffer. *gymnas. stil. p.* 41.

**) In descriptionibus felicissimum est ingenium Virgilii. Vnde is non parum in hoc genere orationis proficiet, qui elegantissimas huius poetae descriptiones in prosam orationem commutabit. Exempli loco esse poterit descriptio tempestatis, quae *libro I. Aen. v.* 85. *seqq.* occurrit, qua nihil poterit excogitari elegantius. Curtius etiam in descriptionibus excellit, quamuis eae nonnumquam sophisticum potius, quam historicum redoleant ingenium. Huc pertinent descriptiones praeli *lib. III. c.* 10. et *lib. IIII. c.* 6. triumphi *lib. VIIII. c.* 10. Marsyae amnis *lib. III. c.* 1. Nos exempli loco dabimus descriptionem itineris per Libyam ad Iouis Ham-

mo-

monis templum apud eumdem Curt. *lib. IIII. cap. 7. Iter expeditis quoque et paucis vix tolerabile ingrediendum erat: terra coeloque aquarum penuria est; steriles arenae iacent, quas vbi vapor solis accendit, feruido solo exurente vestigia, intolerabilis aestus exsistit, luctandumque est non tantum cum ardore et siccitate regionis, sed etiam cum tenacissimo sabulo, quod praealtum et vestigio cedens aegre moliuntur pedes.* Cauendum tamen hic ab hyperbolis et frigidis exaggerationibus, a quibus, vt supra notauimus, raro abstinent Florus et Curtius.

VIIII.

Denique etiam ETHOPOEIA commendari solet, id est, *imitatio sermonis, moribus alicuius et negotio adcommodata* *) In qua praecipue danda est opera, ne τὸ πρέπον neglexisse videamur **).

Ethopoeia.

*) Pleni sunt eiusmodi ethopoeiis historici et poetae. Sic Curtius modo Alexandrum, modo Darium, modo alios loquentes introducit, nec vllam temere praetermittit occasionem quantum declamatorio acumine valeat, ostentandi. Plures quoque eiusmodi orationes sunt apud Liuium, Sallustium, Tacitum, quin et apud poetas Virgilium, Silium Italicum, Lucanum. Ex instituto vero ethopoeias composuit Theon, quae cum Demetrii Phalerei libello *de elocutione* prodierunt *Oxonii*, CIↃIↃCLXXVI. *in* 8. Exempli loco sit breuis, sed elegans ethopoeia, qua Darii adfectum exprimit Curtius *lib. 4. cap.* 10. quum is de Alexandri M. humanitate et clementia in captiuam vxorem factus esset certior. *Dii patrii, primum mihi stabilite regnum; deinde, si de me iam transactum est, precor, ne quis Asiae rex*

sis, quam iste, tam iustus hostis, tam misericors victor.

**) Hinc, si quis regi subtilem orationem de materia quadam philosophica, aut philosopho orationem magnificam de re militari tribueret: *is profecto non ethopoeiam scribere, sed Herculi soccos, puero cothurnos, aptare videretur.* Mirus in ea re artifex est Terentius, cuius *Eunuchum* si quis perlegerit, non poterit non eius ingenium in exprimendis hominum moribus, et oratione loquentibus attemperanda, mirari.

X.

Conclusio opusculi.

Referri huc etiam solent progymnasmata, veluti *fabula, narratio, chria, confirmatio, confutatio, laus, vituperatio, comparatio, locus communis, thesis* et quae sunt huius generis alia. Verum quum de progymnasmatibus fere innumeri exstent libelli: nolumus nos quidem actum agere, sed defuncti hoc, quem nobis imperauimus, labore, hic subsistimus.

SYLLOGE EXEMPLORVM PRAECEPTA SVPERIORA ILLVSTRANTIVM.

PRAEFATIO.

NON animus erat initio, hanc exemplorum syllogen adiicere, partim quod praecepta ipsa satis sint, partim quod nusquam deesse exempla luculentissima viderentur. Attamen, quum amici in scriniis meis vidissent nonnulla, iam olim a me diligentius elaborata, quae huic opusculo lucis aliquid accendere posse existimarent, essentque auctores, vt et ista praeceptis subiicerem: nolui ego eorum voluntati refragari. Ne vero vtilitate sua destituerentur ista opuscula: subinde in ora paginarum subieci numerum paragraphorum, adeoque praeceptorum, quorum ad normam ista sunt a me elaborata. Tu lector, et hoc quidquid est, aequi bonique consule, et vale.

EPI-

I.

EPISTOLA,

QVA PRAXIS CAP. I. OSTENDITVR.

EGo vero (*a*) ANTONI (*b*) ſuauiſſime (*c*), tanta cum admiratione (*d*) felicitatem TVAM (*e*) intueor, vt quem tibi ea (*f*) in re non dicam anteferendum, ſed comparandum arbitrer (*g*), inueniam omnino neminem (*h*). Contigit enim TIBI, quod neſcio an vlli (*i*), vt praeter ſplendi-

[*a*] *Vero*] Eleganter hoc additur ab initio pronomini ego, *part. I. c.* 1. §.20. *reg.* 1. *p.*38.

[*b*] *Antoni*] non Anthoni, *part. I. c.* 1. §. 8. *regul. I. p.* 14. nec recte ſcripſiſſem Antoni, per §. *6. reg.* 2. *p.* 12.

[*c*] *Suauiſſime*] Vocatiuus enim non ſtatim ab initio, ſed plerumque poſt aliquot verba ponitur, *part. I. c.* 1. §. 19. *reg.* 1. *p.* 32. nec recte ſcripſiſſem *ſuauiſſime*, per *part. I. c.* 1. §. 7. *reg.* 3. *p.* 14.

[*d*] *Tanta cum admiratione*) per regulam XIII. §. 19. *p.* 31.

[*e*] Tuam) per regulam III. §. *6. p.* 12. nec recte ſcripſiſſem Tuam per *reg. I.* §. *6. p.* 16.

[*f*] *Quem tibi ea*) plura hic iunguntur pronomina. Vid. §. 19. *reg. XII. p.* 36.

[*g*] *Arbitrer*) propoſitio incidens reliquae orationi inſerta eſt. Vid. §. 19. *reg. III. p.* 33.

[*h*] *Neminem*) caſus obliqui vocis *nemo* periodum eleganter concludunt. Vid. *ibid. regul. X. p.* 35.

[*i*] *Neſcio an ulli*) elegans deſcriptio ſuper-

didos natales, praeter ſummam, qua fulges (*k*) dignitatem, extentumque vitae ſpatium, quod TIBI ſumus rerum arbiter conceſſit, filium quoque habeas, omni doctrinae virtutiſque laude multo (*l*) ornatiſſimum (*m*). Equidem, qualis eſſet aliquando futurus (*n*), iam pridem ego fretus eius indole ac praeclaro ad virtutem impetu, conieceram. Iam vero augurium iſtud meum exitu comprobante (*o*), non poſſum non (*p*) vtique noſtrum pro eo ac debeo (*q*), gratulari (*r*). TIBI, cui eiuſmodi contigit filius, quem ne fingere quidem ac concipere meliorem poſſis: mihi,

qui

latiui, de qua ſupra *part. I. cap.* 1. §. 22. *p.* 46.

[*k*] *Qua fulges*) propoſitio incidens reliquae orationi inſerta. Vid. §. 19. *reg. III. p.* 33.

[*l*] *Multo*] ſolet hoc ſuperlatiuis addi. Vid. §. 2. *reg. III. p.* 38.

[*m*] *Ornatiſſimum*] ſuperlatiuum periodum eleganter concludere, obſeruauimus §. 19. *reg. VIIII. p.* 35.

[*n*] *Eſſet aliquando futurus*) tempora e participiis et verbo ſubſtantiuo compoſita diuelli ſolere, obſeruatum eſt §. 19. *reg. VII. p.* 34.

[*o*] *Exitu comprobante*] variatio per participium. de qua §. 22. *reg. VI. p.* 44.

[*p*] *Non poſſum non*) pro oportet. Vid. §. 22. *reg. V. p.* 48.

[*q*] *Pro eo ac debeo*) de hac formula Vid. §. 19. *reg. VI. p.* 34.

[*r*] *Poſſum gratulari*) verba haec diuelluntur, per regulam §. 19. *reg. VIII. p.* 35.

[*ſ*] Ne-

qui nescio qua (s) ingenii sollertia (t), de futura eius virtute ac dignitate tam vere diuinaui. Quum primum ex ephebis excesserat, in elegantiorum litterarum (v) studiis incremento tam praecoci adoleuit, vt, disceretne (x), an ex Platonis sententia (y) reminisceretur, vix posset a quoquam existimari (z). Tantum sane abest (a), vt comissationibus (b), aleae, otio, (id quod (c) vulgo (d) faciunt adolescentes, quidquam attribuerit temporis, ut quibusdam iusto videretur diligentior (e), essent-

(s) *Nescio qua*) vid. supra §. 22. *reg. VI. p.* 48.

(t) *Sollertia*) ita scribendum pro *solertia*. Vid. §. 11. *p.* 21.

(v) *Litterarum*) ita scribendum est, non *literarum*. Vid. §. 11. *p.* 20.

(x) *Disceretne*) in sententia enim dubitatiua auctores meliores non bis ponunt *an*. Vid. §. 16. *reg. VII. p.* 29.

(y) *Ex sententia*) non: *iuxta Platonem* §. 15 *reg. III. p.* 26.

(z) *Posset a quoquam existimari*] inter duo verba, quorum alterum ab altero regitur, eleganter aliquid interseritur. Vid. §. 19. *reg. VIII. p.* 35.

(a) *Tantum abest*) Variatio haec commendatur §. 22. *reg. III. p.* 47.

(b) *Comissationibus*) ita scribendum, non *comessationibus*, §. 11. *p.* 19.

(c) *Id quod*) vid. §. 20. *reg. XI. p.* 40.

(d) *Vulgo*) male dicunt *communiter*, de cuius aduerbii vsu vid. §. 15. *reg.* I. *p.* 25.

(e) *Iusto diligentior*) iusto comparatiuis additur. Vid. §. 22. *reg. V. p.* 39.

(f) Es-

ſentque, qui (*f*) frenis potius, quam calcaribus (*g*) ei opus eſſe exiſtimarent. Haec omnia niſi (*h*) quis tam magna iudicet, nihil vt (*i*) illis poſſit eſſe praeſtabilius (*k*), nae iſte iniquus eſſet rerum aeſtimator. Sed ſunt tamen longe maiora. Quemadmodum enim adhuc (*l*) condiſcipulos omnes; ita paullo poſt, vbi duodeuiceſimo (*m*) aetatis anno academiam noſtram ſalutauit, ſe ipſum vicit. Doctoribus operam dedit aſſidue, iiſque (*n*) eruditiſſimis, et in philoſophia iuriſque prudentia, quanta quanta eſt (*o*), tanta induſtria eſt

(*f*) *Eſſentque, qui*) omittitur hic *aliqui*, per *regulam II. §. 21. p. 42.*

(*g*) *Quam calcaribus*) *quam* cum caſu vel verbo ſuo interſeritur reliquae orationi per §. 19. *reg. IIII. p. 43. ſeq.*

(*h*) *Niſi quis*) *ſi* et *niſi* poſt aliquot vocabula poni, obſeruauimus §. 20. *reg. X. p. 40.*

(*i*) *Nihil vt*) pro *vt nihil*. Vid. *regul. XIV.* §. 19. *p. 35.*

(*k*) *Nihil praeſtabilius*) comparatiuus hic ponitur pro ſuperlatiuo. Vid. §. 22. *reg. I. p. 46.* et claudit periodum per regul. *VIIII. p. 35.*

(*l*) *Adhuc*) non actenus. Vid. §. 15. *reg. II. p. 25.*

(*m*) *Duodeuiceſimo*) *viceſimo* ſcribendum eſſe, non *vigeſimo*, obſeruauimus §. 11. *p. 21.*

(*n*) *Iiſque*) de huius pronominis vſu diximus §. 20. *reg. 12. p. 40.*

(*o*) *Quanta quanta eſt*) id eſt, *tota*. Variationem hanc commendauimus §. 22. *reg. VII. p. 48.*

 (*p*) *Eſt*

est versatus (p), quanta illa esse, quum summa est, solet (q). Sane, qui ab eo electi fuerunt praeceptores, quemquam negabant (r) sibi innotuisse, qui filio TVO, quamuis paene (t) adolescenti, esset industria ingeniique acumine (v), vlla ex parte (x), comparandus. Quae quum ita sint, fieri profecto non poterat (y), quin in dies (z) euaderet (a) doctior (b), et, quantum eruditione valeret, etiam in patria

[p] *Est versatus in aliqua re versari* dicendum, non *circa aliquam rem*, Vid. §. 15. *reg. VIII. p.* 30.

[q] *Quanta illa esse, quum summa est, solet.*] Eiusmodi descriptiones superlatiui commendatae sunt §. 22. *reg. I. p.* 46.

[r] *Negabant*] *dico*, sequente negatione, mutatur *in nego*. Vid. §. 22. *reg. IIII. p.* 47. *seq.*

[s] *Quamuis*] de huius particulae vsu actum §. 15. *reg. IIII. p.* 26.

[t] *Paene*] non *pene*. Vid. §. 11. *p.* 10.

[v] *Ingenii acumine*] pro *ingenio acuto*. De hac variatione actum §. 22. *reg. III. p.* 45.

[x] *Vlla ex parte*] pro *ex vlla parte*. Vid. §. 19. *reg.* XIII. *p.* 36.

[y] *Fieri non poterat*] id est, *oportebat*. Vid. §. 22. *reg. V. p.* 48.

[z] *In dies*] ita diuisim scribendum, non coniunctim *indies*, §. 11. *p.* 19.

[a] *Euaderet*) de constructione huius verbi vid. §. 16. *reg.* I. *p.* 28.

[b] *Doctior*) si *euaderet* post hoc vocabulum fuisset positum: molestior fuisset iunctura ob ἀμετάβλητα. Vid. §. 19. *reg.* XVI. *p.* 37.

[c] *In-*

tria increbesceret (c) rumor. Princeps certe acerrimus ingeniorum censor, arcessi (d) iussit (e) politissimum iuuenem, et cum eo seorsum (f) colloquutus (g), non multa solum in eum exstare voluit clementiae argumenta, verum etiam auctor (h) TIBI fuit, vt ne (i) eum, si demum reuertisset (k) abs TE segregari patereris. Vt quisque (l) in aula honestarum artium studia maxime curabat (m), ita filium tuum colebat obnixissime, sperabatque fore (n) vt eo aliquando amico, collega, et in re publica administranda socio, vteretur. Nec quisquam tamen, meo quidem iudicio (o), futu-

[c] *Increbesceret*] *non increbresceret*, §. 11. *p.* 18.
[d] *Arcessi*] non *accersi*, §. 11. *p.* 18.
[e] *Iussit*] de constructione huius verbi consule §. 16. *reg. V. p.* 29.
[f] *Seorsum*] ita scribendum, *non seorsim*, §. 11. *p.* 21.
[g] *Colloquutus*] non *discurrit*, vt vulgo dicere solent. Vid. *cap.* 2. §. 14. *p.* 67.
[h] *Auctor*] non *autor*, vel *author*, §. 11. *pag.* 18.
[i] *Vt ne*] pro *ne*. Vid. §. 20. *reg. XI. p.* 40.
[k] *Reuertisset*] ita Cicero, non *reuersus esset*. Vid. §. 14. *reg.* III. *p.* 25.
[l] *Vt quisque*] variatio particularum relatiuarum, *quo, eo*. Vid. §. 22. *regul.* II. *p.* 47.
[m] *Maxime curabat*] non ergo dicendum cum vulgo, *maximi curabat*. Vid. §. 16. *reg. II. p.* 28.
[n] *Fore*] de variatione hac diximus §. 20. *reg. VI. p.* 39.
[o] *Meo quidem iudicio*] Vid. §. 20. *reg. II. p.* 38

P 5 (p) *Qua-*

turam istam filii Tui felicitatem me praeuidit adcuratius, quippe qui ex ipsis adolescentiae meditamentis, qualis futurus esset (p) vere iudicaui. Non mirum itaque *tibi* videbitur, *Vir amicissime*, nos ambo (q) communiter (r) de successibus istis ad inuidiam vsque felicibus laetari. Quod si (ſ) enim amicorum omnia sunt communia, et optimus quisque (t) amici voluptatem sibi propriam existimat: quid esset, quaeso, quod (v) ego expers esse velim *tuae* tam insignis laetitiae? Quam ob rem eam felicitatem non *tibi* solum, sed nobis, quin saeculo (x), ac rei publicae gratulor, *Deum* precatus, vt, quemadmodum vxoris, incomparabilis exempli feminae (y) praeproperum fatum rationes *tuas* nuper non parum turbauit, ita contra ea (z) perce-

(p) *Qualis futurus esset*) non *qualis fuerit*. Vid. §. 16. *reg. IIII. p.* 29.

(q) *Nos ambo*) non, vt vulgo, *nos ambos*. Vid. §. 14. *reg. I. p.* 24.

(r) *Communiter*) de vera huius aduerbii notione. Vid. §. 15. *reg. I. p.* 25.

(ſ) *Quod si*) pro *si*. §. 20. *reg. X. p.* 40.

(t) *Optimus quisque*) *quisque* eleganter iungitur superlatiuis, §. 20. *reg. IIII. p.* 38. *seq.*

(v) *Quid esset, quod*) pro cur. Vid. §. 20. *reg. VIII. p.* 30. *seq.*

(x) *Saeculo*) ita scribendum est, non *seculo*. Vid. §. 11. *p.* 21.

(y) *Feminae*) non enim scribendum) *foeminae* aut *faeminae*. Vid. §. 11. *p.* 19.

(z) *Contra ea*) non *e contra*. Vid. §. 13. *p.* 22.

(a) Iu-

ceptam ex filii fortuna laetitiam propriam *tibi* esse iubeat ac perpetuam, donec emensus hoc vitae spatium, relicto hoc virtutum tuarum herede, inter caelites summa illa ac sempiterna beatitudine perfruaris. VALE KAL. IVLIS (*a*) CIↃIↃCCXVIIII.

II.

PRAXIS

DOCTRINAE DE PERIODIS

PART. I. CAP. II. §. 17. *seq.* (*b*)

SI quantum huic universo terrarum orbi fulgentissimum solis lumen prodest, tantum rei publicae optimi prouidentia principis prodesse creditur: dubitare non potes, REX POTENTISSIME, quin nos omnes tanto *tui* desiderio teneamur, quanto boreales imperii *tui* gentes iucundissimum solis exortum, in diuturna ista nocte, praestolantur (*c*). Quin, quum nos *tui* desiderium multo aegrius feramus: dicere non veremur, nos illis esse multo infeliciores (*d*). Illis natura semestrem noctem; nobis fortuna sex propemodum annorum caliginem ob-

(*a*) Iulis) pro Iuliis. Vid. *cap.* I. §. 6. *reg.* I. *p.* II.

(*b*) Epistola adficta Suecis, diuturnam Caroli XII. regis absentiam lugentibus.

(*c*) Periodus *quadrimembris*, qualem *cap.* 2. §. 24. *p.* 81. *seq.* descripsimus.

(*d*) Periodus *bimembris caussalis*. Vid. *cap.* 2. §. 21. *p.* 75.

 (*e*) Pe-

obiecit (*e*). Illis sol, veluti emendaturus errorem tanto diutius fulget: nos PRINCEPS veluti experimentum patientiae nostrae capturus tanto constantius fugit (*f*). O dies, o tempora, quodnam huic tanto dolori nostro alleuamentum dabitis (*g*)? Sex iam propemodum circumacti sunt anni, ex quo TE, REX CLEMENTISSIME, in medio victoriarum cursu amisimus. (*h*). Ex eo tempore, quid passa sit Suecia, quantumque detrimenti imperium TVVM ceperit: nec barbaros, inter quos versaris, ignorare arbitramur (*i*). Erepta TIBI est Liuonia, occupata Finnia, expugnata clarissima regni tui propugnacula; nuper et Bremam Verdamque amisimus; nec Pomerania procul abesse a deditione videtur (*k*). Tacemus tot ciuium exactiones, vrbium ruinas, agrorum deuastationes, hominum strages, quibus ita exhaustae debilitataeque sunt prouinciae TVAE, vt si diutius Te caruerimus, nihil ad eas restituendas remedii superesse videatur (*l*). Equidem duo sunt, quae nobis, nisi DEVS rem expediat, exitium minantur, maxima pecuniae commeatusque inopia, et conglobata tot vicinorum potentia, quarum

[e] Periodus *bimembris contraria*. *ibid. not.* *** *p.* 76.

[*f*] Periodus eiusdem generis, *ibid. p.* 76.

[*g*] Periodus simplex, *c.* 2. §. 19. *p.* 71. *seq.*

[*h*] Periodus simplex, *ibid.*

[*i*] Periodus trimembris. §. 23. *p.* 79.

[*k*] Periodica circumductio, §. 27. *p.* 88.

[*l*] Schoenotenes, de quo §. 27. *p.* 88.

[*m*] Pe-

rum altera his victoriam: altera nobis seruitutem tristissimam praesagit (*m*). His malis qui mederi possit, inuenimus profecto, praeter TE, neminem (*n*). TV solus nobis veluti naufragio proximis instar sideris benefici exorieris (*o*). Augusto, principi tui quam simillimo, praeteruehenti Puteolos adclamasse legimus nautas, per illum se viuere, per illum nauigare, per illum bonis ac fortunis frui (*p*). O vtinam Sueciae nostrae festus ille atque auspicatissimus illucesceret dies, quo TE ex illo deficientis paene naturae angulo redeuntem intueretur (*q*)! Quam faustis TE acclamationibus esset exceptura? quantus futurus esset votorum concentus? quanta congratulatio (*r*)? Profecto non nautae tantum, sed senes, iuuenes, pueri, viri, mulieres, ciues, pagani, milites, se per TE viuere, per Te spirare, per Te bonis omnibus ac fortunis frui profiterentur (*s*). Te enim absente etiam victores victis visi sumus simillimi: te redeunte, victi quoque triumphabimus (*t*). Quae quum ita sint, TE, POTENTISSIME REX, oramus, ac per communia sacra, quibus nihil TIBI in vita carius est, obtestamur, si TE non

tam-

(*m*) Periodus quadrimembris.
(*n*) Periodus simplex.
(*o*) Periodus simplex.
(*p*) Periodica circumductio.
(*q*) Periodica bimembris.
(*r*) Periodica circumductio.
[*s*] Schoenotenes et periodica circumductio.
[*t*] Periodus bimembris contraria.

[*v*] Pneu-

tamquam regem, sed diuum quemdam tutelarem suspeximus, si non modo bona ac fortunas; sed ipsam vitam, et si quid nobis vita carius est, pro imperio TVO deuouimus, si te absentem innumeris adhuc lacrumis sumus prosequuti, si denique egeni et miseri esse, dummodo TE patriamque saluam videremus, numquam recusauimus: vt redeas demum in regna tua, nec nos diutius incredibili TVI desiderio contabescere patiaris (v).

III.

PRAXIS
DOCTRINAE DE ORNATA ORATIONE.

PART. I. CAP. II. §. 29. *seq.*

FRontem explicate (a), amici, et hominis, ipso Catone tristioris, iocos ac facetias accipite. Non ignoratis, quam censorio (b) sim supercilio, et satis, vt opinor, meministis, ex pumice facilius aquam, quam ex me risum, exprimi posse: adeo totum mihi os ad seueritatem ac tristitiam na-

(v) Pneuma de quo §. 26. *p.* 87.

(a) *Frontem explicate*) signum pro signato. Vide §. 31. *p.* 96.

(b) *Censorio*) adlusio ad antiquitates Rom. de censoribus. Vid. §. 33. *p.* 100. *seq.* simul etiam epitheton in se elegans est. Vid. §. 31. *p.* 96.

natura factum videtur. At nunc tamquam Circeo poculo inebriatus (*c*), subito vobis alius ac mei dissimilis prodeo. Nullum mihi hodie excidet (*d*) verbum, nisi vrbanum, lepidum, iocosum, facetum, ipsisque Saturnalibus (*e*) dignum. Quum enim munus senescens (*f*) desipere iam pridem coeperit: quid ni et nos iucundum existimemus desipere in loco (*g*), et interdum magno conatu maximas nugas agere? Quod igitur felix faustumque sit (*h*) fabulam vobis narrabo, aut si mauultis, somnium, quo nescio an suavius vmquam Morpheus, ille somniorum dator, cuiquam immiserit. Fabulam promitto et somnium, ne quis vestrum erret, aut sibi praedictum neget. Nihil enim eorum, quae dico, verum esse scitote. Sed iam, vt diei tempus est, non estis

(*c*) *Circeo poculo*) imago commendatur §. 32. *p.* 98.

(*d*) *Verbum excidet*) translatum vocabulum. Vid. §. 30. *p.* 91.

(*e*) *Saturnalibus dignum*) denuo ad antiquitates Rom. adluditur. Solebant enim Saturnalia omni laetitiae genere transigi.

(*f*) *Mundus senescens*) translatio. Vid. §. 30. *p.* 91.

(*g*) *Desipere in loco*,) sententia haec Horatii est; *dulce est decipere in loco*. De sententiis diximus §. 35. *p.* 104. Quo modo vero versus et hemistichia in prosam transferri possint, monuimus §. 36. *p.* 105. *seq.*

(*h*) *Faustumque sit*) adlusio ad formulam antiquam, qua in adloquendo populo vti solebant.

(*i*) *De-*

estis longiore praefatione detinendi (*i*). Scio enim, quam sit odiosa res Circensibus pompa (*k*). Ad rem ipsam igitur veniam: vos, si veneres (*l*) amatis, operam mihi date, et non auribus solum, atque animo, sed et ipsis, vt ille ait, vnguiculis attendite (*m*). Deficere iam coeperat dies, & imminens crepusculum studiis meis indixerat ferias (*n*), quum me, ut fit, alia ex aliis cogitantem somnus paullo altior oppressit. Non erat in museo lectulus, non grabatus, in quem fessa membra proiicerem, et tanta tamen erat desidiae dulcedo, ut ne locum quidem mutare sustinerem. Substratis itaque capiti quibusdam grandioris staturae libris (*o*), huic scilicet ceruicali indormire coepi. Nec insolitum id hodie est mei ordinis hominibus; quorum plerique libris, quam in libros, incumbere (*p*) malunt. Ceterum vix requieueram, quum mihi visus sum iis in lo-

(*i*) *Detinendi*) haec quoque formula antiqua est dimittendi senatum.

(*k*) *Pompa*) adlusio ad ritum veterem. Vid. §. 33. *p.* 100. *seq.*

(*l*) *Veneres*) metonymia caussae pro effectu, §. 31. *p.* 96.

(*m*) *Vnguiculis attendite*) adagium. Vid. §. 34. *p.* 102. *seq.*

(*n*) *Indixerat ferias*) translatio. Vid. §. 30. *p.* 91. *seq.*

(*o*) *Staturae libris*) translatio. *Ibid.*

(*p*) *Libris quam in libros incumbere*) antanaclasis, de qua §. 32. *num. I. p.* 98. *seq.* De phrasi *incumbere libris* et *in libros* vid. supra c. I. §. 16. *p.* 28.

(q) Ven-

locis versari, quae postea in omnibus geographorum commentariis frustra quaesiui, et quae nusquam terrarum esse credo, nisi forte in Epicuri fuerint intermundiis. Vbique enim erat vastissima desertissimaque solitudo (*q*), adeo, vt obstupefactus mirarer, quo demum fato meo, ex isto vrbano strepitu in has regiones extra anni solisque vias (*r*), tam subito inciderim. Consilium tamen in arena capturus (*s*), cliuum proximum occupo, ex eoque, tamquam e specula (*t*), oculis emissitiis (*v*) omnia undiquaque lustro, si quis forte se obiecerit oculis meis, qui errantem ex illa molestissima solitudine in viam reducerer. Haec dum ago, viam ad me adfectat senex decrepitus, oculis turgidis, adunco naso, barba promissa (*x*), qui pallii laciniis ante pectus collectis peram ingentem dorso trahebat, baculumque dextra movebat frequentius. Videri vobis visi essetis laruam quamdam, si in hoc mundi senium incidissetis. Ego sane,

(*q*) *Vastissima desertissimaque*) elegantia epitheta, quibus vsus Cic. *de diuin. II,* 19.

(*r*) *Solisque vias*) elegans descriptio, quo usi sunt Virgil. *Aen. VI. v.* 795. et Curt. IIII, 8.

(*s*) *Consilium in arena*) adagium, quo simul ad artem gladiatorum adluditur. Vid. *c.* 2. §. 33. *p.* 100. *seq.*

(*t*) *Tamquam e specula*) imago. Vid. §. 32. *num. V. p.* 99.

(*v*) *Oculis emissitiis*) elegans epitheton, quo Plautus vsus est.

(*x*) *Promissa*) haec quoque epitheta commendanda.

(*y*) Ma-

ne, tamquam ad Medusae adspectum (*y*), initio obrigui: mox, accedente illo propius, ex supercilio intellexi, cum philosopho mihi fore negotium, adeo grauitas ex oculis, habitu, pallio, ipsaque sapiente barba elucebat (*z*). Mirabar interim, etiam alibi terrarum homines esse ignaua opera philosopha sententia, qui strumam *dibapho* tegunt (*a*), stultitiaeque suae praetexunt supercilium. Diu multumque ergo mihi addubitanti, accederemne hominem, an me subducerem longius, demum prius consilium placet. Quid multis? obuiam procedo venerando nugatori (*b*), inclinatoque corpore, ac paene prostrato. *Te ego*, inquam, *mi pater, per barbam tuam, aut, si mauis, per genium tuum rogo, vt dicas, vbi habitem?* aut si Graeca tibi magis arrident: *τίς γῆς; τίς δῆμος; τίνες ἀνέρες ἐγγεγάασι* (*c*)? Tum falsissimus senex, qui paullo ante Manliana minari imperia videbatur, labia distorsit, et in cachinnum solutus: *quem mihi*, inquit, *poetam aut histrionem video. Oportet te profecto, hospes, adhuc ferulae subesse, qui non modo obuiis omnibus nates porrigis, verum etiam* HOMERI *versi-*

(*y*) *Medusae adspectum*) imago. Vide §. 32. *num*. 5. *p*. 99.

(*z*) *Sapiente barba*) iocosum epitheton.

(*a*) *Strumam dibapho tegunt*) adagium, quo vsus est Cicero.

(*b*) *Venerando nugatori*) epitheton iocosum.

(*c*) *τίς γῆ*) versus Homeri *Odyss*. N. *v*. 233. Vid. §. 36. *p*. 105. *seq*.

(*d*) *A*

versiculum tenes memoria. Illud enim pueri faciunt, et qui sunt hac aetate ipsis pueris stolidiores: Homerum vero hodie paucissimi, qui pedem schola extulerunt, norunt. Ecquis enim hodie melioris aevi poetas vel a limine salutat (d)? Ecquis auditis Euripidis, Sophoclis, Pindari nominibus, non deos quosdam inferos euocari (e) existimat? Equidem audio, nullas hodie in terris fieri nuptias, quin fescennina canant (f) poetae, nec mortuum vsquam efferri, quin iisdem poetis praeficis vtamini (g): verum id quoque audio, frequentissimis nunc febribus concuti homines, eo quod quisquis hos versiculos legere sustineat, febricula exemplo vexetur. Enimuero, quia te erectioris esse indolis animaduerto: placet hoc, quidquid est, humanitati dare, atque locorum hominumque ignarum in viam reducere. Primo, vt hac te sollicitudine liberem, ego sum umbra Menippi, Cynici illius celeberrimi, qui quum vera paullo liberius scripsissem, satiras scribere visus sum. Te vero scias in ea loca penetrasse, quae nefas est a mortalibus viuis lustra-

(d) *A limine salutat*) prouerbialis loquutio, qua simul adluditur ad ritum vetere salutantium, et clientum, limini insidentium. Vid. §. 33. *p.* 100. *seq.*

(e) *Deos quosdam euocari*) adluditur ad ritum euocandi deos, in quo monstrosis vtebantur vocabulis. Vid. . 33. *p.* 100. *seq.*

(f) *Fescennina canant*) denuo adluditur ad ritum nuptialem, de quo Briss. *de vet. ritu nupt.* et alii.

(g) *Praeficis*) adlusio ad ritum funebrem, de quo Kirchmann. *de funerib. Rom.*

(h) A

lustrari. Quare, vt ne diutius extra sidera erres, nec viuus Rhadamanti imperia audias, comitem me tibi adiungam, et tecum excurram in terras, visurus res mortalium, quas in peius ire, illi, qui hinc quotidie adueniunt, renunciant. Interest enim tua, vt hominum, quos eruditos hodie vocant, stultitiam splendidam, tamquam in illustri positam monimento intuearis, quo a puluere et radio excitatus (h), in verae sapientiae adyta te vindices, in quibus vera aliquando ac summa felicitate perfruaris. Agnoui eo Cynici pus atque venenum: (*i*) neque tamen me haud oblectauit dicacis senis urbanitas, ac liberalis inuitatio. Quare comitem me illi do, certusque ire, quo fata trahunt, retrahantque (*k*) composito ad festinationem gressu praeeuntem sequor. At illud hominis monstrum, non ire videbatur, sed repere, egoque aegre continebam risum, quod vmbram quoque non volitare, sed leuatis tardissime vestigiis procedere, obseruabam. Neque hoc fugit nasutum senem, qui adridens: *miraris*, inquit, *incessum paullo, quam huius saeculi mores ferunt, tardiorem.* Sed

(*h*) *A puluere & radio excitatus*) adagium e mathematicorum scholis desumtum, quo vtimur, quum aliquem ad sublimiora studia excitatum dicimus. Pueri enim studia ab arena et radio auspicabantur.

(*i*) *Cynici pus atque venenum*) hemistichium Horatii *Serm. I. 7. princ.* Vid. §. 36. *p.* 105. *seqq.*

(*k*) *Trahant retrahantque*) est et hoc e poeta expressum. Vid. §. 36. *p.* 105. *seq.*

(*l*) I...

Sed scias velim, iuuenes nos solidioribus immorantes studiis omnem festinandi pruritum exuisse. Hodie ut quisque vidit academiam, et tres annis in auditoriis lapis lapidi insedit (l), viua quaedam ac spirans sibi bibliotheca (m) videtur, cornicumque oculos configere (n) parat. Ita absoluisse dicitur studia, quem ne summae quidem ignorantiae suspicione absolueres (o). Adeo vero festinantibus vobis, et canum instare Nilo bibentibus simul, simulque fugientibus (p), pedes ad concitatiores gressus formari non mirer. Ego vero, qui in Diogenis contubernio non triennium vixi, sed consenui; paullo tardius progressus maius confeci spacium, quam vestrum quisquam hodie festinando conficiet. Non ausus sum ego irritare illud silicernium. Quamuis enim satis urbanus videretur Menippus meus: in alieno tamen regno etiam tuta omnia metui (q). Deprecatus itaque suscipionem, ad alia inflexi sermonem, conspicatusque procul flumen, quale illud sit, interrogaui. Ast senex Stygium illud esse, monuit. Eius ad ripas

(l) *Lapis lapidi*] antanaclasis. Vid. §. 32. *num. I. p. 98. seq.*

(m) *Viua quaedam ac spirans bibliotheca*] elegans elogium viri eruditi, quod Longino datum nouimus.

(n) *Cornicum oculos configere*) adagium Horatii.

(o) *Absolueres*] antanaclasis.

(p) *Canis e Nilo*] adagium apud Macrob. *Saturn. II, 2.*

(q) *Tuta omnia metui*] adlusio ad sententiam. Vid. §. 35. *p.* 104.

(r) Sa-

ripas adstantem vidi Charonta, squalidum illum portitorem, qui a Menippo iussus statim expediuit cymbam, nosque in alteram ripam transmisit, vbi ingens vmbrarum turba vectorem exspectabat. Obstupui, *vbi* singulos fata sua narrantes audiui. Hunc amicae dolus; illum inimici furor; *istum* luxuria et lasciuia abstulerat, et *quum* percontaretur Menippus, qui ac vnde essent, plerique se e Germaniae academiis aduenire fatebantur. Eos tantum, non omnes facessere iussit Charon, nec ego cum Menippo progressus, quo peruenerint, satis animaduerti. Menippus vero plerosque luxuria sua occubuisse intelligens: *ehem*, inquit, *quanta hodie est studiorum intemperantia? omnes studiosi, vt audio, Catones facti sunt. Ad academias enim confluunt, tamquam diuturnam sitim explere cupientes. Mirum ni imbibisse litterae dicantur, qui per tot annos plus vini, quam olei, consumunt.* Interea dum de ea re confabulamur, vrbem non adeo procul conspicimus, satis, vt videbatur, populosam, cui propiores facti in turbam armatam incidimus, tanto fremitu per vias publicas discurrentem, vt furerentne, an Hannibalem ante portas exspectarent, addubitarem (*r*).

EXEM-

(*r*) Satis adparet, beneuole lector, satiram hanc esse Menippeam. Eam iuuenis confeci, notaturus academiarum corruptionem, moresque studiosorum parum compositos. Verum quum non satirae exemplum, sed pra-

EXEMPLVM STILI ATTICI

ad part. I. cap. 2. §. 39.

QVomodo te vetus Bibliotheca tua? quomodo supplementum nouum? placentne libri, postquam tui facti sunt? Solet id quidem. Numquam enim libelli aeque nobis chari sunt precario, ac iure possidentibus. Me libraria supellex raro possidet: delectat tamen, vt mea: alioqui longe desidia oblangui. Habet hunc finem diuturnum otium, vt ab otio desistere pigeat. Vale (a).

V.

EXEMPLVM STILI ASIATICI

ad part. I. cap. 2. §. 40.

ETsi satis audacter parumque verecunde facere videor, Vir doctissime, quum te tot grauissimis obrutum negotiis, litteris meis

praxin regularum de ornata oratione, dare constituerim, nec omnes facile ferant acriora eiusmodi remedia: licebit nobis hic filum orationis abrumpere, et partem posteriorem supprimere, maxime quum fontes ornatae orationis tantum, non omnes prior haec pars ostendat.

(a) Epistola breuis, expressa ex Plinii *ep. II. 15.*

(b) *Prae-*

meis nec Latine ſatis ſcriptis, et ab omni elegantia ac ſuauitate deſtitutis, interpello; quoniam tamen poſt tam diuturnam ſterilitatem proximis his menſibus libellum hunc enixum eſt ingenium meum, exiſtimaui, me contra officium facturum, niſi eumdem ad te mitterem, *tuumque ei nomen praeſcriberem* (*b*). *Etenim quum codex*, ex quo auctorem *hunc maxime reſtitui*, antiquus pariter atque emendatiſſimus ex bibliotheca tua mecum ſit communicatus, ſine eo autem nihil ego, quod operae ſit pretium, fuiſſem profligaturus: nemini potius hoc, quidquid eſt, muneri mitti debuerat, quam TIBI, cuius iam antea χρήσει καὶ κτήσει fuit (*c*): Accipe ergo hunc libellum ea fronte, qua ſoles omnia, quae ab amicis proficiſcuntur, et quum iam dudum humanitate omnes non modo tuae ſortis, ſed omnium omnino ordinum homines longo poſt te reliqueris interuallo, fac quaeſo, vt me nunc etiam ſpe de te concepta minus excidiſſe iure poſſim laetari (*d*). Quod ſi a te fuero conſequutus, VIR

(*b*) *Praeſcriberem*) Tota haec ampliſſima periodus pauciſſimas continet ideas: *etſi litteris te interpellare ſubdubitem; libellum tamen hunc tibi dedicandum putaui.*

(*c*) Κτήσει *fuit*) Haec quoque copioſa periodus his paucis verbis exprimi poteſt: *communicaſti enim mecum codicem MSC.*

(*d*) *Poſſim laetari*] Tot verba has ideas complectunt: *beneuole ergo pro humanitate tua hunc libellum accipe.*

(*e*) *Dif-*

VIR DOCTISSIME, facile omnium non modo iniqua, verum etiam peruersa iudicia contemnam, omnibusque illis gloriam illam anteponam, quod TIBI, tanto viro, tamque adcurato ingeniorum censori, industria mea et summum bene de re litteraria merendi studium haud displicuerit (e). VALE.

VI.

EXEMPLVM STILI RHODII.

ad part. I. cap. 2. §. 41. (a)

ETsi satis audacter facere videor, VIR DOCTISSIME, quum te litteris meis parum Latinis interpello: quoniam tamen proximis mensibus libellum hunc edidi, putaui, pro amicitia nostra me illum TIBI nuncupare debere. Quum enim codex MSC. quo in recensendo hoc auctore maxime vsus sum, e bibliotheca tua mecum sit communicatus: existimaui id munus potiore iure debere nemini, quam TIBI, cuius iam antea id fuit. Accipe ergo hunc libellum ea, qua soles, humanitate nec patere, vt me spe mea excidisse existimare possim. Quod si fuero

(e) *Displicuerit*) Tota haec periodus paucissimas continet ideas: *dedicatione mea humaniter accepta, mihi maximam gloriam consequutus videbor.*

(a) *Cap. 2. §. 41.*) studio eamdem epistolam coarctaui, ut stili Asiatici et Rhodii discrimen tanto luculentius perspiciatur.

ſuero conſequutus: non modo aliorum iudicia facile contemnam, verum etiam ſummam laudem gloriamque mihi adſequutus videbor. VALE.

VII.

EXEMPLUM STILI TENVIS

ad part. I. cap. 2. §. 44. (*a*).

SI id nobis contigiſſet, auditores, vt luctus, in quem incidimus, publicus, ſignis ſaltem quibuſdam nobis oſtenderetur: magno quidem moerore animi ad dicendum adgrederemur, ſed nobis tamen *paullo* minus videremur infelices. Verum eheu! praeter opinionem nobis accedit haec calamitas, priuſque nos oppreſſit, quam id metuere poſſe videremur. Tanto ergo nos exiſtimamus infeliciores, quanto minus doloris noſtri cauſſam atque originem perſpicimus. Amiſimus eheu! REGEM, optimum non modo noſtrae aetatis, verum omnium ſuperiorum ſaeculorum principem, idque eo tempore, quo nihil ſubeſſe periculi credebamus. Bone Deus, quanta erat ciuium omnium per tot prouincias laetitia, quum meliuſcule habere REGEM increbreſceret! Aſt o vanas hominum ſpes! o incerta gaudia! In publica illa laetitia ingens nos dolor ac luctus

(*a*) Hic quoque vnum idemque exemplum tribus dicendi characteribus exprimemus. Eſt vero exordium orationis parentalis in laudem Friderici, regis Boruſſiae.

ctus incredibilis oppressit, intercepto rege, quem saluum atque incolumem esse, laetabundi acceperamus. Etiamsi itaque in hoc acerbissimo funere ipsi veluti exanimati adstare videamur: continebimus tamen, quoad fieri poterit, lacrumas, et vel in laudibus principis nostri non dicam praedicandis, sed recensendis, solatium quaeramus. Interest sane reipublicae, interest posteritatis, ne tanta principis nostri merita vel ingrati dissimulare, vel iusto verecundiores silentio praetermisisse dicamur. Quare vos auditores, vt dicturum de laudibus attento beneuoloque animo audiatis, non quod de voluntate vestra addubitem, sed quia mos est ita rogandi, rogo.

VIII.

EXEMPLVM STILI MEDIOCRIS
ad part. I. cap. 2. §. 45.

SI vel in eo nobis pepercisset fortuna, auditores, vt tristem illam, quae nos nihil tale cogitantes oppressit, tempestatem vel significatio quaedam antecederet: maximo quidem dolore hoc parentandi officio defungeremur, sed videremur tamen nobis, in summa qualibet infelicitate, paullo feliciores. Sed iam eheu! inspectata in nos procella desaeuiit, omnesque fortunas nostras, ac propemodum spes ipsas, tristissimo ictu turbauit. Quid ergo nobis potest esse infelicius, quorum dolori hic veluti accessit cumulus, vt ipsa etiam celeritate haec calamitas duplo redderetur intotolerabilior? Vixit enim (o triste ac lamentabile verbum!) vixit eheu, saeculi nostri delicium, ciuium amor, quo nemo vel pietate religiosior, vel iustitia sanctior, vel prudentia consultior, virtutibusque omnibus ornatior admirabiliorque fuit: et quod maxime mens attonita luget, eo ipso tempore viuere desiit, quo iam conualuisse illum iucundo initio at postea tristissimo errore credebamus! Bone deus, quanta tunc erat omnium laetitia, quanta congratulatio, quantus votorum per templa, curias, palatia ac privatorum concentus, quando reuixisse credebamus optimum principem. Quocumque nuncius tam laetus penetrabat, omnes laetitia summa, optimaque spe implebantur, seque saluo, ipsos quoque saluos existimabant. Ast o vanas hominum spes! o incerta gaudia! Eamne infelicitatem experiri nos oportuit, vt laetantes exultantesque tantus luctus opprimeret? Eamne ob caussam nos fortuna brevi hac perfrui voluptate voluit, vt ea intercepta tanto acerbius adfligeremur? Ita est profecto, auditores: immo ita esse, nemo nisi rerum omnium ignarus dubitauit. Enimuero tametsi nos ipsos amisisse videamur: superabimus tamen, quoad fieri poterit, moerorem, et vel in meritorum eius virtutumque contemplatione quaeremus solatium. Hoc vnum enim exigere nobis videtur diuina anima, postquam ad coelestes illas sempiternae felicitatis sedes euolavit, vt ne merita illa, quae in nos exstant, innumera vel dissimulemus, quod ingratorum; vel tacite

prae-

praetermittamus, quod iusto verecundiorum foret. Quum vero eius virtuti nulla vmquam par inueniri possit oratio: ego quidem infantiae, quam animi parum grati suspicionem subire malui, statuique, id quod vestra pace facere liceat, breui oratione tot maximi principis merita complecti, geographorum imitaturus sollertiam, qui maximas prouincias tabulis satis angustis solent delineare. Quod dum facio, quamuis ipsa, quae in animis vestris adhuc calet, pietas satis magnam mihi audientiam factura videatur: tamen magis consuetudine, quam quod id necessarium iudicem, a vobis etiam atque etiam peto ac contendo, vt orationi meae in eminentissimas maximi principis laudes excurrenti, exigui temporis attentionem ne denegetis.

VIIII.

EXEMPLVM STILI SVBLIMIS

ad part. I. cap. 2, §. 46.

SI vel hoc malo nostro nobiscum transegisset fortuna, vt tristissima, quae nos oppressit, procella saltem signis quibusdam ac significationibus nobis ostenderetur: maximo quidem cum dolore illaetabili huic parentandi officio accingeremur, at videremur tamen nobis, in summa quamlibet infelicitate, paullo feliciores. Verum iam eheu! inexspectata in nos tempestas desaeuiit, ceciditque fulmen, non ante praevisum, quam omnia quaquaversum vno ictu terreret, concuteret, prosterneret. Ecquid proinde nobis potest esse infelicius, quorum infelicitati hic veluti cumulus accessit, vt velocitate fatalis nuncii attoniti vix sensui nostro ac dolori credamus? Amisimus enim, (heu triste ac illaetabile verbum!) amisimus, inquam, REGEM, *aeui nostri* Traianum, omnibus *saeculis* lugendum principem, qui nihil in vita, nisi laudandum, aut fecit, aut dixit, aut cogitauit: ac eo quidem tempore grande hoc coeli depositum amisimus, quo iam laetitiae publicae sensum ex renunciata eius salute nobis praecipere videbamur. Bone deus, quanta erat omnium congratulatio! quam *effusa cuncto*rum laetitia, quum prouincias peruagaretur rumor, defunctum esse incomparabilem principem fatali periculo, remisisse morbi pertinaciam, et melius habere eum, cuius salute omnium salus continebatur. Quocumque nuncius tam faustus penetrabat, tantos vbique excitabat plausus, vt non tam REX, quam populus e diuturno morbo conualuisse videretur. Verum o vanas hominum spes! o tristes rerum humanarum vicissitudines! Laetantes atque ouantes tantus subito nos oppressit dolor, ut etiamnum, quid nobis acciderit, non sine stupore miremur. Proditum memoriae est, fama mendace de Germanici sanitate Romam perlata, auditas vbique esse gratulantium ac inter se continentium voces: SALVAM ROMAM, SALVAM PATRIAM, SALVVM GERMANICVM: eodem vero paullo post morte intercepto, eum confestim insequutum esse

lu-

luctum publicum, qui nec solatiis vllis, nec edictis, potuerit inhiberi: lapidata tum templa, subuersas deorsum aras, Lares familiares in publicum abiectos, quin et partus expositos, tamquam infelices futuros, si tanto funeri superstites viuerent. Enimuero desiderium istud, cum furore magis quam ratione coniunctum, non tam inusitatus quidam, qui in defuncto Germanico enituerat, virtutum splendor, non tam meritorum aut praestitorum humano generi beneficiorum magnitudo excitauerat; quam atrocitas temporum, et Tiberii, pessimi principis, saeuitia, quam Germanici reuerentia ac metu adhuc aliquantulum repressam esse Romani existimabant. Nobis aliae sunt, ac longe aequiores desiderii rationes. Interceptus nobis est princeps, quo ne voto quidem aut cogitatione meliorem fingere quisquam potuisset, quo nemo erat pietate religiosior, iustitia sanctior, prudentia consultior, belli pacisque artibus maior atque illustrior. Quem vnum in primis suspiciebat Europa, quem vnum obseruabant principes, timebant hostes, peregrini vero non minus ac ciues incitatissima pietate colebant. Talis fuit Augustus noster, auditores, talis fuit publicae salutis ac felicitatis custos, cuius sepulcrum, nulli mortalium indefletum, piis atque adsiduis lacrumis adspergimus, cuiusque nominis non sine dolore quodam vmquam possumus recordari. Vt paucis dicam, quae sentio, eum lugemus principem, qui erat immortalitate, consentientibus omnium iudiciis, dignissimus,

mus, si aliud patuisset iter ad beatam illam, ad quam omnia referebat, aeternitatem. Tametsi igitur in hoc acerbissimo funere non tam REGEM, quam nos ipsos efferre: non tam PRINCIPI, quam nobis exsequias ire iustaque facere videamur: continebimus tamen, quoad eius fieri poterit, lacrumas, et vel in meritorum EIVS virtutumque eminentissimarum contemplatione dolori nostro adleuamentum quaeremus, miserum istud quidem, ac luctuosum, sed tamen adleuamentum futurum. Id vnum enim exigere a nobis videtur sanctissima anima, postquam relicta hac rerum humanarum caligine ad coelestes sedes, vnde terris data erat, reuertitur, vt diuina, quae culpare nefas, decreta religiose veneremur, eique non muliebribus lamentis, sed pia excelsarum virtutum ipsius memoria parentemus. Vtinam vero supremus felicitati eius cumulus nunc accederet, disertus laudator. Vtinam, vt Achilli Homerus, Traiano Plinius, sic Regi nostro magnum superstes esset ingenium, quod eius imaginem ac simulacrum, tamquam Phidiae aliquod signum, aeternitati consecraret. Verum illud praestare eximie, atque ita laudare REGEM, vt simul praeclaram ingenii laudem referas, excellentissimi ingenii ac consummatissimae facundiae esset, hoc est, nostrarum minime virium labor. At me, quem eloquentia non commendabit, excusabit pietas, cui quomodocumque dicere, quam tanti principis virtutem ac summa in genus humanum merita tacere, aequius excusa-

tius-

tiusque visum est. Vos vero, auditores, vt incomparabilem regem omni pietate estis prosequuti, ita mihi de gloria patriae, deque saeculi nostri miraculo verba facienti non lingua modo, sed et animis auribusque, fauete.

X.

LOCVS COMMVNIS.

ad part. I. cap. 3. §. 11. 12.

EST ea praeclara ac laudanda principis feminae moderatio, vt non magis principem se esse, quam subesse principi, in tantoque fastigio posita, parum a privatis abesse, existimet. Hoc animo praemunita non erit castrorum socia, non irrumpet in curiam, nec figendi refigendiue leges sibi vindicabit licentiam, a quibus omnibus eam ipsa gynaecei penetralia, ipse sexus pudor segregat (a). Equidem Theodoram, Iustiniano non tori modo, sed et imperii consiliorumque sociam fuisse accepimus. Nec Liuiam ab Augusti latere vnquam se diuelli passam esse, veteres canunt annales. Verum quam parum sibi laudis vtraque ea sollertia peperit, vel inde intelligas, quod facti infamia in ipsos maritos redundarit. Et sane quis in mulieribus illis non dicam laude, sed excusatione dignam iudicaret impoten-tem

(a) Thesis: *principes feminae non debent sese ingerere sanctioribus maritorum consiliis.*

tem illam dominandi libidinem? **Insidiabantur** virorum adfectibus, leges **ac imperii** fata non publica vtilitate, sed sua **libidine**, metiebantur, modo liberis, modo **adulteris**, modo vilissimis eunuchis ac **gnathonibus** consultare, omnia habebant **venalia. Vt** paucis me expediam, sanctioribus *maritorum* consiliis, maiore fama, quam *laude* sua sese ingerebant (*b*). Quanto vero *prudentius* res suas composuit Plotina, digna Traiano coniux, digna saeculo illo femina, quae non alia ratione principem se probauit, quam quod castitate, modestia, sanctitateque morum omnibus saeculi sui *feminis* eminentiorem sese probaret (*c*)? *Ita* scilicet est natura comparatum, vt *feminae*, ingenio variae, animoque molles, ad obsequium magis, quam imperium factae, nec tam consiliis atque auctoritate, quam precibus sanctisque votis maritis prodesse posse videantur (*d*). Quare illae demum sapiunt maxime, quae maiori sibi gloriae ducunt, maritum habere principem, quam principi veluti demisso ad seruile obsequium cubiculario imperare (*e*).

SYL-

(*b*) Illustratio ab exemplo contrario Theodorae et Liuiae.

(*c*) Noua illustratio ab exemplo Plotinae.

(*d*) Aetiologia duplex. I. *Mulieres ad obsequium magis quam imperium factae.* II. *Principes feminae precibus potius, quam consiliis, bene de re publica merentur.*

(*e*) Conclusio seu repetitio theseos.

(*f*) Ma-

XL.

SYLLOGISMVS ORATORIVS

ad part. I. cap. 3. §. 13. seq.

Nisi luctus et lacrumarum squalor omnem nobis aciem mentis praestringeret, neque homines, praesentium curiosi omnes rerum futurarum cogitationes temere abiicerent: illud profecto [illegible] videretur, quod qui ex misera hac rerum humanarum caligine ad sempiternam beatitudinem migrarint, non tam luctu, quam congratulationibus sint a nobis prosequendi (f). Quum enim ita sit natura comparatum, vt illaetabile istud lacrumarum officium iis demum praestandum sit, quorum infelici casu non minus, ac nostro, adficimur: consequens profecto est, vt qui ad meliora transierunt, non lugendos, sed cum gratulatione dimittendos iudicemus (g). Ecquis quaeso vnquam eorum conditioni illacrumavit, qui nondum in lucem prodierunt? Vel eo enim nomine luctus iste nobis videretur ridiculus, quod qui nondum sunt, ne miseri quidem esse possint. Siccine vero eos, qui miseri nondum sunt, non lu-

(f) Maior propositio: *quicumque ex hac miseria ad meliora euolarunt, ii non sunt lugendi.*

(g) Aetiologia maioris propositionis prima: *luctus tantum debetur miseris.*

lugendos, hos vero, qui miseri esse desierunt, et felicitate numquam interitura fruuntur, deflendos gemituque prosequendos iudicabimus (h)? Silenum saepe aiunt dicere solitum, non nasci optimum sibi videri, proximumque, citissime mori (i); eamdemque Thracum fuisse sententiam accepimus, qui natales suorum lacrumis atque eiulatu, funera tripudio laetitiisque omnibus prosequebantur, mortuisque triumphum magis decernebant, quam exsequias. Quod si gentes, ab omni humanitate alienae, suorum iacturam animo tam intrepido pertulerunt, quibus nonnisi vana quaedam immortalitatis spes illusit: quid nobis faciendum existimabimus, quibus certiora diuinum numen pollicetur (k)? Nonne gratulabimur nostris, qui hoc vitae mortalis momentum cum aeternitate, et breuem lucis vsuram cum beata illa ac sempiterna luce commutarunt (l)? Quicumque sane ex hac vita pie discedunt, procul ab hac rerum humanarum miseria constituti, perpetuo Dei conspectu perfruuntur. Non eos bellorum furor, non pestilens aliquod sidus, non vlla alia,

(h) Aetiologia secunda: *si eos non lugemur, qui nondum sunt, quo iure lugebimus eos, qui miseri esse desierunt?*

(i) Illustratio maioris ab apophthegmate Sileni.

(k) Illustratio eius noua a consuetudine Thracum.

(l) Minor propositio: *atqui mortui ex hac miseria ad meliora euolarunt.*

alia, quae nobis incumbit, terret calamitas (*m*). Heu, quam iucunda erit illa patria! quam exoptata mutatio! sane quum Vlysses Ithacae suae saxum omnibus aliarum regionum deliciis antehabuerit: quid illos putatis facturos, qui post diuturnos errores veluti ad portum sempiternae felicitatis fausto sidere adpulerunt (*n*)? Quare, si sapimus, non illacrumandum demortuorum sorti, sed felicitati illorum gratulandum putabimus, nosque ita potius comparabimus, vt eo, quo quemque deus iusserit, ordine, laeti sequamur (*o*).

XII.

EPISTOLA FAMILIARIS

ad part. II. cap. I.

Rogasti me sententiam, cui potissimum academiae nomen a filio TVO dari velim. Verum cum non parere iniquum, tum parere ac sententiam dicere, temerarium videtur. Quemadmodum enim de pictoribus, sculptoribus ac poetis non nisi artifices iudicant: ita non nisi sapientum, hoc est, non mei ordinis hominum, est, perspicere sa-

(*m*) Aetiologia minoris per descriptionem sempiternae beatitudinis: *Dei conspectu fruuntur, nullamque calamitatem sentiunt.*

(*n*) Illustratio minoris ab exemplo Vlyssis, et similitudine a nauigantibus desumta.

(*o*) Conclusio. *Ergo mortui non sunt lugendi.*

sapientes. Quantum tamen video, Fridericiana academia vel eo nomine filio debebit esse commendatissima, quod in ea iuris prudentiae studium tanta cura ac industria excolitur, vt in ea vel Berytum vel Bononiam, sed feliciore sidere, renatam dixeris. Et quid diligentius quaeso tractari debet hoc aeuo, quo ita vbique feruent lites, vt murices optent cordatiores, quibus fora et curiae sternantur? Nulli sane homines beatiores hodie videntur, quam qui vel maxime vacant litibus. Testis esse potest consobrinus tuus, qui quum annis, vt nosti, abhinc tribus caussas agere in vicinia nostra coeperit, tantam subito rem, tantumque corpus fecit, vt eum nuper obuium vix agnoscerem. Quod si hac via perrexerit, mox eum habebimus non capite censum aut proletarium, sed primi census aduocatum, egregium, confidentem, loquacem, et qui vel nutu ac renatu, non secus ac oraculum Ammonium, omnia ciuium suorum fata temperabit. O egregium ac lautum in primis hominem! Vtinam vero et Quincto meo liceret esse aeque felici. Is ex quo pertaesus rei rusticae, medicinam in vrbe nostra facere coepit, numquam Aesculapium habuit propitium. Omnes enim vel mori, quam eius opera vti malunt. Nisi mature signum receptui dederit, ilicet, actum est, Quinctum ego meum in Quincto ipso amisi. Principem iuuentutis fatis tristissimis nuper interceptum esse, iam ex ipsa fama omniumque sermonibus intellexeris. Eam nobis iacturam nuper sarciuit serenissimae principis

foe-

foecunditas, enixae filium tam lepidum, tam formosum, tam patri celsissimo similem, vt nihil supra. Noua iam tenes omnia, reliqua paene vetera sunt. Adderem equidem, me Te amare, ipsisque oculis habere cariorem, nisi et id vetus esset. Solum forsan illud nouum ac tantum non inusitatum TIBI videbitur, quod ad TE propediem excurrere decreui. Inuitat me sudum, inuitat tui amor, quo nihil mihi vmquam erit antiquius. Tu fac, vt cellas habeas plenissimas. Integram enim famem non ad oua tantum, sed ad mala ipsa adferam. Ne vero mihi spes illa intercipiatur, cura, quaeso vt valeas (p).

XIII.

EPISTOLA ELABORATIOR

ad part. II. cap. I.

QVum de futura arboris proceritate ex ipsa frutice liceat augurari: sane ego te iam inde a TVA pueritia suspexi, praedixique multis, talem Te futurum, qualem cognitum, ducto ex praeclara indole argumen-

(p) Habes hic epistolam miscellaneam. En propositiones:

I. *Suadeo, vt filium Halam mittas.*

II. *Consobrinus suus caussam cum plausu agit.*

III. *Quinctius infeliciter artem medicam facit.*

IIII. *Princeps iuuentutis decessit, eiusque in locum alius natus.*

V. *Mox ad te venturus sum.*

(q) Est

mento, iudicaueram. Id vero augurium TE meum exitu nunc comprobatum video, postquam consentientibus celsissimorum nutritorum suffragiis docendi TIBI munus in florentissima academia -- demandatum est (q). Quare non possum non utrique nostrum iure gratulari: TIBI, qui spartam nactus es, praeclara illa virtute TVA, ac parta tot vigiliis doctrina dignissimam: mihi vero, qui de futura felicitate dignitateque TVA tam vere conieci (r). Professor es, optabile ac honorificum! Quaenam enim praeclariores, quaenam TE digniores curae esse possent, quam perpolire ingenia, exponere eruditionis thesauros, et quotidie expromere aliquid atque effingere, quod ad ornanda honestarum artium studia pertineat? Quid praestantius illo munere, quo cum laude atque ex fide functus non uni alicui ciuitati, id quod in se honorificum est, sed toti prouinciae atque uniuersae Germaniae novas subinde doctissimorum iuuenum colonias submittes? Habes profecto nunc, ALBERTE, campum, in quo TVA virtus atque inusitata eruditio excurrat. Pietatem praecipue colere, exemploque ostendere id, quod doces, posse fieri: excubare animo pro salute ac dignitate celeberrimae aca-

(q) Est hoc exordium proprium, ab ipsa scribendi occasione desumtum. Vid. *part. II. cap.* 1.

(r) Propositio primaria, quae per totam regnat epistolam. Vid. *part. II. c.* 1.

(s) Ar-

academiae : docendo disputandoque iuuenes quotidie reddere doctiores : nihil omnino facere, nihil scribere, nihil cogitare, in quo statim decus non eluceat, hoc demum erit, mihi crede, TVVM officium, hic labor, hae illae praeclare cogitationes, quae in eam, quam sustines, Spartam ita cadunt, vt sine summo dedecore ab illa seiungi haud possint (s). Magna haec quidem sunt ac laboriosa, fateor, verum etiam tanto praeclariora, sempiternaque cum gloria coniuncta. Erit enim aliquando tempus, quo mille tibi decretas statuas non sine voluptate intelliges. Quotcumque enim TVIS auspiciis ad veram sapientiam ac doctrinam peruenerint, totidem TIBI ipse viua ac spirantia gloriae TVAE simulacra consecrabis. Atqui haec etiam tunc immortalem TE praestabunt, quum vitae huius perfunctus munere cum beatissimo illo coelestium animorum coetu coniungeris. (t) Quapropter macte hac virtute, macte hoc animi impetu, TVIque etiam in hoc vitae genere esto quam simillimus. Ego id vnum exopto, vt qui TE in hac statione collocauit, (collocauit autem summus rerum arbiter, deus,) idem faueat porro muneribus suis, nouoque isti honori addat perpetuitatem (v). VALE.

AD

(s) Argumentum I. *a muneris professorii praestantia.*

(t) Argumentum II. *a gloria, e munere isto expectanda.*

(v) Conclusio *suasoria et votiua.*

XIIII.

A D

PERILLVSTREM IVVENEM

CAROLVM SIGFRID DE PLESSE

EPISTOLA,

QVA

PART. II. CAP. I. PRAXIS

OSTENDITVR.

SI meo res ageretur arbitrio, *haberent*que vota, quo caderent: iam TEcum ipſe eſſem, perilluſtris iuuenis, TE, dulce decus meum, amplecterer, TVAM illam praeclaram facundiam, quae ſe iam veluti in publico quodam theatro profert, coram mirarer, denique mixtus adplaudentium turbae, fructum auribus oculiſque caperem multo vberrimum. Sane iam vaſa conclamaueram, iam iter meditabar, geſtiebatque animus, et TE exoſculari, et eximium iſtud Lipſiae TVAE ornamentum IOANNEM IACOBVM MASCOVIVM, coram venerari, et ipſam almam phyluream, in qua ante hos triginta quinque annos prima honeſtioris doctrinae veluti rudimenta poſueram, cum incredibili voluptate, quam iam animo praecipere mihi videbar, aliquando reuiſere. Sed ita ſe habent res mortalium, vt multa praeter opinionem eueniant, et

quam

quam te felicitatem pressis veluti manibus tenere putes, ea momento elabatur, et quanto maiore antea spe animum impleuerat, tanto tristius atque acerbius sui desiderium relinquat. Id equidem mihi iam accidit, perillustris iuuenis. Dum enim diem, quo cathedram conscendere decreueris, constitutum mihi iri spero, interea adpetit tempus, quo scholae apud nos instaurandae, nouaeque praelectiones hibernae auspicandae sunt, quo ita distringi solemus, quotquot Halae docendi munere fungimur, vt nulla nobis indulgeatur induciaria quies, sed dies noctesque propemodum de ornanda hac Sparta sit cogitandum. Quod itaque vnum restabat spe illa deiecto solatium, vt publicis his litteris TE absentem compellarem: id mihi iam praetermittendum haud putaui. Vnde vero initium capiam, perillustris A PLESSE, et quae verba satis idonea reperiam, ad incredibilem laetitiam, qua iam TVI caussa perfundor, non dicam exprimendam, sed quodam modo saltim significandam? Equidem quum quarto ab hinc anno in Viadrinam ad me audiendum profectus, non modo contubernio, sed et conuictu meo utereris: fieri non potuit, quin statim exosculare ingenium rectum ac docile, animum virtutis studiosissimum, mores denique sub faustis illustrissimi patris penetralibus ita formatos, vt nihil TIBI, nisi quod cum vera laude coniunctum esset, expetendum existimares. Hinc iam eo tempore TE, tamquam Viadrinae decus, non solum amare, sed et di-

li-

ligere, aliisque TVI ordinis adolescentibus, tamquam absolutissimum aliquod eius virtutis, quae in illam aetatem cadit, exemplar proponere coepimus omnes, qui tum in academia illa regia docebamus. At ego potissimum, qui Te potiore veluti jure possidebam, et cui intra penates quotidiana erat in indolem istam TVAM penitius introspiciendi occasio, non solum TE incredibili amore complectebar, sed et saepe augurabar, ac praedicebam multis, talem TE futurum, qualem iam pridem cognitum iudicaram. Quamuis vero non adeo diuturna esset consuetudo nostra, et me Halam iussu potentissimi regis migrante, TEque Lipsiam eodem tempore profecto, praeter spem utque exspectationem diuelleremur: non tamen aliquid de spe, quam semel de TE conceperam, deminutum est, maxime, quum et praeclara omnia de incredibili diligentia TVA nunciaret fama, et Te duce vti scirem amicissimo mihi BVCHHOLZIO, quem, qua religione munere suo fungitur, nihil reliqui facturum noueram, vt praeclarum illum, quem naturae TVAE debes, ad quaevis laudanda impetum nouis quotidie veluti igniculis inflammaret, et currenti, quod in prouerbio est, calcar adderet, hoc vero augurium meum exitu iam quodam modo comprobante, non possum profecto, quin incredibilem capiam voluptatem, laetusque laetitiis omnibus veluti triumphem. Solet patribusfamilias vix vllum esse spectaculum iucundius, quam si arbusculam, sua manu consitam, primo flo-

re

re conuestiri videant, quamvis haec nondum fundat fructus, sed eos sola spe, ex ipso laetiore flore concepta, tantum praecipiat. Et mihi perinde, qui olim in TE formando aliquam operam consumsi, nihil iucundius accidere potest, quam praeclarum istud studiorum specimen, quod edidisti, ex quo tanta ad spem de TE iam pridem conceptam accessio facta est, vt vel ex eo flore de fructuum futurorum praestantia augurer, et iam non sperem, sed confidam, TE, uti adhuc alios TVI similes, ita in posterum TE ipsum superaturum. Quare facere non possum, quin has ingenii ac diligentiae academicae primitias et inclytae patriae, et illustrissimo parenti, et splendidissimae familiae, et denique TIBI mihique ex animo gratuler. Patriae TVAE, Daniae, nisi me non obstrictissimum faterer, nae ego essem hominum ingratissimus. Sunt mihi ibi amici, quibus olim in hac academia familiarissime usus sum; sunt cum in illustrissimo regi consilii consessu, tum extra illum patroni, qui mei caussa omnia volunt; quin, quod praefiscini dixerim, ipse rex potentissimus, quam inusitata clementia in me hominem peregrinum feratur, ante hoc triennium argumento fere stupendo ostendit, dum me lautissimis, et splendidioribus, quam vlli alii mei ordinis homini oblatas memini, conditionibus in regnum atque academiam suam euocarit. Et quamuis tum ita res disponeret Deus O. M. ut fructum ex inusitata illa regis incomparabilis clementia capere mihi non liceret: adeo

ta-

tamen ex eo tempore animo meo insedit Daniae amor, vt eam veluti alteram patriam habuerim, et saepe ibi habitarit animus, quo me corpore venire prohibuit vis illa fatorum, qua rerum humanarum ordo seritur. Quum vero patriam quisque suam, ciuitatemque, in qua vel paenates ac domicilium constituit, vel maioribus auctus est beneficiis, quam felicissimam esse optet: non possum profecto, quin Daniam beatam praedicem, cuius futurae quoque felicitati tot erectiora ingenia, quae in spem posteritatis quotidie adolescunt, praeludere veluti videntur. Non sane tam opum ac potentiae magnitudo florentes ac beatas reddit res publicas, quam virorum regendi parendique arte bene atque adcurate institutorum copia. Haec vera sunt regum praesidia, haec rerum publicarum columina, haec pignora felicitatis publicae, quibus sublatis, non potest non rerum omnium consequi perturbatio. Periisse Troiam aiunt, quum ea dii excessissent: at nos, qui Christiana pietate imbuti sumus, vanam illam fiduciam, a miseris hominibus in simulacris sensu carentibus collocatam, merito iudicamus, et primum quidem Deum O. M. rerum publicarum praesidem, ac felicitatis omnis statorem, ab his proximos principes bonos et rei publicae amantes, denique iuxta hos maxime viros praeclaros, et cum regnatrice illa sapientia, longoque rerum vsu, tum virtute ac pietate eximios rei publicae ornamento ac praesidio esse, contendimus, atque ideo inde merito augurium

ca-

capimus futurae felicitatis, si et horum suppetat copia, et in eorum locum adolescentes eminentioris fortunae atque indolis feliciter quotidie succrescant. Itaque iure meritoque Daniae TVAE TE, talem ciuem, gratulor, non modo in id omni studio atque industria incumbentem, vt aliquando de tam inclyta patria, prout occasio fuerit, bene mereri possis, sed etiam praesidia illa, quae ad beatitudinem rerum publicarum tuendam amplificandamque pertinere videntur, iam aliqua ex parte consequutum. Quam incredibili porro laetitia nunc Illustrissimum patrem TVVM perfundi credibile est, quum jam votis perfrui, et insignis illius curae ac sollicitudinis, qua egregiam filiorum trigam educauit, fructum capere coeperit? Nonne opinabile est, eum hac filii optimi virtute magnopere delectari, seque sibi veluti posteritati interesse videri? Quare et huic, quippe de me optime merito, talem filium vehementer etiam atque etiam gratulor, deumque veneror, vt faueat porro muneribus suis, tantoque bono et incrementa addat, et, quod vel maxime ad solidam felicitatem pertinet, perpetuitatem. Quid vero dicam de splendida familia TVA? est ea ex flore isto delibatæ nobilitatis Germanicae, qui se longe lateque diffudit per Europam, virosque protulit pace belloque magnos, et qui meritis in rem publicam immortalem sibi gloriam apud posteros pepererunt. Memoriae proditum est, Q. Maximum, P. Scipionem, et alios ciuitatis Romanae praeclaros viros,

ros, ſolitos ita dicere, quum maiorum imagines intuerentur, vehementiſſime ſibi animum ad virtutem accendi. Scilicet non ceram illam, neque figuram, tantam vim in ſe habere putabant, ſed memoria rerum geſtarum eam flammam egregiis viris in pectore creſcere, neque prius ſedari, quam virtus eorum famam atque gloriam adaequarit. Scio TIBI, perilluſtris A PLESSE, has maiorum imagines non minus ſaepe ſomnum excuſſiſſe, quam Themiſtocli tropeea Miltiadis; neque dubito, quin identidem cogitaueris, non eſſe eam veram nobilitatem, quam quis a maioribus iure hereditario acceperit, ſed cui accedat maiorum exemplis excitata virtus, quaeque decus illud iiſdem artibus ac facinoribus, quibus primum partum eſt, tueatur. Et ſane quid reſpondebunt illi maioribus ſuis, qui nobilitatem ſuam opeſque, maiorum virtute partas, incitamento ſibi eſſe patiuntur ad luxum et inertiam? qui turpi otio tranſigunt vitam, veluti pecora, numerus tantum, et fruges conſumere nati? qui denique tantum ignominiae reddunt maioribus, quantum ab his dignitatis veluti per manus traditum acceperunt? Noluiſti autem TE, perilluſtris A PLESSE, iis TE ſimilem praeſtare, ſed maiorum tuorum, ac domeſtico maxime illuſtriſſimi patris et patrui TVI exemplo excitatus, id egiſti omni animi contentione, vt per eorum veſtigia pleno gradu incederes, TEque dignum tam ſplendida familia, dignum illis maioribus,

quos

quos iam pridem fama veluti consecrauit, praestares. Quam ob rem vti mactum TE hac virtute esse iubeo, perillustris iuuenis: ita et genti PLESSIAE hoc nouum decus etiam atque etiam gratulor, et ut ei in posterum maximo ornamento sis, et opto, et fretus praeclara TVA indole, id futurum auguror. Non miraberis, tam tarde me ad praecipuum officium TIBI ipsi gratulandi, accingi. Non enim nostra sunt, quae nobis vel fortunae beneficio, vel studio nostro obtigerunt, bona: sed sibi praecipue ea cum Deus, bonorum omnium largitor, tum maxime patria, parentes, cognati, atque amici vindicant, nisi quis forte, in Epicuri hortulis institutus, omnia ad se referat, nihilque se, nisi sua caussa, facere debere existimet. Itaque prius illis gratulandum fuit, ad quos fructus vigiliarum TVARVM in posterum vel maxime pertinebit, nec esset, quod gratularer TIBI, si nihil vtilitatis ex bonis TVIS ad quemquam mortalium pertingeret. Dixisse olim aiunt philosophum, se, si a deo id beneficii impetraret, vt coelestia illa corpora, eorumque motum concentumque suauissimum coram intueretur, parum tamen idem capturum esse voluptatis, si in haec inferiora remissus, neminem, quem harum rerum participem facere posset, reperiret. Perinde TIBI ipsi, qui non TIBI soli, sed patriae TVISque TE natum esse intelligis, parum iucunda futura essent omnia, quae TIBI tot vigiliis pepe- risti, decora, nisi aliis perinde, ac TIBI ipsi, salutaria atque vtilia essent. Quae quum ita sint, TIBI ego non tam doctri-

Quae
doctri-
nam,

nam, quamuis et illa ſit omni laude digniſſima, gratulor, quam eam mentem, qua omnia refers ad ſalutem rei publicae, nihilque diſcere vel infingere animo cupis, niſi quod patriae aliquando emolumento ornamentoque ſit futurum. Faueat vero Deus et huic conſilio TVO, occaſionemque TIBI oſtendat quam primum, praeclaras illas animi dotes litterarumque ſeueriorum praeſidia in vſum publicum proferendi. Denique et mihi gratularer, cui breuis illa opera, quam formando ingenio TVO impendi, tam feliciter ceſſit, niſi verendum eſſet, ne quidquid de me dixero, paullo iactantius dixiſſe videar. Itaque hic *abrumpam potius* filium orationis, quam vt *quidquam, quod* cum mea laude coniunctum ſit, attexam. Prius quam tamen id fiat, Deum O.M. precor veneror que, vt TE, confecto ſtudiorum curſu, ſaluum ac ſoſpitem patriae ac illuſtriſſimi patris amplexibus reſtituat, meque eum diem videre patiatur, quo TE, illuſtri loco poſitum, colant amentque boni omnes, ciuem patria ſua digniſſimum, illuſtriſſimi parentis delicium, gentis PLESSIAE ornamentum, denique, ſi et hoc addere liceat, praeſidium et dulce decus meum. Vale. Hal. XI. Kalend. Nouembris cIↃIↃCCXXXV.

INDEX I.

CAPITVM.

IN-

INDEX II.
AVCTORVM.

A

C

D

Far-

H

I

K

Krie-

L

Ma-

N

Ne-

Per-

Pom-

Sal-

Se-

Sym-

T

Va-

VV

X

Z

IN-

INDEX III.

VERBORUM.

A

B

Be-

C

Dam-

D

E

F

For-

G

H

I

Ir-

Non

O

P

Quod

R

S

Scul-

Z.

INDEX IIII. RERVM.

A

Ad-

Asper

Cir-

quo-

E

an

in

F

G

Γορ-

H

I

an

K

L

Ma-

M

N

O

P

Paeon

Prio-

Q

R

S

vere

Ob-

Tem-

V

fiue

F I N I S.

CPSIA information can be obtained at www.ICGtesting.com
Printed in the USA
BVOW07s1445120314

347459BV00008B/133/P